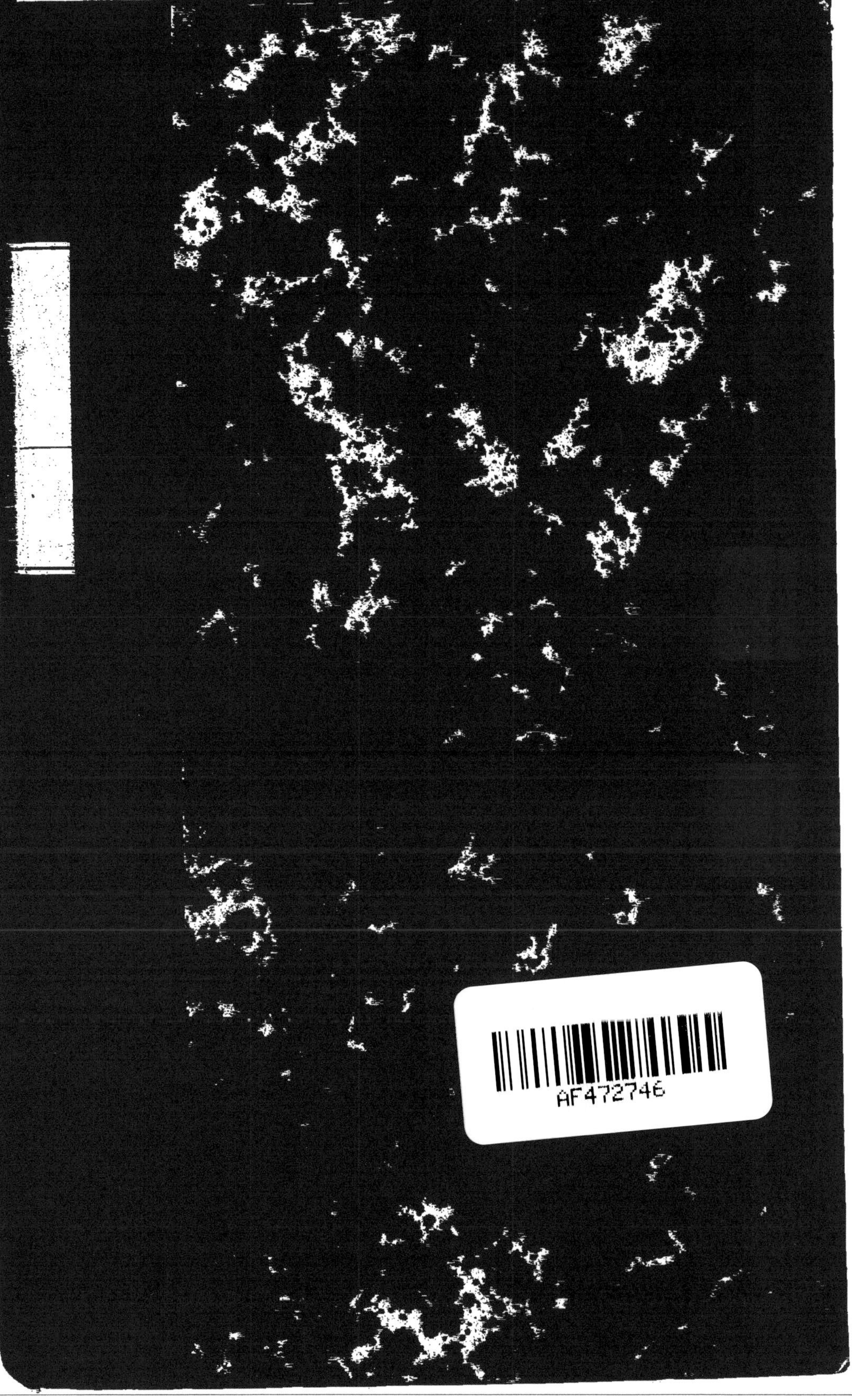

44475

MANUEL
DES NOTAIRES ET DES AVOCATS

RECUEIL

DE JURISPRUDENCE ET DE DOCTRINE,

de Lois, Décrets, Senatus-consultes et Actes législatifs,

Pour faire la suite et le complément du Manuel des Notaires;

PAR

F.-M. SELLIER,

AVOCAT, ANCIEN NOTAIRE A VERMENTON (YONNE),

Professeur de notariat à Paris, autorisé par le Ministre de l'Instruction publique, de l'avis du Conseil de l'Université, le 26 sept. 1848,

Auteur du *Manuel des Notaires*; — d'un Cours de notariat; — d'un Commentaire de la loi du 5 juin 1850 sur le timbre des effets et bordereaux de commerce, des actions dans les sociétés, etc., des obligations négociables des départements, etc., et des polices d'assurances; — d'un Commentaire de la loi du 23 mars 1855, sur la *Transcription en matière hypothécaire;* — d'un traité sur la *Concurrence déloyale* en matière commerciale; — et d'un Commentaire de la loi du 23 juin 1857 sur l'*Impôt des valeurs mobilières.*

Ce journal paraît en un cahier de 44 pages par mois, et forme, chaque année, un volume de 480 pages. — Prix : 13 fr. par an.

TOME IV. — ***Art. 2206 à*** } ANNÉE 1858.

PARIS

Au bureau du *Manuel des Notaires*,

Rue des Grands-Augustins, 5, près du Pont-Neuf.

1858.

NOTA.

Pour tenir le *Manuel des Notaires* au courant de la Jurisprudence, de la Doctrine et de la Législation, les souscripteurs doivent avoir soin de faire, à la marge de l'ouvrage, aux endroits indiqués à la fin de chaque article du Journal, des annotations qui renvoient à ce premier ouvrage. Les signes suivants sont suffisants : *J. art*. . .

Lorsque l'année du Journal est complète, on doit aussi avoir soin de remplir, sur le titre qui est en tête du volume de l'année, le dernier article laissé en blanc.

Paris.—Imp. de H. Carion, rue Bonaparte, 64.

10e ANNÉE. | ANNÉE 1858. | TOME IV.

MANUEL
DES NOTAIRES ET DES AVOCATS

RECUEIL
DE JURISPRUDENCE, ET DE DOCTRINE,
Pour faire la suite et le complément du Manuel des Notaires,

PAR

F.-M. SELLIER, AVOCAT,
Ancien notaire à Vermenton, auteur du *Manuel des notaires*, Professeur de Notariat, autorisé suivant décision prise le 26 septembre 1848, par le Ministre de l'Instruction publique, de l'avis du Conseil de l'Université.

ART. 2206.

LIQUIDATION JUDICIAIRE. — PARTAGE JUDICIAIRE. — SOMMATION. — MAJORITÉ. — TUTEUR. — AVOUÉ. — NOTAIRE. — RESPONSABILITÉ.

(Questions proposées par un de nos abonnés.)

La sommation faite, par acte d'avoué à avoué, d'assister aux opérations de compte, liquidation et partage, est-elle valable, si un ou plusieurs des défendeurs, qui étaient mineurs lors du partage, sont devenus majeurs au moment de cette sommation? (C. Nap. 835; C. pr. 980.)

L'avoué constitué par le tuteur peut-il, dans ce cas, occuper pour le mineur devenu majeur? (C. pr. 342.)

Le notaire qui procéderait à ces opérations sur le vu de la sommation faite à l'avoué constitué par le tuteur encourrait-il une responsabilité au cas où la sommation serait considérée comme non-valable?

Lorsque, dans une instance en liquidation et partage, toutes les parties ont constitué avoué, il est d'usage que l'avoué poursuivant fasse sommation aux avoués des défendeurs d'avoir à se trouver et à faire trouver leurs clients à l'ouverture des opérations, à la clôture et à la lecture, ainsi qu'à la délivrance des lots; la sommation à domicile n'est point mise en usage, car les défendeurs ont remis le soin de leurs intérêts à leur avoué, et c'est à celui-ci à les prévenir.

Mais, s'il s'opère un changement d'état chez l'un des défendeurs; si, par exemple, un mineur devient majeur, s'il ne constitue pas avoué de suite, il faut, avant toute nouvelle opération, lui faire sommation à domicile.

Et l'avoué de son tuteur n'est point admis à occuper pour lui, car, à la majorité, le rôle du tuteur et celui de son avoué prennent fin.

On ne peut pas, dans ce cas, appliquer l'art. 345 sur la reprise d'instance; le ministère de l'avoué n'est plus indispensable, et comme la partie peut proposer elle-même ses réclamations, la sommation à domicile est une garantie suffisante.

Si, malgré la majorité, le notaire procédait à la continuation de ses opérations sur la sommation faite à l'avoué du tuteur, son travail serait irrégulier et il engagerait sa responsabilité; aussi, pour se mettre à couvert, le mieux sera pour lui de se faire représenter les actes de naissance des parties en cause.

L'avoué, n'étant que le conseil des parties, n'a pas qualité pour les représenter, pour les engager; au surplus, par l'effet du renvoi devant notaire, la procédure a pris fin, et avec elle le ministère de l'avoué.

Le notaire commis par justice pour la liquidation et la délivrance des lots ne doit pas rester complétement étranger à ce qui se passe autour de lui; une fois son travail achevé, il faut des contradicteurs à ce travail; et par conséquent, il doit mettre les parties à même de faire cette contradiction en leur faisant sommation.

Lorsque les parties ont été régulièrement sommées d'assister aux opérations du notaire, si, aux jour, lieu et heure fixés, une ou plusieurs d'entre elles ne comparaissent pas, le notaire prononce défaut contre les défaillants et passe outre aux opérations; il ne peut être à la discrétion des parties, parce qu'il ne s'agit point ici d'un acte volontaire pour lequel il faut le concours de tous les intéressés, mais d'une opération forcée, pour laquelle il a reçu un mandat de justice, ce qui l'oblige à rendre compte de sa mission après avoir pris toutes les précautions nécessaires pour mettre les parties à même de protester contre ses opérations ou de les approuver.

A annoter :

Au *Formulaire*; — V° liquidation, p. 449, note A; — V° partage judiciaire, p. 523.

Au *Commentaire*; — note 143, n. 178, 179, 232, 237, 243; — note 199, n. 49.

ART. 2207.

PARTAGE ANTICIPÉ. — LOTISSEMENT. — MORCELLEMENT.

Un partage d'ascendant doit être considéré comme ne pouvant s'opérer commodément en objets de même nature, lorsqu'il est constaté que ce mode de partage ne serait possible qu'au moyen d'un morcellement qui frapperait les immeubles d'une dépréciation considérable (C. Nap. 826, 832, 1075.) — (A).

En conséquence, l'acte de partage qui attribue à l'un des enfants les immeubles, et aux autres des sommes d'argent, est valable.

(Jouannet — C. — Jouannet.)

Par acte du 24 nov. 1843, le sieur *Jouannet* fit entre ses trois enfants le partage de ses immeubles, qui furent attribués en totalité au sieur *Jouannet* aîné, à la charge de payer au sieur *Jouannet* jeune, son frère, et à la dame *Chassenaud*, sa sœur, une somme de 6,000 fr.

Après la mort du père donateur, le sieur *Jouannet* jeune demanda la nullité de cet acte de partage pour contravention à la règle qui, dans les partages d'ascendants comme dans les partages ordinaires, veut l'égale répartition entre les copartageants des valeurs partagées, à moins que le partage en nature ne soit pas possible.

Après une expertise qui déclara la possibilité du partage en nature, et en détermina les bases, un jugement du tribunal d'Angoulême, du 28 juin 1854, annula l'acte de partage litigieux, et ordonna qu'il en serait fait un nouveau, conformément à l'expertise.

Mais, sur l'appel, arrêt de la cour de Bordeaux, du 3 juil. 1855, ainsi motivé : — « *Attendu* qu'il est, sans doute, de principe que les partages anticipés demeurent soumis aux règles générales établies par la loi pour les partages ordinaires ; qu'ainsi l'ascendant donateur ne peut pas s'affranchir de celles qui résultent des art. 826 et 832 C. Nap., relativement à l'attribution égale qui doit, autant que possible, être faite à chaque cohéritier en biens de même nature et valeur ; — Que, néanmoins, ces règles ne doivent pas être appliquées avec une inflexibilité telle qu'il soit toujours défendu de consulter les circonstances qui ont dirigé

(A) La déclaration que les immeubles donnés ne sont pas commodément partageables ne lie l'enfant qu'autant que l'impossibilité existe, car autrement cette déclaration d'impossibilité deviendrait *de style*.

l'ascendant dans la distribution de ses biens ; qu'autrement, l'acte le plus sage et le plus conforme aux convenances des copartageants, au moment où il est survenu, ne serait jamais à l'abri d'un changement de volonté dû au caprice ou au mauvais calcul de l'un d'eux ; — *Attendu* que l'acte du 24 nov. 1843 porte en lui-même la preuve que ses dispositions furent dictées par la position de la famille Jouannet et qu'il obtint l'adhésion réelle de tous ses membres ; qu'on n'en peut pas douter, même à l'égard de Jouannet jeune ; — *Attendu*, en effet, que ce dernier, alors engagé dans le commerce, avait contracté des dettes qu'il fallait acquitter ; qu'il avait, de plus, besoin de fonds disponibles pour ses affaires ; que le partage, tel qu'il fut arrêté, satisfaisait cette double exigence de sa position, en réalisant pour lui des immeubles qu'évidemment il aurait dû mettre sur-le-champ en vente, s'il en avait reçu sa part en nature ; — Que, d'ailleurs, le rapport des experts consultés par les premiers juges établit que les apportionnements en argent furent, à peu de choses près, égaux à la valeur de ce que Jouannet jeune et sa sœur avaient à prendre dans les immeubles ; et qu'ainsi, le père de famille ne peut pas être soupçonné d'avoir cédé à des sentiments de prédilection injustes pour son fils aîné ; — Que, d'un autre côté, malgré l'avis des experts, il est permis de douter qu'un partage en trois lots, sans dépréciation, fût possible, lorsqu'on voit, pour y parvenir, morceler en trois une prairie de 66 ares, et en deux plusieurs autres objets d'une faible importance ; — *Attendu* que, dans ces circonstances, la demande en nullité du partage de 1843, fondée sur la violation de l'art. 832 C. Nap., devait être rejetée. »

Pourvoi du sieur *Jouannet* jeune, pour violation des art. 826 et 832 C. Nap., en ce que l'arrêt attaqué, sans affirmer l'impossibilité ou l'incommodité d'un partage en nature, a validé le partage d'ascendant litigieux sous prétexte de convenances personnelles qui, aux termes de la jurisprudence constante de la cour de cassation, ne saurait autoriser l'ascendant à s'affranchir de ce mode de partage.

9 juin 1857, arrêt de la Cour de cass. (ch. civ.), ainsi conçu :

LA COUR ; — Sur le moyen unique pris de la violation des art. 826 et 832 C. Nap. ; — *Attendu* qu'il est reconnu par l'arrêt attaqué que le père de famille, lorsqu'il use du droit accordé par l'art. 1075 C. Nap. de faire entre ses enfants le partage anticipé de ses biens, est tenu d'observer la règle établie pour les partages ordinaires dans les art. 826 et 832 du même code, relativement à l'attribution en nature à chacun des enfants de la part qui lui revient dans les immeubles et dans les meubles ; — Mais attendu que cette règle cesse d'être applicable, aux termes de l'art. 827 du même Code, dans le cas où les immeubles ne peuvent se partager commodément; — Et *attendu*, en fait, que dans l'acte passé devant notaire à la date du 24 nov. 1843, par lequel Jouannet père a fait le partage de ses immeubles entre ses trois enfants, ledit Jouannet a déclaré que ces biens n'étaient pas susceptibles de division sans dépréciation; que si néanmoins les experts nommés par le tribunal de première instance d'Angoulême ont dans leur rapport exprimé l'opinion que lesdits biens pouvaient être divisés en trois lots dont ils ont indiqué la formation, la cour de Bordeaux a écarté l'avis des experts, en constatant qu'ils n'avaient pu parvenir à la division des immeubles qu'en morcelant les plus petites parcelles de terre, morcellement qui en diminue la valeur, et que la première disposition de l'art. 832 prescrit d'éviter; — Qu'en rejetant, dans ces circonstances, la demande en nullité de l'acte de partage du 24 nov. 1843, la Cour imp. de Bordeaux n'a violé ni les art. 826 et 832 C. Nap., ni aucune autre loi; — Rejette.

(MM. *Renouard*, fais. fonct. de présid.; — *Quénault*, rapp.; — de *Marnas*, 1er avoc. gén., concl. conf.; — *Maulde* et *Bosviel*, avoc.)

A annoter :

Au *Manuel des Notaires* : — note 81, n. 249, 273; — note 171-2°, n. 71.

Au *Journal* : — art. 947; — art. 1222; — art. 1634.

ART. 2208.

SÉPARATION DES PATRIMOINES. — HYPOTHÈQUE. — DIVISIBILITÉ.

Le créancier du défunt qui, pour conserver le privilége de la séparation des patrimoines, a pris inscription sur un immeuble de la succession, ne peut poursuivre l'héritier auquel cet immeuble est échu que pour sa portion héréditaire, et non pour la totalité de la créance (C. Nap. 870, 875, 878, 883) — (A).

(Legabilleux — C. — Lebarbier.)

Le sieur *Prodhomme* est décédé en 1845, laissant pour héritiers trois enfants, au nombre desquels se trouvait la dame *Legabilleux*. — Le sieur *Lebarbier*, créancier du défunt d'une somme de 4,015 fr. pour fermage, prit en temps utile sur les biens de

(A) Question controversée parmi les auteurs et dans la jurisprudence, et sur laquelle la Cour de cassation se prononce pour la première fois.

la succession, l'inscription nécessaire pour lui assurer, conformément à l'art. 2111, le bénéfice de la séparation des patrimoines.

Plus tard, le sieur *Lebarbier* fit saisir-arrêter le prix d'un de ces immeubles, vendu quelque temps auparavant par la dame *Legabilleux* à laquelle il était échu. Il prétendait être payé sur ce prix de la totalité de sa créance. — La dame *Legabilleux* répondit qu'elle n'était obligée à l'égard du sieur *Lebarbier* que dans la proportion de son tiers héréditaire, et conclut, en conséquence, à ce que la saisie-arrêt ne fût validée que pour le tiers de la créance du saisissant.

Un jugement du tribunal civil de Caen, du 27 déc. 1853, déclara que la dame *Legabilleux* était tenue pour la totalité de la créance du sieur *Lebarbier*, par l'effet de la séparation de patrimoines inscrite sur l'immeuble par elle recueilli, et, dès lors, valida, pour le tout, la saisie-arrêt.

Sur l'appel, arrêt de la cour de Caen, du 27 janv. 1855, qui confirme.

Pourvoi de la dame Legabilleux pour violation des art. 870, 873 et 878 C. Nap.

9 juin 1857, arrêt de la Cour de cass. (ch. civ.), ainsi conçu :

LA COUR ; — Vu les art. 870, 875, 878 et 883 C. Nap. ; — *Attendu* que des dispositions combinées de ces articles, il résulte, d'une part, que les héritiers sont saisis instantanément et de plein droit des biens de la succession par l'événement même du décès de leur auteur, et d'autre part, que les dettes de la succession se divisent aussi entre eux de plein droit, de manière que chacun d'eux n'en est dès lors tenu que pour sa part et proportionnellement à ce qu'il prend dans la succession ; — *Attendu* que le principe de la division des dettes, lorsque la nature de celles-ci ne les soumet pas à l'indivision, ne reçoit pas d'exception au cas de la séparation des patrimoines prévue et réglée par les art. 878 et 2111 C. Nap. ; — Que si cette séparation a pour effet de conserver aux créanciers du défunt l'intégralité de leurs droits sur les biens composant son hérédité par préférence aux créanciers des héritiers, il ne suit pas de là que la nature de la créance soit changée, ni que l'action des créanciers du défunt, conservée jusqu'à l'entier payement de leurs droits sur toute l'hérédité, puisse néanmoins être exercée de telle façon contre l'un des héritiers qu'elle l'oblige et le contraigne au delà de sa part virile dans les dettes ; — Que, loin de là, cette part déterminée par l'effet de la saisine légale au moment même du décès de son auteur, d'après un rapport exactement proportionnel avec les biens de la succession qui lui sont échus, règle dès lors et sans retour la mesure de ses obligations vis-à-vis des créanciers du défunt, et réciproquement l'étendue des droits de ceux-ci à son égard ;

Attendu, d'ailleurs, que les droits des créanciers chirographaires du défunt ne cessent pas pour cela d'atteindre toutes les parts de l'hérédité en la personne de chacun des héritiers ; — Que, sous ce rapport, et là où ils croiraient avoir à craindre les chances d'insolvabilité de l'un des héritiers, il leur appartient de faire leurs diligences, soit avant, soit après le partage, sur les biens de leur débiteur qui restent toujours leur gage, en ce sens que, par l'effet de la séparation des patrimoines, ils conservent sur ces biens un droit de préférence à l'exclusion des créanciers de l'héritier ; — *Attendu* que, de tout ce qui précède, il résulte qu'en décidant que la séparation des patrimoines avait pour effet légal, en dehors du cas de suite par voie hypothécaire, d'épuiser entre les mains de l'un des héritiers le prix de l'immeuble à lui échu par le partage, et de l'obliger ainsi à payer les dettes de la succession au delà de sa part virile, l'arrêt attaqué a fait une fausse application des art. 879, 2111, 2092 et 2093 C. Nap., et formellement violé les dispositions des art. 873 et 878 du même Code ; — En conséquence, casse, etc.

(MM. *Renouard*, fais. fonct. de présid. ; — *Aylies*, rapp. ; — de *Marnas*, 1er avoc. gén., concl. conf. ; — *Petit*, avoc.)

A annoter :

Au *Manuel des Notaires :* — note 29, n. 281.

ART. 2209.

DONATION ENTRE-VIFS. — BIENS A VENIR. — MOBILIER. — DONATION DÉGUISÉE. — VENTE. — SUCCESSION FUTURE. — CONDITION POTESTATIVE.

La donation d'une maison et de tout le mobilier qui s'y trouvera au décès du donateur, avec faculté par lui de disposer de ce mobilier pendant sa vie, est nulle, quant au mobilier, soit comme donation de biens à venir, soit comme donation faite sous des conditions dont l'exécution dépend de la seule volonté du donateur. (C. N. 943, 944). — (A).

(A. B. C.) La cour de Limoges, dans l'arrêt attaqué, avait décidé que la disposition devait recevoir son effet, étant admis par une jurisprudence cons-

Il en ainsi alors même que la donation aurait été faite sous la forme d'une vente, une donation déguisée sous l'apparence d'un contrat à titre onéreux n'étant valable qu'autant que les dispositions de loi qui régissent les donations, quant au fond, ont été observées.—(B).

Un tel acte serait également nul en tant que vente, soit comme pacte sur succession future, soit comme obligation contractée sous une condition potestative de la part du débiteur. (C. N. 1174, 1600). — (C).

(Ramond — C. — Roux et autres.)

30 juin 1857, arrêt de la Cour de cassation (ch. civ.) ainsi conçu :

LA COUR ; — Vu les art. 943, 944, 1600 et 1174 c. Nap. ; — *Attendu* que l'acte notarié du 15 mars 1844, consenti au profit des défendeurs à la cassation par les deux sœurs *Ducros*, dont la dernière décédée est représentée par les demanderesses, ses légataires universelles, qu'on le considère comme contrat de vente ou comme donation déguisée, est valable quant à la disposition de la maison et du jardin dont les demoiselles *Ducros* s'étaient réservé l'usufruit ; — *Attendu* qu'il n'en est pas de même relativement à la disposition comprenant : « Tous les meubles meublants, tous les objets et effets mobiliers, enfin généralement tout ce qui s'y trouvera au décès de la survivante des deux demoiselles venderesses, sans aucune exception, même l'argent comptant et les dettes actives, s'il en existe, dont les titres seront ou pourront se trouver dans ladite maison à l'époque dudit décès ou événement ; les demoiselles *Ducros* se réservant l'usage des meubles, et même la libre disposition de tout ce qui est mobilier compris dans la présente vente, et cela jusqu'au décès de celle d'elles qui mourra la dernière ; » — *Attendu* que cette disposition était nulle, soit comme donation en vertu de l'art. 943 c. Nap., qui déclare nulles les donations de biens à venir, soit comme vente en vertu de l'art. 1600 qui prohibe la vente de la succession d'une personne vivante ; — *Attendu* que ladite disposition était également

tante que les parties avaient pu recourir, pour leur libéralité, à la *forme* du contrat de vente.

Mais la Cour de cassation a décidé : — *en premier lieu*, que les causes de nullité invoquées contre l'acte litigieux affectant le *fond* même de la donation, les parties auraient dû recourir à la forme de la vente ; — *en second lieu*, qu'il s'agissait de nullité tellement radicale, qu'elle ne pouvait laisser subsister l'acte, même comme *vente*, puisque cet acte eût dégénéré en pacte sur succession future, ou en obligation potestative. (Cass. req. 14 nov. 1843).

nulle, soit comme donation en vertu de l'art. 944, qui annule toute donation entre-vifs faite sous des conditions dont l'exécution dépend de la seule volonté du donateur, soit comme vente en vertu de l'art. 1174 qui déclare nulle toute obligation contractée sous une condition potestative de la part de celui qui s'oblige ; — D'où il suit que l'arrêt attaqué, en validant pour le tout l'acte du 15 mars 1844, a expressément violé les lois précitées ; — Casse et annule l'arrêt de la cour de Limoges du 11 fév. 1856, mais au chef seulement qui concerne le mobilier, etc.

(MM. *Bérenger*, prés. ; — *Renouard*, rapp ; — *Sévin*, avoc.-gén., concl. conf. ; — *de la Boulinière* et *Lanvin*, avoc.)

A annoter :

Au *Manuel des Notaires*; — note 81, n. 128, 135 ; — note 101, n. 196.

Au *Journal* ; — art. 111 ; — art. 1728, en note.

ART. 2210.

HONORAIRES. — NOTAIRE. — COMPENSATION. — RÉTENTION. — RESPONSABILITÉ. — INTÉRÊTS.

Un notaire ne peut retenir le montant des honoraires qui lui sont dûs par son client sur des sommes que celui-ci a laissées entre ses mains pour effectuer un paiement, après les avoir empruntées pour cet objet, d'après le conseil et par l'intermédiaire du notaire lui-même, quand même ces sommes auraient été insuffisantes pour effectuer le paiement auquel elles étaient destinées. (C. N. 1289). — (A.)

Dans ce cas, le notaire doit être condamné même à tenir compte à son client des intérêts que celui-ci a supportés, faute d'avoir opéré le paiement dont il s'agit. (C. N. 1153). — (B.)

(G.... — C. — V....).

16 janvier 1856, arrêt de la Cour Imp. de Montpellier (1re ch.), ainsi conçu :

LA COUR ; — *Attendu* que le notaire ne saurait être autorisé à se payer d'honoraires, taxés ou non, sur les sommes qui lui sont confiées, avec une destination spéciale de lui connue et par lui acceptée ; — Que les fonds laissés en ses mains par V... suf-

(A—B) Comme analogie : — Angers, 24 mai 1843.

Dans l'espèce, le notaire avait retenu les sommes provenant du prix de ventes immobilières passées devant lui, pour se faire payer les frais non taxés d'autres actes.

fisaient au payement des créances déléguées, comme les premiers juges l'ont reconnu, s'ils n'avaient pas été déviés de leur destination ; — Que s'ils eussent été insuffisants, G..., notaire, conseil exclusif de V..., qui négociait l'emprunt pour lui, aurait à se reprocher cette insuffisance ignorée de son client, et ne pouvait y puiser un prétexte de retenir des fonds sans emploi ; — Que, le rendant comptable des intérêts que V... a supportés par sa faute ou par sa négligence, le premier juge a sagement réglé les cas et l'étendue de la responsabilité du mandataire ; — Par ces motifs, etc.

(MM. *de La Baume*, 1er présid. ; — *Moisson*, 1er avoc.-gén. ; *Glises* et *Bertrand*, avoc.).

A annoter :

Au *Manuel des Notaires* ; — note 5, au dessus du n° 244, sous ce titre : *Rétention de fonds* ; — note 39, n. 70 ; — note 49, n. 83.

Au *Journal* ; — art. 78.

ART. 2211.

TESTAMENT. — CAPTATION. — SUGGESTION. — TIERS.

Un testament peut être annulé pour cause de captation ou de suggestion, alors même que le légataire serait resté étranger à ces manœuvres, et qu'elles auraient seulement été exercées dans l'intérêt de celui-ci par un tiers. (C. N. 901, 1109, 1111, 1116). — (A.)

(B... — C. — De R...)

En 1853, le sieur de R... est décédé, laissant deux testaments, l'un mystique, en date du 1er mai de cette même année, l'autre public, du 27 juillet suivant, par lesquels il léguait la moitié de ses biens au sieur Louis-Alexandre B..., enfant que la demoiselle Catherine B... avait mis au monde en 1847, pendant qu'elle était au service du testateur. — Le sieur Adhémar de R..., fils légitime de celui-ci, a attaqué ces deux testaments pour cause de captation et de suggestion frauduleuses, et à l'appui de sa prétention il a articulé un grand nombre de faits, qu'il impu-

---

(A) *Conf.* : — Cass. req., 18 mai 1825, 30 juill. 1839 ; Troplong, Donat. et Testam., t. 2, n° 488 ; Dalloz, jurisp. gén., v° Disposit. entre-vifs et Testam., n° 251.

Contrà : — Riom, 10 août 1819 ; Dijon, 23 juillet 1836, statuant dans une espèce où il s'agissait, non d'un testament, mais d'une institution contractuelle.

tait, non au sieur Louis-Alexandre B..., légataire, mais à sa mère, la demoiselle Catherine B...

Jugement du tribunal civil de Vesoul qui, considérant ces faits comme établis, prononce la nullité des deux testaments.

Appel du sieur Louis-Alexandre B..., qui soutient que l'art. 1116 C. Nap., aux termes duquel le dol n'est une cause de nullité de la convention qu'autant qu'il est pratiqué par la partie elle-même, est applicable aux testaments.

26 novembre 1856, arrêt de la Cour Imp. de Besançon (1re ch), ainsi conçu :

LA COUR ; — *Considérant* qu'il résulte des art. 895, 901, 909, C. Nap., combinés, qu'il n'y a de testament que par la volonté libre du testateur ; qu'ainsi il appartient aux tribunaux d'annuler un testament lorsqu'ils reconnaissent, d'après les faits établis, qu'ils émanent d'un tiers ou de l'institué, peu importe, que ce testament n'a pas été la manifestation de la volonté libre de celui qui l'a fait ; — *Considérant* qu'il résulte des faits et circonstances relevées avec raison dans les attendu du jugement dont appel, que la Cour adopte, que les testaments du sieur de R..., à la date des 1er mai et 27 juillet 1853, arrachés à leur auteur à l'aide de suggestion et de captation, et, par suite, de manœuvres frauduleuses, n'ont pas été l'expression de sa volonté ; — Par ces motifs, confirme, etc.

(MM. *Dufresne*, 1er présid. ; — *Férand*, subst. ; — *Forien* et *Guerrin*, avoc.).

A annoter :

Au *Manuel des Notaires* ; — note 24, nos 388, 390 ; — note 81, n. 29 ; — note 101, n° 159.

ART. 2212.

TESTAMENT OLOGRAPHE. — ANTIDATE.

L'antidate d'un testament olographe n'est une cause de nullité du testament qu'autant qu'il est établi qu'au moment de sa confection, ainsi qu'à la date indiquée, le testateur était incapable, qu'il n'a pas agi librement, et que l'antidate est le résultat du dol ou de la fraude (C. N. 970, 1001) — (A).

(A) *Dans ce sens* : — Caen, 26 déc. 1849 ; cass. (ch. civ.), 15 juil. 1846 ; cass. (req.), 12 août 1851, J. art. 975 ; cass. (req.), 13 déc. 1853 ; Merlin, Rép., v° Testam., sect. II, § 1, art. 6 ; Duranton, t. 8, n. 166 ; Toullier, t. 5, n. 363 ; Dalloz, Jurisp. gén., 2e édit., v° Dispositions entre-vifs et testamentaires, n. 2701.

Contrà : — Troplong, Donat. et testam., n. 1487, 1488 ; Coin Delisle, sur l'art. 966, C. Nap. n. 39 ; Marcadé, sur le même article.

(Hérit. Gossiaux. — C. — Launeau.)

Un arrêt de la Cour de Liége, du 11 fév. 1856, avait statué en ce sens dans les termes suivants : « *Considérant* que le testament de *Gossiaux*, père des intimés, étant en forme olographe, n'est qu'un acte sous-seing-privé ; qu'il porte la date du 6 février 1851 et satisfait, sous ce rapport, au vœu de la loi ; — Que les faits articulés pour établir que le testament aurait été fait après cette date ne seraient admissibles qu'autant qu'ils se rattacheraient à quelque cause de nullité que les intimés demanderaient à prouver, telle que la captation ou suggestion ou l'insanité d'esprit du testateur ; que c'est donc à tort que les premiers juges ont, d'ores et déjà, admis comme pertinents les faits dont il s'agit ; — Par ces motifs, émendant le jugement dont est appel, et, sous les réserves mentionnées dans les conclusions des intimés, déclare ces derniers non recevables, quant à présent, dans leur demande à preuve des faits dont il s'agit, etc. »

Pourvoi en cassation des héritiers *Gossiaux*, pour violation de l'art. 970 C. Nap., en ce que l'arrêt attaqué a méconnu la pertinence de droit que cet article attribue à l'articulation d'une fausse date apposée au testament.

M. l'avocat général *Faider* a conclu au rejet du pourvoi, et nous croyons devoir extraire le passage suivant de son remarquable réquisitoire ;

« L'arrêt attaqué a-t-il violé l'art. 970 C. Nap., qui porte que le testament olographe ne sera point valable, s'il n'est écrit en entier, daté et signé de la main du testateur? En présence de ce texte, peut-on, doit-on rechercher dans des faits extérieurs, indépendants, isolés, si la date indiquée par le testateur est vraiment celle à laquelle le testament a été écrit? En d'autres termes, la loi défend-elle au testateur d'antidater son testament? En supposant cette antidate prouvée, le juge devra-t-il déclarer le testament irrégulier et nul? Il nous semble que poser cette question, c'est la résoudre dans le sens de l'arrêt attaqué ; évidemment la date d'un testament est dans le domaine, dans la volonté d'un testateur, et si l'antidate ou la postdate ne se rattache pas à des circonstances relatives à la capacité du testateur ou à la substance du testament, elle est indifférente au point de vue de sa validité.

« Nous le disons d'abord, parce que la date est, comme le reste, dans la volonté du testateur ; sans doute, si le testament porte avec lui-même la preuve d'une fausse date, le juge devra user de plus de circonspection ; et encore, dans ce cas, les appréciations de faits seront dans le domaine du juge du fond, et il faudra une grande réserve pour déclarer que ces appréciations violent la loi. Mais, dans une position comme celle des parties au présent débat, il faut faire la part de la liberté du testateur. Cette liberté résulte de ce que le testament olographe est essentiellement un acte secret; cela est tellement vrai, que certaines coutumes appellent ce testament non pas olographe, mais secret; or quoi de plus libre que ce qui est secret? Le testateur, en datant son testament, veut lui imprimer sa valeur probante, conformément à la loi, mais il peut avoir ses raisons pour ne pas lui donner la date du jour où il l'a écrit; ce testament, il le rédige, il l'achève à sa fantaisie; il l'écrit par fragments, en plusieurs jours, à diverses époques; il le date, il le signe à d'autres époques que celles auxquelles il l'a rédigé; il le laisse un mois, un an sans date, sans signature; il le laisse ainsi à l'état de projet, puis il le perfectionne en lui donnant une date, en y apposant sa signature; qui l'empêche d'y mettre la date du jour où il l'a rédigé, un an auparavant, par exemple; et qui peut dire qu'il y a là une irrégularité? Qui pourrait faire des enquêtes pour pénétrer dans les intentions secrètes et par conséquent libres, dans les mobiles, dans les caprices mêmes d'un défunt qui ne peut plus parler, et qui a laissé après lui sa parole écrite, définitive, solennelle?

« Comment, d'ailleurs, concilier la doctrine du pourvoi avec le caractère fondamental du testament olographe? Ce testament a une valeur spéciale; les auteurs le qualifient d'acte solennel; un notable arrêt de la Cour de cassation de France déclare que le testateur y exerce, en quelque sorte, la puissance législative, et c'est ce qui fait dire à Troplong que le pouvoir du testateur l'élève au rang de législateur domestique. Dans notre système, nous n'avons pas à rechercher ici, en droit, si le testament est un acte authentique, s'il faut l'attaquer par l'inscription de faux; il nous suffit, pour faire respecter sa forme extérieure, de remarquer que le testament olographe, acte secret, spontané et libre, ayant les éléments externes de la loi, est probant par lui-même, et que, quand il ne détruit pas intrinsèquement cette force probante, par une contradiction de faits en quelque sorte matérielle, il doit être respecté... »

2 avril 1857, arrêt de la Cour de cassation de Belgique (1re ch.), ainsi conçu :

LA COUR; — Sur le moyen unique de cassation, tiré de la violation de l'art. 970 C. Nap., en ce que l'arrêt attaqué a décidé que la fausseté de la date du testament olographe n'est pas, par elle-même, une cause de nullité du testament : — Vu l'art. 970

précité, portant : « Le testament olographe ne sera point valable s'il n'est écrit en entier, daté et signé de la main du testateur ; il n'est assujetti à aucune autre forme ; » — *Attendu* qu'en prescrivant les trois conditions qu'elle exige pour la validité du testament olographe, la loi ne limite d'aucune manière le droit du testateur de donner à l'acte qui renferme ses dernières volontés telle date qu'il juge convenir; d'où la conséquence qu'il peut même l'antidater, sans que, par là, le testament en soit vicié, pourvu qu'au moment où il a posé le fait, ainsi qu'à la date indiquée, il ait été capable, qu'il ait agi librement, et que la date apposée n'ait pas été le résultat du dol ou de la fraude ; qu'il suit de là que l'antidate n'étant pas par elle-même une cause de nullité du testament, c'est avec fondement que l'arrêt attaqué décide que, pour qu'elle ait eu effet, elle doit se rattacher à une autre cause qui vicierait l'acte, telle que la suggestion, la captation ou l'insanité d'esprit du testateur ;

Attendu que, jusqu'ici, les demandeurs n'ayant pas fait usage de semblables moyens, les ayant, au contraire, expressément réservés par leurs conclusions prises tant en première instance qu'en appel, la Cour de Liége, qui a statué sur lesdites réserves, n'a pu contrevenir à l'art. 970 C. Nap. en les déclarant, quant à présent, non-recevables dans leur demande à faire preuve des faits articulés au point de vue unique d'établir l'antidate du testament dont il s'agit, fait que la Cour a, avec raison, considéré comme irrelevant lorsqu'il est isolé de toute autre circonstance ; — Par ces motifs, rejette...

(MM. *Marc*, fais. fonct. de présid. ;— *Marc*, rapp. ;— *Faider*, av. gén., concl. conf. ;— *Dolez-Bosquet* et *Vautelet*, avoc.).

A annoter :

Au *Manuel des Notaires* ; — note 152, n. 110.

Au *Journal* ; — art. 975, 2e quest. ; — art. 2120.

ART. 2213.

DISCIPLINE. — NOTAIRE. — ACQUISITION D'IMMEUBLE. — REVENTE. — OFFICE. — CESSION. — DISSIMULATION DE PRIX.

Le notaire qui, après avoir acquis un immeuble, le revend quelque temps après en détail, ne fait point en cela une spéculation prohibée par l'ordonnance du 4 janv. 1843, puisqu'il n'y a pas habitude (Ordonn. 4 janv. 1843, art. 12, n. 3).

Le fait, par un notaire, d'insister auprès des aspirants qui veulent acquérir son office, pour qu'ils consentent à dissimuler une partie du prix dans le traité, constitue un manquement à la délicatesse et aux devoirs de sa profession, qui le rend passible d'une peine disciplinaire, moins sévère à la vérité si ses propositions n'ont point abouti (L. 28 avril 1816, art. 91).

(Ministère public. — C. — G...)

27 avril 1857, arrêt de la Cour Imp. de Bordeaux, ainsi conçu :

LA COUR : — *Attendu* que la poursuite disciplinaire dirigée contre le notaire G... porte sur trois faits distincts : 1° spéculations illicites sur l'achat et la revente des immeuble ; 2° ......; 3° instances auprès de deux aspirants qui voulaient acquérir son office, afin qu'ils se prêtassent à dissimuler une partie du prix ;

Sur le premier fait : — *Attendu* qu'il est prouvé et reconnu par Me G... qu'il a acquis deux immeubles dans la commune de Lussac, le domaine de Chambeau, en oct. 1854, pour le prix de 27,000 fr. ; le domaine de Fraisse, en nov. 1855, au prix de 50,000 fr. ; — Qu'il a revendu le domaine de Chambeau en détail ; mais qu'il explique qu'il l'avait acheté comme placement de fonds en vue de le garder, et qu'ayant trouvé un peu plus tard à faire une acquisition plus avantageuse, celle du domaine de Fraisse, il a revendu le premier, afin d'en employer le prix à payer le second ; — *Attendu* que cette explication paraît justifiée : 1° par la date des deux contrats de vente ; 2° par la différence des prix ; 3° par les dépositions des témoins cités à la requête du ministère public, dont plusieurs affirment que G... a fait au domaine de Fraisse des réparations considérables ; 4° par cette circonstance grave que le domaine de Chambeau a, comme celui de Fraisse, été acquis par acte notarié, et que s'il l'eût acheté en vue de le revendre en détail, il n'eût probablement pas manqué, ainsi que cela se pratique constamment dans ce genre de spéculations, de se faire consentir une vente sous seing privé, et d'opérer ensuite la revente par parcelles, avec la procuration et sous le nom du vendeur, afin de bénéficier des droits de mutation ;

Attendu que la spéculation sagement interdite aux notaires par l'art. 12 de l'ord. du 4 janv. 1843, consiste à acheter des immeubles en vue de les revendre, et à se livrer ainsi à une sorte de trafic incompatible avec le caractère dont ils sont revêtus ; mais qu'il n'est pas défendu à un notaire, qui, après avoir acquis un immeuble pour faire emploi de ses capitaux, se détermine ensuite à le vendre, soit en vue d'une acquisition meilleure, soit pour toute autre cause, de choisir, comme tout bon père de famille, le mode de vente qui lui offre le plus d'avantage ; que la contravention ne commencerait qu'autant que, l'opération se renouvelant, on pourrait y voir une habitude et une spéculation, mais que le ministère public ne relève ou du moins ne prouve à la charge du notaire G... qu'une opération de ce genre, qui, d'après les circonstances qui l'environnent, ne suffit pas pour motiver l'application de l'acticle précité; — Qu'ainsi ce chef doit être écarté; — Qu'il doit en être de même du second chef;

Sur le troisième fait : — *Attendu* qu'il résulte des dépositions des sieurs *Massias* et *Eyraud* que, dans le courant de l'année 1856, le premier étant entré en pourparlers avec le notaire G.., pour la cession de son office, celui-ci en fixa le prix à 35,000 fr, sans réduction; que *Massias*, après quelques difficultés, consentit à payer le prix demandé, mais sous la condition qu'il figurerait en entier dans le traité, sauf à G... à subir les conséquences d'une réduction, si la chancellerie jugeait à propos de l'imposer; à quoi G... répliqua qu'il ne l'entendait pas ainsi; qu'il lui fallait, dans tous les cas, et quoi qu'il arrivât, le chiffre de 35,000 fr., et que cette exigence empêcha seule la conclusion du traité; — Qu'il manifesta avec la plus vive insistance la même prétention vis-à-vis du sieur *Lyquard*, autre aspirant, et, que, pour lever ses scrupules, il lui proposa de se mettre à l'écart en faisant intervenir son père ou toute autre personne qui s'obligerait par acte séparé à faire la différence entre le prix convenu et celui qui serait fixé par la chancellerie;

Attendu que la conduite tenue dans ces deux circonstances par le notaire G... ne doit point être appréciée, comme paraît l'avoir pensé le Tribunal, au point de vue des dispositions positives et définitions précises de la loi pénale, mais au point de vue de la loyauté et de la délicatesse qui doivent présider à toutes les transactions, et plus encore à celles où des officiers publics sont parties, au point de vue de la règle d'ordre et d'intérêt public, qui veut que le prix des offices ministériels soit soumis au contrôle du gouvernement, afin de le maintenir dans un juste niveau avec les produits, d'assurer aux nouveaux titulaires une convenable rétribution de leur travail, et de prévenir par là les tentatives qui naissent du besoin et l'exagération des honoraires; qu'il est manifeste que le notaire G... a voulu pratiquer une fraude pour se dérober à ce salutaire contrôle : qu'il a fait tous ses efforts pour y faire participer les sieurs *Massias* et *Lyquard*, et que, si elle n'a pas été consommée, c'est parce qu'il n'a pas pu triompher de leurs scrupules, qu'il a, par là, manqué à la délicatesse et aux devoirs de sa profession; qu'il ne doit pas, toutefois, être jugé aussi sévèrement que si ses propositions avaient abouti, puisqu'il pouvait encore les retirer et rentrer, soit sur ses propres réflexions, soit sur les observations qui auraient pu lui être ultérieurement adressées, dans la ligne du devoir et de la vérité; — Par ces motifs, faisant droit sur ce dernier chef à l'appel interjeté par le ministère public, infirme la décision rendue le 2 déc. 1856 par le Tribunal de Libourne; dit que le notaire G... a manqué à la délicatesse et aux devoirs de sa profession; lui inflige la peine de la censure avec réprimande.

A annoter :

Au *Manuel des Notaires*; — note 2, art. 5; — note 191, n° 64.

Au *Journal*; — art. 75, en marge de l'art. 12, n. 3 de l'ordonn.

Au *Cours du Notariat*; — art. 1353 du Journ., p. 1442, alin. 2; p. 1445, alin. 1.

ART. 2214.

PRODIGUE. — CONSEIL JUDICIAIRE. — FEMME MARIÉE. — SÉPARATION DE CORPS. — RÉTABLISSEMENT DE COMMUNAUTÉ.

Le conseil judiciaire nommé à une femme mariée, après la dissolution de la communauté par suite de séparation de corps, peut être maintenu malgré le rétablissement de cette communauté, si les intérêts de la femme l'exigent : les fonctions de conseil judiciaire ne passent pas de plein droit au mari (C. N. 506, 513, 514). — (A).

(Cooche. — C. — Gosselin et autres.)

Le 17 fév. 1853, Constantin *Cooche*, médecin à Watten, a obtenu la séparation de corps contre Sophie *Dupont*, sa femme, à raison de faits de sévices, d'injures graves et d'adultère.

Le 25 août suivant, sur la demande de la famille *Dupont*, un jugement a nommé comme conseil judiciaire à la dame *Cooche* Me *Gosselin*, avocat à Saint-Omer.

En 1855, Constantin *Cooche* se rapproche de sa femme, et la

(A) Cette question a été résolue par nous en sens contraire dans notre art. 2057, et cette solution était conforme à un arrêt de la Cour de Nancy, du 3 déc. 1838.

La Cour de Paris a rendu, le 7 janv. 1856, un arrêt qui a de l'analogie avec l'espèce que nous rapportons, en décidant que l'autorité maritale ne peut faire obstacle à ce que la femme puisse, comme toute autre personne, être pourvue d'un conseil judiciaire pour cause de prodigalité.

communauté entre ces époux est rétablie, en vertu d'un acte reçu par Me *Bret*, notaire à Saint-Omer, et rendu public par l'affiche suivant les dispositions de l'art. 1451 C. Nap.

Peu après, la dame *Cooche*, autorisée de son mari, demande la mainlevée de son conseil judiciaire. — 9 août 1855, jugement qui ordonne la réunion d'un conseil de famille, et l'interrogatoire de la dame *Cooche* en chambre du conseil. Le conseil de famille refuse son adhésion à la mainlevée, l'interrogatoire a lieu, les parents de la dame *Cooche* interviennent dans l'instance, et un second jugement, du 11 juill. 1856, maintient le conseil judiciaire dans les termes suivants : — « *Attendu* que les raisons qui ont déterminé la dation d'un conseil judiciaire à la dame *Dupont*, épouse *Cooche*, séparée de corps et de biens d'avec son mari, n'ont point cessé de subsister ; — Que le rapprochement des époux, subi plutôt que désiré par ledit *Cooche* et survenu dans des circonstances telles que les ont relevées les documents produits au cours des débats, n'a pu dissiper, en effet, la défiance que les faits constatés dans l'instance en séparation de corps doivent toujours inspirer contre le mari ; — Qu'il importe dès-lors de maintenir auprès de ladite dame *Cooche* le pouvoir tutélaire confié par la justice à Me *Gosselin*; — *Attendu* que l'intervention de la famille *Dupont* est légitime et d'ailleurs non contestée en la forme ; — Donne acte à Me *Gosselin*, conseil judiciaire actuel de ladite dame *Cooche*, de sa déclaration de s'en rapporter à la justice, reçoit l'intervention desdits du nom de *Dupont* et consorts ; — Déclare ladite dame *Dupont*, épouse *Cooche*, mal fondée dans ses fins et conclusions, tant principales que subsidiaires, l'en déboute, etc. » — Appel des époux *Cooche*.

6 mars 1857, arrêt de la Cour Imp. de Douai (1re et 2e ch. réunies), ainsi conçu :

LA COUR ; — *Attendu* qu'aux termes de l'art. 513 C. Nap., la désignation du conseil judiciaire appartient exclusivement aux Tribunaux ; — Que si l'art. 506, relatif au cas d'interdiction de la femme, établit en faveur du mari une tutelle de droit, aucune disposition analogue n'existe en matière de dation de conseil judiciaire ; — *Attendu* que dans les circonstances particulières de la cause l'intérêt de la femme exige que les fonctions de conseil judiciaire soient dévolues à un tiers ; — Que le conseil désigné par le Tribunal offre, à cet égard, toutes les garanties désirables ; — Par ces motifs et adoptant, au surplus, ceux des premiers juges ; — Confirme.

(MM. *De Moulon*, 1er prés. ; — *Dupont*, 1er avoc. gén., concl. conf. ; — *Dupont* et *Duhem*, avoc.).

A annoter :
Au *Manuel des Notaires*; — note 74, n. 40.
Au *Journal*; — art. 2057.

ART. 2215.

DONATION ENTRE VIFS. — LEGS. — SUGGESTION. — CAPTATION.

La suggestion et la captation ne sont une cause de nullité des dispositions à titre gratuit, que lorsqu'elles ont été artificieuses et dolosives, et non lorsque celui auquel on les reproche n'a employé que l'affection, les caresses, les bons procédés, et en un mot, une persuasion honnête n'étant point de nature à pervertir la libre volonté du testateur ou du donateur. — (C. Nap. 901, 1109, 1116) — (A).

(Hérit. Coulombier. — C. — Mille.)

Un jugement du Tribunal civil de Marseille, du 10 déc. 1855, l'avait ainsi décidé dans les termes suivants :

« En ce qui touche la nullité des libéralités contenues soit dans le contrat civil de mariage, soit dans les testaments, soit dans l'acte à titre onéreux du 19 juin 1853 : — Attendu que, quel que soit le nombre et la gravité des présomptions présentées pour établir la captation frauduleuse, quelle que soit l'habileté avec laquelle toutes ces présomptions ont été groupées, il est évident qu'il n'y aura fraude que si le consentement au mariage par Coulombier n'a pas été libre; qu'en effet, avec la liberté du consentement au mariage, toutes les libéralités s'expliquent et se justifient; qu'elles deviennent naturelles et légitimes en présence de parents éloignés, et qu'elles constituent cette équitable différence qui doit exister entre les libéralités faites à la femme qui porte son nom d'avec celles qui sont faites en reconnaissance des services rendus par les personnes salariées ;

« Attendu que rien aux débats n'établit que ce consentement ait été forcé, par suite de manœuvres frauduleuses employées par la demoiselle Mille ou sa famille; qu'on ne peut invoquer comme cause de perversion de la volonté du sieur Coulombier son âge avancé ; que cette circonstance, sans doute, a pu rendre plus facile son entraînement vers Rose Mille ; mais qu'on ne rapporte pas, et qu'on ne demande pas à faire la preuve que cette volonté a été forcée, entraînée irrésistiblement à un acte

---

(A) *Conf.* : — Bordeaux 19 déc. 1854 et autres arrêts cités au *Manuel des Notaires*, note 81, n. 29.

qui lui répugnait et qu'il ne voulait pas accomplir; que, pour établir cette contrainte exercée sur la volonté du sieur Coulombier, on aurait dû rapporter la preuve des faits qu'on s'est contenté d'alléguer, tels que ceux-ci, par exemple : que Rose Mille, qui avait sur Coulombier l'ascendant de services rendus, l'ascendant de l'habitude, aurait menacé le vieillard de le quitter, qu'elle aurait parlé de son mariage avec Barret ; qu'elle aurait demandé le mariage à son maître pour réparer sa réputation compromise; qu'elle aurait enfin cherché à faire naître, dans l'esprit de ce vieillard honnête et pieux, des scrupules de conscience ; qu'il y aurait, dans ces faits ou des faits analogues, la preuve de machinations frauduleuses, tendant à pervertir sa volonté, à entraîner son consentement; mais que des allégations sans preuve ne peuvent pas convaincre le tribunal, lorsqu'on considère qu'il est si facile d'assigner à ce mariage des motifs naturels et honnêtes;

« Attendu que l'âge avancé du sieur Coulombier aurait pu rendre plus faciles pour les demandeurs les preuves d'influences frauduleuses exercées sur son esprit; que le tribunal eût accueilli avec plus de facilité la preuve d'un ascendant coupable exercé sur l'esprit d'un vieillard, par une femme jeune et adroite ; qu'on doit admettre, en effet, qu'à cet âge on cède plus facilement à une fraude employée par une femme qui sait emprunter les caractères apparents de l'affection et du dévouement; mais qu'enfin il faut encore que cette preuve de la fraude soit rapportée; qu'elle ne découle pas nécessairement de cette seule circonstance de l'âge avancé, et que, cependant, tout le système d'attaque des demandeurs au procès repose sur cette pensée unique, que, par cela seul qu'il était avancé en âge, le sieur Coulombier n'a pas été libre dans le consentement qu'il a donné à son mariage avec Rose Mille; que ce raisonnement blesse les principes du droit et de la raison; que les actes valablement passés entre parties capables se suffisent et se soutiennent jusqu'à preuve de dol, d'erreur ou de fraude; que le tribunal doit admettre, puisqu'on n'a pas fait la preuve contraire, que le sieur Coulombier, quoique âgé de quatre-vingt-un ans, a su et voulu ce qu'il a fait; qu'il a choisi librement et avec plaisir Rose Mille pour épouse; qu'il a exprimé ce plaisir par des actes qu'on lui reproche et qui pouvaient paraître ridicules à son âge, mais qui n'en dénotent pas moins la joie qu'il ressentait de ce mariage; qu'au surplus, pendant l'année qu'a duré le mariage, le sieur Coulombier a persévéré dans ce dévouement absolu envers Rose Mille; qu'on ne demande pas à prouver, qu'on n'allègue même pas qu'il ait, pendant ce temps, laissé échapper un regret, une plainte sur l'acte solennel qu'il avait accompli ; que rien ne prouve donc que ce mariage n'ait pas été un acte libre et spontané de la volonté du sieur Coulombier ; — Attendu que, si le mariage a été fait par un consentement libre, toutes les présomptions de fraude pour détruire les actes de libéralités doivent tomber ; que si ces libéralités, toujours croissantes, se justifient par le mariage lui-même, tout devient naturel et légitime ; — Déboute, etc. » — Appel.

14 mai 1857, arrêt de la Cour imp. d'Aix (ch. réun.), ainsi conçu :

LA COUR ; — Adoptant les motifs des premiers juges, confirme :

(MM. *Poulle-Emmanuel*, 1er prés. ; — *Saudbreuil*, 1er avoc. gén. ; — *Thourel* et *Tassy*, avoc.)

A annoter :

Au *Manuel des Notaires* ; — note 24, n. 388, 390 ; — note 81, n. 29 ; — note 101, n. 159.

Au *Journal* ; — art. 2211.

ART. 2216.

RESPONSABILITÉ. — NOTAIRE. — CONSEILS. — REMPLOI.

Un notaire n'est pas responsable du défaut de solidité d'un remploi qu'il a conseillé de bonne foi comme notaire instrumentaire, en dehors de tout mandat et gestion d'affaires (C. Nap. 1382, 1383). — (A).

(L... — C. — Letourneur et autres).

Madame *Letourneur*, pour réaliser le remploi d'un immeuble dotal qu'elle avait vendu à M. *Quesnel*, a, par acte du 15 avr. 1845, passé devant Me L..., notaire, acheté un autre immeuble appartenant par indivis aux héritiers *Hardy*. Comme il se trouvait parmi ces héritiers des femmes mariées sous le régime dotal, et dès lors incapables d'aliéner l'immeuble dont il s'agit, et que,

---

(A) Jurisprudence conforme, en ce sens qu'il a été jugé que les notaires ne sont pas responsables du défaut de solidité de placements qu'ils ont indiqués de bonne foi, sans se constituer mandataires, et dont les prêteurs ont pu apprécier les chances. — V. les arrêts rapportés au *Manuel des Notaires*, note 39, n. 89 et 93.

Mais elle les rend responsables quand les parties n'ont pu apprécier par elles-mêmes la valeur des conseils à elles donnés, parce qu'elles étaient illettrées (Paris, 27 août 1853 ; - J., art. 1542 ; — Paris, 4 déc. 1855 ; - J., art. 1976).

d'autre part, ce même immeuble était grevé des hypothèques légales des femmes de quelques autres des héritiers, le remploi fourni à la dame *Letourneur* ne présentait pas toutes les garanties désirables. Aussi le notaire expliqua-t-il dans l'acte qu'il y avait danger d'éviction pour cette dame, et, par suite, pour M. *Quesnel*, acquéreur de son bien dotal et chargé à ce titre de surveiller le remploi, et fut-il stipulé que tous les vendeurs s'obligeaient solidairement à garantir madame *Letourneur* et M. *Quesnel* de tout trouble et de toute éviction.

Cependant, madame *Letourneur*, avant même d'avoir été aucunement inquiétée, a demandé la nullité de la vente par elle consentie à M. *Quesnel*, pour insuffisance et défaut de sécurité du remploi. M. *Quesnel* a, de son côté, mis en cause Me L... pour le faire déclarer responsable, comme notaire instrumentaire, de la non-validité de ce remploi.

11 avr. 1856, jugement du Tribunal de Saint-Lô, qui déclare qu'il n'y a pas lieu de prononcer la nullité de la vente, et néanmoins condamne le sieur *Quesnel* aux dépens faits par la dame *Letourneur* ; déclare L... responsable des conséquences de l'acte par lui reçu le 14 avr. 1845, et le condamne, par suite, à rembourser au sieur *Quesnel* les dépens auxquels celui-ci est condamné vis-à-vis de la dame *Letourneur*, etc. — Appel par Me L...

2 fév. 1857, arrêt de la Cour imp. de Caen (1re ch.), ainsi conçu :

LA COUR ; — *Considérant* qu'il ne résulte pas des documents de la cause que L... ait été le mandataire ou le *negotiorum gestor* de *Quesnel* ; — Qu'il en résulte, au contraire, qu'il n'est intervenu que comme notaire et pour donner l'authenticité aux conventions des parties ; — Qu'en cette qualité, sans doute, il avait le devoir d'éclairer les contractants sur la portée de leurs engagements, mais qu'en droit les conseils donnés de bonne foi, même par un officier public, dans l'exercice de son ministère, ne sauraient engendrer aucune obligation, ni donner ouverture à aucune action contre lui.

Qu'en fait, d'ailleurs, il n'est pas démontré que l'acte reçu par L.... le 14 avr. 1845, et qui donne lieu au procès, n'a pas été seulement la reproduction des conventions verbales arrêtées plus de deux mois avant entre les parties, sur le conseil d'un sieur *Jacques*, géomètre à Saint-Eny ; — Qu'en fût-il autrement, l'acte a pris soin d'énumérer les causes de trouble ou d'éviction qui pouvaient grever l'immeuble vendu, en stipulant que les six vendeurs en garantiraient solidairement la femme *Letourneur* et le sieur *Quesnel* ; — Que cette garantie, à raison du nombre et de la solvabilité des vendeurs, était parfaitement suffisante et prévenait l'accomplissement de formalités coûteuses qui auraient absorbé une somme presque égale au prix de l'immeuble vendu; — Que le conseil qui avait suggéré cette clause était donc raisonnable et aurait, en effet, préservé *Quesnel* de tout dommage, si, sur l'action dirigée contre lui par la femme *Letourneur*, il avait appelé en garantie non pas le notaire L..., mais les six vendeurs qui s'étaient obligés solidairement envers lui, ou même s'il avait immédiatement fourni ou offert les justifications par lui produites dans le cours de l'instance; — Par ces motifs, infirme le jugement dont est appel; dit à tort l'action en garantie exercée par *Quesnel* contre L...; — Décharge ledit L... de toute condamnation, etc.

(MM. *Souëf*, 1er présid.; — *Edmond Olivier*, 1er avoc.-gén.; *Bertauld*, *Trolley* et *Thomine*, avoc.).

A annoter:

Au *Manuel des Notaires*, — notes 39, n. 89, 93.

Au *Journal*, — art. 1542; — art. 1976.

ART. 2217.

HONORAIRES. — AGENT D'AFFAIRES. — VENTE. — FONDS DE COMMERCE. — COMPÉTENCE.

L'action d'un agent d'affaires en paiement des honoraires stipulés pour rémunération de ses peines et soins relativement à la vente d'un fonds de commerce, est de la compétence des Tribunaux civils. (C. proc. civ. 59; C. comm. 631-2°.) — (A).

(Breat — C. — Boutellier-Demontières).

M. *Boutellier-Demontières*, agent d'affaires s'occupant spécialement de procurer l'achat et la vente des fonds de commerce,

(A) La Cour de cass. (ch. req.) a donné une solution contraire, par un arrêt du 15 déc. 1856, motivé sur ce que le paiement d'une commission promise à un agent d'affaires pour la négociation de la vente d'un fonds de commerce, ne doit pas être confondue avec l'action en paiement de salaires dûs par un mandant à son mandataire. Et il est admis par la Jurisprudence que la vente d'un fonds de commerce est, en général, un acte de commerce (Montpellier, 19 nov. 1852; Lyon, 15 mars 1856).

Mais la Cour de Paris, par l'arrêt qui fait l'objet du présent article, pour décider comme elle l'a fait, se fonde sur ce que la demande de l'agent d'affaires a pour cause l'exécution d'un mandat qui est entièrement distinct de la vente même du fonds de commerce, et qui n'engendre entre les parties qu'une obligation civile.

avait été chargé par le sieur Breat de vendre son fonds de cabinet de lecture. Ne pouvant obtenir le paiement des honoraires qui avaient été stipulés, *Boutellier-Demontières* a assigné *Breat* devant le Tribunal de commerce de la Seine.

Le défendeur a opposé à la demande une exception d'incompétence tirée du caractère du mandat par lui donné à *Boutellier-Demontières*; mais le Tribunal a repoussé cette exception sur le motif qu'il s'agissait d'une discussion à l'occasion de la vente d'un fonds de commerce. — Appel par *Breat*.

10 juill. 1857, arrêt de la Cour imp. de Paris (4e ch.), ainsi conçu:

LA COUR; — Sur la compétence: — *Considérant* que la demande de *Boutellier-Demontières* est fondée sur l'exécution d'un mandat à lui donné par *Breat* pour la vente d'un fonds de commerce; — *Considérant* que ce mandat est entièrement distinct de la vente même du fonds; qu'il constitue de la part du vendeur une obligation civile, laquelle est de la compétence exclusive de la juridiction ordinaire; — Par ces motifs, annule, comme incompétemment rendus, les jugements des 17 et 24 fév. 1857;

Mais, considérant que la matière est disposée à recevoir une solution définitive; — Evoquant et statuant au fond, etc.

(MM. *Vergès*, présid.; — *Goujet*, avoc.-gén., concl. conf.; — *Taillet* et *Fauvel*, avoc.).

A annoter:

Au *Manuel des Notaires*; — note 28, n. 640; — note 118, n. 83.

ART. 2218.

BANQUE DE FRANCE. — BILLET DE BANQUE. — INCENDIE.

La Banque de France ne peut être tenue de payer des billets de banque altérés par un accident provenant d'incendie, si les fragments qui lui sont représentés ne portent pas les marques nécessaires pour établir la complète sincérité des titres (C. Nap., 1348-4°).

(Veuve Flottard — C. — Banque de France.)

Le 26 juin 1855, une détonation ayant été entendue dans une maison de Tours, le commissaire de police fut appelé; il pénétra dans l'appartement d'où le bruit paraissait être parti, et y trouva privé de vie le corps du sieur *Lavergne*, commandant en retraite. Celui-ci avait mis fin à ses jours en se tirant un coup de pistolet dans l'œil gauche. — Le commissaire de police, continuant ses investigations, aperçut dans la cheminée de la chambre à coucher un paquet de billets de banque achevant de brûler. Il en recueillit aussitôt les fragments et les cendres, et les déposa au greffe, dans une boîte, pour la conservation des droits des héritiers.

M. *Lavergne* laissait pour héritières deux pauvres femmes septuagénaires : celles-ci réclamèrent à la banque de France le payement de 33,000 francs, montant, disaient-elles, des billets qui avaient été brûlés par M. *Lavergne.* — La banque ayant répondu que ses statuts s'opposaient à ce payement, la demande fut portée devant le Tribunal de commerce de la Seine.

12 janv. 1857, jugement qui rejette cette action dans les termes suivants : — « *Attendu* que les fragments des billets produits par les héritiers *Lavergne* ne présentent pas les caractères nécessaires pour reconnaître la complète sincérité des titres ; — Qu'en conséquence, aussi bien dans l'intérêt des tiers que dans celui de la banque de France, il n'y a pas lieu de faire droit à la demande ; déclare les demanderesses non recevables, etc. »

Appel par la veuve *Flottard* et par sa cohéritière. — On soutient d'abord pour elles, qu'en présence des termes de l'art. 1348 C. Nap., il est incontestable qu'elles ont une action contre la banque de France. — On cherche ensuite à établir, à l'aide de la correspondance et de notes laissées par M. *Lavergne,* qu'au moment de sa mort il possédait pour 33,000 francs de billets de banque, qu'il avait résolu de détruire en même temps qu'il attentait à ses jours, pour ne rien laisser de sa fortune ni à sa femme, ni aux enfants nés pendant l'union, et qu'il considérait comme adultérins. La banque, dit-on, ne court aucun risque en remboursant, sinon les 33,000 francs qui ont été jetés au feu, du moins les douze billets de 1,000 fr. dont on rapporte quelques fragments échappés à l'incendie.

Mais on répond pour la banque de France qu'en admettant que M. *Lavergne* possédât, au moment de sa mort, les 33,000 fr. dont il s'agit, et qu'il ait voulu les anéantir en périssant, on ne peut, néanmoins, invoquer l'art. 1348 C. Nap., parce que celui entre les mains duquel les titres se sont perdus était le créancier, et que les titres ne se sont pas perdus par un cas fortuit. — Ce que les adversaires doivent établir, ajoute-t-on, c'est la nature des billets brûlés. En effet, la banque ne doit qu'à son titre ; aussi est-il nécessaire qu'elle vérifie la sincérité et l'individualité du billet, car tous les billets se ressemblent en apparence, mais aucun d'eux ne présente de similitude absolue. Or, dans la cause actuelle, il est impossible d'arriver à cette vérification. C'est donc à bon droit que la banque a refusé de payer.

27 juill. 1857, arrêt de la Cour imp. de Paris (1re ch.), ainsi conçu :

LA COUR ; — Adoptant les motifs des premiers juges, confirme...

(MM. *Delangle*, 1er présid. ; — *De Gaujal*, avoc.-gén. ; — *Dutard* et *Bethmont*, avoc.).

A annoter :

Au *Manuel des Notaires* ; — note 26, n. 137 ; — note 28-4°, n. 813.

ART. 2219.

RESPONSABILITÉ. — CONCIERGE. — PROPRIÉTAIRE. — LOCATAIRE. — DOMICILE. — REFUS D'INDICATION.

Le concierge qui refuse de donner à ceux qui la lui demandent la nouvelle adresse d'un locataire déménagé que celui-ci lui a laissée, se rend passible de dommages-intérêts envers ce locataire, et le propriétaire peut être condamné solidairement avec lui comme civilement responsable (C. Nap. 1382, 1384) — (A).

(Blanc — C. — Savard.)

M. *Blanc*, négociant à Paris, quitta, le 15 avril 1857, la rue de la Tonnellerie pour aller s'établir rue du Château-d'Eau, et donna sa nouvelle adresse au sieur *Savard*, concierge de la maison dont il sortait. — Cependant, le jour même du déménagement, une dénonciation de protêt ayant été faite à M. *Blanc*, rue de la Tonnellerie, le sieur *Savard* déclara à l'huissier qu'il ne connaissait pas le nouveau domicile de cet ancien locataire. Le protêt fut alors dénoncé au parquet.

Bientôt informé de ce fait, M. *Blanc* a adressé des reproches au sieur *Savard* ; mais celui-ci s'est obstiné dans son mauvais vouloir, et plusieurs personnes venant demander M. *Blanc* ont été successivement éconduites.

Pour mettre un terme à cet état de choses, M. *Blanc* a envoyé

(A) *Conf.* : — Sentence du Juge de paix du 3e arrond. de Paris, du 6 sept. 1837 (*Gazette des Tribunaux* du même jour).

Il a été jugé aussi que le concierge est tenu de recevoir les lettres adressées aux locataires, et que son refus le rend passible de dommages-intérêts auxquels le propriétaire peut être condamné avec lui comme civilement responsable (Sentence du juge de paix du 11e arrond. de Paris, 10 mars 1840). — V. *le Droit* du 12 mars même année.

Il en serait de même des autres papiers adressés aux locataires.

chez le concierge un huissier qui a demandé la nouvelle adresse du locataire déménagé, et qui, ayant reçu la réponse habituelle, s'est fait connaître et a dressé procès-verbal du refus du concierge. — A la suite de quoi M. *Blanc* a actionné le sieur *Savard* en payement de dommages-intérêts, et le sieur *Thibaut*, propriétaire, comme civilement responsable.

22 juil. 1857, jugement du tribunal civil de la Seine (5e ch.), ainsi conçu :

LE TRIBUNAL : — *Attendu* qu'il est dans les devoirs du concierge de donner aux personnes qui la lui demandent la nouvelle adresse des locataires sortant ; — *Attendu* que *Blanc* a, en quittant la maison de *Thibaut*, rue de la Tonnellerie, 3, laissé son adresse à *Savard*, concierge de cette maison ; — *Attendu* que, dès le lendemain de son départ, il lui renouvelait par lettre affranchie la recommandation d'indiquer à ceux qui se présenteraient pour le voir le nouveau domicile qu'il habitait ; — *Attendu* qu'il est constant au procès que *Savard* a cependant répondu, à diverses reprises, qu'il ignorait où *Blanc* avait fixé sa résidence ; — Qu'en agissant de la sorte, il a manqué à ses obligations et causé à *Blanc* un préjudice dont il doit la réparation ; — *Attendu* que *Thibaut*, propriétaire, est responsable du fait de son concierge ; — Par ces motifs. — Condamne *Savard* et *Thibaut* à payer solidairement à *Blanc* la somme de 100 fr., à titre de dommages-intérêts ; — Les condamne aux dépens ; réserve à *Thibaut* son recours contre *Savard*.

(M. *Pasquier*, présid.)

A annoter :

Au *Manuel des Notaires :* — note 105-2°, n. 50.

ART. 2220.

ENREGISTREMENT. — PARTAGE ANTICIPÉ OU D'ASCENDANT. — DONATION ENTRE-VIFS. — PROMESSE.

L'acte par lequel un père fait donation entre-vifs de sommes ou créances actuellement exigibles à quelques-uns de ses enfants, et aux autres de sommes payables à leur majorité, n'a point le caractère de partage d'ascendant. Ce n'est qu'une donation ordinaire qui ne peut jouir de la modération de droits applicable aux partages anticipés. (C. N. 1075, 1076 ; L. 22 frim. an VII, art. 69, § 4, n. 1 ; L. 16 juin 1824, art. 3 ; L. 18 mai 1850, art. 10.)—(A.)

(A). *Conf.* : — cass. (ch. civ.) 5 avril 1852 ; cass. (ch. req.) 10 déc. 1855 -J. art. 1990.

(Delage.—C.—Enregistrem.)

Par acte notarié du 30 sept. 1855, le sieur Delage a fait donation entre-vifs, à Jacques, Jean et Marie Delage, ses trois enfants majeurs, et à Étienne et Marie Delage ses deux enfants mineurs, d'une somme de 10,000 fr., composée : 1° de 4,000 fr. en numéraire comptés par le donateur à ses trois enfants majeurs; 2° d'une créance de 2,000 fr., également attribuée aux trois enfants majeurs; 3° et d'une somme de 4,000 fr., que le donateur s'oblige de payer à ses deux enfants mineurs par moitié entre eux au fur et à mesure qu'ils atteindront leur majorité, sans intérêts jusque-là. Cet acte n'avait été assujetti qu'au droit de 1 p. 100; mais l'administration a fait réclamer un supplément de droit, fondé sur ce que la libéralité faite par Delage père à ses enfants constituait, non pas un partage d'ascendant, mais une simple donation ordinaire.

20 avril 1857, jugement du Tribunal civil d'Angoulême, ainsi conçu :

Le tribunal; — Attendu que les biens présents peuvent seuls être l'objet d'une donation-partage; — *Attendu* qu'un partage d'ascendants n'est pas seulement le partage, mais bien l'abandon anticipé, la transmission des biens qui en font l'objet; —*Attendu* que l'acte du 30 sept. 1855 ne présente point les conditions constitutives de la donation-partage; qu'il n'y a eu ni transmission, ni abandon anticipé par ce contrat au profit des mineurs; qu'il résulte évidemment des termes de cet acte et de la décomposition du don de 10,000 fr. que tout est éventuel pour les mineurs; réel ou actuel, au contraire, pour les majeurs dont on voulait uniquement favoriser l'établissement par un avancement d'hoirie; que cette pensée a seule été le mobile du père donateur qui ne fait figurer les mineurs au contrat que pour les faire participer à la libéralité qu'il stipule au profit de tous les enfants; — *Attendu* qu'un partage d'ascendants ne comprend que les biens présents; que rien n'établit que la créance de 4,000 fr. dévolue aux mineurs fût en la possession de l'ascendant au moment de l'acte; que la donation qui leur en est faite n'est qu'éventuelle et peut, au décès du père, donner lieu à des contestations, alors surtout que la mère reste étrangère au contrat; — *Attendu* que pour être convaincu que cette somme de 4,000 fr. n'était pas en la possession de *Delage* père, il suffit de s'arrêter à la composition des lots; que si les enfants majeurs sont immédiatement nantis des leurs, les mineurs, au contraire ne sont nantis, d'après l'acte, que d'une créance exigible à une époque déterminée; —*Attendu* qu'une donation-partage a pour résultat de régler les droits successifs conférés par la loi et qu'elle doit porter sur des objets étant actuellement en la possession du donateur et dont il se dessaisit; —*Attendu* qu'à défaut de termes explicites et formels pour établir le dessaisissement, les défendeurs veulent le faire résulter de l'intention du père donateur, intention rendue évidente selon eux, par l'égalité observée dans la distribution des sommes données; —Mais *attendu* que cette égalité n'existe pas, puisqu'il n'a pas été stipulé d'intérêts au profit des mineurs à raison de la créance de 4,000 fr. qui ne leur est qu'éventuellement attribuée;

Attendu que cette stipulation d'intérêts, si elle avait eu lieu, aurait pu, à défaut de termes formulés au contrat, impliquer la possession réelle et actuelle de la somme donnée au moment de l'acte et faire accepter comme sérieux l'argument pris de l'impossibilité de la part du donateur de se dessaisir de la somme de 4,000 fr., par ce motif qu'il était l'administrateur légal des biens des mineurs; mais que l'absence de cette clause indique l'intention du donateur de n'attribuer à ses enfants mineurs qu'une créance réalisable à l'époque où leur établissement leur rendra cette ressource nécessaire;

Attendu d'ailleurs qu'un partage d'ascendants est le plus souvent, pour le père de famille, un moyen de s'affranchir de l'administration de ses biens que son âge lui rend onéreuse; que le partage comprend presque toujours l'universalité des biens, sauf des réserves d'usufruit; que rien de pareil ne se rencontre dans l'espèce, puisque le don fait par le sieur *Delage* ne s'applique qu'à une portion de sa fortune mobilière; que, dès lors, il faut reconnaître que, ni en la forme, ni au fond, l'acte du 30 sept. 1855 ne peut être considéré comme un partage, mais uniquement comme une donation en avancement d'hoirie; —*Attendu*, en conséquence, que c'est avec raison que l'administration de l'enregistrement et des domaines prétend assujettir cet acte à la perception des droits établis par les lois des 22 frim. an 7 et 18 mai 1850; —Par ces motifs, etc.

A annoter :

Au *Manuel des Notaires;* — note 81, n. 5, 36, 51.
Au *Journal;* — art. 419; — art. 1074; — art. 1991.

ART. 2221.

LOUAGE DES CHOSES. — BAIL EMPHYTÉOTIQUE. — ENREGISTREMENT.

L'emphytéose n'existe qu'autant que, dans le bail, il y a lon-

que durée de la jouissance, droit de disposition presque absolu de l'immeuble concédé, modicité de la redevance et obligation pour l'emphytéote de supporter la dépense des améliorations prévues au contrat. — (A)

Ainsi, un bail, même de 97 *ans, constitue un bail ordinaire et non une emphytéose, si le propriétaire s'est réservé l'exercice de toutes les actions relatives à la propriété de l'immeuble loué, si le taux du loyer annuel est en rapport avec le prix de cet immeuble, et si la valeur des améliorations doit être remboursée au preneur à l'expiration du bail.* — (B)

En conséquence, une telle convention est passible du droit de 20 *cent. pour* 100 *fr. applicable aux baux à ferme et à loyer, et non au droit de* 5 *fr.* 50 *cent. pour* 100 *fr., auquel sont assujettis les baux emphytéotiques.* (L. 22 frim. an VII, art. 69, § 7, n. 1; L. 28 avril 1816, art. 91; L. 16 juin 1824, art. 1.) — (C)

(Enregistrement — C. — Chemin de fer de Paris à Orléans.)

Par acte notarié du 12 mars 1853, le sieur *Ladoucette* a donné à bail à la compagnie du chemin de fer de Paris à Orléans, pour quatre-vingt-dix-sept ans, une propriété sise à Ivry, dite la gare d'Ivry, d'une contenance de 3 hectares 21 ares 6 centiares avec toutes les constructions qui se trouvaient sur le terrain, moyennant un loyer annuel de 50,000 fr. — Ce bail était fait à la charge 1° d'entretenir les baux existants et d'exécuter les réparations dont le propriétaire était tenu vis-à-vis des locataires, sauf à conserver à son profit les constructions et améliorations faites par ces derniers; 2° de faire pendant la durée du bail toutes les grosses réparations, même avec le droit de changer les lieux et de démolir; 3° de rendre l'immeuble entièrement clos de murs; 4° de supporter, sans diminution de loyer, la destruction partielle, quelque considérable qu'elle soit, de l'immeuble loué; 5° de suivre à ses risques et périls toutes les actions relatives à

(A-B-C) *Dans le même sens :* — Arrêt de la Cour de cassation (ch. civ.) du 23 fév. 1853, qui casse un jugement du Tribunal civil de Péronne, du 10 mai 1850, portant qu'un bail de 99 ans n'est point emphytéotique, un tel bail devant être d'une durée illimitée.

Autre arrêt de la même Cour, du 26 avril 1853, qui casse un jugement du Tribunal civil de Rouen, du 20 juin 1850, lequel avait décidé que le bail d'un terrain communal en nature de pâturage, pour une durée de 80 ans, moyennant une redevance modiqué, à la charge d'effectuer des constructions, plantations, défrichements et autres améliorations devant rester au bailleur à l'expiration du bail, et sous l'obligation par le preneur de supporter toutes les charges de la propriété, ne constitue pas un bail emphytéotique.

la jouissance, le sieur *Ladoucette* ne restant chargé que des actions qui toucheraient le droit de propriété ; 6° d'acquitter tous les impôts fonciers et toutes les primes d'assurances qui ne seraient pas à la charge des locataires ; 7° de satisfaire à toutes les obligations de police et de voirie dont les propriétaires peuvent être tenus ; 8° de souffrir, comme le propriétaire pourrait le faire, lui-même, toutes les servitudes passives, etc.

Il était ajouté que les lieux loués seraient repris par le sieur *de Ladoucette* dans l'état où ils se trouveraient à l'expiration du bail, sans qu'il pût prétendre à aucune indemnité pour les changements et démolitions qui auraient été exécutés durant la jouissance de la compagnie, « pourvu toutefois que les constructions existantes à cette époque représentent une valeur d'au moins 400,000 fr., valeur égale à celle que les parties attribuent aux constructions actuellement existantes. » — Le sieur *de Ladoucette* stipulait le droit de conserver tout ce qui excéderait lesdits 400,000 fr., d'après la valeur qui en serait fixée à dire d'experts. — Enfin, la compagnie se réservait, pendant trente et un ans, le droit d'acquérir la propriété de la gare d'Ivry, moyennant la somme de 1,250,000 fr.

Lorsque cet acte fut présenté à la formalité de l'enregistrement, le receveur perçut le droit de 20 cent. pour 100 fr. applicable aux baux à loyer, c'est-à-dire, 11,381 fr. 31 c. — Mais l'administration de l'enregistrement, soutenant plus tard que la convention dont il s'agit présentait tous les caractères d'un bail emphytéotique, passible du droit de vente de 5 fr. 50 c. par 100 fr., décerna contre la compagnie une contrainte en payement de 61,218 fr.

Sur l'opposition de la compagnie, cette contrainte a été annulée par un jugement du tribunal civil de la Seine, du 16 janvier 1856. — Pourvoi en cassation.

24 août 1857, arrêt de la Cour de cassation (ch. civ.), ainsi conçu :

LA COUR ; — *Attendu* que l'emphytéose se manifeste par les caractères suivants : la longue durée de la jouissance ; le droit de disposer, d'une manière presque absolue, de l'immeuble concédé ; la modicité de la redevance convenue ; et l'obligation par l'emphytéote de supporter la dépense que peuvent entraîner les améliorations qui ont été prévues ;— *Attendu* que tels ne sont pas les caractères que présente le bail intervenu, le 12 mars 1853, entre le baron *de Ladoucette* et la compagnie du chemin de fer de Paris à Orléans ; — Qu'en effet, par ce bail, le baron *de Ladou-*

cette s'est expressément réservé l'exercice de toutes les actions qui intéresseraient la propriété de la chose louée ; — Que le taux du loyer annuel est en rapport avec le prix de cette chose, tel qu'il a été convenu entre les parties, dans le cas où la vente prévue serait réalisée ; — Que la valeur des améliorations, s'il en existe à l'expiration du bail, doit être remboursée à dire d'experts ; — Et qu'enfin la durée de la jouissance trouve elle-même sa raison d'être dans la durée légale que doit avoir l'exploitation dont la compagnie du chemin de fer de Paris à Orléans est concessionnaire ; — Que de ce qui précède il résulte que le jugement dénoncé, en refusant au bail du dit jour, 12 mars 1853, les caractères d'un bail emphytéotique, n'a violé ni l'art. 69, § 7, de la loi du 22 frim. an VII, ni aucune autre loi ; — Rejette, etc.

(MM. *Renouard,* fais. fonct. de présid. ; — *Quenoble,* rapp. ; — de *Marnas,* 1er avoc. gén., concl. conf. ; — *Moutard-Martin* et *Fabre,* avoc.)

A annoter :

Au *Manuel des notaires* ; — note 57, n. 111 ; — note 105-5o, n. 42, 43.

ART. 2222.

ENREGISTREMENT. — VENTE. — RENTE VIAGÈRE. — RÉVERSIBILITÉ. — STIPULATION AU PROFIT D'UN TIERS.

Lorsqu'une vente est faite par plusieurs (deux époux), moyennant une rente viagère réversible en totalité sur la tête du survivant, cette clause de réversibilité ne donne pas lieu au droit de mutation lors de la transmission qui en résulte au profit du survivant, même dans le cas où le survivant n'avait aucun droit sur la chose vendue **(L. 22 frim. an VII, art. 11) — (A).**

(A) Du même jour, arrêt semblable, aff. Goutard C. Enregistrement, qui casse un jugement rendu par le Tribunal civil de la Seine, le 30 avril 1856 (même rapp., même avoc.-gén. et même avoc.).

Conf. : — Cass. (ch. civ. rej.) 29 janv. 1850, - J. art. 490 ; 16 mai 1854 ; 12 avril 1854, - J. art. 1613 ; et autres arrêts cités en note de l'art. 1613.

Comme on le voit, la Cour de cassation n'a point nié le caractère de libéralité renfermé dans la clause dont il s'agit, et elle n'a, en aucune façon, entendu soustraire cette clause à l'application des règles du droit civil, en matière de dispositions à titre gratuit. — Seulement, la clause doit tomber sous l'application de l'art. 11 de la loi du 22 frim. an VII, tout en restant en elle-même une véritable libéralité.

A la vérité, la solution est différente quand la stipulation de reversibilité s'applique non à une rente viagère stipulée comme prix d'une vente, mais à

(Garnier de Silly — C. — Enregistrem.)

Par acte du 29 mars 1836, les sieur et dame *Garnier de Silly* vendirent aux sieur et dame *Belgrand* divers immeubles « du chef des propres de M. *de Silly*... moyennant la rente annuelle et viagère de 11,250 fr., créée au profit et sur la tête de M. *Garnier de Silly* et de Mme *Fanny Berridge*, son épouse, laquelle rente sera servie, sans aucune réduction ni retenue, par chaque année, de six mois en six mois, et par moitié jusqu'au décès du survivant des vendeurs, époque à laquelle elle sera éteinte et amortie. »

Le sieur *de Silly* est décédé le 17 janv. 1853, laissant sa veuve pour légataire universelle en usufruit de tous ses biens. — Le droit de mutation par décès fut perçu sur la somme de 112,500 fr., formant le capital au denier dix de la rente viagère due par les sieur et dame *Belgrand*. — La dame *de Silly* en demanda la restitution, par le motif que la réversibilité de la rente viagère sur la tête du survivant des vendeurs, était une des conditions nécessaires du contrat de vente.

Un jugement du tribunal de Nantes, du 5 juill. 1855, maintint la perception.

Pourvoi de la veuve Garnier de Silly pour violation de l'art. 11 de la loi du 22 frim. an VII.

19 août 1857, arrêt de la Cour de cass. (ch. civ.), ainsi conçu :

LA COUR ; — Vu l'art. 11 de la loi du 22 frim. an VII ; — *Attendu* qu'aux termes de cet article, il n'est dû de droits distincts pour les diverses dispositions d'un acte qu'autant que ces dispositions sont indépendantes et ne dérivent pas nécessairement les unes des autres ; — *Attendu* que la constitution d'une rente viagère de 11,250 fr., au profit des époux *Garnier de Silly*, était le prix de la vente immobilière consentie par l'acte du 29 mars 1836 ; que ces deux dispositions corrélatives et dépendantes dérivaient nécessairement l'une de l'autre, et formaient, par leur réunion, un contrat unique de vente sur lequel le droit proportionnel a été perçu ; — *Attendu* qu'en condamnant la veuve Garnier de Silly à payer un second droit sur la rente viagère réversible et revenue sur sa tête, et qui formait le prix de cette vente, le jugement attaqué a violé l'article ci-dessus visé ; — Casse...

---

un *usufruit* retenu par un vendeur ou donateur. Mais on remarquera qu'il ne s'agit plus ici d'une charge ou d'un mode de fixation du prix d'une vente, mais de la transmission réservée et indépendante du bien vendu et donné. — V. nos observations en note de l'art. 1613.

(MM. *Bérenger*, présid. ; — *Lavielle*, rapp. ; — *De Marnas*, 1er avoc. gén., concl. conf. ; — *Mathieu-Bodet* et *Moutard-Martin*, avoc.)

A annoter :

Au *Manuel des Notaires :* — note 18, n. 428.

Au *Journal :* — art. 457 ; — art. 490 ; — art. 1613.

ART. 2223.

AUTORISATION MARITALE. — TIERS. — ADVERSAIRE. — ORDRE PUBLIC.

L'autorisation d'ester en justice, nécessaire à la femme mariée, doit être provoquée par la partie adverse, si elle n'a été donnée ni par le mari, ni par le Juge de son domicile. (C. Nap. 215, 218, 222) — (A).

Et c'est au juge saisi de la contestation à conférer incidemment cette autorisation. (C. proc. civ. 861) — (B).

L'autorisation d'ester en justice n'habilite la femme à interjeter appel, ou à défendre à un appel interjeté contre elle, que lorsque cette autorisation le déclare formellement. L'autorisation de PROCÉDER *et* SUIVRE SUR L'ACTION *n'est pas suffisante* (même art.) — (C).

La nullité tirée du défaut d'autorisation et frappant les jugements rendus avec une femme non valablement autorisée, est d'ordre public et peut être invoquée pour la première fois devant la Cour de cassation. (C. Nap. 215) — (D).

(Dame Picard — C. — Buchy et autres.)

18 août 1857, arrêt de la Cour de cassation (ch. civ.), ainsi conçu :

(A) *Conf.* : — Cass. ch. civ., 4 mars 1845.

Contrà : — Bordeaux, 11 août 1851, lequel arrêt décide que c'est à la femme elle-même à solliciter cette autorisation.

(B) Le mode d'autorisation réglé par l'art. 851 C. proc. civ., n'est pas applicable au tiers qui provoque l'autorisation. (Bordeaux 4 avril 1849, 3 mars 1851).

(C) *Conf.* : — Cass. ch. civ., 15 déc. 1847 ; Bordeaux, 3 mars 1851.

(D) *Conf.* : — Cass. ch. civ., 20 nov. 1854 ; cass. req. 15 déc. 1847.

Mais il en est autrement de la nullité des engagements contractés par la femme non autorisée. Cette nullité ne touche pas à l'ordre public et ne peut être proposée devant la Cour suprême qu'autant qu'elle a été demandée devant le Tribunal de première instance et la Cour d'appel. (Cass. req. 4 av. 1853.)

LA COUR; — Vu les art. 215, 218 et 222 C. Nap.; — *Attendu* que la femme mariée ne peut ester en jugement sans l'autorisation de son mari, ou, à son défaut, sans l'autorisation de la justice; d'où la conséquence que tout jugement ou arrêt rendu contre une femme mariée, non valablement autorisée, doit être annulé; — *Attendu* que cette nullité dérive d'un principe d'ordre public; d'où il suit qu'elle peut être invoquée pour la première fois devant la Cour de Cassation; — *Attendu* que ceux qui plaident contre une femme mariée doivent veiller à l'observation des lois qui exigent l'autorisation, puisqu'ils doivent savoir que, sans cette forme essentielle, les jugements à intervenir ne sauraient être valables; que si la femme ne s'est pas fait autoriser, c'est à la partie adverse de provoquer l'autorisation, et au juge saisi de la contestation de la conférer incidemment si elle n'a été donnée ni par le mari, ni, à son défaut, par le juge de son domicile; — *Attendu*, en fait, qu'il n'est justifié d'aucune autorisation applicable à l'instance introduite devant la Cour impériale de Rouen, sur l'appel interjeté par la femme *Picard* mère, du jugement du tribunal de la même ville, du 16 nov. 1855; — Que l'autorisation accordée à cette femme par le jugement du tribunal de Rouen, du 24 mai 1855, n'est pas de nature à être extensivement interprétée; que cette autorisation l'habilitait seulement à ester en justice, à l'effet de former devant ledit tribunal une demande en résolution de la donation dont il s'est agi au fond du procès; que si ce jugement ajoutait que la femme *Picard* était autorisée à procéder et suivre sur cette action, il ne résulte pas de ces expressions qu'elle fût formellement autorisée à l'avance à interjeter un appel qui pouvait n'être pas nécessaire, non plus qu'à ester éventuellement devant la Cour impériale sur une instance d'appel qui pouvait ne jamais exister et dont l'éventualité n'était pas même entrevue par le jugement du 24 mai 1855; — *Attendu* que, de ce qui précède, il résulte qu'en statuant sur l'appel de la demanderesse sans que celle-ci fût valablement autorisée, la Cour impériale a violé les lois ci-dessus visées; — Par ces motifs, casse l'arrêt rendu par la Cour de Rouen, le 7 mai 1856.

(MM. *Béranger*, présid.; — *Chégaray*, rapp.; — *de Marnas*, 1er avoc. gén., concl. conf.; — *Mimerel* et Hérold, avoc.)

A annoter :

Au *Manuel des Notaires*; — note 68, n. 76, 131.

ART. 2224.

CONTRAT DE MARIAGE. — MINEUR. — NULLITÉ. — RESCISION. — LÉSION.

Le contrat de mariage fait par un mineur, sans l'assistance des personnes dont le consentement était nécessaire à la validité de ce contrat, peut être annulé, quoique le mariage, frappé de la même cause de nullité, ne puisse plus être attaqué. (C. N. 183, 1398) — (A).

Et la prescription de l'action en nullité d'un tel contrat ne court pas entre les époux durant le mariage. (C. Nap., 2253.)

Les actes faits par le mineur sans l'observation des formes spéciales prescrites par la loi, sont nuls et non pas rescindables pour lésion. Ainsi, un contrat de mariage fait par un mineur qui n'a point été assisté comme il est dit ci-dessus, est nul pour vice de forme, et il n'y a pas lieu de rechercher si le mineur a été lésé. (C. Nap. 1398) — (B).

(Charra — C. — Cons. Charra.)

Le sieur *Charra* épousa, en 1818, la D[lle] *Ferrier*, alors mineure. Le mariage et le contrat de mariage dont il fut précédé, eurent lieu sans que la future, qui n'avait ni père ni mère, ni

---

(A) Il n'y a point, dans ce cas, indivisibilité (Cass. ch. civ. rej. 23 déc. 1856).

M. Troplong, *contr. de mar.*, *n.* 93 *et suiv.*, est, au contraire, partisan de l'indivisibilité du contrat de mariage et du mariage, et il en conclut que, dans le cas où le mariage et le contrat de mariage sont entachés des mêmes vices, la fin de non recevoir qui protège le mariage, protège aussi le contrat.

Cependant la Cour de cassation, par son arrêt du 23 déc. 1856, a assimilé le mariage et le contrat de mariage, au point de vue de la capacité des parties, en décidant que la faculté qui appartient au prodigue, pourvu d'un conseil judiciaire, de se marier sans l'assistance de ce conseil, comporte celle de consentir toutes les conventions et dispositions de futur à futur dont le contrat de mariage est susceptible.

La raison de différence dans ces deux décisions peut provenir de ce que la loi s'est montrée très-favorable aux fins de non recevoir qui consolident le mariage, et moins favorable aux contrats de mariage.

(B) Le mineur n'est restituable contre ses actes que lorsqu'il est lésé, par application de la maxime *restituitur non tanquam minor, sed tanquam læsus* (Cass. ch. civ., 19 fév. 1856; jug. de Péronne, 30 janv. 1857. J. art. 2202 et la note). Mais cette règle n'est pas applicable aux actes assujettis à certaines formes spéciales qui n'ont point été observées; à l'égard de ces actes la lésion n'est pas nécessaire. (Cass. ch. civ., 18 juin 1844.)

aucun autre ascendant, fût pourvue du consentement du conseil de famille. — Les époux avaient adopté le régime dotal.

Le mariage fut dissous en 1846, par la mort de la dame *Charra*, qui laissait quatre enfants. — En 1852, trois d'entre eux poursuivirent contre leur père la nullité de son contrat de mariage, en se fondant sur ce que leur mère y avait concouru, quoique mineure, sans autorisation du conseil de famille. Ils concluaient de là que les époux *Charra* avaient été communs en biens, et demandaient, en conséquence, que la moitié revenant à la succession de leur mère, dans la communauté, leur fût délivrée.

Le sieur *Charra* répondit que la fin de non-recevoir qui protégeait le mariage contre la nullité invoquée par les enfants (C. Nap. 183), couvrait également les conventions matrimoniales ; et que, dans tous les cas, ces conventions ne renfermaient, au préjudice de la dame *Charra*, aucune lésion dont son état de minorité lui permît de se faire relever (C. Nap. 1305).

Un jugement du tribunal d'Issengeaux, du 23 nov. 1852, déclara la demande des enfants *Charra* non recevable et mal fondée.

Mais, sur l'appel, arrêt de la cour de Riom, du 23 juin 1853, qui infirma ce jugement.

Pourvoi du sieur *Charra* : — 1° Violation des art. 160, 183, 185, 1125, 1398 et 1400 C. Nap., et fausse application de l'art. 1395 même code, en ce que l'arrêt attaqué a déclaré recevable, à l'égard du contrat de mariage, une action en nullité, qui n'était plus recevable à l'égard du mariage auquel elle était commune. — On a dit, à l'appui de ce moyen : que manquait-il, dans l'espèce, au contrat de mariage? Ce qui manquait au mariage : la capacité, l'âge compétent. Or, ce que le temps apporte à l'un, pourquoi ne l'apporterait-il pas à l'autre? L'intérêt social n'est-il pas aussi sacré que l'intérêt pécuniaire? La nullité du mariage, base de toute société morale, peut se couvrir, et la nullité du contrat de mariage, qui regarde des intérêts beaucoup moins respectables et élevés, ne se couvrirait pas, en même temps et par les mêmes raisons ; elle ne jouirait pas des mêmes immunités légales? Nous ne pouvons l'admettre ; le demandeur invoque l'opinion de MM. Duranton, t. 14, n° 9, et Troplong, Contr. de mar., n° 99, qui proclament l'indivisibilité du mariage et des conventions matrimoniales frappées de la même cause de nullité, et enseignent, sans hésiter, que si la nullité du mariage est couverte, la nullité du contrat de mariage l'est pareillement. —

L'ordre public est, en effet, intéressé, poursuit le demandeur, à ce que le contrat de mariage se consolide comme le mariage, et ne reste pas pendant toute la durée du mariage sous le coup d'une action en nullité qui peut, d'ailleurs, n'être pas exercée. Le contrat de mariage a profité de la ratification du mariage, parce qu'en ratifiant l'union conjugale, l'époux, du chef duquel existait la nullité, est nécessairement réputé avoir accepté le pacte nuptial qui l'a préparé.

2° Violation des art. 1305 et 1306 c. Nap., en ce que, dans tous les cas, le contrat de mariage litigieux devait être maintenu au fond, nonobstant la minorité de la future, par la raison que ce contrat, qui stipulait le régime le plus favorable à la femme (le régime dotal), n'était pas et ne pouvait pas être entaché de lésion, à son préjudice.

13 juillet 1857, arrêt de la Cour de cass. (ch. civ.), ainsi conçu :

LA COUR ; — Sur le premier moyen ; — *Attendu* que le mariage et le contrat de mariage, quoique liés intimement l'un à l'autre, n'étant point des actes du même ordre et de la même importance, ont chacun ses règles propres et particulières ; que les fins de non-recevoir établies par une faveur spéciale de la loi dans les art. 183 et suiv. C. Nap., pour mettre à l'abri de toute attaque l'union conjugale, ne protégent point le pacte relatif aux intérêts civils des époux contre l'action en nullité à laquelle il serait sujet de son côté, lors même que cette action procéderait d'une irrégularité commune aux deux actes, comme lorsqu'ils ont été faits sans le concours des personnes dont l'assistance était nécessaire pour habiliter l'un des conjoints, à raison de son état de minorité ; que si, dans ce cas, la nullité du mariage est couverte, dès qu'il s'est écoulé une année depuis que l'époux marié en minorité est parvenu à l'âge compétent, sans réclamation de sa part, il n'en est pas de même de la nullité des conventions matrimoniales ; que la femme, durant le mariage qui la soumet à la puissance maritale, n'a point la liberté d'opter entre le maintien ou l'annulation de ces conventions dans lesquelles son mari est partie intéressée ; et que la prescription de l'action en nullité du contrat de mariage, comme toute autre prescription, ne court point entre époux.

Sur le deuxième moyen ; — *Attendu* que, lorsqu'il s'agit d'un acte aussi important que le contrat de mariage, pour la validité duquel, en cas de minorité de l'un des futurs conjoints, la loi exige des formalités spéciales, telles que l'assistance d'un conseil de famille, l'absence de ces garanties légales suffit pour entraîner la nullité du contrat, sans qu'il soit besoin de rechercher si la partie mineure a été lésée; — Par ces motifs, rejette.

(MM. *Bérenger*, présid.; — *Quénault*, rapp.; — *Sévin*, avoc. gén., contl. conf.; — *Christophle* et Mathieu *Bodet*, avoc.)

A annoter :

Au *Manuel des Notaires*; — note 63, n. 296; — note 107, n. 76; — note 166-1° n. 31; — note 171-1° n. 1 et 23.

Au *Journal*; — art. 110; — art. 2202.

ART. 2225.

SUBSTITUTION PROHIBÉE. — CHARGE DE RENDRE. — DÉCÈS.

Le legs d'un immeuble, avec droit d'en jouir en pleine propriété, à la charge par le légataire de conserver cet immeuble pour une personne désignée, est entaché de substitution, et, dès lors, frappé de nullité, quoique l'époque de la remise de l'immeuble à cette personne ne soit pas indiquée, cette époque étant nécessairement celle de la mort du légataire, lequel a été investi sans limitation de temps de la jouissance en toute propriété de la chose léguée. (C. Nap. 896) — (A).

(Veuve et hérit. Formon — C. — époux Denécheau.)

Un arrêt de la cour d'Angers, du 5 avril 1856, avait, au contraire, décidé que le testament litigieux ne renfermait pas une substitution.

Pourvoi de la veuve et des héritiers *Formon*, pour violation de l'art. 896 C. Nap., en ce que l'arrêt attaqué considère comme un simple fidéi-commis, et non comme une véritable substitution défendue par cet article, un testament renfermant à la fois le legs en pleine propriété d'un immeuble au profit d'un premier légataire, puis la charge pour ce légataire de le *conserver* et de le rendre à un autre, charge qui, rapprochée du legs principal, laissait forcément au légataire le droit de garder jusqu'à sa mort la chose léguée, et de ne la rendre qu'à cette époque, d'où la conséquence que la double transmission et le trait de temps constitutifs de la substitution se rencontraient manifestement dans le testament litigieux.

(A) *Conf.* : Cass. req. 13 août 1856. Dans l'espèce jugée par cet arrêt, il était dit que le legs était fait pour jouir de la chose léguée en toute propriété et jouissance, mais que ce legs serait caduc et comme non avenu si le légataire mourait avant l'âge de 21 ans.

15 juillet 1857, arrêt de la Cour de cassation, (ch. civ.), ainsi conçu:

LA COUR;—Vu l'art. 896 C. Nap.;— *Attendu* que, s'il est de principe que les dispositions testamentaires ambiguës s'interprètent plutôt dans le sens qui tend à les valider que dans le sens qui tend à les détruire, il en est autrement lorsque les dispositions de l'acte sont claires, précises et non susceptibles d'interprétation; — *Attendu* que l'arrêt attaqué constate en fait que le testament de *Pinel de la Palun* contient une clause ainsi conçue: « Désirant témoigner ma reconnaissance à Joséphine *Gourdon* de l'amitié bien sincère qu'elle a toujours eue pour moi, et surtout la laissant enceinte, je veux qu'après ma mort elle jouisse en toute propriété de ma terre de la Crilloire. Je donne et lègue à Joséphine *Gourdon* la susdite terre, voulant qu'elle la conserve pour l'enfant à qui elle donnera le jour; » que de ces termes il résulte que le testateur a donné et a voulu donner à Joséphine *Gourdon* personnellement la terre de la Crilloire, qu'il a voulu qu'elle en jouît en toute propriété; qu'il ne l'a pas uniquement chargée de remettre cette terre à l'enfant dont elle était enceinte, et auquel il pouvait la donner directement; qu'il a si bien entendu donner cette terre à Joséphine *Gourdon*, qu'il lui impose l'obligation de la conserver pour l'enfant à qui elle donnera le jour; que si le testament n'indique pas à quelle époque la remise devra avoir lieu, il est évident que Joséphine *Gourdon*, qui, aux termes du testament, doit jouir en toute propriété de la terre de la Crilloire, a le droit, à défaut d'indication contraire, de continuer cette jouissance pendant toute sa vie, et n'est tenue à autre chose que de remettre, à sa mort, à son enfant l'objet légué qu'elle est tenue de conserver jusque-là; que cette disposition contenant charge de conserver et de rendre est nulle pour le tout, même à l'égard du légataire; — Qu'en décidant le contraire, l'arrêt attaqué a formellement violé l'art. 896 C. Nap.; —Casse, etc.

(MM. *Bérenger*, présid.;—*Grandet*, rapp.;—*Sévin*, av. gén., concl. conf.; — *Fabre* et *Béchard*, avoc.)

A annoter :

Au *Manuel des Notaires* :—note 73, n. 22.

ART. 2226.

PORTION DISPONIBLE.—NUE PROPRIÉTÉ.—RÉDUCTION.

L'art. 917 *C. Nap. qui, en cas de disposition, par acte entre-vifs ou par testament, d'un usufruit ou d'une rente viagère, ex-*

cédant la quotité disponible, veut que le réservataire exécute intégralement cette disposition ou fasse abandon de la pleine propriété du disponible, ne s'applique point aux dispositions de nue-propriété. (C. Nap., 913, 917).

Ainsi, un legs de nue-propriété d'une valeur supérieure à la quotité disponible doit être frappé de réduction, et non pas exécuté pour le tout ou transformé en un legs de la pleine propriété de cette quotité.

Dans ce cas, il doit être réduit, non à une nue-propriété équivalant au disponible, mais seulement à la nue-propriété des biens composant ce disponible. — (A).

(De Piennes—C.—Pinezon du Sel.)

7 juillet 1857, arrêt de la Cour de cassation (chamb. civ.), rendu après délibéré en chambre du conseil, et ainsi conçu :

LA COUR ; — Vu les art. 913, 920, 922 C. Nap. ; — *Attendu* qu'aux termes de l'art. 913, les libéralités soit par actes entre-vifs, soit par testaments, ne peuvent excéder la moitié des biens du disposant s'il ne laisse à son décès qu'un enfant légitime; que, d'après l'art. 920, les dispositions qui excèdent la quotité disponible sont réductibles à cette quotité lors de l'ouverture de la succession ; et qu'aux termes de l'art. 922, la réduction se détermine en formant une masse de tous les biens existant au décès du testateur, auxquels on réunit fictivement ceux dont il a été disposé entre-vifs, d'après leur état au décès du testateur ; — *Attendu* que de ces dispositions il résulte que, pour déterminer la réserve, les biens délaissés par le testateur doivent être considérés et évalués suivant leur consistance au moment du décès ; d'où la conséquence que, si la succession ne se compose que de valeurs en pleine propriété, l'héritier à réserve a le droit de retenir ou de se faire délivrer une quotité de ces valeurs en pleine propriété, proportionnelle à l'importance de son droit réservé ; qu'il ne peut être tenu de se contenter de valeurs en usufruit auxquelles on donnerait une évaluation distincte de la nue-propriété, afin de les lui attribuer comme constituant en tout ou en partie sa réserve ; qu'en effet, outre que le texte de la loi ne se prête nullement à un tel mode de formation de la réserve, rien ne serait plus contraire à la

(A) Il résulte de cette solution qu'il n'y a pas lieu de convertir un legs de nue-propriété en un legs de toute propriété. Le legs de nue-propriété se restreint à ce qui forme le disponible, sans pouvoir s'étendre à la toute propriété.

pensée du législateur, dont la volonté a été de soustraire à la libre disposition du testateur cette portion de ses biens afin de la conserver après lui aux héritiers de son sang et à leurs familles, but qui serait manqué si l'héritier réservataire pouvait être réduit à des valeurs transitoires et périssables comme l'usufruit;— *Attendu*, d'autre part, que l'héritier à réserve est saisi de plein droit par la mort de son auteur de tous les biens qui composent la succession, et que le droit universel de cet héritier s'étend à toutes les valeurs dépendant de l'hérédité, sauf celles que le testateur pourrait avoir détachées de la masse héréditaire par des dispositions expresses et valables; — *Attendu* que de la combinaison de ces principes on doit conclure que, si le testateur a légué particulièrement une valeur en nue-propriété tellement considérable que cette disposition ne puisse être exécutée sans entamer le droit de l'héritier à la pleine propriété de la portion de la succession que la loi lui réserve, ledit héritier est fondé à faire réduire le legs; qu'en exigeant cette réduction, l'héritier use d'un droit dont l'exercice ne peut être subordonné à aucune condition qui ne soit établie par la loi;—*Attendu* que l'art. 917 C. Nap. contient, pour le cas où la quotité disponible aurait été excédée par de simples libéralités en usufruit ou en rentes viagères, une disposition spéciale qui ne peut être étendue au cas différent et même inverse où la quotité disponible a été excédée par des libéralités en nue-propriété; — Et *attendu* qu'il est constant en fait: 1° que la veuve *de Thouaré* est morte laissant pour seule héritière sa fille unique, Jenny *de Thouaré*, femme *de Piennes*; 2° que, par son testament du 1er février 1852, la veuve *de Thouaré* a légué particulièrement aux mineurs *Pinezon du Sel* la nue-propriété de sa terre de la Gauvrière pour y réunir l'usufruit seulement au décès de la femme *de Piennes*, et que la testatrice a fait en outre divers legs aux filles *Robin*; 3° que, pour donner satisfaction au droit qui appartient à l'héritière réservataire de conserver moitié en pleine propriété des biens composant la succession de sa mère, il est nécessaire de réduire les legs, et notamment le legs de nue-propriété fait aux mineurs *Pinezon du Sel*; 4° qu'en cet état, les légataires ont prétendu ne consentir à délaisser à la femme *de Piennes* la portion d'immeubles nécessaire pour compléter moitié de la succession en pleine propriété, qu'à la condition que cette héritière renoncerait à l'usufruit de l'autre moitié;—*Attendu* qu'en présence de ces faits, la Cour impériale de Rennes, réformant en ce point le jugement du Tribunal de Nantes du 10 janvier 1853, a ordonné, par son arrêt du 3 août 1853, que la valeur spéciale et distincte de l'usufruit de la terre de la Gauvrière serait estimée par les experts commis, et que, par son arrêt du 27 février 1856, ladite Cour a décidé qu'au refus par la femme *de Piennes* d'accepter cet usufruit comme élément de sa réserve, ledit usufruit serait attribué aux légataires, et notamment aux mineurs *Pinezon du Sel*, légataires de la nue-propriété de l'immeuble de la Gauvrière ; — *Attendu*, dès lors, que la Cour impériale a subordonné l'exercice du droit de réduction appartenant à la femme *de Piennes* à une condition qui n'est pas établie par la loi ; que, par suite, elle a attribué aux légataires particuliers de divers corps certains parmi lesquels la nue-propriété d'un immeuble, l'usufruit de cet immeuble, usufruit qui ne leur est pas légué par la testatrice et qui est même expressément réservé à l'héritière par le testament ; — Qu'en le décidant ainsi, la Cour impériale a méconnu les principes de la matière et violé les lois ci-dessus visées ; — Casse....

(MM. *Bérenger*, présid. ; — *Chegaray*, rapp. ; — *de Marnas*, 1er avoc. gén., concl. conf. ; — *Bosviel* et *Beauvois-Devaux*, avoc.)

A annoter :

Au *Manuel des Notaires* ; — note 150, n. 91.

ART. 2227.

ENREGISTREMENT. — MUTATION PAR DÉCÈS. — DROIT DE SUCCESSION. — RENTES SUR L'ÉTAT. — TRANSFERT. — COLONIES.

L'obligation de déclarer les rentes sur l'Etat trouvées dans une succession et de justifier du paiement des droits de mutation pour que le transfert en puisse être opéré, ne s'applique qu'aux successions ouvertes en France. Elle n'est pas applicable aux successions ouvertes aux colonies, les lois relatives à cet impôt n'y ayant point été publiées. (L. 18 mai 1850, art. 7 ; L. 8 juil. 1852, art. 25) — (A).

(Enregistrement — C. — Veuve et héritiers Domergue.)

Le sieur *Ille de Le Maistre Sainte-Isle* est décédé à Saint-Pierre (Martinique) le 25 août 1851, après avoir légué aux six enfants de la dame *Domergue*, ses cousins issus de germains,

(A) *Contrà* : — Instr. gén. de la régie de l'enregistrement du 13 juin 1854. — J. art. 1747.

diverses rentes sur l'Etat français. — Lorsque les légataires voulurent faire transférer ces rentes en leur nom, on leur opposa l'art. 25 de la loi du 8 juillet 1852, qui exige la production d'un certificat constatant le payement des droits établis par l'art. 7 de la loi du 8 mai 1850, pour les mutations par décès d'inscriptions sur le grand-livre de la dette publique.

Les légataires *Lemaistre Saint-Isle* payèrent alors au bureau du premier arrondissement de Paris, le droit de mutation qui s'éleva à 40,173 fr. 10 c.—Mais quelque temps après ils réclamèrent la restitution de cette somme, en se fondant sur ce que les lois des 18 mai 1850 et 8 juillet 1852, sont sans application aux colonies.

Un jugement du Tribunal civil de la Seine, du 23 juillet 1856, ordonna la restitution du droit.

Pourvoi de l'administration de l'enregistrement, pour violation des art. 7 de la loi du 18 mai 1850 et 25 de celle du 8 juillet 1852, et fausse application de l'art. 93 de l'ord. du 31 déc. 1828, en ce que le jugement attaqué a refusé de soumettre au droit de mutation établi par les lois de 1850 et 1852 précitées la transmission par décès d'inscriptions de rentes sur l'Etat dépendant d'une succession ouverte aux colonies.

12 août 1857, arrêt de la Cour de cassation (ch. civ.), ainsi conçu :

LA COUR ;— *Attendu* que les colonies sont régies par des lois particulières ; que les lois de la métropole ne sont applicables aux colonies qu'autant qu'elles ont été promulguées sur leur territoire dans les cas et dans les formes voulues par la constitution ; —*Attendu* que l'ord. du 31 déc. 1828 formait, au moment où la succession dont il s'agit s'est ouverte, et forme encore la législation spéciale de la Martinique en matière d'enregistrement ; que cette ordonnance s'applique aux inscriptions de rentes sur l'Etat qui peuvent appartenir à des colons, puisqu'elle déclare en termes formels que ces inscriptions, leurs transferts et mutations, sont exempts de la formalité et du droit d'enregistrement ; que la loi du 18 mai 1850, qui soumet au droit d'enregistrement les mutations par décès et les transmissions à titre gratuit d'inscriptions de rentes sur l'État, et la loi du 8 juillet 1852, qui n'a pour but que d'assurer l'exécution de la loi précitée, n'ayant pas été promulguées dans les colonies, ne peuvent y recevoir aucune application ; — *Attendu* qu'en vain la régie prétend que les rentes sur l'Etat doivent être considérées comme biens situés en France et sont comme tels passibles des droits de mutation ; —

Attendu que les colonies font partie intégrante de l'empire français ; qu'il existe dans la colonie de la Martinique des bureaux d'enregistrement ; — *Attendu* qu'il résulte des lois des 18 mai 1850 et 8 juillet 1852 que, pour les successions ouvertes dans la métropole, la déclaration de mutation des rentes sur l'Etat doit être faite au bureau du domicile du décédé, et que c'est là que les droits doivent être payés ; que c'est également au bureau du domicile du décédé que devrait être faite la déclaration des rentes sur l'Etat dépendant d'une succession ouverte dans les colonies ; que c'est là que les droits devraient être payés ; et que là les parties se trouvent en présence de la législation spéciale et formelle qui exempte les inscriptions de rentes sur l'Etat du payement des droits de mutation ; — *Attendu* qu'en décidant qu'il n'était dû aucun droit de mutation à raison des rentes sur l'Etat dépendant de la succession *Domergue*, l'arrêt attaqué, loin de violer les lois invoquées à l'appui du pourvoi, en a fait au contraire une juste application ; — Rejette, etc.

(MM. *Bérenger*, présid. ;—*Grandet*, rapp. ;—*Sévin*, av. gén., concl. conf. ; *Moutard-Martin* et *Rendu*, avoc.)

A annoter :

Au *Manuel des Notaires* ; — note 192, n. 24 et 96.

Au *Journal* ; — art. 415, en marge de l'art. 7 de la loi ;—art. 1167, en marge de l'art. 25 de la loi ;—art. 1747.

ART. 2228.

ALIMENTS. — ASCENDANTS. — COLLATÉRAUX. — HÉRITIERS. — OBLIGATION PERSONNELLE.

L'obligation alimentaire établie par la loi entre les ascendants et descendants et leurs alliés n'est pas transmissible aux héritiers du débiteur, et notamment à ses héritiers collatéraux, quant aux arrérages postérieurs au décès du débiteur, alors même que les aliments seraient dus en exécution d'un jugement passé en force de chose jugée. (C. N. 205, 1351, 877)—(A).

Mais l'action formée, dans ce cas, contre une partie en sa

(A) *Conf.* : — Demolombe ; t. 4, n. 40 ; Dalloz, rec. périod., t. 33, 2, 48 ; Vergé et Massé sur Zachariæ, t. 1, p. 222, note 10.

Contrà : — Nancy, 15 nov. 1824 ; Amiens, 28 mai 1825 ; Cass. (ch. civ.) rej. 18 juillet 1809 ; id. ch. req., 12 décembre 1848 ; et presque tous les auteurs.

qualité d'héritière, *peut être subsidiairement intentée contre la même partie en son* nom personnel. (C. proc. civ., 342, 343).

(Veuve Pipet—C.—hérit. Pipet).

Un jugement du Tribunal civil d'Orléans, du 11 mars 1850, avait condamné le sieur *Pipet* père à payer à la femme du sieur Gustave *Pipet*, son fils, une pension alimentaire de 300 fr. par an. — Après le décès du sieur *Pipet* père, la dame Gustave *Pipet*, agissant comme créancière de la succession du défunt, intervint dans l'instance en liquidation de la succession, et actionna la veuve commune en biens, et ses enfants, en payement des arrérages de cette pension échus et à échoir ; subsidiairement, elle conclut à ce que la veuve *Pipet* mère fût condamnée personnellement à lui servir la même pension, en sa qualité d'ascendante par alliance de la demanderesse.

Le Tribunal civil d'Orléans accueillit les conclusions principales de la dame Gustave *Pipet* par un jugement du 30 mars 1855. Mais sur l'appel de la veuve et des héritiers *Pipet*, arrêt de la Cour d'Orléans, du 24 nov. 1855, qui infirme.

Pourvoi de la dame *Pipet* : — 1° Violation des art. 206, 586 et 877 C. Nap., en ce que l'arrêt attaqué a refusé de reconnaître la transmissibilité d'une dette d'aliments, résultant entre ascendants et descendants, d'un jugement de condamnation.

2° Violation des mêmes articles, en ce que, dans tous les cas, l'arrêt a écarté à tort la partie des conclusions de la demanderesse, relative aux arrérages échus au décès du débiteur. Ces arrérages étaient dus indépendamment de toute idée de transmission de la dette, et en vertu du principe que les fruits civils s'acquièrent jour par jour. (C. Nap. 586.)

3° Violation des art. 342, 343 et 473 c. pr., et fausse interprétation de l'art. 464 même code, en ce que la Cour d'Orléans a renvoyé la demanderesse à se pourvoir par action séparée à l'égard de ses conclusions subsidiaires, bien que leur connexité avec la demande principale leur permît de les porter devant le même tribunal et de les comprendre dans la même instance.

8 juillet 1857, arrêt de la Cour de cassation (ch. civ.), ainsi conçu :

LA COUR ; — Sur le premier moyen : — *Attendu* qu'aux termes des art. 205 et suiv. C. Nap., le droit de réclamer des aliments et l'obligation de les fournir n'existent qu'entre ascendants et descendants et leurs alliés ; qu'au-delà de ce degré l'obligation légale s'éteint avec le degré de parenté lui-même, et n'est pas transmissible de la ligne directe à la ligne collatérale ;— *Attendu* que ce principe ne peut recevoir exception au cas même où un jugement passé en force de chose jugée aurait, comme dans l'espèce, condamné l'ascendant à payer une pension alimentaire à sa belle-fille ; que s'il est vrai, en thèse générale, que les titres exécutoires contre le défunt le soient aussi contre les héritiers (art. 877), et qu'on soit censé stipuler pour soi et ses ayants-cause (art. 1122), la loi elle-même a pris soin d'ajouter.... « A moins que le contraire ne résulte de la nature de la convention ; » — *Attendu* que la convention ou le jugement qui en tient lieu et qui formait le titre de la demanderesse contre le défunt, était de nature à n'être exécuté que contre lui personnellement ; que ce jugement, en effet, ne créait pas le droit de la belle-fille à des aliments ; qu'il ne fit que le déclarer en constatant seulement les liens qui unissaient les parties et leur position respective ; que ces liens ayant été rompus par le décès de l'ascendant, le droit qu'ils avaient engendré a cessé lui-même ainsi que le titre qui en avait réglé l'exercice, l'effet ne pouvant survivre à la cause;—*Attendu* qu'en le déclarant ainsi et en déchargeant les parents collatéraux du service de la pension alimentaire imposée à l'ascendant, l'arrêt attaqué, loin d'avoir violé les art. 205 et suiv. C. Nap., et faussement appliqué l'art. 877 du même code, en a fait, au contraire, une juste application à la cause ;— Rejette ce premier moyen ;

Mais, sur le deuxième moyen ;—Vu les art. 586 et 877 C. Nap.: — *Attendu* que la demanderesse avait conclu en première instance et en appel, non-seulement à la continuation de la pension alimentaire, mais aussi au payement des arrérages de cette pension échue au décès de son beau-père ;— *Attendu* que ces arrérages qui s'acquéraient jour par jour étaient une dette ordinaire de la succession du beau-père, dette transmissible à ses héritiers selon les règles du droit commun parfaitement applicables ici ;— *Attendu*, dès lors, qu'en rejetant ce chef de conclusions subsidiaires, l'arrêt attaqué a expressément violé les articles ci-dessus visés ; qu'il y a donc lieu de le casser dans cette disposition ;

Sur le troisième moyen ; — Vu les art. 342, 343, 464 et 473 C. pr. civ. :—*Attendu* qu'il résulte de l'arrêt attaqué que, par exploit du 1er avr. 1854, la demanderesse forma contre les défendeurs deux actions bien distinctes, la première en continuation de la pension alimentaire à laquelle son beau-père avait été condamné, la seconde éventuelle et subordonnée à la première et tendant à faire condamner personnellement la belle-mère à une pension alimentaire de 300 fr. ;—*Attendu* que ces deux demandes alternatives furent renouvelées dans toutes les phases de la procédure en première instance et en appel, et jointes à l'instance principale en liquidation et partage ;— *Attendu* que le jugement de première instance qui avait accueilli la demande principale n'avait pas eu à statuer sur la demande éventuelle ; mais que la Cour qui avait réformé ce jugement et rejeté la demande première, devait nécessairement statuer sur la seconde régulièrement introduite et entretenue devant la Cour ; — *Attendu* néanmoins que l'arrêt attaqué a déclaré cette demande non recevable par l'unique motif que la première demande ayant été rejetée, la dame Gustave *Pipet* n'était plus créancière de la succession, et « que, cette qualité venant à disparaître, ses conclusions subsidiaires constituaient une action principale qui ne saurait se produire utilement au cours des opérations d'une liquidation, soit devant le premier, soit devant le deuxième degré de juridiction ; » en quoi ledit arrêt a violé les articles ci-dessus visés ; — Par ces motifs, rejette le premier moyen ; et, statuant sur le deuxième et le troisième moyen, casse et annule l'arrêt attaqué dans les deux chefs, objets de ces deux moyens seulement, etc.

(MM. *Bérenger*, prés. ;— *Lavielle*, rapp. ;— *de Marnas*, 1er av. gén., concl. conf. ;— *Beauvois-Devaux* et *Bosviel*, avoc.)

A annoter :

Au *Manuel des Notaires* ;— note 63, n. 389.

ART. 2229.

INTERDICTION.—PRODIGUE.—CONSEIL JUDICIAIRE.—DÉPENS.

Celui qui poursuit l'interdiction de son parent ne peut être considéré comme ayant succombé dans sa demande, et condamné aux dépens, quand la décision, tout en déclarant qu'il n'y a pas lieu à interdiction, nomme cependant au défendeur un conseil judiciaire. (C. Nap. 499 ; c. pr. civ. 130.) — (A).

(A) Par cette décision, la chambre civile repousse la doctrine contraire, admise par un arrêt de la chambre des requêtes, du 5 juillet 1837.

Dans l'affaire que nous rapportons, le demandeur n'avait point succombé. Son action avait produit un des résultats prévus par l'art. 499 C. Nap. Il n'est pas exact de dire que les conclusions à fin de nomination d'un conseil judiciaire, renfermées implicitement dans une poursuite en interdiction, constituent des conclusions accessoires à cette poursuite. L'une et l'autre demande ont plutôt un caractère alternatif qui fait que si l'une d'elles est accueillie, le procès est gagné, et que, dès lors, le demandeur ne doit point supporter les dépens.

(Biston—C.—Baugier.)

Le 21 mars 1855, M. *Biston* a provoqué l'interdiction, pour cause d'imbécillité, de son cousin M. *Baugier*.—Le conseil de famille, à la majorité de quatre voix y compris celle du juge de paix, qui le présidait, exprima l'avis qu'il n'y avait pas lieu à interdiction.

Après l'interrogatoire de M. *Baugier*, et une enquête sur les faits articulés par M. *Biston*, un jugement du Tribunal de Péronne, du 20 juin 1855, prononça l'interdiction de M. *Baugier*, et le condamna aux dépens.

Appel de M. *Baugier*, et, sur cet appel, arrêt de la Cour d'Amiens, du 19 janvier 1856, qui, contrairement aux conclusions du ministère public, infirme ce jugement, mais décide qu'un conseil judiciaire doit être donné au défendeur, et condamne M. *Biston* aux dépens.

Pourvoi de M. *Biston*, pour violation de l'art. 130 C. pr., en ce que l'arrêt attaqué a condamné le demandeur aux dépens des poursuites en interdiction par lui intentées contre M. *Baugier*, son parent, quoique ces poursuites aient abouti, sinon à l'interdiction, du moins à la nomination d'un conseil judiciaire, et qu'ainsi, le demandeur n'ait pas *succombé*, dans le sens de l'art. 130 C. pr., toute demande en interdiction renfermant implicitement celle en nomination d'un conseil judiciaire.

14 juillet 1857, arrêt de la Cour de de cassation (ch. civ.), ainsi conçu :

LA COUR ; — Vu les art. 130 C. pr. civ., 499 et 501 C. Nap.; — *Attendu* que la condamnation aux dépens d'un demandeur est la peine infligée au plaideur téméraire, qui succombe dans la demande qu'il a mal à propos intentée;—*Attendu* qu'on ne peut *réputer* tel le parent qui, aux termes de l'art. 490 du C. Nap., obéissant à un devoir de famille, et remplissant la mission que la loi lui confie, appelle la justice à examiner l'état mental du parent qu'il croit incapable de pourvoir lui-même à l'administration de sa personne et de ses biens ; et qui, par le résultat de sa poursuite et des preuves par lui fournies, a donné lieu à la mesure protectrice que la justice a cru devoir ordonner, dans l'intérêt du défendeur, en lui nommant un conseil judiciaire ;— *Attendu* que, soit qu'il y ait eu interdiction, soit qu'il y ait eu simple nomination de conseil, la poursuite a toujours eu sa raison d'*être*, puisque c'est grâce à elle que le défendeur reconnu incapable de veiller à ses intérêts sans l'assistance d'un conseil, en a été pourvu, et qu'il n'est pas vrai de dire alors que, réellement, le demandeur ait succombé dans l'exercice d'une action qui a produit un des résultats utiles prévus et réglés par l'article 499 C. Nap.; — *Attendu*, en effet, que, par la faculté laissée aux juges par cet article, comme suite de la demande en interdiction qui en a provoqué l'exercice, la loi répute bien, comme implicitement contenue dans la demande d'interdiction, celle en nomination de conseil, comme le moins est contenu dans le plus ; et il est si vrai que, dans l'un comme dans l'autre cas, il n'est pas dans l'esprit de la loi que le demandeur puisse être condamné aux dépens, que, soit qu'il y ait interdiction, soit simple nomination de conseil, selon la faculté laissée aux juges par l'art. 499 précité, l'art. 501, qui suit, charge également le demandeur en interdiction de lever et signifier ce jugement ou arrêt au défendeur ; et qu'il n'a pu être dans la pensée de la loi de charger ainsi le demandeur de faire des frais qui resteraient à sa charge, et de se reposer sur lui du soin de faire des diligences et des significations dont il aurait intérêt à s'abstenir ; — *Attendu* qu'il ne résulte d'aucune des énonciations de l'arrêt que le demandeur ait agi comme téméraire plaideur ; qu'il y ait eu, de sa part, mauvaise foi, ou légèreté, ou frais frustratoires ; — *Attendu*, dès lors, que l'arrêt attaqué, en condamnant aux dépens de l'instance principale et d'appel le demandeur, a faussement appliqué l'art. 130 C. pr. civ. et ouvertement violé les art. 499 et 501 C. Nap.;—Par ces motifs, Casse, etc.

(MM. *Bérenger*, présid. ; — *Alcock*, rapp. ; — *Sévin*, avoc. gén., concl. conf. ; — *Rendu* et *Labordère*, avoc.)

A annoter :

Au *Manuel des Notaires* : — note 74, n. 27 ; — note 120, n. 3.

ART. 2250.

COMPTE. — ARRÊTÉ DE COMPTE VERBAL. — OMISSION. — REDRESSEMENT.

Un arrêté de compte entre parties majeures n'est assujetti à aucune forme particulière, et peut résulter, notamment, d'un acte énonçant la somme qui, tous comptes réglés, en forme le reliquat. (C. pr. civ. 533) — (A).

(A—B) L'absence de compte écrit rend assurément difficile une articulation d'erreurs, omissions, faux ou doubles emplois. Mais les parties, en ne fixant pas dans un acte écrit les divers éléments de leur compte, se sont volontairement exposées à cette difficulté. La jurisprudence peut leur venir

Par suite, le rendant compte ne peut être astreint à reproduire ses comptes, pour qu'ils soient de nouveau discutés. Il ne peut y avoir lieu, conformément à l'art. 541 du C. proc. civ., qu'à une simple action en redressement d'articles déterminés du compte, pour erreurs, omissions ou double emploi. (C. proc. civ. 541)—(B).

(Mercier—C.—Préau.)

Le sieur *Leroy* avait chargé Me *Préau*, notaire, de diverses opérations qui avaient donné lieu à un compte que les parties arrêtèrent le 23 janvier 1851, par un acte ainsi conçu : « D'après tout compte réglé entre Me *Leroy* et moi, je suis resté devoir au 26 décembre dernier à celui-ci la somme de 600 fr. que je lui remettrai quand il voudra ; au moyen de ce règlement tous les comptes que nous avons eus jusqu'à ce jour demeurent nuls et sans effet. »

Ce reliquat fut soldé par Me *Préau*, ainsi qu'il résulte de plusieurs quittances, dont la dernière, en date du 30 novembre suivant, porte ce qui suit : « Me *Préau* m'a remis 75 francs pour solde de tout compte entre nous ; à ce moyen, Me *Préau* n'a plus aucuns fonds à moi.—Signé *Leroy*. »

Après le décès du sieur *Leroy*, la dame *Mercier*, sa mère et son héritière, demanda à Me *Préau* un compte exact de sa gestion et critiqua notamment quatre des articles d'un aperçu de compte dressé par ce notaire, et qu'elle avait entre les mains, mais sans signaler dans ces articles des erreurs, omissions ou doubles emplois. Me *Préau* opposa à l'action de la dame *Mercier*, l'arrêté de compte du 23 janvier 1851, la décharge définitive du 21 novembre suivant, et l'art. 541 C. pr. qui défend de procéder à la *révision* d'aucun compte, si ce n'est pour erreurs, omissions, faux ou doubles emplois, et à la condition, par conséquent, que les articles à redresser seront indiqués avec articulation de l'une de ces causes spéciales de *rectification*.

Un jugement du Tribunal d'Ancenis, du 27 avril 1855, déclara la demande de la dame *Mercier* mal fondée.

Sur l'appel des époux *Mercier*, arrêt de la Cour de Rennes, du 26 juillet 1856, qui confirme en adoptant purement et simplement les motifs des premiers juges.

---

en aide, en autorisant la production de toutes pièces et de tous moyens propres à justifier la demande en redressement. Les preuves *extrinsèques* seront alors admises (Cass. ch. civ., 26 novembre 1855), à la différence de l'hypothèse d'un compte écrit (Cass. req. 19 mars 1855).

Pourvoi du sieur *Mercier*, pour violation des art. 1325, 1993 et 541 C. pr., en ce que, d'une part, l'arrêt attaqué a repoussé mal à propos une action en reddition de compte dirigée contre un mandataire qui ne rapportait, comme règlement de compte de sa gestion, qu'un acte énonçant un simple reliquat, sans production d'aucun compte détaillé avec pièces justificatives, et en ce que, d'autre part, le même arrêt a, dans tous les cas, déclaré à tort l'action en redressement de ce compte non recevable, sous prétexte qu'aucun compte n'était fourni, les juges ne pouvant pas, tout à la fois, valider un compte *verbal*, et en subordonner la rectification à la représentation d'un réglement de compte *écrit*.

20 avril 1857, arrêt de la Cour de cassation (ch. req.), ainsi conçu :

LA COUR; — Sur l'ensemble du moyen tiré de la violation des art. 1325 et 1993 C. Nap. et 541 C. pr. : — *Attendu* que si tout mandataire doit rendre compte de sa gestion, et si cette obligation incombe, d'une manière plus rigoureuse, au mandataire salarié et surtout au notaire chargé d'un mandat de la part de ses clients, l'arrêt attaqué, loin d'avoir méconnu ces principes, en a fait l'application à la cause ; — Qu'en effet il est constaté, par cet arrêt, qu'à la date du 23 janv. 1851, tous comptes ont été réglés entre *Leroy* et *Préau*, et que celui-ci restait lui devoir une somme de 600 fr. ; que cette somme a été payée à *Leroy* en différents à-compte, ainsi qu'il résulte de plusieurs quittances, dont la dernière, en date du 30 nov. 1851, porte que *Leroy* a reçu 75 fr. pour solde de tout compte, et qu'à ce moyen Préau n'a plus aucuns fonds à lui ; — *Attendu* que les demandeurs en cassation n'indiquent aucun article de compte qui contiendrait des erreurs, omissions ou doubles emplois ; que sous ce rapport il est juste de dire que leur demande ne tend pas seulement à un simple redressement, mais à une révision de compte prohibée par l'art. 541 C. pr. ; — *Attendu*, au surplus, que l'arrêt ajoute qu'en admettant que les comptes continssent des erreurs ou omissions, il y aurait eu à cet égard transaction entre les parties ; — *Attendu* qu'en rejettant, dans ces circonstances, la demande des époux *Mercier*, la Cour de Rennes n'a violé aucun des articles de loi invoqués par le pourvoi ; — Rejette, etc.

(MM. *Nicias-Gaillard*, présid. ; — *Pécourt*, rapp. ; — *Blanche*, avoc. gén., concl. conf. ; — *Morin*, avoc.)

A annoter :

Au *Manuel des Notaires* ; — note 184, n. 20 et 37.

ART. 2231.

EFFETS DE COMMERCE. — PRESCRIPTION. — RECONNAISSANCE. — ACTE SÉPARÉ.

La reconnaissance de dette, par acte séparé, qui, en matière de billets à ordre, a pour effet de substituer la prescription trentenaire à la prescription de cinq ans, ne peut résulter que d'un titre nouveau émanant du débiteur et opérant novation. (C. comm. 189)—(A).

Ainsi, l'admission d'un billet à ordre au passif de la faillite du débiteur, ne changeant ni la nature, ni l'origine de la créance, n'équivaut pas à une reconnaissance de dette par acte séparé, et laisse, dès lors, cette créance sous l'application de la prescription de cinq ans qu'elle frappe seulement d'une interruption qui fait que l'action en paiement du billet est prescrite si elle est exercée plus de cinq ans après l'époque où les créanciers du failli sont rentrés dans l'exercice de leurs droits par refus de concordat ou déclaration d'inexcusabilité. (C. comm. 509, 539.)

(Carpentier—C.—Lefebvre.)

Le 23 août 1843, le sieur *Lefebvre* a été déclaré en faillite. — Le sieur *Carpentier* produisit à la faillite et y fut admis, les 16 oct. 1843 et 1er août 1844, pour le montant de billets à ordre protestés dont il était porteur. — Le sieur *Lefebvre* n'ayant point obtenu de concordat, et un jugement du 8 août 1844 l'ayant déclaré inexcusable, ses créanciers rentrèrent, à partir de ce jugement, dans l'exercice de leurs actions individuelles.

Le 5 sept. 1855, le sieur *Carpentier* poursuivit contre le sieur *Lefebvre* le payement de la créance résultant de ses billets. — Le défendeur opposa la prescription quinquennale, plus de cinq années s'étant écoulées depuis l'époque où le sieur *Carpentier* avait recouvré l'exercice personnel de son action. — Le sieur *Carpentier* répondit que son admission au passif de la faillite constituait une reconnaissance de la dette par acte séparé, qui avait eu pour résultat de rendre cette dette prescriptible seulement par trente ans.

Un jugement du tribunal de commerce de Rouen, du 8 février 1856, accueillant ce système, condamna le sieur *Lefebvre* au payement du montant des billets.

(A) *Conf.* : — Paris, 8 nov. 1855, et autres arrêts cités au *Manuel des Notaires*, note 97, n. 330.

Mais, sur l'appel, arrêt de la cour de Rouen, du 23 mai 1856, qui infirme.

Pourvoi du sieur *Carpentier*, pour violation et fausse application de l'art. 189 c. com. — L'admission d'une créance au passif d'une faillite, dit-on, est prononcée par une sorte de jugement spécial rendu avec la contradiction de toutes les parties intéressées et du débiteur lui-même. Ce jugement devient un titre unique et collectif pour toutes les créances comprises dans la même admission. Il opère donc une transformation que l'arrêt attaqué a mal à propos méconnue, en refusant de lui faire produire les effets d'une reconnaissance de dette par acte séparé, dans le sens de l'art. 189 c. com.

7 avril 1857, arrêt de la Cour de cassation (ch. req.), ainsi conçu :

LA COUR ; — *Attendu* qu'aux termes de l'art. 189 C. com., toutes actions relatives aux lettres de change et à ceux des billets à ordre souscrits par des négociants, marchands ou banquiers, se prescrivent par cinq ans, s'il n'y a eu condamnation, ou si la dette n'a été reconnue par acte séparé ; — *Attendu* que la reconnaissance par acte séparé, devant avoir pour effet de substituer à la prescription quinquennale la prescription de trente ans, ne peut résulter que d'un titre nouveau émanant du débiteur et opérant novation ; — *Attendu* que le créancier qui a fait admettre sa créance au passif de la faillite de son débiteur, et qui a même touché, par suite, des dividendes, n'est pas fondé à prétendre que par ce fait seul il y a eu novation à sa créance primitive ; — Que cette admission, faite sur son affirmation, n'a pour objet et pour résultat que de vérifier et confirmer la créance, sans en changer la nature et l'origine ; que, dès lors, l'arrêt attaqué, loin de violer l'art. 189 C. com., en a fait, au contraire, une juste application ; — Rejette, etc.

(MM. *Nicias-Gaillard*, présid. ; — *Férey*, rapp. ; — *Raynal*, avoc. gén., concl. conf. ; — *Avisse*, avoc.)

À annoter :

Au *Manuel des Notaires :* — note 97, n. 330 ; — note 130, n. 315, 444.

Au *Journal :* — art. 1372.

ART. 2232.

PORTION DISPONIBLE. — RÉSERVE LÉGALE. — AVANCEMENT D'HOIRIE. — PRÉDÉCÈS.

Le don en avancement d'hoirie fait à un successible décédé avant le donateur, et ne venant pas, dès lors, à la succession, doit être imputé, non sur la réserve à laquelle ce successible aurait eu droit, s'il avait survécu, mais sur la quotité disponible. (C. Nap. 913, 922) — (A).

Par suite, les libéralités ultérieures ne peuvent recevoir leur effet que sur le disponible resté libre après cette imputation.

(D.... — C. — L....)

Le sieur D.... s'est pourvu en cassation contre l'arrêt de la Cour de Grenoble, du 15 mai 1856, qui l'avait ainsi jugé, et que nous avons rapporté sous notre art. 2092.

Ce pourvoi était fondé sur la violation de l'art. 919 C. Nap. et sur la fausse application de l'art. 845 même code, en ce que l'arrêt attaqué a imputé sur la quotité disponible le don en avancement d'hoirie fait à un enfant prédécédé sans postérité, bien que, dans cette hypothèse, comme dans celle d'une renonciation à la succession, ce don ne fût pas susceptible d'une imputation qui entamât la quotité disponible, et enlevât ainsi au donateur la faculté d'en disposer jusqu'à concurrence de l'avancement d'hoirie.

23 juin 1857, arrêt de la Cour de cassation (ch. req.), ainsi conçu :

LA COUR ; — *Attendu* que la question à juger est de savoir si la donation faite par les époux D.... à la femme F...., leur fille, doit être imputée sur la réserve au préjudice de tous les héritiers, ou sur la quotité disponible au détriment de l'héritier préciputaire ; — *Attendu* que la femme F.... est décédée avant ses père et mère ; — *Attendu* que la réserve est une part de la succession, et que les personnes vivantes au décès ont seules droit à la succession et par conséquent à la réserve ; — *Attendu* que la dame F...., prédécédée, ne pouvait donc prendre part ni à la succession ni à la réserve ; que, dès lors, la donation qui lui avait été faite, ne pouvant être imputée sur sa part dans la réserve, puisqu'elle n'en avait pas, était nécessairement imputable sur la quotité disponible ; Que s'il n'en est pas de même en cas de re-

(A) *Conf.* : — Les arrêts cités en note de l'art. 2092. — *Dans le même sens*; — Troplong, donat., t. 2, n. 989 ; — Beautemps-Beaupré, de la portion disponible, t. 2, n. 870 et suiv.

Le don en avancement d'hoirie serait, au contraire, imputable sur la réserve, et laisserait libre la portion disponible, dans le cas de renonciation du successible donataire à la succession du donateur. (Cass. ch. civ., 23 juillet 1856 ; J. art. 2036.)

nonciation, cela tient à ce que l'enfant qui renonce n'en a pas moins été compté pour la détermination de la réserve à laquelle il a eu des droits, en quoi il diffère de l'enfant prédécédé, qui n'a n'a pas été héritier et qui n'a jamais eu aucun droit ;—Rejette, etc.

(MM. *Nicias-Gaillard,* présid.; — *Bayle-Mouillard,* rapp.; —*Raynal,* av. gén., concl. conf.;—P. *Fabre,* avoc.).

A annoter :

Au *Manuel des Notaires*; — note 150, n. 56.

Au *Journal*; — art. 2036; — art. 2092.

ART. 2233.

RÉGIME DOTAL.—REMPLOI.—CONSIGNATION.

L'acquéreur d'un immeuble dotal aliénable à charge de remploi est tenu de surveiller ce remploi, alors même que, faute de justification d'un remploi valable, il aurait, après offres réelles, déposé son prix à la caisse des consignations, et que le jugement qui a validé ses offres l'aurait déclaré libéré; une telle libération n'éteignant que l'obligation relative au paiement du prix, et non celle relative à la surveillance du remploi. (C. N. 1257, 1557.) — (A).

(Ronzier—C.—Descots.)

12 mai 1857, arrêt de la Cour de cassation (ch. req.), ainsi conçu :

LA COUR; — En ce qui touche la violation des art. 1257 et 1351 c. Nap. : — *Attendu* qu'il est constaté par l'arrêt attaqué que la portion du prix de l'immeuble acquis par les sieurs *Ronzier*, qui revenait à la dame *Descots,* ne pouvait, comme dotale, être payée à cette dernière qu'à la charge de remploi en immeubles; que, dans cette situation, à défaut par les époux *Descots* d'avoir trouvé un remploi convenable, les demandeurs avaient fait des offres réelles suivies de consignation de cette partie du prix, et obtenu un jugement, le 21 déc. 1853, passé en force de chose jugée, qui a déclaré leurs offres valables et les a déclarés libérés; — *Attendu* qu'il est également constaté que les époux *Descots* ayant trouvé un remploi ont, le 12 janv. 1855, sommé les demandeurs de venir reconnaître la validité dudit remploi et assister au retrait des sommes déposées; et que c'est sur le refus

---

(A). *Conf* : — Bordeaux, 4 fév. 1830. *Manuel des Notaires,* note 48, n. 8. *Contrà* : — Duranton, t. 15, n. 486;—Benech, du remploi, n. 60.

de satisfaire à ladite sommation que s'est engagée l'instance terminée par l'arrêt attaqué ; —*Attendu*, en droit, que l'arrêt attaqué a déclaré que les demandeurs en cassation avaient deux obligations à remplir, celle de payer leur prix, et celle de surveiller le remploi ; que s'il résulte des offres suivies de consignation et déclarées valables et suffisantes que les acquéreurs s'étaient libérés du prix, ils n'étaient, ni par la consignation ni par le jugement qui l'a suivie, affranchis de la seconde obligation ;— *Attendu* qu'en jugeant ainsi, l'arrêt attaqué n'a violé ni l'art. 1257 C. Nap., ni l'autorité de la chose jugée ; qu'en effet, les offres réelles suivies de consignation tiennent lieu de payement lorsqu'elles sont valablement faites ; mais que si l'obligation de veiller au remploi est corrélative au payement, elle a sa nature spéciale et doit être accomplie par le débiteur indépendamment du payement lui-même, de manière à ce que les droits de l'épouse dotale trouvent une garantie satisfaisante ; — Qu'il suit de ces principes que le jugement qui a validé les offres et déclaré les acquéreurs libérés, n'a rien statué sur la question du remploi et sur le devoir imposé en pareille matière aux débiteurs du prix. — *Rejette*.

(MM. *Nicias-Gaillard*, prés. ; — *Poultier*, rapp. ; — *Blanche*, avoc. gén., concl. conf. ;—*Béchard*, avoc.)

A annoter :

Au *Manuel des Notaires* ; — note 48, n. 8 ; — note 166-5°, n. 99.

ART. 2234.

TESTAMENT PAR ACTE PUBLIC. — DICTÉE. — PRÉAMBULE. — PROJET. — TÉMOINS INSTRUMENTAIRES. — PREUVE.

Un testament authentique est nul si son préambule n'a point été DICTÉ *par le testateur et* ÉCRIT *par le notaire, comme les autres parties du testament, et seulement* COPIÉ *par le notaire sur un projet écrit à lui remis par le testateur, quoiqu'il ne contienne l'expression d'aucune volonté testamentaire, et ne se compose, par exemple, que d'une profession de foi religieuse* (C. N. 971, 972, 1001)—(A).

(A) *Contra* : — Cass. (req.), 14 juin 1837 et 4 mars 1840.

La profession de foi religieuse n'ayant rien d'essentiel dans un testament, et un testament n'ayant pour but que la disposition des biens (C. Nap. 711, 893, 967), il nous semble que ce n'est point contrevenir à la loi, que de ne point appliquer à ce cas ses dispositions rigoureuses sur la dictée et l'écriture en présence des témoins.

Il en est ainsi alors même que ce préambule a été ECRIT *par le notaire, en l'absence des témoins instrumentaires.* (Mêmes art.)

Et quand les témoins entendus dans leurs dépositions, lors de l'enquête après admission de l'inscription de faux, déclarent que la dictée du testament a été omise, les juges ne peuvent valider néanmoins le testament, sous prétexte qu'il est possible que ces témoins aient entendu le mot DICTÉE *dans sa signification usuelle qui consiste à prononcer mot à mot, et non dans le sens plus large qu'a le même mot en matière de testament.* — (B).

(Hérit. Chaminade—C—hospices de Bordeaux.)

Le 8 août 1849, l'abbé *Chaminade* fit son testament devant Me *Gauthier*, notaire à Bordeaux. Il y était dit : « Le testateur a fait et dicté à Me *Gauthier*, en présence desdits témoins, son testament ainsi qu'il suit : Au nom de Dieu le Père, le Fils et le Saint-Esprit; au nom du Père qui m'a créé; du Fils qui m'a racheté de son sang ; de l'Esprit-Saint qui m'a donné l'abondance de sa grâce ; sous l'invocation de la très-sainte vierge Marie immaculée, mère de Jésus-Christ, mon sauveur, et de son auguste époux, saint Joseph, moi, Guillaume-Joseph *Chaminade*, prêtre, quoique indigne, de l'Eglise catholique dans le sein de laquelle j'ai toujours vécu, j'ai le vœu formel, la volonté expresse de mourir, par la grâce de Jésus-Christ, ai fait mon testament contenant mes dernières dispositions, lesquelles je veux être inviolablement remplies après mon décès, et que je consignerai ci-après. » — Après ce préambule, l'abbé *Chaminade* déclarait léguer tous ses biens aux hospices de Bordeaux. Puis le testament se terminait de la manière suivante : « Ce testament a été ainsi dicté par le sieur *Chaminade*, testateur, à Me *Gauthier*, notaire, qui l'a écrit en entier de sa main, tel qu'il lui a été dicté. Ledit notaire en a ensuite donné lecture au testateur qui a déclaré le bien comprendre et y persister, le tout en présence des témoins plus haut nommés. »

Trois des héritiers de l'abbé *Chaminade* s'inscrivirent en faux :

(B) Les juges ont un pouvoir discrétionnaire pour l'admission des moyens de faux. (Angers, 8 mars 1855 ; J. art. 1845).

Quant au sens du mot dictée, il est suffisamment expliqué dans les motifs de l'arrêt de la Cour de Bordeaux, objet du pourvoi, qui porte qu'il y a valable dictée du testament lorsque le testateur déclare sa volonté au notaire en présence des témoins, quelles que soient d'ailleurs les expressions dont le notaire s'est servi pour rendre cette volonté. — V. le *Manuel des Notaires*, note 152, n. 193.

1° contre la mention du testament qui énonçait que ce testament avait été dicté au notaire par le testateur; 2° contre celle qui énonçait que les témoins instrumentaires avaient été présents à toutes les opérations du testament.

Après admission de l'inscription de faux et enquête, un jugement du Tribunal de Bordeaux, du 5 mars 1855, valida le testament.

Appel par les héritiers Chaminade.

Le 6 août 1855, arrêt de la Cour de Bordeaux qui confirme en ces termes : — « Sur le moyen de faux pris de ce que trois des témoins n'auraient pas été présents à la confection du testament : —Attendu que *Bonafou*, l'un des témoins instrumentaires, dépose que les trois autres témoins arrivèrent successivement dans l'étude du notaire, pendant que Me *Gauthier* copiait le testament que lui avait remis le testateur;—Que *Boudier*, autre témoin instrumentaire, dépose que le notaire écrivait lorsqu'il arriva dans l'étude ; — Que *Renaud*, aussi témoin instrumentaire, dépose que, lorsqu'il arriva, le notaire écrivait ; — Qu'enfin le quatrième témoin instrumentaire dépose que lorsqu'il rentra dans l'étude, le notaire écrivait le testament ; — Que l'unanimité de ces dépositions donne la certitude que le corps entier d'écriture qui compose le testament n'a pas été écrit en présence des témoins ; mais qu'il faut distinguer dans l'acte testamentaire ce qui en forme le préambule de ce qui constitue les dispositions du testateur ;—Que la présence des témoins est requise pour garantir que le notaire exprimera exactement les volontés manifestées par le testateur ;—Que le testament serait donc nul si les témoins n'étaient pas présents à l'acte à partir du moment où le donateur dicte sa volonté ; mais que la présence des témoins au moment où le notaire écrit le préambule de son acte serait sans aucune utilité ; que leur absence à ce moment ne peut donc pas être une cause de la nullité du testament ; — Que le préambule du testament de *Chaminade* qui contient une profession de foi religieuse est plus étendu que ne le sont ordinairement les préambules des testaments ; — Qu'il se peut que ce fût ce préambule que le notaire écrivait lorsque les témoins sont arrivés dans son étude ;—Que le fait attesté par les témoins n'est donc pas inconciliable avec la présence simultanée des témoins au moment de la dictée et de l'écriture des dispositions du testateur ; que, par conséquent, le moyen de faux n'est pas justifié ; — ... *Attendu* sur le fait allégué, que le notaire aurait copié un projet de testament à lui remis par le testateur, que *Bonafou*, l'un des témoins instrumentaires, dépose qu'il accompagna le testateur chez le notaire; que le testateur, après avoir expliqué sa volonté au notaire, lui remit un projet de testament; que le même témoin ajoute que le notaire copia le testament; — Que *Brut*, autre témoin instrumentaire, dépose que lorsqu'il entra dans l'étude, le notaire transcrivait le testament; que dans les papiers du testateur il a été trouvé un projet littéralement conforme au testament écrit par le notaire; que l'on doit donc tenir pour certain que le testament a été copié sur un projet remis au notaire; mais que ce fait n'est pas exclusif du fait de la dictée; — Que rien dans la loi ne s'oppose à ce que le notaire transcrive un projet de testament, si d'ailleurs ce projet exprime exactement la volonté exprimée oralement par le testateur; — *Attendu*, sur la manière dont les témoins instrumentaires rapportent que la confection du testament aurait eu lieu, que *Boudier*, premier témoin de l'enquête, dit que le notaire écrivait lorsqu'il arriva; que lorsque le notaire eut fini d'écrire, il lut le testament; — Que *Renaud*, deuxième témoin de l'enquête, dit que, lorsqu'il entra, le notaire écrivait, que lorsqu'il eut fini d'écrire, il s'approcha du sieur *Chaminade* et lut le testament; — Que *Brut*, quatrième témoin de l'enquête, dit que lorsqu'il entra dans l'étude, le notaire transcrivait le testament, que lorsqu'il eut fini, il lut le testament; — Que *Bonafou*, troisième témoin, dit qu'il arriva chez le notaire avec le sieur *Chaminade*; que le sieur *Chaminade* expliqua ses désirs au notaire; qu'il lui remit son projet de testament; que Me *Gauthier* copia le testament, lut la minute au sieur *Chaminade* et l'engagea à signer; — Que de ces dépositions on pourrait induire que la dictée n'aurait pas eu lieu, puisque *Boudier*, *Renaud* et *Brut* déclarent que le notaire écrivait lorsqu'ils entrèrent dans l'étude; qu'aucun d'eux ne dit que le notaire se fût interrompu pour laisser le testateur manifester sa volonté, et que les quatre témoins disent que lorsque le notaire eut fini d'écrire le testament, il en fit la lecture; — Mais que ce raisonnement par voie d'induction n'est pas concluant; — Qu'il tire toute sa force du silence gardé par les témoins sur le fait de la dictée; — Que ce silence ne peut être une preuve juridique que la dictée n'a pas eu lieu, cette dictée étant prouvée par le testament lui-même; — *Attendu*, sur les dépositions qui tendraient à prouver l'omission de la dictée, que le témoin *Renaud* dit que le sieur *Chaminade* n'a rien dicté en sa présence;... qu'il ne reste comme preuve directe du défaut de dictée que la déposition de *Renaud*; que la signification usuelle du mot *dictée* consiste à prononcer mot à mot un discours qu'une autre personne est chargée d'écrire; que le mot *dictée* en matière de testament public n'a pas cette signification précise ; qu'il y a valable dictée du testament lorsque le testateur a déclaré sa volonté au notaire en présence de témoins, quelles que soient d'ailleurs les expressions dont le notaire s'est servi pour rendre cette volonté; qu'il se peut très-bien que le témoin ait entendu le mot *dictée* dans le sens usuel de ce mot, et qu'il serait trop hasardeux d'admettre comme chose certaine qu'il l'a entendu dans son sens légal; qu'il serait même imprudent d'admettre que, déposant cinq ans après la confection du testament, le témoin ait pu avoir un souvenir précis de l'omission de la dictée, alors qu'il ne rapporte aucune circonstance qui lui ait fait remarquer cette omission au moment de l'acte ;— Que de l'examen qui précède, il résulte que le deuxième moyen de faux n'est pas prouvé. »

Pourvoi des quatre héritiers *Chaminade*, pour violation des art. 971, 972 et 1001 C. Nap., en ce que l'arrêt attaqué, tout en reconnaissant qu'il résultait de l'enquête que le préambule du testament de l'abbé Chaminade n'avait point été dicté par le testateur, et qu'il avait été écrit hors la présence des témoins, a cependant validé ce testament, sous prétexte, d'une part, que le préambule dont il s'agit n'était assujetti ni à cette idée, ni à cette présence, et par le motif, d'autre part, que les témoins avaient pu, en tous cas, se méprendre sur le sens légal du mot dictée, qui ne signifie pas, en matière de testament, prononcer mot à mot un discours qu'un autre est chargé d'écrire, mais a une signification plus large, à laquelle il est possible que les témoins n'aient point fait allusion.

27 avril 1857, arrêt de la Cour de cassation (ch. civ.), ainsi conçu :

LA COUR; — Vu les art. 971, 972 et 1001 C. Nap.; — *Attendu* que le testament est un acte essentiellement solennel ;— Que, si manifeste que soit la volonté d'un testateur, cette volonté n'existe légalement que quand elle se produit revêtue de toutes les formes prescrites par la loi ;—Que c'est ainsi qu'un testament reçu par un notaire est nul, s'il n'a pas été dicté par le testateur et écrit par ce notaire, en présence des témoins ; — *Attendu* que l'arrêt attaqué admet comme certain : 1° que le corps entier d'écriture qui compose le testament de l'abbé *Chaminade* n'a pas été écrit par le notaire en présence des témoins; 2° que ce testament a été copié par le notaire sur un projet qui lui avait été remis par le testateur ; — *Attendu* que l'admission de ces faits entraînait invinciblement l'annulation dudit testament ; — Que cependant l'arrêt attaqué en a décidé autrement, en se fondant, notamment, sur ce qu'il était possible que les témoins instrumentaires fussent arrivés pendant que le notaire écrivait le préambule du testament; sur ce que la profession de foi religieuse dont se compose ce préambule, distincte et indépendante du testament qui la suit, n'était point assujettie aux mêmes formalités; enfin, sur ce qu'il était possible que l'un des témoins instrumentaires (celui qui avait affirmé plus nettement encore que les autres que le testament avait été copié par le notaire et non dicté par le testateur) se fût trompé sur le sens légal du mot *dictée*;—*Attendu* qu'en faisant ainsi prévaloir sur les certitudes par lui admises des possibilités prises hors des enquêtes, hors des faits de la cause, et, plus spécialement, en considérant comme affranchie de la dictée en présence des témoins une profession de foi religieuse sous l'invocation de laquelle a été fait ce testament, et qui en forme une partie intégrante, l'arrêt attaqué a méconnu la solennité des formes auxquelles est subordonnée l'existence légale d'un testament, et a, par suite, violé les articles précités;—Par ces motifs, Casse, etc

(MM. *Bérenger*, prés.; — *Quenoble*, rapp.; — *de Marnas*, 1er av. gén., concl. conf.; — *Bosviel*, *Mathieu-Bodet* et *Frignet*, avoc.)

A annoter :

Au *Manuel des Notaires*;—note 152, n. 190, 193, 276.
Au *Journal*;—art. 1845.

ART. 2235.

FILIATION NATURELLE.—POSSESSION D'ÉTAT.—PREUVE.—SERMENT.

L'enfant naturel n'est recevable à administrer la preuve testimoniale aux fins d'être admis à prouver les faits constitutifs de la possession d'état, qu'autant que, soutenue d'un commencement de preuve par écrit, elle porte sur les deux faits matériels de l'accouchement de la mère et de l'identité de l'enfant. (C. Nap. 320, 321, 341)—(A).

Dans un tel cas, le serment ne peut être déféré aux héritiers de la prétendue mère, dans le but d'établir l'identité du réclamant avec l'enfant dont cette femme est accouchée. (C. Nap. 341, 1359)—(B).

(A) *Dans le même sens*: — Cass. (ch. civ.), 17 fév. 1841; J. art. 760; — Metz, 28 juin 1855.

(B) L'art. 341 n'admettant d'autre preuve, à défaut de documents écrits,

(Veuve Gardères — C. — Izac).

24 juin 1857, arrêt de la Cour de de Pau (aud. solenn.), ainsi conçu :

LA COUR ; — *Attendu*, en fait, que Charles-Casimir *Gardères* a été qualifié, dans son acte de naissance, de fils de père et de mère inconnus ; que, par conséquent, il n'a pas de titre à la filiation naturelle de Jeanne-Daunine *Gardères* ; — *Attendu*, en droit, que le législateur a distingué les preuves de la filiation légitime des preuves de la filiation naturelle ; que, pénétré du grand intérêt de la société, qui ne vit que par l'organisation de la famille, il a accordé à l'enfant légitime toute sa faveur et tous les moyens d'établir son état ; qu'à défaut de titres, il l'a admis à prouver la possession de cet état par des moyens avoués par la justice et la morale ; que c'est ainsi que la possession d'état se compose des relations avec la famille, du nom que l'on a porté et de la position faite à l'enfant par la commune renommée ;

Attendu que, pour la filiation naturelle, le législateur a établi des règles différentes ; qu'il a compris le danger des réclamations qui viendraient porter le trouble au sein de la société, en même temps que le scandale, qui seraient fondées sur le désordre des mœurs de la mère ; qu'il fallait surtout éviter qu'à l'aide d'équivoques et au moyen d'une preuve testimoniale sujette à la corruption et à l'erreur, on pût donner à des enfants des titres qui ne leur appartenaient pas ; qu'en décidant que l'enfant naturel n'a pas de famille, la loi lui a ôté les moyens de créer une possession d'état que sa position repousse ; qu'aussi elle a placé les droits de l'enfant naturel sous un titre spécial, dont les dispositions peuvent seules être consultées ;

Attendu que le Code Napoléon, au titre des successions irrégulières, porte que la recherche de la paternité est interdite, sauf dans le cas exceptionnel qu'il détermine (art. 340) ; que pour preuve de la maternité naturelle, il admet, en principe, l'acte de naissance (art. 334), et, à défaut de cet acte, la preuve de l'accouchement de la mère et de l'identité de l'enfant, mais dans le cas seulement où il existe déjà un commencement de preuve par

---

que les témoignages oraux appuyés d'un commencement de preuve par écrit, exclut par là les déclarations faites sous la foi du serment.

Il existe cependant deux arrêts qui ont de l'analogie avec celui que nous rapportons, mais dans un sens opposé, l'un de la Cour de Paris, du 27 juin 1812, et l'autre de la Cour de Metz, du 21 juin 1853, qui ont décidé que le fait de la filiation naturelle peut être établi par la reconnaissance qu'en ont faite les héritiers légitimes (les collatéraux).

écrit; que les dispositions de l'art. 341, ainsi que toutes celles du titre des Successions irrégulières, sont exclusives de la possession d'état, comme preuve de filiation des enfants naturels; qu'en consultant les discussions qui ont eu lieu pour la promulgation du Code Napoléon, on voit que la possession d'état n'a été admise que dans l'intérêt des enfants légitimes; qu'en effet, deux sections diverses ont été formées pour distinguer la filiation légitime et la filiation naturelle, qui ne sont établies ni par les mêmes moyens ni par le même ordre de preuves; que, dès lors, on ne saurait, dans l'espèce, admettre ce moyen avec tous les dangers et tout le scandale qu'il entraîne;

Attendu qu'à défaut de possession d'état, on invoque un commencement de preuve par écrit, et l'on demande l'admission d'une preuve testimoniale;—*Attendu* que le commencement de preuve par écrit n'existe pas; que le testament dont on excipe est un acte solennel par lequel Jeanne-Daunine *Gardères*, à son lit de mort, proteste contre la maternité qu'on veut lui attribuer; que, partant, faute de commencement de preuve par écrit, on ne peut invoquer les dispositions de l'art. 341 C. Nap.;—*Attendu* que la preuve testimoniale offerte ne porte pas sur l'accouchement de Jeanne-Daunine Gardères et sur l'identité de l'enfant qui serait provenu de ses œuvres; que dans les divers actes signifiés on a fixé des dates différentes au prétendu accouchement, sans offrir d'en prouver l'existence; que la preuve n'est pas davantage pertinente en ce qui touche l'identité de l'enfant; et que les faits articulés ne sont que des témoignages de bienveillance qui prêtent à toutes les interprétations, etc.;—Par ces motifs et ceux des premiers juges, qu'elle adopte;—Sans s'arrêter à l'offre de preuves, et la rejetant comme inadmissible, démet Marie-Louise *Larrabée*, veuve de Charles-Casimir *Gardères*, en la qualité qu'elle agit, de l'appel, etc.

(MM. *Amilhau*, 1er présid.;—*Lespinasse*, avoc. gén., concl. conf.;—*Daguerre* et *Bouvet*, avoc.)

A annoter:

Au *Manuel des Notaires*; — note 144, n. 422;—note 213, n. 140.

Au *Journal*; — art. 760.

ART. 2236.

SERVITUDE.—MUR MITOYEN.—EXHAUSSEMENT.

L'obligation, contractée par un propriétaire envers son voisin, de construire, A UNE HAUTEUR DÉTERMINÉE, *un mur de clôture qui sera mitoyen entr'eux, n'implique point l'établissement d'une servitude* altius non tollendi *au profit du voisin, et, dès lors, si elle ne permet pas que le mur soit construit à une moindre hauteur, elle ne fait point obstacle à ce qu'il soit élevé à une hauteur plus grande.* (C. Nap. 658, 686).—(A).

(Béraud—C.—Moulin).

28 juillet 1856, arrêt de la Cour Imp. de Lyon (4e ch.), ainsi conçu :

LA COUR ; — *Attendu* que la veuve *Déchaudon*, en passant vente à *Moulin* d'une partie de sa propriété, par contrat de 1808, a stipulé que l'acquéreur construirait à ses frais un mur de clôture qui serait mitoyen, et dont la hauteur s'élèverait à 1 mètre 625 millimètres ; — *Attendu* que s'il résulte clairement de cette stipulation qu'il n'était pas permis à l'acquéreur de construire à une moindre hauteur, il n'en résulte ni expressément ni implicitement qu'il lui fût interdit d'élever le mur à une hauteur plus grande ; — *Attendu* que la servitude *non altiùs tollendi* ne dérive pas nécessairement de l'obligation imposée à l'une des parties, dans un intérêt commun, de construire jusqu'à une hauteur déterminée ; que, dans l'espèce, pour qu'une telle interdiction pût être efficace, il aurait fallu interdire à *Moulin* la faculté de bâtir sur son propre terrain, puisque toute construction placée à proximité du mur mitoyen aurait été aussi funeste à *Béraud* que la surélévation de ce mur, et qu'une telle servitude n'eût pu être établie sans une stipulation formelle ;

Attendu qu'en l'absence d'une clause prohibitive, *Moulin* a puisé dans l'art. 658 C. Nap. le droit d'exhausser le mur mitoyen, sans autre limite que celle de son intérêt personnel ; — *Attendu* que ce mur a été construit et exhaussé par *Moulin*, en présence des auteurs de Béraud, sans opposition ni protestation, qu'aucun trouble n'a été apporté à sa possession pendant plusieurs années successives et jusqu'à l'acquisition faite par *Béraud* ; que ces circonstances tendent à démontrer que la commune intention des parties contractantes n'avait pas été méconnue ; — *Attendu* enfin que, dans le doute, la convention s'interprète contre celui qui a stipulé et en faveur de celui qui a contracté l'obligation ; que cette disposition de l'art. 1162 C.

(A) *Dans le même sens* : — Cass. (ch. civ.), 31 juillet 1855, portant que celui qui ne s'est pas formellement interdit de bâtir, sur un terrain, peut y élever des constructions, quand même elles masqueraient la maison du voisin.

Nap. a été rendue plus spécialement applicable au contrat de vente, par l'art. 1602 du même Code, où il est dit que tout pacte obscur ou ambigu s'interprète contre le vendeur; qu'en conséquence, et s'il y avait réellement obscurité, la convention devrait être interprétée contre *Béraud*; — Par ces motifs, dit qu'il a été mal jugé; réformant, renvoie *Moulin* de la demande de *Béraud*, etc.

(MM. *Valois*, présid.;—*Perras* et *Margerand*, avoc.)

A annoter :

Au *Manuel des Notaires*; — note 41, n. 37.

ART. 2257.

NOVATION. — COMPTE COURANT. — HYPOTHÈQUE.

Lorsqu'un créancier comprend, sans réserve, le montant de sa créance dans un compte courant existant entre lui et son débiteur, ce fait frappe cette créance de novation, et, par suite, entraîne l'extinction de l'hypothèque qui y est attachée, surtout quand elle y figure comme produisant, non plus les intérêts primitivement stipulés à 5 p. 100, mais l'intérêt à 6 p. 100, comme toutes les autres créances comprises dans le compte (C. Nap. 1271-1°). — (A).

(Synd. Malherbe — C. — Zil des Iles.)

En 1847, des relations s'établirent entre le sieur *Malherbe*, marchand quincaillier à Verneuil, et le sieur *Zil des Iles*, banquier dans la même ville. Le premier négociait les valeurs de son commerce au second, qui lui faisait des remises en espèces. De là l'ouverture d'un compte courant, d'après lequel le sieur *Malherbe* devint successivement débiteur envers *Zil des Iles*, en janvier 1848, de 2,809 fr. 90 c.; — Au 30 avril suivant, de 6,017 fr. 06 c.; — et au mois d'août, de 4,713 fr. 49 c.

(A) En principe, lorsque des parties consentent réciproquement à faire entrer dans un compte courant des valeurs ou créances déterminées, c'est ce compte courant qui est désormais leur titre, et par suite, les créances qui y sont portées sont frappées de novation. — Mais la novation ne s'opère pas nécessairement. Les parties peuvent manifester leur intention de laisser subsister, tout en les faisant figurer dans un compte courant, certaines créances avec les garanties qui y sont attachées.

C'est dans ce sens que s'est prononcée la cour de cassation (ch. req.) le 16 mars 1857, en décidant que, en pareil cas, il n'y a pas novation s'il est constaté que les parties n'ont pas eu l'intention d'opérer novation.

Par acte notarié du 16 août 1848, *Malherbe* souscrivit, au profit de *Zil des Iles* une obligation hypothécaire par laquelle il se reconnaissait débiteur d'une somme de 5,000 fr., pour prêt de pareille somme à lui fait pour employer à ses besoins et affaires, et remboursable dans le délai de 6 mois sans intérêts, parce que, dans le cas où la libération n'aurait pas lieu à l'expiration de ce délai, l'intérêt courrait à raison de 5 p. 100 l'an jusqu'au remboursement. — Inscription fut prise le 18 août.

Malherbe ne se libéra point dans le délai fixé. Néanmoins, les opérations continuèrent entre les parties, et dans les divers comptes courants qui furent successivement arrêtés et délivrés par *Zil des Iles*, il fit figurer au crédit de *Malherbe* l'obligation de 5,000 fr., et ce jusqu'au mois de déc. 1855, époque à laquelle le compte se balançait en faveur du banquier par 6,979 fr. 43 c., représentés par des valeurs demeurées impayées du sieur *Malherbe*. — On remarquait que dans plusieurs des comptes arrêtés entre les deux époques du 16 août 1848 et de fin déc. 1855, la balance en faveur de *Zil des Iles* avait été plusieurs fois inférieure à 5,000 fr., chiffre de l'obligation hypothécaire.

A la fin de janv. 1856, le sieur *Malherbe* fut constitué en état de faillite. — Quelque temps après, *Zil des Iles*, agissant en vertu de l'obligation hypothécaire du 16 août 1848, entame des poursuites de saisie immobilière. — Opposition de la part du sieur *Dubos*, syndic.

Jugement du tribunal civil d'Evreux, qui statue en ces termes: —Vu les art. 1271 à 1273 C. Nap.; — *Attendu* que ni la novation ni le payement allégués par le syndic de la faillite *Malherbe* ne sont établis; — Que, loin de là, il résulte des faits et circonstances de la cause que l'intention de *Zil des Iles* a été de réserver intact le bénéfice de l'obligation notariée du 16 août 1848; — Déclare mal fondée l'opposition du syndic aux poursuites de *Zil des Iles*, et ordonne la continuation des poursuites.—Appel par le syndic.

18 déc. 1856, arrêt de la Cour imp. de Rouen, rendu après partage, et ainsi conçu :

LA COUR; — *Attendu*, en fait, que l'obligation notariée de 5,000 fr., portant intérêt à 5 p. 100, est entrée, à la date du 15 mars 1851, dans le compte courant établi à nouveau entre les parties; — Qu'elle en est devenue l'un des éléments pour en subir tous les mouvements et toutes les fluctuations; — Qu'en effet, à partir de cette époque, les intérêts ont été changés et portés sur les balances du compte au taux commercial pour être capitalisés tous les six mois et produire de nouveaux intérêts; — Qu'ainsi l'obligation une fois entrée dans ce compte, sans réserve pour sa nature et son caractère, a nécessairement perdu l'un et l'autre pour ne plus être qu'un des éléments du compte; — Que l'hypothèque n'a point été consentie pour garantir le résultat éventuel du compte courant; — Mais qu'au contraire, c'est bien l'obligation elle même qui est entrée dans le compte pour en subir toutes les influences, — Qu'il s'ensuit que cette obligation a changé de nature; — Que ce titre est maintenant dans le compte courant, et que le titre primitif a disparu avec toutes ses conséquences; — Qu'il y a donc une véritable novation; — Par ces motifs, réforme; dit que le titre du 16 avr. 1848 est entré dans les comptes intervenus depuis; que, par suite, il a été éteint par la novation et même par le payement; dit à bonne cause l'opposition formée par le syndic aux poursuites de *Zil des Iles*.

(MM. *Franck-Carré*, 1er présid.; — *Lehucher*, subst.; — *Anquetil* et *Deschamps*, avoc.)

A annoter :

Au *Manuel des Notaires*; — note 100, n. 1; — note 184, audessous du n. 52, sous ce titre « *Novation.* »

Au *Journal*; — art. 1819.

ART. 2238.

RÉGIME DOTAL. — FEMME DOTALE. — ACQUISITION. — RENTE VIAGÈRE.

Lorsque la femme dotale a acquis, avec le concours de son mari, un immeuble, moyennant un prix converti en rente viagère, cette acquisition constitue pour le mari un contrat aléatoire, qui ne peut être attaqué par lui, ni par ses créanciers agissant de son chef, comme déguisant une augmentation de la dot de la femme (C. Nap. 1543, 1964). — (A)

Ainsi, les créanciers du mari ne sont pas fondés à demander à la femme, après sa séparation de biens, le remboursement de la portion de la rente viagère excédant les intérêts du prix stipulé dans l'acte d'acquisition, et payés par le mari.

(Boissieu — C. — Allegret.)

(A) La femme mariée ayant le droit d'acquérir avec le consentement de son mari, il ne pouvait y avoir prohibition dans l'espèce pour la femme dotale, alors qu'on n'alléguait pas que l'acquisition était le résultat d'un concert frauduleux entre son mari et elle.

Le 4 sept. 1840, la dame *Boissieu*, mariée sous le régime dotal, acheta, avec l'autorisation de son mari, une maison au prix de 9,000 fr., converti en une rente viagère de 10 p. 100. Le sieur *Boissieu* paya exactement les arrérages de cette rente.

En 1855, il fut exproprié, et un ordre s'ouvrit pour la distribution du prix de ses immeubles. La dame *Boissieu*, ayant fait prononcer sa séparation de biens, produisit dans cet ordre pour ses reprises, à raison desquelles elle fut effectivement colloquée. La dame *Allegret*, autre créancière produisante, forma opposition à cette collocation, afin de faire imputer, notamment sur les reprises de la dame *Boissieu*, la moitié de tous les arrérages de la rente viagère payés par le mari de cette dernière, comme excédant l'intérêt légal du prix d'acquisition.

Jugement du Tribunal de Saint-Marcellin, qui rejette ce contredit par le motif qu'en payant la rente, le sieur *Boissieu* a acquitté une charge que lui imposait sa qualité d'usufruitier de la dot.

Appel par la veuve *Allegret*, qui soutient que l'excédant dont il s'agit constitue une véritable créance pour le mari ; qu'il s'agit d'un prix payé chaque année par fractions, au détriment des créanciers du sieur *Boissieu*, dans le but de favoriser sa femme et d'augmenter la dot de celle-ci.

27 fév. 1856, arrêt de la Cour imp. de Grenoble (1re ch.), ainsi conçu :

LA COUR ; — Sur la réduction de la somme de 450 fr. par an à partir du 4 septembre 1840 jusqu'à la séparation de biens de Mme *Boissieu* ; — *Attendu* que *Boissieu*, en qualité de mari et maître de la dot, est intervenu dans l'acte du 4 sept. 1840 ; — *Attendu* que si, en consentant à un contrat évidemment avantageux pour sa femme, il s'est soumis aux charges que le contrat lui imposait comme maître des revenus de la dot, il ne l'a fait qu'en vue des bénéfices que ce même contrat pouvait lui procurer en la même qualité ; que c'est, par conséquent, un contrat aléatoire, contre lequel il ne saurait avoir le droit de revenir, et contre lequel ses créanciers ne sauraient être fondés à revenir eux-mêmes, alors qu'ils ne peuvent alléguer et n'allèguent pas que le contrat, qui pouvait être très-avantageux pour *Boissieu*, soit intervenu en fraude de leurs droits, et qu'ainsi les premiers juges ont bien décidé à cet égard ; — Par ces motifs, etc., confirme.

(MM. *Royer*, 1er présid. ; — *Alméras-Latour*, avoc. gén. ; — *Michal* et *Ventavon*, aîné, av.)

A annoter :

Au *Manuel des Notaires* ; — note 166-5°, n. 26 et 55.

ART. 2239.

EXPROPRIATION POUR UTILITÉ PUBLIQUE. — ACQUISITION INTÉGRALE. — ENREGISTREMENT GRATIS.

L'acquisition, faite par l'administration, de la totalité d'un immeuble frappé d'expropriation partielle pour cause d'utilité publique, sur la déclaration du propriétaire qu'il entend user de la faculté établie par l'art. 50 *de la loi du* 3 *mai* 1841, *est exempte du droit de mutation, comme faite en vertu de cette loi, alors même que le propriétaire n'aurait exprimé sa volonté qu'après le délai fixé par la loi* (L. 3 mai 1841, art. 15, 24, 50, 58).

(Enregistrement — C. — Préfet de la Seine.)

25 août 1851, arrêt de la Cour de cassation (ch. civ.), ainsi conçu :

LA COUR ; — *Attendu* que l'art. 58, §§ 1 et 2 de la loi du 3 mai 1841 déclare exempts des droits d'enregistrement tous les actes, sans exception, faits en vertu de ladite loi ; — *Attendu* que, dans l'espèce, un jugement du Tribunal civil de la Seine, rendu conformément aux art. 1 et 2 de la loi précitée, avait ordonné l'expropriation, pour cause d'utilité publique, d'une portion d'immeuble appartenant à un sieur *Lebreton*, à la requête de l'autorité départementale de la Seine ; — *Attendu* que M. le préfet de la Seine, procédant en conséquence de ce jugement et dans la forme prescrite par la loi précitée, avait fait signifier ses offres au propriétaire ci-dessus dénommé, et que c'est sur ces offres que celui-ci, avant l'examen du jury d'expropriation, avait déclaré vouloir user de la faculté à lui réservée par l'art. 50 de ladite loi d'abandonner le surplus de ses immeubles qui se trouvait dans les conditions dudit article ; — Qu'à la vérité, cette déclaration n'avait pas été faite dans les délais prescrits par cet art. 50, qui se réfère sur ce point aux art. 15 et 24 ; mais qu'en admettant même que l'inobservation des délais pût permettre à une partie poursuivante de contester l'abandon total proposé par le propriétaire exproprié, il n'en résulterait pour elle qu'une fin de non-recevoir que l'esprit de la loi, qui tend à concilier le respect des intérêts de la propriété privée avec les exigences de l'utilité publique, n'autoriserait pas à considérer comme étant d'ordre public, et que, dans l'espèce, l'autorité départementale avait pu négliger sans que rien fût changé dans le caractère de la procédure spéciale d'expropriation suivie à sa requête; d'où la conséquence qu'aucune contestation n'ayant eu lieu de sa part sur la déclaration du sieur *Lebreton*, et cette déclaration ayant d'ailleurs précédé la discussion des intérêts respectifs devant le jury, la décision qui s'en est suivie dans les formes de la loi, et qui a réglé l'indemnité pour la totalité de l'immeuble, a rempli le vœu de cette loi, et a dû être considérée comme rendue tout entière, en vertu de ladite loi, dans le sens de l'art. 58 précité;—*Attendu* que, de ce qui précède, il résulte que la gratuité de droits accordée par ledit art. 58, §§ 1 et 2 était applicable pour le tout à la décision du jury et à l'ordonnance qui a suivi, comme à tous les autres actes de la procédure; — *Attendu*, en conséquence, qu'en ordonnant, dans l'espèce, la restitution des droits indûment perçus pour la portion de l'immeuble non compris dans le jugement d'expropriation, le jugement attaqué a fait une juste application dudit art. 58, et n'a violé aucune loi; — Rejette le pourvoi formé contre le jugement du tribunal de la Seine, du 15 nov. 1849.

(MM. *Bérenger*, prés.; — *Gaultier*, rapp.; — *Bonjean*, av. gén., c. conf.; — *Moutard-Martin* et *Jagerschmidt*, avoc.)

A annoter:

Au *Manuel des Notaires*; — note 18, n. 351; — note 57, n. 40.

Au *Journal*; — art. 2101.

ART. 2240.

ACTE RESPECTUEUX. — MARIAGE. — TÉMOIN INSTRUMENTAIRE — PARENTÉ. — ACTE NOTARIÉ.

Peut être témoin instrumentaire dans un acte respectueux signifié à la requête d'une fille majeure à sa mère, l'oncle de l'homme avec lequel elle se propose de contracter mariage. (L. 25 vent. an XI, art. 10; C. Nap. 151, 154.) — (A)

(Moulon — *C.* — Moulon.)

La Dlle Rose-Elisabeth *Moulon*, fille majeure, s'est proposé d'épouser le sieur *Bellevaux*, ci-devant trésorier à Bourges, au-

(A) La loi de ventôse n'ayant parlé que d'une parenté existante au moment de l'acte, on ne pouvait étendre sa prohibition à une parenté future, qui ne pouvait résulter que d'un contrat subordonné à des consentements qui n'étaient point encore donnés.

On ne pouvait, d'ailleurs, considérer le futur époux comme partie à l'acte respectueux, puisqu'il n'y était point présent, et n'y était que dénommé.

jourd'hui employé à Paris, et, sa mère n'ayant pas voulu lui donner son consentement pour cette union, elle a fait notifier à celle-ci trois actes respectueux, par le ministère de Me *Porcheron*, notaire à Bourges, les 7 avril, 8 mai et 10 juin de cette année. — Dans ces actes figurait comme témoin un sieur *Prévost*, oncle par alliance du sieur *Bellevaux*.

La dame *Moulon* prétendant que, par l'intervention de ce témoin, les actes à elle notifiés se trouvaient dépouillés du caractère de respect et de déférence qu'ils devaient avoir d'après la loi, et que, de plus, ils étaient nuls, en ce que l'alliance du sieur *Prévost* avec l'une des parties le rendait incapable d'y figurer valablement comme témoin instrumentaire, a formé, tant à Paris qu'à Bourges, opposition au mariage de sa fille.

La Dlle *Moulon* l'a alors assignée devant le Tribunal civil de Bourges en mainlevée de son opposition.

Par jugement, en date du 17 juillet, le Tribunal a déclaré les actes respectueux nuls comme contraires aux dispositions des art. 8 et 9 de la loi du 25 vent. an XI, et a rejeté par suite la demande en mainlevée d'opposition. — Appel par la Dlle *Moulon*.

10 août 1857, arrêt de la Cour Imp. de Bourges (ch. civ.), ainsi conçu :

LA COUR ; — En ce qui touche la forme : — *Considérant* qu'une fois créée dans la famille, l'affinité ou l'alliance, si ses effets, droits et devoirs se limitent par le décès de l'époux de qui elle provient et celui des enfants communs, n'est jamais absolument détruite ; — Qu'il s'agit de décider si, bien qu'oncle de *Bellevaux*, *Prévost* pouvait valablement être appelé à assister comme témoin aux actes respectueux ; — *Considérant* que toutes prohibitions, voies de déchéance ou nullités sont de droit étroit ; que sauf en matière spéciale, c'est par les termes et dans les conditions de l'art. 10 de la loi du 25 vent. an XI que se doivent apprécier l'idonéité et la capacité des témoins instrumentaires ; — Mais qu'il se faut renfermer dans son texte ; — *Considérant* que l'art. 10 précité ne statue qu'au cas de parenté ou d'alliance avec les parties contractantes ; — Qu'aux cas d'actes respectueux et de leur signification, il n'y a ni contrat ni parties contractantes, mais seulement l'accomplissement d'un acte de soumission et de déférence, dans certaines formes prescrites par la loi, duquel ne naît aucun lien de droit, et qui n'établit même de relations actuelles et directes qu'entre l'enfant et l'ascendant, en vue, il est vrai d'un mariage projeté, d'un contrat possible et espéré, mais sans ingérence ni participation du tiers qui éventuellement peut y être intéressé ;

En ce qui touche le moyen du fond : — *Considérant* que, pour la bonne discipline de la famille, la jurisprudence s'est montrée justement sévère dans ses exigences quant au caractère révérentiel dont doit être profondément empreint l'acte par lequel l'enfant recourt au conseil de l'ascendant ; — Que, dans l'espèce, cette condition essentielle de la validité n'est pas mise en question, quant à l'acte en lui-même, — Que le choix irréfléchi, si l'on veut, et la présence à l'acte comme témoin purement passif de l'allié du futur époux désigné, alors que d'aucune circonstance ne ressort présomption d'intention blessante envers l'ascendant et que même de cette assistance provoquée du témoin, en vue peut-être de l'associer à un acte respectueux de déférence, se pourrait induire une intention toute contraire, ne sausait en soi et dans tous les cas constituer despect ou irrévérence envers l'ascendant, et qu'il serait excessif et trop hasardé de le prétendre au cas présent ; — Par ces motifs, dit qu'il a été mal jugé ; — En conséquence, met le jugement dont est appel au néant ; — Emendant, déclare valables les actes respectueux dont est cas ; en conséquence fait mainlevée de l'opposition formée par la dame *Moulon* au mariage projeté entre la Dlle *Moulon* et *Bellevaux*, etc.

(MM. *E. Corbin*, 1er prés. ; — *Grandperret*, 1er avoc. gén., concl. contr. ; — *Luneau* et *Guillot*, avoc.)

A annoter :

Au *Manuel des Notaires* ; — note 2, art. 3 ; — note 124, n. 24.

ART. 2241.

PARTAGE ANTICIPÉ. — RAPPORT FICTIF. — PAYEMENT DES DETTES. — PORTION DISPONIBLE.

Les biens compris dans un partage anticipé doivent être rapportés fictivement à la succession de l'ascendant donateur, pour servir au calcul de la quotité disponible. (C. Nap. 922, 1097). — (A).

Mais alors les enfants partagés ne sont point tenus de contribuer sur les biens donnés au payement des dettes de la succession,

(A) *Conf.* : — Montpellier, 7 fév. 1850 - J., art. 700 ; — Bordeaux, 12 avril 1851, 23 déc. 1852 ; Cass. req., 19 avril 1857 - J., art. 2158, mais seulement pour le cas où le donateur a exprimé sa volonté à cet égard.

Contrà : — Lyon, 23 juin 1849 ; Douai, 21 mai 1851 ; Caen, 10 mai 1852 ; Colmar, 24 déc. 1852.

lesquelles sont exclusivement à la charge du légataire de la quotité disponible. (C. Nap. 870, 871).

(Delafons—*C.*—Delafons.)

12 fév. 1857, arrêt de la Cour Imp. de Douai (2e Ch.), ainsi conçu :

LA COUR ; — *Attendu* que les enfants donataires sont saisis irrévocablement des biens compris dans le partage fait entre eux par l'ascendant ; que le rapport n'en peut être fait à la succession de l'ascendant donateur que d'une manière fictive pour composer la masse de la succession, afin de déterminer l'étendue de la quotité disponible ; — *Attendu* que cette quotité ne peut se prélever que sur les biens qui n'ont pas fait l'objet du partage, à concurrence de ce qui reste dans la succession ;

Attendu que si l'enfant donataire, non soumis au rapport réel, pouvait être obligé de contribuer sur les biens donnés au payement des dettes de la succession, il serait porté atteinte à l'irrévocabilité de la donation dont il est saisi ; — *Attendu* que le légataire de la quotité disponible ne prend que les biens qui n'ont pas été compris dans la donation, et sous la déduction des dettes de la succession ; *Bona intelliguntur cujusque quæ, deducto ære alieno, supersunt*. L. 39, § 1, *De verborum significatione* ; — *Attendu* qu'au nombre des dettes se trouvent les frais relatifs au réglement de la succession maternelle sur lesquels n'a pas statué le jugement du 1er juil. 1852 ; — Par ces motifs, etc.

(MM. *Danel*, présid. ; — *Carpentier*, avoc. gén. ; — *Talon* et *Dupont*, avoc.)

A annoter :

Au *Manuel des Notaires* : — note 146, n. 147 ; — note 150, n. 120 ; — note 151, n. 47 et 48.

Au *Journal* : — art. 700 ; — art. 2158.

ART. 2242.

FAILLITE. — VENTE. — IMMEUBLES.

Jusqu'au concordat ou jusqu'au contrat d'union, les Syndics d'une faillite ne peuvent obtenir l'autorisation de faire vendre les immeubles du failli, sans le consentement de ce dernier. (C. Comm. 534, 571, 572) — (A).

(A) Les art. 534 et 535, étant placés au titre de l'*union*, paraissent, en effet, exclure le pouvoir, pour les syndics, de poursuivre cette vente dans l'in-

(Synd. Masset.)

28 mai 1857, arrêt de la Cour Imp. de Douai (1re ch.) ainsi conçu :

LA COUR ; — *Attendu*, en droit, qu'aux termes de l'art. 443 C. de com. le jugement déclaratif de la faillite entraîne pour le failli le dessaisissement de l'administration de tous ses biens ; qu'il la recouvre à la faveur du concordat, à défaut duquel elle passe à ses créanciers, constitués alors, de plein droit, en état d'union ; — *Attendu* que durant la situation provisoire faite au failli jusqu'au concordat ou à l'union, les pouvoirs des syndics, quant à la gestion de ses biens, sont déterminés par des dispositions distinctes tant pour les meubles que pour les immeubles ; qu'ainsi l'art. 486 règle le mode de vente des effets mobiliers ; qu'à l'égard des immeubles, l'art. 571 ne permet l'expropriation à partir du jugement qui déclare la faillite, qu'aux créanciers hypothécaires ; et qu'en vertu de l'art. 572, s'il n'y a pas eu de poursuite commencée avant l'époque de l'union, les syndics seuls sont admis à provoquer la vente et à y faire procéder dans les formes tracées par cet article ; — *Attendu* qu'il suit de ces textes formels qu'en l'absence du concordat et jusqu'à l'union, le concours même du failli avec les syndics ne saurait légitimer la vente des immeubles ; qu'en effet, il est inhabile à leur transmettre une capacité dont la loi l'a dépouillé, et qu'ils ne peuvent, à leur tour, puiser en dehors des conditions mêmes qu'elle a prévues ;

Attendu que la faculté de transiger qui leur est laissée par l'art. 487, doit être renfermée dans son objet, même pour les cas présentant un caractère litigieux, et n'implique par conséquent aucune contradiction avec les dispositions spéciales relatives à la vente des immeubles ; — Qu'ainsi les premiers juges se sont conformés à l'esprit et au texte de la loi, en refusant d'accueillir la demande qui leur était soumise ; — Par ces motifs, et adoptant, au surplus, ceux du Tribunal, confirme, etc.

(MM. de *Moulon*, 1er pr. ; — *Dupont*, 1er av.-gén.)

A annoter :

Au *Manuel des Notaires* ; — note 130, n. 424, 555.

---

térêt de la masse, pendant la période qui s'écoule entre le jugement déclaratif de la faillite et le concordat ou le contrat d'union.

D'un autre côté, l'art. 572 paraît formel, en n'autorisant les syndics à procéder à la vente que quand il y a union.

ART. 2243.

PRODIGUE. — CONSEIL JUDICIAIRE. — CONTRAT DE MARIAGE. — DONATION CONTRACTUELLE.

La capacité qu'a l'individu pourvu d'un conseil judiciaire de contracter mariage, emporte celle de consentir toutes les conventions et dispositions de futur à futur, dont le contrat de mariage est susceptible, et notamment de faire une donation à son conjoint de biens à venir, par leur contrat de mariage. (C. N. 513, 1082).—(A).

(Ve Rivarès—C. —Cons. Rivarès.)

Un arrêt de la Cour de Pau, du 31 juillet 1855, s'était prononcé en sens contraire.

Pourvoi de la veuve *Rivarès*, pour violation des art. 174, 184 et 513 C. Nap., ainsi que de la maxime *habilis ad nuptias, habilis ad nuptiala pacta*, en ce que l'arrêt attaqué, tout en ne méconnaissant pas la capacité qui appartient à l'individu pourvu d'un conseil judiciaire, de se marier sans l'assistance de ce conseil, a exigé cette assistance, pour valider la donation de biens à venir faite par le même individu à son conjoint dans son contrat de mariage.

24 déc. 1856, arrêt de la Cour de cass. (Ch. civ.), ainsi conçu:

LA COUR; — Donne défaut contre les défendeurs; et pour le profit: — Vu l'art. 513 C. Nap.;—*Attendu* que, suivant la règle *habilis ad nuptias, habilis ad nuptiala pacta,* la liberté de contracter mariage qui appartient au prodigue pourvu d'un conseil judiciaire, emporte avec elle la capacité de consentir toutes les conventions et dispositions de futur à futur dont le contrat de mariage est susceptible; qu'en effet, on ne peut diviser le contrat de mariage, et, tout en maintenant le régime d'association conjugale qui a pour base la volonté expresse ou tacite des futurs époux, déclarer sans validité les pactes ou dons de gains de survie qui s'y trouveraient mêlés, parce que, dans ce contrat, tous les pactes s'enchaînent et se mettent en équilibre; que cet en-

---

(A) *Conf.* : — Merlin, Rép. v° Prodigue, § 5; Toullier, t. 2, n. 1379; Duranton, t. 3, n. 800; Valette sur Proudhon, t. 2, p. 568; Marcadé, sur l'art. 513, n. 1; Chardon, Puiss. tut., n° 270.

Contrà : — Amiens, 21 juillet 1852.-J. art. 1315; — Bordeaux, 7 fev. 1855 J. Art. 2063.

Sur le renvoi prononcé par l'arrêt de la cour de cassation qui fait l'objet de notre article, la cour d'Agen (ch. Réun.) a, comme la cour de Pau, décidé que l'individu pourvu d'un conseil judiciaire ne pouvait, sans l'assistance de ce conseil, faire, par contrat de mariage, aucune donation à son conjoint.

semble de stipulations combinées est souvent la condition du mariage, et qu'en subordonner la validité au consentement d'un tiers, tel que le conseil judiciaire, ce serait faire dépendre d'une volonté étrangère le mariage même, qui doit demeurer entièrement libre; — *Attendu* que, si l'on appliquait, en matière de contrat de mariage, les prohibitions d'aliéner et d'hypothéquer portées dans l'art. 513 C. Nap., elles feraient obstacle à la constitution de l'hypothèque de la femme sur les biens du mari et à d'autres conséquences du régime de la communauté; mais que les prohibitions de l'art. 513, relatives aux conventions ordinaires dans lesquelles il ne s'agit que de balancer des intérêts matériels ne sont point applicables aux conventions matrimoniales, arrêtées en vue du mariage sous l'influence des considérations qui le déterminent, et dans lesquelles doit dominer, en vertu d'un principe commun aux deux actes, la liberté qui est l'âme du consentement des parties;—*Attendu*, en conséquence, qu'en déclarant nulle, à défaut d'assistance du conseil judiciaire de Charles *Rivarès*, la donation de biens à venir faite par ce dernier à sa future épouse dans son contrat de mariage, l'arrêt attaqué a faussement appliqué, et, par cela même, violé l'art. 513 C. Nap.;—Casse, etc.

(MM. *Bérenger*, présid.; — *Quénault*, rapp.; — *Sévin*, avoc.-gén., concl. conf.;—*Marmier*, avoc.)

A annoter:

Au *Manuel des Notaires*; — note 74, n. 67;—note 81, n. 36.
Au *Journal*;—art. 1315;—art. 2063.

ART. 2244.

LOUAGE DE CHOSES. — BAIL A LOYER. — CONGÉ. — MAGASIN.

A Paris, la nécessité de donner congé six mois à l'avance, n'existe que pour les locations d'une maison entière, d'un corps de logis ou d'une boutique donnant sur la rue. (C. N. 1736). — A).

En conséquence, c'est dans le délai ordinaire de trois mois que doit être donné le congé d'un appartement, même à usage de magasin, à moins que ce magasin n'ait été, à l'avance et par la volonté du propriétaire, destiné spécialement au commerce.

(Duchêne — C. — Vᵉ Burland.)

La dame veuve *Burland*, propriétaire d'une maison située rue

A) *Conf.* : —Paris, 22 juin 1842, 5 avril 1850. Cet usage est attesté aussi par les auteurs.

Bourtibourg, 10, avait pour locataire un sieur *Sénéchal*, fabricant de casques pour les pompiers, qui occupait tout le premier étage de sa maison tant pour ses magasins que pour son habitation personnelle. — *Sénéchal* sous-loue à un sieur *Duchêne*, chapelier, qui prend possession des lieux à la date du 15 oct. 1856, et qui établit son atelier et son magasin de chapellerie là où existaient avant lui l'atelier de fabrication et les magasins de casques.

Cependant, la propriétaire, la dame *Burland*, qui paraît avoir connu la substitution de *Duchêne* à *Sénéchal* et ne s'y être point opposée, signifie le 30 mars 1857 un congé pour le 1er juillet suivant, c'est-à-dire un congé à trois mois. — *Duchêne* proteste et soutient qu'il ne peut être expulsé que six mois après un congé valablement signifié.

16 juill. 1857, ordonnance de référé, exécutoire sur minute, qui ordonne l'expulsion du locataire. — Appel.

22 juill. 1857, arrêt de la Cour imp. de Paris (4e ch.), ainsi conçu :

LA COUR ; — *Considérant* que, dans l'usage consacré jusqu'ici par la jurisprudence, la nécessité de donner congé six mois à l'avance, lorsque le bail a été fait sans écrit, n'existe que pour les locataires d'une maison entière, d'un corps de logis ou d'une boutique donnant sur la rue ; — *Considérant* que s'il y a lieu néanmoins, en quelques circonstances, d'assimiler pour le terme du congé la location d'un magasin destiné au commerce à celle d'une boutique, il est nécessaire du moins que le local occupé par ce magasin ait reçu à l'avance et par la volonté du propriétaire cette destination spéciale ;

Considérant que le motif de déroger à l'usage ancien n'existe pas dans l'espèce ; qu'en effet, le local dont s'agit au procès, situé au premier étage de la maison appartenant aujourd'hui à la veuve *Burland*, avait été loué verbalement par l'appelant au nommé *Sénéchal*, lequel, en octobre 1856 seulement, a cédé sa location à *Duchêne*, sans qu'aucune convention écrite ou non écrite soit intervenue entre celui-ci et le propriétaire ;

Considérant que les professions exercées par *Sénéchal*, concessionnaire d'une fabrique de casques pour les sapeurs-pompiers, et par *Duchêne*, marchand chapelier, sont distinctes ; — *Considérant* enfin que l'un comme l'autre de ces deux locataires habitait les lieux loués en même temps qu'il y exerçait son industrie ; d'où il suit qu'aucune distinction particulière n'avait été donnée, du consentement du propriétaire, au local dont s'agit, occupé successivement par lesdits *Sénéchal* et *Duchêne* ;

Considérant que, dans de telles circonstances, le fait d'une enseigne apposée par *Duchêne* pour annoncer au public sa profession de chapelier, et les appropriations faites par lui à l'intérieur du local pour l'exercice de cette profession, ne sauraient rien changer au droit du propriétaire de lui donner congé trois mois à l'avance seulement, selon l'usage observé pour de semblables locations ; — Confirme.

(MM. *de Vergès*, prés. ; — *Gouget*, avoc.-gén., concl. conf. ; — *Guyard* et *Belon*, avoc.).

A annoter :

Au *Manuel des Notaires* ; — note 105-2°, n. 340.

ART. 2245.

USUFRUIT. — MEUBLES. — TRANSPORT. — SAISIE.

L'usufruit établi sur des meubles susceptibles d'être loués est cessible et saisissable. (C. N. 589, 595, 1166). — (A).

Mais il n'en est pas de même de l'usufruit constitué sur des meubles qui doivent rester affectés à l'usage personnel de l'usufruitier, tels que les vêtements et le linge de corps. — (B).

(De la Barthe — C. — Nattan.)

3 août 1857, arrêt de la Cour imp. de Paris (2e ch.), ainsi conçu :

LA COUR ; — *Considérant* que l'usufruit mobilier n'est pas un droit purement personnel que l'usufruitier ne puisse, conformément à l'art. 595 C. Nap., céder gratuitement ou à titre onéreux ; que les termes de cet article sont généraux et ne distinguent pas entre l'usufruit mobilier et l'usufruit immobilier ; — Que le principe de cessibilité est applicable surtout à l'usufruit d'objets qui ne se consomment pas par l'usage, tels que des meubles meublants ; — *Considérant* que du droit de cessibilité par le propriétaire de l'usufruit découle celui de saisissabilité par les créanciers ;

Considérant, toutefois, qu'il convient de distinguer parmi les meubles soumis à l'usufruit ceux qui, par leur destination, ne sont pas susceptibles d'être loués, c'est-à-dire ceux qui dépériraient promptement par l'usage et surtout par le mésusage et qui doivent par cela même rester affectés à l'usage personnel de

---

(A-B) *Dans le même sens* : — Proudhon, Usufruit, t. 2. n. 1061 et suiv. ; Toullier, t. 3, n. 406 ; Dig. L. 15, § 4 et 5, de Usufruct. liv. 7, tit. 1er.

l'usufruitier, tels que les vêtements et le linge de corps; — *Adoptant*, au surplus, les motifs des premiers juges, met l'appellation au néant, ordonne que le jugement sortira son plein et entier effet; ordonne que, lors du récollement, il sera fait distraction de la saisie des vêtements et du linge de corps compris dans l'usufruit, etc.

(MM. *Lamy*, présid.; — *Moreau*, avoc.-gén., concl. conf.; — *Blondel* et *Adelon*, avoc.).

A annoter :

Au *Manuel des Notaires*, — note 69, n. 73, 76, 97.

ART. 2246.

USUFRUIT. — LOUAGE DES CHOSES. — BAIL A FERME.

Un bail à ferme peut valablement être, de la part du fermier, l'objet d'une constitution d'usufruit, donnant droit à la jouissance des fruits produits par le fonds, sans qu'on puisse prétendre que l'usufruitier, à la fin du bail, est tenu de restituer au nu-propriétaire les produits eux-mêmes et que son droit de jouissance est limité aux bénéfices qu'il a pu réaliser sur ces produits. (C. Nap. 581, 578). — (A).

(Crispon — C — Reverdy).

Le 13 mars 1853, le sieur Jules *Reverdy* est décédé, laissant la Dlle Gabrielle *Reverdy*, sa fille, pour héritière naturelle, et la dame *Crispon*, sa veuve, pour légataire de l'usufruit de la moitié de ses biens. — Parmi ces biens se trouvaient les droits résultant

---

(A) Dans l'espèce, d'un côté, l'on prétendait qu'à la différence de ce qui a lieu pour l'usufruit d'une rente viagère ou d'un droit d'usufruit, la substance de la chose, dans l'usufruit d'un bail à ferme, consiste, non point dans le droit au bail, mais dans les fruits eux-mêmes; que, par conséquent, ce que l'usufruitier doit conserver et restituer au nu-propriétaire, c'est le produit des récoltes, déduction faite : 1° des fermages par lui payés; 2° de ses impenses; et qu'il n'a droit de retenir que les bénéfices qu'il a pu faire sur ce produit. (V. Demolombe, t. 2, p. 293.)

D'un autre côté, l'on soutenait que l'usufruit d'un bail à ferme n'étant que l'usufruit du droit qu'avait le fermier lui-même, et consistant dans la faculté de jouir de ce droit, l'usufruitier, obligé comme le fermier, de payer le prix de la ferme, devient aussi, comme lui, acquéreur des fruits annuels du fonds, et supporte la perte qui peut survenir, de même que, s'il y a du profit, il doit en recueillir tout l'avantage (V. Proudhon, de l'Usuf., t. 5, no 367); d'où il suit évidemment que la substance que doit conserver l'usufruitier n'est autre chose que le droit au bail.

C'est ce dernier système qui a été consacré par l'arrêt que nous rapportons.

d'un bail à ferme passé au profit du sieur *Reverdy*, et finissant le 1er nov. 1854.

Peu de temps après l'expiration de ce bail, le Dlle Gabrielle *Reverdy* est décédée à son tour, laissant pour héritiers naturels la dame *Crispon*, sa mère, et le sieur Antoine *Reverdy*, son grand-père.

Le 15 déc. 1854, ceux-ci se réglèrent sur la majeure partie des droits qui leur revenaient dans la succession de leur fille et petite-fille, mais laissèrent de côté ceux qu'ils pouvaient prétendre sur les produits du bail à ferme pendant les années 1853 à 1854.

Plus tard, la veuve *Reverdy* a fait assigner son beau-père devant le tribunal de Castelnaudary, à l'effet de voir déclarer 1° qu'il était sans droit et qualité pour lui demander compte de l'administration du domaine de la Passarède pour toute l'époque antérieure au 26 juillet 1854, jour du décès de la Dlle Gabrielle *Reverdy*, sa fille; que toutes les récoltes détachées du sol à ladite époque, ainsi que tous les bénéfices réalisés, étaient la propriété de ladite dame *Reverdy*, née *Crispon*, qui devait supporter toutes les dépenses faites jusqu'alors; 2° que la requérante ne devait le compte de son administration que dudit jour 26 juill. 1854, jusqu'au 1er novembre suivant, et que les produits et bénéfices réalisés devaient lui appartenir pour les trois quarts, à la charge par elle de supporter une part proportionnelle dans la dépense...

... Juin 1855, jugement.

Appel du sieur Antoine *Reverdy* :

13 mars 1856, arrêt de la Cour imp. de Montpellier (1re ch.), ainsi conçu :

LA COUR; — *Attendu*... qu'un bail à ferme peut être utilement frappé d'un usufruit, par cela seul qu'aucun texte de loi ne l'exclut des choses sur lesquelles l'usufruit peut être établi; —Que, ce principe admis, il reste à savoir si un usufruit de cette nature est régi par l'art. 578 ou par l'art. 587 C. Nap.;—Que le droit au bail ne peut être confondu avec l'usufruit de choses déterminées et spécifiées qui se consomment par l'usage, parce que rien, dans le bail, ne répond à cette définition, et qu'il n'est qu'un droit éventuel aux produits de la chose louée, sous la condition de subir les charges du bail; — Que, s'il fallait procéder par voie d'assimilation pour se rendre raison des intentions du législateur au sujet de l'usufruit d'un bail à ferme, on pourrait argumenter, avec raison, de l'art. 588 C. Nap., qui permet à l'usufruitier de jouir, sans restitution, d'une rente viagère, bien que les annuités représentent tout à la fois les fruits d'un immeuble vendu à constitution de rente, et le capital lui-même qui s'éteint par le service annuel de la rente; — *Adoptant*, au surplus, les motifs des premiers juges, confirme.

(MM. Ch. *de la Baume*, 1er prés.;—*Moisson*, 1er avoc. gén.; — *Bertrand* et *Génie*, avoc.)

A annoter :

Au *Manuel des Notaires*;—note 69, n. 43.

ART. 2247.

MARIAGE. — CONTRAT DE MARIAGE. — SOURD-MUET. — DONATION ENTRE-VIFS. — SIGNES. — INSCRIPTION DE FAUX. — PREUVE TESTIMONIALE.

Un sourd-muet, même illettré, mais pouvant manifester sa volonté, par signes, est capable, soit de contracter mariage et de consentir toutes les conventions dont le contrat de mariage est susceptible (C. Nap. 146, 1398) — (A), — *soit de faire une donation entre-vifs* (C. Nap. 901, 902). — (B).

Et l'interprétation donnée à ces SIGNES *par le notaire ne constitue qu'une simple appréciation susceptible d'être contestée à l'aide de la preuve testimoniale; l'acte du notaire ne faisant pas foi, dans ce cas, jusqu'à inscription de faux.* (C. Nap. 1319, 1341). — (C).

(Moupoutet et Boisserie. — C. — Couturier).

29 déc. 1856, arrêt de la Cour Imp. de Bordeaux (1re ch.), ainsi conçu :

LA COUR; — *Attendu* qu'il n'appartient qu'au législateur de

(A) Tous les auteurs s'accordent à reconnaître que le sourd-muet a capacité pour contracter mariage, lorsqu'il peut, d'ailleurs, manifester son consentement.

Dans le même sens : — Toulouse, 26 mars 1824; cass. (req.), 30 janvier 1844; Paris (1re ch.), 3 août 1855.

(B) Cette question est très-controversée parmi les auteurs. Ceux qui enseignent que le sourd-muet illettré est incapable de faire une donation entre-vifs sans l'assistance d'un curateur *ad hoc* se fondent sur l'ancienne jurisprudence et sur l'art. 936 du C. Nap.; leur système a été admis par un arrêt de la Cour de Liége du 12 mai 1809. — Mais cette doctrine, que les auteurs les plus récents repoussent, a été formellement condamnée par un arrêt de la chambre des requêtes du 30 janv. 1844.

(C) *Dans ce sens* : — Paris, 4 fév. 1854;-J. art. 1847.

déterminer les causes générales d'incapacité ; — Qu'aux termes des art. 902 et 1123 C. Nap., toutes personnes peuvent contracter et disposer de leurs biens, excepté celles que la loi en déclare incapables ; — *Attendu* qu'aucune disposition de loi ne déclare les sourds-muets de naissance incapables de contracter ni de disposer par donations entre-vifs ; qu'à la vérité, l'art. 936 C. Nap. veut que le sourd-muet qui ne sait pas écrire ne puisse accepter une donation entre-vifs que par l'entremise d'un curateur *ad hoc* : d'où l'on induit que, s'il est incapable d'accepter par lui-même, il est, à plus forte raison, incapable de donner ; mais qu'une incapacité ne pouvant, d'après les termes des articles 902 et 1123 déjà cités, résulter que d'une déclaration expresse de la loi, on ne saurait l'établir que par voie d'induction ; que la disposition de l'art. 936 est une disposition spéciale, qui ne doit pas être étendue ; que, si on pouvait la généraliser et en conclure que, dans la pensée du législateur, le sourd-muet qui n'a pas reçu le bienfait de l'éducation et ne sait pas écrire est un être incomplet, hors d'état d'avoir une volonté éclairée ou de la manifester avec certitude, il faudrait aller plus loin et dire qu'il est par lui-même incapable de tous les actes de la vie civile ; mais que, s'il en était ainsi, le législateur aurait pris le soin de pourvoir à l'administration de sa personne et de ses biens, en le plaçant pour la vie sous la protection d'un tuteur ou d'un curateur ; que, s'il n'a pas pris cette précaution et l'abandonne à lui-même comme étant majeur, c'est qu'il lui suppose, en principe, et sauf les circonstances particulières dont l'appréciation rentrait dans le domaine des tribunaux, la capacité civile ; que c'est, au surplus, ce qui résulte de la discussion qui s'engagea au conseil d'État sur le titre du Mariage, au sujet des sourds-muets de naissance ; — *Attendu*, d'un autre côté, qu'il ne s'agit pas d'une pure libéralité, mais d'une donation faite avec charge, qui participe de la nature des contrats à titre onéreux, puisque la donatrice, parvenue à un âge avancé, ne se dépouille de ses biens, dont l'administration devait lui devenir de jour en jour plus difficile, qu'afin de s'assurer les secours et les soins nécessaires à sa vieillesse ;

Attendu, toutefois, qu'il n'est pas rare qu'un sourd-muet, par le vice de son organisation et par suite de l'isolement et de l'abandon dans lequel on l'a laissé, demeure plongé dans un état plus ou moins voisin de l'idiotisme ; que son intelligence ne soit pas assez développée pour qu'on puisse le considérer comme sain d'esprit dans le sens de l'art. 901 C. Nap. ; qu'il y a de plus à vérifier si, à supposer qu'elle ait eu conscience de ce qu'elle faisait, la donatrice a pu manifester sa volonté de manière à la faire assez clairement comprendre du notaire et des témoins, pour que l'acte attaqué en soit la fidèle traduction; que les surprises et les erreurs sont faciles en pareil cas, et que, bien que le notaire paraisse s'être entouré de toutes les précautions que commandait l'état de la donatrice, néanmoins le tribunal a agi sagement en autorisant la preuve offerte par les demandeurs; — Que si, dans les cas ordinaires où les parties parlent une langue dont tous les termes ont une signification fixe et parfaitement intelligible, l'acte fait foi des conventions qu'il constate jusqu'à inscription de faux, il en est autrement quand l'une des parties ne peut s'exprimer qu'au moyen de signes qui n'ont point un sens déterminé et convenu; que l'interprétation que leur donne le notaire n'est plus, comme le remarquent avec raison les premiers juges, qu'une simple appréciation, qui peut être contestée à l'aide des diverses preuves juridiques et, en particulier, de la preuve testimoniale; — *Attendu* que, si le tribunal a eu raison d'écarter les 11e, 12e et 13e faits articulés par les demandeurs, le 11e comme invraisemblable et d'ailleurs inconcluant, les deux autres parce qu'ils sont démentis, en ce qu'ils auraient de pertinent, par l'acte de donation et les particularités qu'il constate, c'est mal à propos qu'il a rejeté le 4e, sur le motif que la preuve en est non recevable, puisqu'il ne s'agit pas même de faire entendre directement les témoins instrumentaires, ce qui n'est pas d'ailleurs interdit par la loi, mais des tiers auxquels ils auraient avoué qu'ils n'avaient pas compris les signes de la donatrice; que les 5e, 6e, 7e, 8e, 9e et 10e faits sont également admissibles et peuvent contribuer à la manifestation de la vérité; — Qu'enfin, il y a lieu de maintenir la disposition du jugement qui autorise la preuve des faits précisés par les défendeurs, lesquels se détachent de ceux qu'articulent les appelantes et tendent, dans leur ensemble, à démontrer que la donatrice administrait elle-même ses biens, qu'elle a eu l'intelligence de ce qu'elle faisait, et a pu se faire comprendre du notaire et des témoins; — Par ces motifs, sans s'arrêter aux conclusions principales des appelantes, faisant droit de l'appel seulement en ce qui touche leurs conclusions subsidiaires, les autorise à faire la preuve des 4e, 5e, 6e, 7e, 8e, 9e et 10e faits par elles articulés, etc.

(M. *de la Seiglière*, 1er présid.)

A annoter :

Au *Manuel des Notaires*; — note 63, n. 149; — note 81, n. 34.

Au *Journal*; — art. 1847.

ART. 2248.

RÉGIME DOTAL. — BIENS DOTAUX. — ALIÉNATION. — LEGS. — RATIFICATION.

La femme dotale peut léguer par testament le prix de la vente d'un immeuble dotal, consentie par le mari durant le mariage; et ce legs, n'étant autre chose qu'une ratification tacite de cette vente, fait obstacle à ce que les héritiers de la femme puissent exercer l'action révocatoire contre l'acquéreur (C. Nap., 905, 1554, 1560.) — (A).

(Montagnier — C. — Gadet.

Le 7 mai 1843, les époux *Gadet*, mariés sous le régime dotal, ont vendu au sieur *Montagnier* une maison appartenant à la femme, moyennant un certain prix qui fut payé par l'acquéreur, à l'exception d'une somme de 200 francs.

Par acte notarié du 7 août suivant, la femme *Gadet* a légué à son mari la somme de 200 fr. lui restant due sur le prix de la vente, et elle est décédée quelque temps après, laissant plusieurs enfants pour lui succéder. — Par exploit du 16 oct. 1855, ces derniers ont formé contre *Montagnier* une demande en délaissement de la maison à lui vendue le 7 mai 1843, en soutenant que la vente était nulle comme portant sur un fonds dotal.

23 janv. 1856, jugement qui accueille cette demande.—Appel.

2 avril 1857, arrêt de la Cour imp. de Riom (2e ch.) ainsi conçu :

LA COUR; — *Attendu* que si la femme ne peut aliéner le fonds dotal *constante matrimonio*, elle peut valablement en disposer par un testament qui n'a de force et d'effet qu'après sa mort, c'est-à-dire à une époque où la dotalité a cessé; — Que le droit de léguer le fonds dotal emporte nécessairement le droit d'en ratifier la vente, et par voie de conséquence le droit d'en léguer le prix, legs qui n'est autre chose qu'une exécution volontaire et une ratification tacite de la vente; — *Attendu* qu'une femme qui lègue en pleine connaissance de cause le prix de son bien dotal aliéné, ne fait, au fond, que transmettre à son légataire son action révocatoire, et qu'il serait irrationnel de lui nier le droit de léguer cette action, lorsqu'on lui reconnait le droit de disposer de l'immeuble aliéné; — Qu'il faut donc reconnaître, en principe et en droit, que la femme qui lègue sciemment le prix

(A) *Conf.* : — Bordeaux, 20 déc. 1838.

d'un bien dotal aliéné pendant le mariage, manifeste par cela même l'intention formelle que l'aliénation reçoive son exécution après sa mort, et qu'elle couvre ainsi la nullité dont la vente était frappée ;

Et *attendu*, en fait, qu'il résulte d'un testament authentique du 5 août 1843, dont la validité n'est pas attaquée, que Marie *Poisson*, femme *Gadet*, a légué à Claude *Gadet*, son mari, la somme de 200 fr. due par *Montagnier*, pour solde du prix d'un immeuble dotal aliéné, conjointement par elle et son mari durant le mariage; qu'il résulte de toutes les énonciations du testament et des documents du procès, qu'en léguant ces 200 fr. à son dit mari, la femme entendait ratifier la vente par suite de laquelle ces 200 fr. étaient dus, et interdire à ses héritiers le droit d'en demander la nullité ; et qu'il suit de là que les enfants *Gadet* sont sans droit pour demander à *Montagnier* le désistement de l'immeuble, objet du procès ;

Attendu que *Montagnier*, défendeur à l'action en désistement, a le droit de rechercher dans les actes de la venderesse la preuve qu'elle a ratifié la vente dont on demande la nullité ; qu'il n'exerce point, en pareille circonstance, l'action du mari à qui la femme a légué le prix de cet immeuble, mais une action qui lui est personnelle, en excipant d'une disposition en vertu de laquelle la femme renonce implicitement à son action révocatoire ; qu'ainsi il n'y a point à rechercher si l'art. 1166 C. Nap., inapplicable à l'espèce, subordonne l'action de *Montagnier* a la mise en cause de *Gadet* ; — Dit mal jugé, bien appelé ; — Déclare, en conséquence, les intimés non recevables et mal fondés dans leur demande, etc.

(MM. *Diard*, présid. ; — *Burin-Desroziers*, avoc. gén. ; — *Goutay* et *Allary*, avoc.)

A annoter :

Au *Manuel des notaires :* — note 166-5°, n. 83.

ART. 2249.

MUTATION PAR DÉCÈS. — CRÉANCE. — DÉCLARATION DE SUCCESSION.

Une créance qui n'est exigible qu'à une époque postérieure au décès du créancier, est présumée, au regard de la régie, exister encore lors de ce décès, et doit être comprise dans la déclaration de la succession du créancier, à défaut de preuve de son existence du vivant de celui-ci (L. 22 frim. an 7, art. 24 et 27). — (A).

(Pacquetet — C. — Enregistrement.)

La dame *Pacquetet*, veuve *Dupéty*, est décédée à Bar-sur-Aube le 19 oct. 1855, laissant pour seule héritière la dem. Jeanne *Pacquetet*, sa sœur. Suivant acte passé devant notaire, le 5 déc. 1851, la dame *Dupéty* et la dem. *Pacquetet* avaient vendu un immeuble commun, moyennant un prix dont le dernier terme de 3,000 fr. n'était exigible que le 5 déc. 1855.

La déclaration passée par la dem. *Pacquetet*, après le décès de sa sœur, ne comprenant aucune partie de cette créance, l'administration a fait réclamer les droits sur la moitié afférente à la défunte dans le terme non échu, et sur le prorata des intérêts de l'année courante. — Opposition à la contrainte.

12 fév. 1857, jugement du Tribunal de Bar-sur-Aube, ainsi conçu :

LE TRIBUNAL ; — En fait, *attendu* que la dame *Dupéty* est décédée à Bar-sur-Aube le 18 oct. 1855, c'est-à-dire antérieurement à l'échéance du dernier terme du prix de la vente ci-dessus relatée, laissant pour seule et unique héritière la dem. *Pacquetet*, sa sœur, défenderesse ; — *Attendu* que la déclaration faite par cette demoiselle ne mentionne pas une créance de 1,500 fr., formant la moitié afférente à la succession de la veuve *Dupéty* dans la partie du prix de la vente sus-relatée, tenue à échéance après le décès de ladite dame, soit le 5 déc. 1855 ; — *Attendu* que, mise en demeure par l'administration de terminer l'instance en produisant une quittance constatant le payement antérieur au décès de ladite dame veuve *Dupéty*, de la créance sur *Jardeaux* de la somme de 1,500 fr., la dem. *Pacquetet*, dé-

---

(A) Cette décision nous paraît modifier essentiellement le droit qu'ont les héritiers ou légataires de faire leur déclaration comme bon leur semble, sauf à la régie à user du sien en prouvant par des faits ou des actes émanés des héritiers que ceux-ci ont fait une déclaration erronée.

Comment est il possible, en effet, que des héritiers soient assujettis, pour être exempts du droit de mutation, à justifier que le débiteur s'est libéré envers leur auteur, alors qu'ils ne possèdent pas les écrits libératoires émanés de ce dernier, lesquels sont le plus souvent de simples quittances sous seing-privé étant entre les mains du débiteur qui peut ne pas vouloir les confier à personne et ne peut y être contraint ?

Il y a donc là une impossibilité devant laquelle les héritiers viennent se heurter. C'est plutôt à la régie que doit incomber dans ce cas la charge de prouver d'après la règle : *onus probandi creditori.*

fenderesse, n'a pas produit cette quittance, ni même offert de la produire; — En droit, *attendu* que l'administration de l'enregistrement et des domaines est fondée à trouver dans la stipulation du terme du 5 déc. 1855, faite dans l'acte de vente sus-relaté, sinon une preuve, au moins une présomption grave, précise et concordante, qu'au jour du décès de la veuve *Dupéty* (18 oct. 1855), une créance de 1,500 fr. contre *Jardeaux*, existait au profit de ladite succession; — *Attendu* que les présomptions graves, précises et concordantes sont de droit commun, qu'à défaut de règles particulières qui ne sont pas posées par la loi spéciale sur l'impôt de l'enregistrement, l'administration peut invoquer, comme elle pourrait invoquer la preuve testimoniale; — *Attendu* que le terme du 5 déc. 1855 accordé à *Jardeaux* pour se libérer de partie de son prix était un bénéfice, un avantage, auquel il n'est pas réputé avoir renoncé; que les renonciations ne se présument pas et que la preuve doit en être rapportée, ce que n'a pas fait la dem. *Pacquetet*; — Par ces motifs, etc.

A annoter :

Au *Manuel des Notaires*; — note 192, n. 18.

ART. 2250.

ENREGISTREMENT. — ACTE NOTARIÉ. — ACTE IMPARFAIT. — DOUBLE DATE.

Un acte à double date ne doit point être présenté à l'enregistrement à la première date, lorsqu'il n'est devenu parfait qu'à la seconde date (L. 25 vent. an XI, art. 12, 13, 14; L. 22 frim. an VII, art. 20 et 33). — (A).

Ainsi, on ne saurait voir une convention parfaite, assujettie, par conséquent, à l'enregistrement dès la première date, dans la vente d'un immeuble propre au mari, consentie conjointement par sa femme, à deux dates, l'une pour le contrat entre le mari vendeur et l'acquéreur, l'autre pour l'adhésion de la femme. (Même art.). — (B.)

(Hubert — C. — Enregistrement.)

18 juin 1856, jugement du Tribunal civil de Soissons, ainsi conçu :

(A-B) Nous nous sommes prononcé contre les décisions qui obligent à faire enregistrer un acte avant que toutes les parties qui y sont désignées comme comparantes n'aient signé ou déclaré ne le savoir, en note de l'art. 1157.

Contrà : — Jugement de Schélestadt, 10 déc. 1856, et autres jugements indiqués aux art. 261, 1157, 1337, 1740 et 2004.

LE TRIBUNAL ; — *Attendu* qu'il résulte des dispositions de la loi organique du notariat, du 25 vent. an XI, qu'un acte notarié est imparfait lorsqu'il n'est pas signé par toutes les parties ou qu'il ne contient pas, pour suppléer à la signature, la déclaration qu'elles ne peuvent ou ne savent signer ; — Que l'acte passé devant Me *Hubert*, notaire à Vailly, portant les deux dates des 4 mai et 5 juin 1854, contenant vente, par les sieur et dame *Cru* aux sieur et dame *Villain*, d'une maison et dépendances sises à Allemant, dans lequel acte la dame *Cru* est reprise partie contractante, n'était donc pas parfait au 4 mai 1854, jour où il a été revêtu seulement des signatures des sieurs *Cru* et *Villain*, et, pour suppléer la signature de la dame *Villain*, de la mention qu'elle ne savait signer, et qu'il n'a reçu sa perfection que par la signature de la dame *Cru*, qui n'a été donnée que le 5 juin suivant ;

Attendu que cet acte, tant qu'il est resté imparfait, n'a pu avoir pour effet de transférer aux sieur et dame *Villain* la propriété de l'immeuble qui y est désigné, car le concours de la dame *Cru* a pu n'être qu'une des conditions essentielles du consentement des acquéreurs à acheter, et ne peut être considéré comme une simple disposition accessoire et accidentelle du contrat ; — Qu'en effet, de cela, que s'agissant de la vente d'un immeuble propre au sieur *Cru*, il pouvait vendre seul et sans le concours de sa femme, on doit en tirer la conséquence que si on a exigé le concours de la dame *Cru*, si on l'a fait figurer comme partie contractante, on a eu un motif : car personne n'est censé agir sans motif, et que le consentement de toutes les parties, mais surtout celui des acquéreurs, était subordonné à la satisfaction de ce motif ; or, ce motif était évidemment, de la part des acquéreurs, de se mettre, par le concours de la dame *Cru*, à l'abri de l'exercice de son hypothèque légale, d'être dispensé de remplir vis-à-vis d'elle les formalités de purge, circonstance qui a pu et dû influer sur le prix qu'ils ont donné de l'immeuble ;

Attendu qu'il faut faire une grande différence, entre le cas où le mari qui vend un immeuble à lui propre, promet seulement la ratification de sa femme et celui où la femme vend conjointement avec son mari ; qu'autant qu'il est évident que, dans le premier cas, la propriété est transmise dès le moment où le mari signe, parce que dès ce moment l'acquéreur consent à acquérir sous la foi de l'exécution de l'obligation de rapporter la ratification de la femme, et sauf l'exercice de l'action résolutoire, si cette obligation n'est pas remplie, autant il est évident que, dans le second cas, l'acquéreur ne consent à acquérir que si la femme s'oblige avec son mari à le garantir ; que, jusque-là, toute transmission de propriété est en suspens; en un mot, que, dans le premier cas, il y a eu vente sous condition résolutoire, et, dans le second, vente sous condition suspensive;

Attendu que, de ce qui précède, il résulte que ce n'est qu'à partir du 5 juin 1854 qu'a commencé à courir le délai de l'enregistrement de l'acte dont il s'agit, et que ce n'est que ce jour-là que Me *Hubert* a été tenu de le porter sur son répertoire; — Qu'effectivement, son inscription au répertoire a été faite ledit jour 5 juin 1854, et que l'acte a été présenté au bureau de l'enregistrement le 13 du même mois, par conséquent dans le délai déterminé par la loi du 22 frim. an VII; — Que les poursuites de l'administration de l'enregistrement contre Me *Hubert* sont mal fondées, et que son opposition à ces poursuites doit donc être reçue; — Par ces motifs, etc.

A annoter:

Au *Formulaire:* — p. 120, note A, alin. 2.
Au *Commentaire:* — note 13, n. 72 et 73; — note 18, n. 36.
Au *Journal:* — art. 107; — art. 158; — art. 261; — art. 1157; — art. 1337; — art. 1740; — art. 2004.

ART. 2251.

RÉGIME DOTAL. — DOT. — ÉTABLISSEMENT D'ENFANT. — REMPLOI. — ACQUÉREUR.

(Question posée par un de nos abonnés de l'Eure).

Lorque, dans le contrat de vente d'un bien dotal, il a été stipulé que le remploi en serait fait en immeubles, l'acquéreur peut-il être contraint de payer son prix, si le remploi n'est pas conforme à la convention, en ce qu'il consisterait dans la donation contractuelle de ce prix faite par les vendeurs à l'un de leurs enfants pour son établissement ? (C. Nap. 1556.)—(A).

(A) Pour la négative, c'est-à-dire dans le sens de notre opinion; — Bordeaux, 9 avril 1845.

MM. *Rodière* et *Pont*, contr. de mar., n. 895, admettent, quand il y a seulement obligation de faire *emploi* du prix de l'immeuble dotal, qu'il y a *emploi* utile toutes les fois que ce prix a été consacré à l'acquittement de quelqu'une des charges du mariage, telles que les aliments de la famille, la dot des enfants, etc.

Mais ils sont d'avis, quand il y a lieu à *remploi*, que ce remploi ne peut être fait utilement qu'autant que le prix de l'immeuble dotal aliéné a été consacré à l'acquisition d'un autre immeuble; ce qui résout négativement la question proposée.

Sans doute, l'obligation du remploi n'offre que des embarras; —pour le mari, responsable du défaut de remploi; — pour l'acquéreur, chargé d'employer son prix à payer celui de l'immeuble acquis en remploi; — pour l'enfant doté, ne pouvant mobiliser l'immeuble à lui donné.

Donc, en supprimant toutes ces difficultés, on obtient un résultat qui dispense du remploi et offre plus de sécurité que s'il y avait remploi, en déchargeant le mari et l'acquéreur de toute responsabilité et en procurant à l'enfant doté un avoir mobilier qui peut plus favoriser son mariage qu'un avoir immobilier.

Mais il y a une grande différence entre une constitution de dot immobilière et une constitution de dot mobilière.

Quand la dot est immobilière, il n'y a point de périls pour les autres enfants de la femme dotale, parce que l'immeuble étant rapporté à sa succession, l'objet de la convention matrimoniale qui stipule le remploi et le but de la loi se trouvent remplis puisque l'on est assuré de trouver l'immeuble entre les mains de l'enfant alors même qu'il l'aurait aliéné. (C. Nap. 859, 860).

Quand la dot est mobilière, au contraire, il y a péril pour les autres enfants de la femme dotale, puisque l'enfant doté (dans l'espèce, du prix de l'immeuble) peut se trouver dans l'impuissance de rapporter la chose mobilière qu'il a reçue en dot de sa mère.

Ainsi donc, quand la dot est immobilière, l'exécution de la convention de remploi a toujours pour résultat de garantir l'acquéreur de toute action en réduction, dans le cas où le montant de la constitution dotale excéderait la portion disponible et la réserve du donataire. Par conséquent, l'acquéreur peut exiger qu'il ne soit point dérogé à la convention qui l'oblige de faire le remploi en immeubles.

Par ces motifs, nous pensons que la question posée doit recevoir une solution négative.

A annoter :

Au *Manuel des Notaires* ;—note 166-5°, n. 87.

ART. 2252.

ENREGISTREMENT.—MUTATION PAR DÉCÈS.—RENTE SUR L'ÉTAT. —SURVIE.

Lorsqu'une rente sur l'État, acquise en commun par plusieurs personnes, est inscrite au nom de toutes ces personnes, avec stipulation qu'elles en jouiront en commun comme usufrui-

tières, mais que la nue-propriété en appartiendra à la survivante, il n'y a pas lieu, au décès de chacune d'elles, de percevoir un droit de mutation par décès. (L. 18 mai 1850, art. 7.)—(A)

(Carmichaël—C.—Enregistrement.)

27 février 1857, jugement du tribunal civil de la Seine, ainsi conçu :

Le tribunal ;—*Attendu* que *Carmichaël* et la veuve *Corbaux* ont acheté conjointement une inscription de rente 3 pour 100 sur l'État de 500 fr., qu'ils ont fait immatriculer ainsi qu'il suit au grand livre de la dette publique : « Isabelle (Adrienne-Marie-Sophie), veuve de François Corbaux, *usufruitière; après elle*, Timothée-Corneille-René Carmichaël, *aussi usufruitier*; *la nue-propriété* au dernier *survivant* des deux, avec les arrérages échus; »—*Attendu* que la veuve *Corbaux* est décédée la première, le 18 oct. 1856; que *Carmichaël* est ainsi devenu seul propriétaire de la rente; que le transfert au grand livre d'une inscription de rente provenant de titulaires décédés ne pouvant être effectué que sur la présentation d'un certificat constatant l'acquittement d'un droit de mutation par décès établi par l'art. 7 de la loi du 18 mai 1850, il a, le 18 avr. 1856, et sous toutes réserves de se pourvoir en restitution, acquitté les droits sur la moitié de la rente, c'est-à-dire sur 250 fr., dont le capital, au cours du jour du décès, a engendré à 9 pour cent une perception en principal et double décime de 581 fr. 4 c., qu'il en demande aujourd'hui la restitution; que cette demande est justifiée par la position particulière de *Carmichaël*, relativement à la rente en question; que, d'après les termes ci-dessus transcrits de l'immatriculation *durant la vie de la veuve Corbaux*, *Carmichaël* avait renoncé à jouir d'aucun arrérage qui lui tînt lieu de l'intérêt des fonds avancés en partie par lui pour l'achat de l'inscription; qu'en effet, la veuve *Corbaux* (à la différence et à l'exclusion de *Carmichaël*, appelé à l'usufruit après elle seulement) était usufruitière de la *totalité* des 500 fr. de rente; qu'en *échange* de ce sacrifice certain, il s'était réservé une *chance*, celle, s'il survivait, de bénéficier de la portion de la veuve *Corbaux*; qu'ainsi *Carmichaël* a payé un prix pour ce bénéfice d'accroissement; qu'il ne s'agit pas de la succession de la veuve *Corbaux*, *Carmi-*

(A) *Conf.* : — Jugement du tribunal civil de Lure, du 14 fév. 1856.

Ces décisions rentrent dans la jurisprudence consacrée en dernier lieu par la Cour de cassation en matière d'acquisition indivise d'immeubles. (Cass. ch. civ., 9 avril 1856, et autres arrêts rapportés sous notre art. 1237.)

chaël n'étant ni le donataire, ni le légataire, ni l'héritier de cette veuve; qu'il y avait pour *lui* contrat *commutatif* à titre *onéreux*; que la transmission prend sa source dans ce contrat, et non dans le décès de la veuve *Corbaux*; qu'en matière de rentes sur l'État, et en vertu de l'art. 7 de la loi du 18 mai 1850, il n'y a de soumis aux droits que deux cas : celui de mutation par décès, donnant lieu au droit de succession, et celui de transmission entre-vifs à titre gratuit, passible du droit de donation; qu'ainsi l'impôt n'atteignait sous aucun rapport la transmission qui a fait passer les 250 fr. de rente de la veuve *Corbaux* à *Carmichaël*; qu'il est inutile d'examiner quelle aurait été la solution si *Carmichaël* était mort le premier;—Par ces motifs, etc.

A annoter :

Au *Manuel des Notaires*;—note 192, n. 67 et 100.

Au *Journal*; —art. 415 en marge de l'art. 7 de la loi;—art. 490;—art. 1237.

ART. 2253.

MUTATION PAR DÉCÈS.—DÉCLARATION DE SUCCESSION.—LEGS A TITRE UNIVERSEL.—RENONCIATION PARTIELLE.

La renonciation, par un légataire à titre universel, à une partie seulement de son legs, pour s'en tenir au surplus, emporte acceptation du legs entier, et suffit, dès lors, pour que le légataire soit tenu du droit de mutation par décès sur le tout. (C. Nap. 774, 784, 1012).—(A)

(Lepère—C.—Enregistrement.)

18 avril 1857, jugement du Tribunal civil de la Seine, ainsi conçu :

LE TRIBUNAL ; — *Attendu* que Charles *Arnold* est décédé le 27 oct. 1854 ne laissant aucun héritier à réserve; que, par son testament, déposé le lendemain chez un notaire, il avait institué légataires de la totalité de ses immeubles, savoir : pour l'usufruit, la femme *Lepère*, et pour la nue propriété, les enfants

---

(A) *Dans le même sens* :—Cass. (ch. civ.) 10 novembre 1847.

Idem pour le cas de legs universel :—Jugem. Bar-le-Duc, 4 mai 1843; solut. régie, 11 avril 1817, 1er avril 1818, 20 juin 1827, 2 juin 1829.

Mais le légataire de deux legs portant sur deux objets différents, peut accepter l'un et répudier l'autre; — Cass. (ch. civ.), 5 mai 1856.-J. art. 2019.

de celle-ci; que, suivant acte passé devant *Debière*, notaire à Paris, le 12 avril 1855, elle a déclaré renoncer purement et simplement à la moitié de l'usufruit à elle légué, voulant que la disposition du testament, en ce qui la concernait, ne reçût d'effet que pour moitié; que, le 22 oct. 1856, Victor *Lepère*, au nom de sa femme, et comme administrateur légal des biens de ses enfants mineurs, et se portant fort de l'un d'eux, majeur, a fait la déclaration de la succession dont il s'agit, et qu'à raison de la déclaration ci-dessus rappelée, le droit de 9 p. 100 n'a été perçu que sur la moitié de l'usufruit de la dame *Lepère*;

Attendu qu'il a paru à l'un des vérificateurs qu'il aurait dû l'être sur la totalité de cet usufruit; qu'il a été décerné une contrainte en payement d'un supplément de 1,075 fr. 14 c. en principal et décime contre Victor *Lepère*, dans les mêmes qualités que celles par lui prises dans la déclaration de succession; mais que l'administration reconnaît que la contrainte a été mal à propos dirigée contre les enfants légataires de la nue propriété, et qu'elle doit recevoir exécution seulement contre la femme *Lepère*, seule débitrice des droits dont est passible le legs en usufruit; qu'il est inutile d'examiner si la renonciation à un legs serait nulle, et si elle le serait même vis-à-vis de l'administration de l'enregistrement pour avoir été faite par-devant notaire au lieu de l'avoir été au greffe, dans la forme prévue par l'art. 784 C. Nap., concernant la répudiation des successions;... que, pour laisser prise au droit sur l'usufruit intégral, il suffit qu'elle ait été partielle; que par cela même il y avait acceptation; que la femme *Lepère* modifiait par sa propre volonté l'état de choses réglé par la volonté du testateur, et faisait passer, de son vivant, sur la tête de ses enfants, une quote-part arbitrairement fixée par elle-même dans une jouissance dont son seul décès aurait dû, d'après la pensée du donateur, opérer la réunion à la nue propriété; que son titre à elle, c'était l'acte testamentaire; qu'en ce qui la concernait, ce titre était un; qu'il ne pouvait, au regard du fisc, être scindé par elle; que du moment qu'elle s'en appliquait le bénéfice pour une portion quelconque, elle encourait le droit sur le tout;...—Par ces motifs, etc.

A annoter:

Au *Manuel des Notaires*;—note 24, n. 149;—note 62, n. 46;—note 192, n. 34.

Au *Journal*;—art. 2019.

ART. 2254.

ENREGISTREMENT.—MUTATION PAR DÉCÈS.—SOCIÉTÉ.—SURVIE. — PRESCRIPTION.

Lorsqu'il est stipulé dans un acte de société qu'en cas de décès de l'un des associés, la société continuera d'exister entre les autres, qui conserveront tout l'actif social, à la charge de payer aux héritiers de l'associé décédé la part leur revenant dans cet actif, cette stipulation donne ouverture, lors de ce décès, au droit proportionnel de vente. (L. 22 frim. an VII, art. 4.)—(A).

Et ce droit de vente n'est soumis qu'à la prescription de 30 *ans.* (L. 22 frim. an VII, art. 61, § 1; C. N. 2262.)

(Dupuy—C.—Enregistrement.)

26 août 1856, jugement du Tribunal civil de Bordeaux, ainsi conçu :

LE TRIBUNAL ;—*Attendu* qu'aux termes de l'art. 4 de la loi du 22 frim. an 7, toute transmission de propriété de biens meubles et immeubles est soumise à un droit proportionnel; qu'il est constant, en fait, que le 8 sept. 1846, par acte au rapport de Me *Rambaud*, notaire à Bordeaux, les trois frères Ulysse, Léon et Junior *Dupuy*, formèrent une société qui avait pour objet le commerce des liquides et des spiritueux ; qu'il fut stipulé dans l'art. 5 dudit acte que, si l'un des associés venait à décéder pendant le cours de la société, sa part dans l'actif, dont l'importance serait déterminée par le dernier inventaire qui aurait précédé le décès, appartiendrait aux associés survivants, à la charge par eux d'en payer la valeur aux héritiers; que cette stipulation, destinée, le cas échéant, à faire passer sur la tête des associés survivants la part du prédécédé, renfermait une véritable vente subordonnée à un événement futur et incertain ; — *Attendu* que l'événement prévu s'est réalisé par le décès de Junior *Dupuy*, qui a eu lieu en juill. 1848, que la vente étant devenue parfaite, le droit proportionnel sur la valeur de la portion de l'actif transmise à Ulysse et Léon *Dupuy* a été acquis à la régie de l'enregistrement; qu'il n'y a donc plus qu'à en déterminer la quotité;...

Attendu, quant à la prescription, que l'art. 61, § 1, de la loi

(A) *Conf.* : —Jugement Pontoise, 25 juin 1846; — Cass. (req.) 20 mars 1849.

Contrà : — Cass. (ch. civ.) 7 avril 1856, - J. art. 2016, relativement à l'effet de l'attribution, à l'époux survivant, de la totalité de la communauté moyennant une indemnité à payer aux héritiers de l'époux prédécédé.

du 22 frim. an 7, dispose « qu'il y a prescription pour la demande des droits, savoir : après deux années, à compter du jour de l'enregistrement, s'il s'agit d'un droit non perçu sur une disposition particulière dans un acte, ou d'un supplément de perception insuffisamment faite, ou d'une fausse évaluation dans une déclaration ; que cette règle, qui trace une exception au droit commun, doit être rigoureusement restreinte, dans son application, aux cas qu'elle détermine ; — Attendu qu'il n'a été perçu sur l'acte de société du 8 sept. 1846 qu'un droit fixe de 5 fr. ; que la régie, à cette époque, n'avait aucun droit à percevoir sur la vente subordonnée à un événement futur et incertain ; qu'il ne s'agit donc, dans l'espèce, ni d'une insuffisance ni d'une omission de perception, mais d'un droit simple de vente, né depuis et par le décès de Junior Dupuy, et dont le recouvrement, aux termes de l'art. 14 de la loi du 16 juin 1824, ne peut être atteint que par la prescription portée dans l'art. 2262 C. Nap. ; qu'il est donc évident qu'aucune prescription n'est acquise aux frères *Dupuy*, et que leur prétention sur ce point doit être écartée....

A annoter :

Au *Manuel des Notaires*, — note 18, n. 789, 925 ; — note 57, n. 163.

Au *Journal*, — art. 1237 ; — art. 1496 ; — art. 2016 ; — art. 2252.

ART. 2255.

FAILLITE. — NULLITÉ D'ACTES. — HYPOTHÈQUE.

Quand il y a nullité des actes à titre onéreux ou gratuit passés par le failli, cette nullité n'existe que relativement à la masse (C. comm. 446, 447.)

Ainsi, une hypothèque annulée, sur la demande des syndics, en vertu de l'art. 447 C. comm., conserve ses effets contre le failli, remis par concordat à la tête de ses affaires, alors même que le créancier n'en a pas réservé les effets à l'égard de ce dernier (C. comm. 490, 508, 516, 1350-3°, 1351.) — (A).

(Tacel. — C. — Valabrègue.)

Le 8 avril 1854, la dame *Valabrègue*, porteur de billets à ordre souscrits par le sieur *Tacel*, pour une somme de 17,000 fr., stipula de ce dernier une obligation hypothécaire de 20,000 fr., en échange de laquelle elle lui remit les 17,000 fr. de billets et 3,000 fr. en argent.

Le 15 du même mois, le sieur *Tacel* fut déclaré en faillite, et,

---

(A) *Contrà :* Bordeaux, 15 fév. 1849 ; Poitiers, 2 mai 1854. — J. art. 1836

par jugement du 1er mai, l'ouverture de la faillite fut reportée au 1er avril précédent.

Le 11 septembre, la dame *Valabrègue* demanda à être admise à la faillite, comme créancière hypothécaire pour le montant de sa créance de 20,000 fr. Mais, sur la résistance des syndics qui excipaient de la disposition de l'art. 446 C. com., elle déclara réduire sa prétention aux 3,000 fr. qu'elle avait prêtés au sieur *Tacel*, par l'acte constitutif d'hypothèque lui-même, cet acte échappant ainsi à l'application de l'art. 446, relatif aux seules hypothèques consenties depuis la cessation des payements, pour dettes antérieurement contractées.

Les syndics demandèrent la nullité de l'hypothèque de la dame *Valabrègue*, même en ce qui concernait les 3,000 fr. pour lesquels cette dame se bornait à prendre la qualité de créancière hypothécaire. Ils se fondaient sur ce que l'hypothèque par eux critiquée tombait sous le coup, sinon de l'art. 446, du moins de l'art. 447, comme constituée au profit d'un créancier qui, en prêtant, avait connaissance de l'état de cessation de payements du débiteur.

Un jugement du 27 novembre 1854 annula pour le tout l'hypothèque du 8 avril, et ordonna que la dame de *Valabrègue* ne serait admise au passif de la faillite que comme créancière chirographaire.

Le 12 décembre, la dame *Valabrègue* interjeta appel de ce jugement.

Le 13, le sieur *Tacel* obtint des créanciers un concordat, dans lequel il lui était fait remise de 80 pour cent ; et un jugement du 25 janvier 1855 prononça l'homologation de ce concordat.

Cependant, le 25 juin 1855, un arrêt de la Cour d'Aix, rendu entre la dame *Valabrègue*, appelante du jugement du 27 novembre 1854, et les syndics de la faillite *Tacel*, confirma ce jugement, et maintint, par suite, l'annulation de l'hypothèque de la dame *Valabrègue*.

Pour arriver à l'exécution de son concordat, le sieur *Tacel* vendit une partie de ses immeubles, et voulut hypothéquer l'autre partie. Il demanda qu'en vertu de l'arrêt du 25 juin, l'inscription hypothécaire prise par la dame *Valabrègue* fut radiée.

Un jugement du 1er mars 1856 rejeta cette demande : « *Attendu* que les actes de constitution d'hypothèques pour dettes antérieures, consentis par le failli dans les dix jours qui précèdent l'ouverture de sa faillite, tout comme les actes de toute nature qu'il aurait souscrits en fraude des droits de ses créanciers envers des tiers éclairés sur sa position, n'en conservent pas moins, pour avoir été déclarés nuls par la justice, leur validité à l'encontre du failli. »

Sur l'appel, arrêt de la Cour d'Aix, du 7 août 1856, qui confirme.

Pourvoi du sieur *Tacel* pour violation et fausse application des art. 443 et 446 C. pr.; 490, 508, 516 et suiv. C. comm.; 2146 C. Nap., 1350 et 1351 même Code.

15 juillet 1857, arrêt de la Cour de cass. (ch. req.), ainsi conçu:

LA COUR; — *Attendu* que, des termes exprès de l'art. 446 C. comm., il résulte que la nullité établie par cet article est prononcée relativement à la masse des créanciers; qu'elle ne peut profiter au failli que rien n'autorise à revenir contre les actes qu'il a contractés librement et en pleine connaissance de cause; — Qu'il doit en être de même de la nullité prononcée par l'art. 447, malgré quelque différence de rédaction; qu'il y a, entre ces deux articles, le rapport le plus étroit; que les mêmes motifs doivent, dans l'un et l'autre cas, conduire aux mêmes conséquences, et que si la nullité de plein droit, établie par l'art. 446, est purement relative, la nullité facultative, que l'art. 447 permet de prononcer, ne saurait être absolue;

Attendu que le demandeur, pour se soustraire à cette règle, ne saurait se prévaloir utilement ni de l'autorité de la chose jugée, ni des conclusions prises par la dame *Valabrègue*, ni du concordat obtenu; — Que l'arrêt sur lequel le demandeur fonde son exception de chose jugée a prononcé seulement, en faveur de la masse des créanciers, conformément aux art. 446 et 447; — Que la dame *Valabrègue*, en reconnaissant les droits légitimes de la masse, n'avait à faire, dans ses conclusions, aucune réserve contre le failli qui n'avait invoqué et n'invoquait aucun droit personnel; enfin que le concordat, auquel la dame *Valabrègue* n'a pris aucune part, ne peut lui préjudicier respectivement au failli, puisqu'elle est restée à son égard créancière hypothécaire; Rejette, etc.

(MM. *Nicias-Gaillard*, présid.; — *Bayle-Mouillard*, rapp.; — *Blanche*, avoc. gén., concl. conf.; — *Costa*, avoc.)

A annoter:

Au *Manuel des Notaires*: — note 130, n. 95.

Au *Journal*: — art. 1836; — art. 2261.

ART. 2256.

ADOPTION TESTAMENTAIRE. — TUTELLE OFFICIEUSE. — ENFANT NATUREL.

L'adoption testamentaire d'un enfant naturel par celui qui l'a reconnu est nulle, si l'adoptant n'a point été préalablement tuteur officieux de cet enfant, sous les conditions de forme et de temps déterminées par les art. 361 *et suiv. du C. Nap* (C. Nap. 366.) — (A).

(Pichon — C. — Rado du Matz.)

Le sieur *Rado du Matz* est décédé vers la fin de 1853, laissant un testament olographe, en date du 22 juin de la même année, par lequel il conférait l'adoption testamentaire au mineur *Gauthier*, qu'il avait reconnu le 8 mars précédent pour son enfant naturel.

Les héritiers légitimes du défunt demandèrent contre *Gauthier*, représenté par son tuteur, le sieur *Pichon*, la nullité de cette adoption, comme n'ayant pas été précédée de la tutelle officieuse qui, aux termes de la loi, en est le préalable indispenpensable.

Le 30 nov. 1854, un jugement du Tribunal de Vannes annula l'adoption.

Sur l'appel du sieur *Pichon*, arrêt de la Cour de Rennes du 25 juill. 1855, qui confirme, en adoptant les motifs des premiers juges, et considérant, en outre, que le seul fait des soins donnés à un enfant ne peut suffire pour établir le lien légal de la tutelle officieuse nécessaire à la validité de l'adoption testamentaire; que la volonté de constituer cette tutelle ne s'est manifestée ni dans la forme légale, ni dans aucune autre; qu'enfin il ne s'était pas écoulé cinq ans entre la reconnaissance de l'enfant et le décès de l'adoptant.

Pourvoi du sieur *Pichon*, pour fausse application des art. 361 et 363 C. Nap., et fausse application de l'art. 366 du même Code.

23 juin 1857, arrêt de la Cour de cassation (ch. req.), ainsi conçu :

LA COUR; — *Attendu* que l'adoption ne peut être conférée que dans des formes rigoureuses dont la solennité est en rapport avec l'importance de la parenté civile qui en résulte; — *Attendu* que l'adoption testamentaire n'est permise, par le législateur, que dans le seul cas où elle a été précédée par une tutelle officieuse, conférée en présence d'un magistrat, avec le consentement du père et de la mère de l'enfant, obligeant le tuteur à nourrir et élever son pupille, et manifestant une intention de l'adopter qui, pour être efficace, doit persévérer pendant cinq

---

(A) *Dans le même sens* : — Cass. (req.), 26 nov. 1856. J. art. 2073.

ans; — *Attendu* que la reconnaissance de l'enfant naturel attribue, il est vrai, à l'enfant le nom de son père, lui assure ses soins pendant sa vie, et des droits dans sa succession après sa mort; mais qu'il n'en résulte pas qu'elle puisse être considérée comme équivalant à une tutelle officieuse au point de vue de l'adoption; — Que, n'étant pas reçue par un magistrat, elle manque de la solennité requise; qu'elle ne prouve en aucune façon que le père et la mère de l'enfant reconnu ont consenti à l'adoption, bien que ce double consentement soit exigé pour la validité de la tutelle officieuse; — Que celui qui reconnaît un enfant naturel ne manifeste pas l'intention de l'adopter un jour, et enfin que rien ne constate que cette intention, qui n'a pas même été manifestée, a persévéré pendant le délai légal; — Qu'il n'y a donc, entre la tutelle officieuse et la reconnaissance d'un enfant naturel, aucune analogie satisfaisante, que l'assimilation proposée par le pourvoi, entre ces deux actes, n'est pas admise par le législateur; qu'elle serait inconciliable avec ses principes et donnerait un moyen facile de se jouer de ses sages rigueurs; — Rejette, etc.

(MM. *Nicias-Gaillard*, présid.; — *Bayle-Mouillard*, rapp.; — *Raynal*, avoc. gén., concl. conf.; — *Christophle*, avoc.)

A annoter :

Au *Manuel des Notaires*; — note 165, n. 38.

Au *Journal*; — art. 2073.

ART. 2257.

FAILLITE. — HYPOTHÈQUE LÉGALE. — CONSTRUCTIONS.

Les constructions, faites par le mari sur un terrain qu'il possédait lors du mariage, sont, en cas de faillite, soumises, comme ce terrain lui-même, à l'hypothèque légale de la femme. (C. N. 2133) — (A).

(Coureelle. — C. — Lepesqueur.)

En 1852, époque de son mariage avec la demoiselle *Potel*, le sieur *Lepesqueur*, qui était commerçant, possédait dans la commune d'Oissel un terrain nu à usage de jardin, d'une valeur de 6,000 fr. — Dans le courant de 1853, il fit construire sur ce terrain une filature dans laquelle furent placés une machine à vapeur et tout le mobilier industriel qu'exigeait cet établissement.

(A) *Conf.*: — Rouen, 17 mai 1825; Paris, 18 janv. 1837.
Contrà: — Paris, 6 mars 1834; Cass., 24 janv. 1838.

En 1854, *Lepesqueur* tombe en faillite. La vente de l'immeuble dont il s'agit est poursuivie, et l'adjudication en est tranchée au prix de 26,000 fr. — Un ordre s'ouvre, et parmi les créanciers colloqués figure la dame *Lepesqueur* pour le montant de ses reprises.

Le syndic de la faillite critique la collocation de cette dernière, en ce qu'elle porte sur le prix de la filature, malgré la disposition de l'art. 563 c. com., suivant laquelle la femme d'un commerçant n'a d'hypothèque légale que sur les immeubles qui appartenaient au mari lors du mariage ou qui lui sont advenus depuis à titre gratuit. — Que l'hypothèque de la femme, dit le syndic, puisse s'exercer sur le prix représentant l'immeuble que le mari possédait au moment du mariage, rien n'est plus certain; mais elle ne saurait s'étendre au nouvel immeuble qui est venu s'adjoindre au premier, à la filature construite par le mari. Il n'y a pas ici une incorporation telle qu'elle doive entraîner cette conséquence préjudiciable aux tiers.

Jugement qui rejette le contredit du syndic. — Appel.

29 déc. 1855, arrêt de la Cour imp. de Rouen (2e ch.), ainsi conçu :

LA COUR; — *Attendu* que l'art. 563 c. com., en maintenant l'hypothèque légale de la femme d'un commerçant la restreint à la vérité aux immeubles qui appartiendraient à son mari au jour de la célébration du mariage ou à ceux qui lui adviendraient depuis à titre lucratif, mais n'a pas déterminé ce qu'il fallait entendre par ces mots « les immeubles qui lui appartiendraient, » et ne s'est pas suffisamment expliqué sur le point de savoir s'il n'entendait parler que de l'état dans lequel ces immeubles se trouvaient alors, sans égard aux améliorations qu'ils pourraient ultérieurement recevoir;—Que ce silence du législateur de 1838, alors que, sous l'empire de l'ancien art. 551, la jurisprudence s'était divisée sur une question analogue, oblige, pour lever l'incertitude, de recourir aux principes du droit commun, dont cet art. 463 n'est qu'une exception; — *Attendu*, à cet égard, que, suivant l'art. 2133 c. nap., conforme à l'ancien droit, l'hypothèque conférée, soit par la loi, soit par la convention, sur un immeuble, s'étend aux améliorations que cet immeuble peut recevoir, soit naturellement, soit par incorporation; que ce mot *amélioration* ne s'entend pas seulement ici dans un sens restrictif, mais qu'il comprend aussi, d'après l'adage *ædificium solo cedit* consacré par les art. 551-552 du même code, les édifications et les constructions, qui ne sont à vrai dire que de grosses améliorations; que ces articles doivent donc servir à déterminer ce à quoi doit s'étendre l'hypothèque légale, maintenue par l'art. 563 c. com., au profit de la femme d'un commerçant, sur les immeubles possédés par son mari au jour de la célébration du mariage; — Que conséquemment l'hypothèque de la dem[lle] *Potel*, seconde femme du sieur *Lepesqueur*, a atteint les constructions faites par lui pendant le mariage sur l'immeuble dont le prix est en distribution; — Qu'il y a d'autant plus lieu de décider ainsi, qu'au moment où ces constructions ont été faites, *Lepesqueur* avait à sa disposition les deniers dotaux de sa première et de sa seconde femme, et qu'il n'est pas possible de dire que c'est exclusivement avec l'argent de ses autres créanciers qu'elles ont eu lieu; que c'est donc avec raison que le juge-commissaire a colloqué sur ce prix les enfants de cette seconde femme au rang de l'hypothèque légale qui lui appartenait, et que le jugement dont est appel a rejeté le contredit apporté à leur collocation par le sieur Courcelle, syndic de la faillite *Lepesqueur*; — Met l'appellation au néant, etc.

(*MM. Forestier*, présid.; — *Jolibois*, avoc. gén. c. conf.; — *Deschamps* et *Desseaux*, av.)

A annoter :

Au *Manuel des notaires* : — note 29, n. 162; — note 30, n. 370; — note 130, n. 528.

ART. 2258.

RENONCIATION. — RETOUR CONVENTIONNEL. — ACCEPTATION. — DONATION ENTRE-VIFS.

(Question proposée par un de nos abonnés du Gers.)

La renonciation par un donateur au droit de retour conventionnel stipulé à son profit, a-t-elle besoin, pour produire son effet, d'être acceptée soit expressément, soit tacitement, par le donataire? (C. Nap. 894, 931.)

En général, il est loisible à chacun de renoncer aux droits établis en sa faveur. Dans ce cas, la renonciation n'a point, pour celui qui en profite, l'effet d'une donation, parce que, renoncer à un bénéfice, ce n'est pas toujours faire un acte de pure libéralité.

Le renonçant, en effet, agit quelquefois, en renonçant, plutôt dans son intérêt, qui peut être celui de l'honnêteté et de la délicatesse, que dans l'intérêt de celui qui profite de sa renonciation.

S'il en était autrement, c'est-à-dire si l'on décidait qu'il y a libéralité, que le donateur se dépouille actuellement et irrévocablement de la chose donnée en faveur du donataire, caractère distinctif de la donation (C. Nap. 894), ce serait imposer au donataire, malgré lui, des obligations qui ne sont attachées qu'à la donation entre-vifs proprement dite, telles que l'obligation des aliments, la condition de n'être point ingrat. Or, rien de pareil n'est attaché à une renonciation quant au fonds.

Cela étant tenu pour constant, on ne peut assimiler, quant à la forme, une renonciation à une donation, et prétendre qu'une renonciation doit être acceptée en termes exprès. (Cass. 12 nov. 1822. — *Manuel des Notaires*, note 62, n. 149.)

Il n'est même pas nécessaire qu'elle soit acceptée tacitement, parce que la renonciation n'est point un contrat synallagmatique; ce n'est qu'un acte unilatéral; or les contrats unilatéraux ne sont point sujets à être acceptés, ainsi qu'on le voit dans mon Manuel, note 101, n. 9, note 62, n. 3 et 4, et dans mon Journal, art. 1993.

En tout cas, le concours dans l'acte de celui qui est appelé à profiter de la renonciation équivaut à une acceptation tacite; car à quoi bon ce concours si ce n'est pour accepter, alors qu'on ne proteste pas?

Le concours d'un mari à un acte qui concerne sa femme, équivalant à autorisation, pourquoi le concours d'un individu à un acte qui lui profite n'équivaudrait-il pas à acceptation? On n'en comprendrait pas la raison, car l'intervention devait nécessairement avoir un objet.

Est dispensée d'une acceptation expresse, dit Proudhon, n. 2206, la renonciation à l'usufruit en faveur du nu-propriétaire, à un droit de servitude, à un droit d'hypothèque, à une action quelconque. Dans tous ces cas, dit-il, l'effet immédiat de la renonciation, consistant à opérer l'affranchissement de la personne ou du fonds, n'est qu'un retour à la liberté et à l'ordre naturel des choses. Il n'y avait pas lieu d'exiger pour ces sortes de remises à titre gratuit les mêmes formalités que lorsqu'il s'agit d'un transport de propriété ordinaire.

Suivant un arrêt de la Cour de Bordeaux, du 11 janvier 1834, la renonciation à un legs ou à une libéralité, même incertaine, n'a pas plus besoin d'être acceptée que la remise d'une dette faite par un créancier à son débiteur.

Par ces motifs, nous pensons que la question proposée doit recevoir une solution négative.

À annoter :

Au *Manuel des Notaires* ; — note 62, n. 3, 4, 149 ; — note 81, n. 102 ; — note 101, n. 9 ; — note 149, n. 48, 49.

Au *Journal* ; — art. 1993.

ART. 2259.

RENTE VIAGÈRE. — ORDRE JUDICIAIRE. — PAIEMENT. — CONSIGNATION.

Lorsque, parmi les créances colloquées dans un ordre, figure une rente viagère, les créanciers postérieurs peuvent, en donnant des sûretés pour le service de cette rente, exiger que le capital qui la représente leur soit payé par l'adjudicataire. (C. Nap. 1978). — (A).

Et s'ils ne consentent pas à retirer le capital, l'adjudicataire doit le conserver entre ses mains pour le service des arrérages, sans pouvoir s'en libérer par la consignation. (C. N. 1258.) — (B).

(Duverger — C. — Créanciers Chabert.)

Le sieur *Duverger*, adjudicataire d'immeubles expropriés contre les frères Jean et Claude *Chabert*, a ouvert un ordre pour la distribution de son prix. — Au nombre des créanciers colloqués, s'est trouvé le sieur Jean-Claude *Chabert*, curé, auquel il était dû une pension de 150 livres.

Dans l'état de collocation provisoire, en date du 28 décembre 1852, et homologué par jugement du 1er décembre 1853, il a été décidé que l'adjudicataire resterait nanti, notamment de la somme destinée au service de la rente du curé *Chabert*, jusqu'à l'extinction de cette rente, et qu'il en payerait les intérêts à ce dernier.

Quelque temps après, le sieur *Duverger* introduit une instance à l'effet d'obtenir l'autorisation de consigner, aux frais, risques et périls des créanciers colloqués, le capital laissé entre ses mains pour le service de la pension du curé *Chabert*.

Jugement qui rejette sa demande. — Appel.

12 mai 1856, arrêt de la Cour royale de Savoie, ainsi conçu :

(A) *Dans le même sens* : — Caen, 18 mai 1813 ; Pothier, Contr. de constit., ch. 8, n. 231 ; Troplong, priv., n. 959.

(B) *Contrà* : — Angers, 18 fév. 1855, même pour le cas où le procès-verbal d'ordre ordonne que l'acquéreur gardera les fonds entre ses mains.

LA COUR ; En droit : — *Attendu* qu'aux termes de l'art. 142 de l'édit du 16 juillet 1822, dont les dispositions ont été reproduites dans l'art. 838 C. proc. civ., le créancier colloqué dans l'ordre pour une rente viagère conserve son droit intact, et qu'aucune charge ne peut lui être imposée à cet égard ; — *Attendu*, quant aux créanciers postérieurs auxquels le capital séparé devra revenir après l'extinction de la rente viagère, que le même article leur laisse la faculté de le recevoir en assurant efficacement le payement de cette rente ; mais que, s'ils ne veulent pas s'en prévaloir, il ne peut rien être fait au préjudice de leurs droits ;

Attendu, en effet, que ces créanciers peuvent se trouver dans une position telle qu'il ne leur soit pas possible de fournir les sûretés voulues ; — Que, dès lors, l'acquéreur qui s'est volontairement substitué au débiteur primitif, ne peut pas détériorer leur position, ce qui arriverait s'il était admis à consigner ;

Attendu, d'ailleurs, que toute consignation doit être précédée d'offres réelles et valables, et d'après l'art. 1128 C. Nap., l'on ne saurait considérer comme valable l'offre de payement, à la charge, par le créancier, de servir pendant un temps indéterminé les intérêts du capital qu'il recevrait, et même de fournir des sûretés à cet égard ; — *Attendu* qu'aussi l'on tient pour constant en jurisprudence que le tribunal peut toujours ordonner dans l'ordre que les fonds destinés au service de rentes viagères resteront déposés dans les mains de l'acquéreur ; — Et qu'en effet, on le pratique toujours ainsi, lorsque le créancier postérieur ne se prévaut pas de son droit d'option ; — Déclare avoir été bien jugé par le jugement dont est appel.

(M. Crettin, 1er président.)

A annoter :

Au *Manuel des Notaires* ; — note 76, n. 107 ; — note 104, n. 175.

ART. 2260.

AVEU. — INDIVISIBILITÉ.

L'aveu judiciaire est indivisible, lorsque toutes les parties ont entre elles un rapport intime et nécessaire, par exemple, lorsque le débiteur avoue qu'il a été débiteur de la somme à lui réclamée, mais qu'elle a été éteinte, partie par le paiement, partie au moyen d'une remise de la dette. (C. Nap. 1356).

(Brebion — C — Beauvois.)

Une instance en apurement de compte existait devant le Tribunal de Boulogne entre le sieur *Brebion* et les époux *Beauvois*. Ces derniers niant être débiteurs d'une somme de 4,471 fr. 16 c., que le sieur *Brebion* prétendait faire porter à leur débit dans le chapitre 1er du compte, il fut ordonné qu'ils seraient interrogés sur faits et articles.

Le 17 mars 1855, en effet, ils subirent un interrogatoire dans lequel ils firent la déclaration suivante : « Nous avons dû à *Brebion* la somme de 4,471 fr. 16 c. ; mais sur cette somme nous avons acquitté 3,500 fr. en espèces, et il nous a fait la remise du reliquat. » — Le sieur *Brebion* soutint que cette réponse renfermait un aveu de l'existence actuelle de la dette, les allégations dont il était accompagné et que rien ne justifiait, ne devant pas être prises en considération.

Jugement du Tribunal de Boulogne, conçu en ces termes : — « En ce qui touche la demande principale de *Brebion* sur le chapitre 1er du compte ; — *Considérant* que *Brebion* ne produit pas de titre et ne peut appuyer sa prétention que sur l'aveu des époux *Beauvois* ;... — *Considérant* que l'aveu judiciaire ne peut être divisé contre celui qui l'a fait ; que si ce principe formulé dans des termes absolus peut souffrir des exceptions, c'est uniquement au cas où, suivant la doctrine, il n'y a pas entre les deux parties de l'aveu un rapport nécessaire, ou lorsque, suivant la jurisprudence, certaines parties de l'aveu offrent des invraisemblances choquantes ; qu'il est loin d'en être ainsi dans l'espèce ; que les explications fournies par les époux *Beauvois* présentent, à un haut degré, tous les caractères de la probabilité, et qu'il existe, d'ailleurs, un rapport intime et nécessaire entre la reconnaissance d'une dette et l'allégation de son extinction ; peu importe, du reste, que l'on avance n'avoir acquitté partie de la dette qu'au moyen d'une remise, car autoriser dans ce cas la division de l'aveu, ce serait placer celui qui le passe entre la tentation du mensonge et la crainte de compromettre ses intérêts par la confession sincère de la vérité ;... — Par ces motifs, condamne *Beauvois*, etc. » — Appel.

6 août 1856, arrêt de la Cour imp. de Douai (1re ch.), ainsi conçu :

LA COUR ; — Adoptant les motifs des premiers juges, confirme...

(MM. *de Moulon*, 1er présid. ; — *Dupont*, avoc. gén. ; — *Duhem* et *Leroy*, avoc.)

A annoter :

Au *Manuel des Notaires* ; — note 213, n. 94.

Au *Journal* ; — art. 408 ; — art. 495 ; — art. 1112.

ART. 2261.

FAILLITE. — Concordat. — Hypothèque. — Nullité.

La nullité des hypothèques obtenues depuis la cessation des paiements du failli ne peut être invoquée que par la masse des créanciers et non par le failli concordataire. (C. comm. 446.) — (A.)

(Sallerin — C. — Danvers et Capé.)

Le sieur *Sallerin* a été déclaré en faillite, le 19 octobre 1848, mais un jugement du tribunal de commerce a fait remonter la cessation de ses payements au 16 mars précédent. Postérieurement à cette date, MM. *Danvers* et *Cappé* avaient obtenu contre lui des jugements en vertu desquels ils ont pris une inscription hypothécaire sur ses immeubles.

Depuis, le sieur *Sallerin*, ayant obtenu un concordat, a cru pouvoir demander la nullité de cette inscription, conformément aux termes de l'art. 446 C. comm. ; en conséquence, il a assigné MM. *Danvers* et *Capé* devant le tribunal civil de la Seine pour faire prononcer cette nullité.

Mais la demande a été rejetée par le jugement suivant : — « En ce qui touche *Danvers* et *Cappé* : — *Attendu* qu'il résulte des documents produits que leurs titres de créance sont réguliers, et que les jugements du tribunal de commerce dont ils excipent, ne sont point tombés en péremption ; d'où il suit que ces jugements ont pu valablement leur conférer hypothèque sur les biens de *Sallerin* ; — Que si, aux termes de l'art. 446 C. com., sont nulles toutes hypothèques, ou conventionnelles ou judiciaires, obtenues depuis la cessation des payements d'un commerçant, ou dans les dix jours qui ont précédé la faillite, cette nullité n'est prononcée qu'en faveur de la masse des créanciers ;... — Par ces motifs, déclare *Sallerin* mal fondé en sa demande envers *Danvers* et *Cappé*, l'en déboute. »

Appel par *Sallerin*. — On soutient dans son intérêt que la nullité prononcée par l'art. 446 C. comm. est absolue et d'ordre public ; autrement, dit-on, le but que la loi se propose de maintenir, l'égalité entre les créanciers, serait méconnu. D'ailleurs ce n'est pas dans l'intérêt du failli seulement que la nullité est

---

(A) *Conf.* : — Paris, 3 déc. 1846 ; cass. (ch. civ.) 11 nov. 1856 ; cass. req. 15 juill. 1857-J. art. 2255 ; Esnault, faillites, t. Ier, n. 196.

Contrà : — Bordeaux 15 év. 1849 ; — Poitiers, 2 mai 1854-J., art. 1836.

demandée, c'est dans l'intérêt de la masse. La faillite, en effet, n'est pas terminée par le concordat, elle dure tant que le failli n'a pas payé tous les dividendes ; or, qu'arrivera-t-il s'il a compté sur ses immeubles pour payer ces dividendes? Il arrivera que certains créanciers qui n'avaient pas plus de privilége que les autres, seront payés intégralement par le fait de l'hypothèque prise depuis la cessation des payements, tandis que les simples créanciers chirographaires ne seront pas payés. Cela n'est pas possible. Cela n'est pas possible, surtout si l'on réfléchit que, par suite d'inexécution du concordat, la faillite peut être reprise. C'est donc bien une nullité d'ordre public que prononce la loi ; car c'est toujours au profit de la masse qu'elle est prononcée, soit que le syndic la demande pendant les opérations de la faillite, soit que cette demande soit formée par le failli lui-même lorsqu'il a obtenu un concordat.

On répond pour l'intimé : Si l'art. 446 eût voulu établir une nullité absolue, il l'aurait dit. Au contraire, il ne la prononce qu'au profit de la masse et non au profit du failli. L'hypothèque continue à subsister entre les parties elles-mêmes, et, par suite, elle doit avoir son effet contre le failli lorsqu'il a obtenu un concordat qui le remet à la tête de ses affaires.

23 juillet 1857, arrêt de la Cour impériale de Paris (2e chambre), ainsi conçu :

LA COUR ; — Adoptant les motifs des premiers juges, confirme :

(MM. *Lamy*, prés. ; — *Guillard* et *Chamaillard*, avoc.)

A annoter :

Au *Manuel des Notaires* ; — note 130, n. 95 et 355.

Au *Journal* ; — art. 1836 ; — art. 2255.

ART. 2262.

NOTAIRE. — CHAMBRE DE NOTAIRES. — ÉLECTION. — RECOURS. — CONSEIL D'ÉTAT.

Les décisions par lesquelles le ministre de la Justice statue sur la validité de l'élection des membres de la Chambre des Notaires et sur la capacité des candidats élus, sont susceptibles de recours devant le Conseil d'État par la voie contentieuse de la part des Notaires.

Lorsque, dans une ville qui n'est pas un chef-lieu de Cour imp., mais où il y a un Tribunal de première instance, il y a seulement DEUX *Notaires, celui de ces deux notaires qui vient d'être, pendant trois ans, membre de la Chambre, ne peut être réélu, bien qu'il résulte de là que l'élection de l'autre notaire soit* FORCÉE, *l'ordonnance du 4 janvier 1843 voulant que l'un des membres de la Chambre soit* NÉCESSAIREMENT *choisi parmi les Notaires de cette ville* (Ord. 4 janv. 1843, art. 25 et 26). — (A).

(Goulley.)

29 janv. 1857, arrêt du Conseil d'État, ainsi conçu :

NAPOLÉON, etc. ; — Vu la requête... pour le sieur *Goulley*, agissant au nom et comme syndic de la chambre des notaires de l'arrondissement de Tonnerre. . et, en tant que de besoin, pour le sieur *Moucelot*, notaire à Tonnerre..., tendant à ce qu'il nous plaise annuler une décision, du 28 décembre 1855, par laquelle notre garde des sceaux, ministre de la justice, a annulé la délibération de l'assemblée générale des notaires de l'arrondissement de Tonnerre, contenant réélection du sieur *Moucelot* comme membre de la chambre de discipline, en se fondant sur ce que le sieur *Moucelot*, ayant fait partie de ladite chambre depuis trois ans consécutifs, n'était pas, d'après l'article 26 de l'ordonnance royale du 4 janv. 1843, dans le cas d'être réélu ; prononcer cette annulation par le motif que lorsqu'il s'agit d'élire les membres qui doivent nécessairement être choisis dans le chef-lieu, d'après l'art. 25 de ladite ordonnance, la règle posée par l'art. 26, qu'aucun membre ne peut rester en fonctions plus de trois ans consécutifs, cesse d'être applicable ; — Vu les observations par lesquelles notre garde des sceaux, ministre de la justice, conclut à ce qu'il nous plaise rejeter le recours des sieurs *Goulley* et *Moucelot* comme ayant été formée contre une décision qui ne pouvait être attaquée par la voie contentieuse, et au fond comme mal fondée ;...—Vu la loi du 25 vent. an 11, l'arrêté du gouvernement du 2 niv. an 12 et l'ordonnance royale du 4 janvier 1843 ;...

Sur le recours formé par le sieur *Moucelot :* — En ce qui touche la fin de non-recevoir opposée au recours du sieur *Moucelot* et tirée de ce que la décision par laquelle notre ministre de la justice a annulé son élection comme membre de la chambre des notaires de l'arrondissement de Tonnerre, ne pourrait être attaquée par la voie contentieuse ; — *Considérant* que le droit de nommer eux-mêmes, par la voie de l'élection, les membres de leurs chambres de discipline, a été conféré aux notaires par l'arrêté du gouvernement du 2 niv. an 12 et par l'ordonnance royale du 4 janvier 1843, qui ont réglé les conditions et

(A) *Conf.* : — Décision du ministre de la Justice du 3 mai 1845.

les formes de ses élections ; que, dès lors, dans le cas où notre ministre de la justice a prononcé sur la validité de ces élections et sur la capacité des candidats élus, les notaires sont recevables à attaquer sa décision par la voie contentieuse ;

Au fond : — *Considérant* qu'aux termes de l'art. 25 de l'ord. du 4 janv. 1843, dans les arrondissements où il n'y a pas de cour impériale, un des membres de la chambre des notaires doit être nécessairement choisi parmi les notaires de la ville où siége le tribunal de première instance ; — *Considérant* qu'aux termes de l'art. 26 de la même ordonnance, aucun membre ne peut rester en fonctions plus de trois ans consécutifs, et qu'il n'est fait exception à cette règle que dans les cas où il n'y a qu'un seul notaire en exercice au chef-lieu ; — *Considérant* que deux notaires exercent leurs fonctions à Tonnerre ; que le sieur *Moucelot* avait fait partie de la chambre des notaires depuis trois ans consécutifs, lorsqu'il a été procédé, en 1855, au renouvellement du tiers des membres de ladite chambre, conformément à l'ordonnance de 1843 ; que dès lors, il ne pouvait être réélu, et qu'ainsi c'est avec raison que, par la décision du 28 déc. 1855, notre garde des sceaux, ministre de la justice, a annulé son élection. — Art. 1. La requête des sieurs *Moucelot* et *Goulley*, est rejetée.

(MM. *Gomel*, rap. ;—*De Lavenay*, concl. ;—*Hallays-Dabot*, av.)

A annoter :

Au *Manuel des Notaires* ; — note 67, n. 67.

Au *Journal :* — art 75, en marge des art. 25 et 26 de l'ord.

Au *Cours de notariat :* — art. 1353 du *Journ.*, p. 1449, 2e alinéa.

ART. 2265.

VENTE ANCIENNE. — TRANSCRIPTION HYPOTHÉCAIRE. — ACTION RÉSOLUTOIRE. — PRIVILÉGE.

(Question proposée par un de nos abonnés de la Drôme.)

Les ventes d'immeubles ayant acquis date certaine avant le 1er janvier 1856, (époque à partir de laquelle la loi du 23 mars 1855 est devenue exécutoire), et dont le privilége n'a pas été inscrit dans les six mois qui ont suivi la promulgation de cette loi, jouissent-elles, sous la loi nouvelle, du privilége et de l'action résolutoire, si ce privilége n'a point été éteint sous l'ancienne. (L. 23 mars 1855, art. 6 et 11.) — (A).

(A) Le Tribunal civil d'Évreux a jugé cette question dans un sens contraire. (V. notre art. 2264). — Mais ce jugement a été infirmé sur l'appel par la Cour imp. de Rouen, le 28 déc. 1857.

Faits.— *Primus* vend, en 1850, par acte sous seing-privé, un immeuble à *Secundus* qui lui en paye le prix comptant, avec déclaration que les deniers proviennent d'une aliénation d'un bien dotal de sa femme.

L'acte acquiert date certaine, en 1851, par le décès du vendeur.

En 1857, *Secundus*, qui est négociant, fait de mauvaises affaires et un de ses créanciers poursuit l'expropriation de l'immeuble vendu par *Primus*.

On nous demande ce qu'il y a à faire dans l'intérêt de la femme de *Secundus*.

Solution. — La loi du 23 mars 1855 n'a point eu d'effet rétroactif relativement aux aliénations d'immeubles antérieures au 1er janvier 1856, époque à partir de laquelle elle est devenue exécutoire.

Seulement, dans ses art. 7 et 11, elle s'est préoccupée du privilége et de l'action résolutoire attachés aux anciens contrats, et elle a prévu le cas où le privilége serait *éteint*. Elle n'a pas voulu que l'action résolutoire fût éteinte aussi, ce qui aurait fait que le vendeur se serait trouvé dépouillé de toute espèce de droits. C'est pour cela qu'elle lui a permis de faire inscrire son action résolutoire dans les six mois qui ont suivi la promulgation de la loi, pour la conserver. De sorte que, pour les anciens contrats, l'action résolutoire peut subsister encore, quand le privilége est éteint, si l'action a été inscrite. Mais, quand le privilége n'était pas éteint, lors de la promulgation de la loi du 23 mars, il n'est pas devenu nécessaire de faire inscrire l'action résolutoire pour la conserver, elle subsiste concurremment avec le privilége. La question est donc de savoir si le privilége était éteint.

Le privilége avait pu s'éteindre par la renonciation que le vendeur y avait faite. Il avait pu s'éteindre aussi par le défaut d'inscription avant la transcription faite par un sous-acquéreur de l'immeuble en question, ou avant l'expropriation forcée de cet immeuble. On comprend qu'alors le législateur ne pouvait priver le vendeur de la seule sûreté qui lui restât en lui ôtant son action résolutoire.

Ainsi donc, quand le privilége n'est pas éteint, le vendeur a, sous la loi ancienne comme sous la loi nouvelle, le privilége et l'action résolutoire.

Cela posé, une vente de 1850, qui a acquis date certaine en 1851 par le décès du vendeur, donne aux héritiers de ce dernier une double garantie, le privilége et l'action résolutoire. Et si l'immeuble vient à être revendu ou à être exproprié entre les mains de l'acquéreur, les héritiers du vendeur, dont il vient d'être parlé, auront une double action. Seulement, en cas d'expropriation, le vendeur peut être déchu de son action résolutoire par une sommation à lui faite dans les termes de l'art. 692 du Code de proc. civ. quand il s'est fait inscrire, et sans sommation s'il ne s'est point fait inscrire, puisque l'expropriation opère par elle-même la purge de cette action (C. proc. civ. 717), sans qu'il soit besoin de faire transcrire le jugement d'adjudication.

La femme de *Secundus*, en payant à *Primus* le prix de la vente de 1850, au moyen d'un emploi de ses deniers dotaux, a acquis le privilége de vendeur conformément aux art. 1250 et 1251 du C. Napoléon.

Par conséquent, elle a intérêt à faire inscrire promptement son privilége de vendeur, afin de sauvegarder et le privilége et l'action résolutoire qu'elle est menacée de perdre si l'expropriation suit son cours.

Mais il peut arriver que la femme ait, par l'exercice de son hypothèque légale, les mêmes avantages que ceux qui peuvent résulter à son profit de la vente de 1850. Il suffit pour cela qu'elle vienne la première en ordre d'hypothèque. En procédant ainsi, elle s'évite les droits de mutation de l'immeuble, droits pour lesquels son mari sera probablement poursuivi parce que l'expropriation va révéler sa mutation.

Toutefois, le moyen tiré de l'exercice de l'hypothèque légale peut échapper à la femme, si, lorsqu'elle s'est mariée, son mari était commerçant ou l'est devenu dans l'année, parce que les acquisitions d'immeubles qu'il a faites durant le mariage sont affranchies de son hypothèque. (C. comm. 563.)

En admettant cette dernière hypothèse, le meilleur moyen à employer dans l'intérêt de la femme, c'est de faire enregistrer la vente qui constate subrogation à son profit d'après les termes de la déclaration d'emploi, et de prendre une inscription de privilége dans le plus bref délai pour qu'elle se trouve comprise dans les extraits d'inscription à délivrer en conformité des art. 692 et 752 du C. proc. civ., et puisse être à même d'exercer son action résolutoire, concurremment avec son privilége.

A annoter :

Au *Manuel des Notaires*; — note 109-1°, n. 281.

Au *Commentaire de la loi sur la transcription hypothécaire*; — art. 1965 du *Journal*, en marge du n. 360.

ART. 2264.

VENTE ANCIENNE. — TRANSCRIPTION HYPOTHÉCAIRE. — PRIVILÉGE. — ACTION RÉSOLUTOIRE.

Le vendeur d'un immeuble, par acte anterieur au 1er janvier 1856, est déchu de son privilége et de son action résolutoire, s'il ne les a pas fait inscrire l'un et l'autre avant le 1er juillet 1856. (L. 23 mars 1855, art. 6, 7 et 11.) — (A)

(Viorney — C. — Duroulle.)

14 nov. 1856, jugem. du Tribunal civil d'Évreux, ainsi conçu :

LE TRIBUNAL ; — Vu les art. 7, 10 et 11, §§ 1, 2 et 4 de la loi du 23 mars 1855 ; — *Attendu* que, suivant l'art. 7 de cette loi, l'action résolutoire établie par l'art. 1640 c. Nap. ne peut être exercée, après l'extinction du privilége du vendeur, au préjudice des tiers qui ont acquis des droits sur l'immeuble du chef de l'acquéreur, et qui se sont conformés aux lois pour les conserver ; — *Attendu* que la loi du 23 mars 1855 a été, par l'art. 10, rendue exécutoire à partir du 1er janv. 1856 : — *Attendu* que, pour les contrats ayant date certaine avant cette époque, l'art. 11, déclare que la loi nouvelle ne leur est pas applicable et que leur effet sera réglé par la législation sous l'empire de laquelle ils sont intervenus ; — *Attendu* que toutefois le même article, § 4, dispose que le vendeur dont le privilége serait éteint au moment où la loi deviendrait exécutoire, pourrait conserver vis-à-vis des tiers l'action résolutoire qui lui appartiendrait, aux termes de l'art. 1654 c Nap., en faisant inscrire son action au bureau des hypothèques dans les six mois à partir de la même époque ; — *Attendu* que cette disposition transitoire a eu pour objet, ainsi que l'a expliqué le rapporteur de la loi, de faire survivre, en ce qui touchait les ventes antérieures, l'action résolutoire du vendeur, à l'extinction de son privilége, mais à la condition de rendre cette action publique et de la faire connaître aux tiers par l'inscription ; — *Attendu* que cette obligation était, en effet, le complément nécessaire de la loi, et qu'elle n'est qu'une simple formalité qui n'altère en rien le fond du droit ancien du vendeur ; — *Attendu* qu'il résulte manifestement des termes de l'esprit et de la loi du 23 mars 1855, qu'en prescrivant d'une ma-

---

(A). Nous avons émis une opinion contraire à cette décision dans la consultation que nous avons donné sous notre art. 2263.

M. *Dalloz*, dans son recueil de 1857, 3e partie, p. 43, en note, est aussi d'une opinion contraire à cette décision.

Mais le jugement d'Evreux a été infirmé.—V. la note au bas de l'art 2263.

nière absolue pour l'avenir la transcription des actes translatifs de propriété, le législateur a réglé le sort des vendeurs d'immeubles qui n'avaient pas antérieurement conservé leur privilége, mais dont l'action résolutoire subsistait;—Qu'il était indispensable de les obliger à faire inscrire cette action pour que la loi nouvelle pût porter immédiatement ses fruits, et que l'on ne restât pas pendant trente ans à partir de sa promulgation, sous le coup d'actions résolutoires ayant pris naissance avant cette époque (discussion de l'art. 11 au corps législatif);

Attendu qu'il s'agit, dès lors, de savoir, dans l'espèce, si le privilége du vendeur existait, au point de vue hypothécaire, lors de la mise en vigueur de la loi du 23 mars 1855, et, dans le cas où il aurait été éteint ou n'aurait pas été conservé suivant la législation existante, si, par l'effet d'une transcription tardivement faite, il a pu revivre au préjudice des créanciers qui ont antérieurement inscrit contre l'acquéreur; — *Attendu* que le contrat de vente sous signatures privées de Viorney à Duroulle est du 27 déc. 1851, qu'il a été enregistré le 10 janv. 1852, mais qu'il n'a été suivi ni de transcription ni d'inscription, soit avant la mise en vigueur de la loi du 23 mars 1855, soit dans les six mois à partir du 1er janv. 1856; — *Attendu* que, le 24 sept. 1856, les époux *Michel* et le sieur *Dujardin*, créanciers de *Duroulle* en vertu de titres antérieurs, ont inscrit leurs créances contre celui-ci;—*Attendu* qu'il est reconnu que *Viorney* n'a fait transcrire le contrat de vente du 27 déc. 1851 que le 15 sept. 1856, c'est-à-dire plus de huit mois après la mise à exécution de la loi du 23 mars 1855, et alors que les droits des époux Michel et de Dujardin préexistaient; — *Attendu* que, dans cet état des faits, ces derniers sont fondés à opposer à *Viorney* l'art. 7 de la loi précitée, qui porte: « L'action résolutoire établie par l'art. 1654 C. Nap. ne peut être exercée, après l'extinction du privilége du vendeur, au préjudice des tiers qui ont acquis des droits sur l'immeuble du chef de l'acquéreur, et qui se sont conformés aux lois pour les conserver; » — *Attendu* que l'application de cet article n'est contrariée ni par le texte ni par l'esprit de l'art. 11; que si, à l'égard des actes ayant acquis date certaine antérieurement au 1er janvier 1856, leur effet doit être réglé par la législation sous l'empire de laquelle ils ont été passés, il résulte des art. 2106, 2108, 2113 c. Nap., qu'entre les créanciers les priviléges ne produisent d'effet sur les immeubles qu'autant qu'ils sont rendus publics par une inscription, et, si le vendeur privilégié peut la remplacer par la seule transcription de l'acte de vente, ce privilége se trouve éteint à défaut de l'accomplissement de l'une ou de l'autre de ces formalités avant la revente de l'immeuble ou dans la quinzaine de la transcription du second contrat ;

Attendu qu'en appréciant le droit de *Viorney* sous l'influence de cette législation il faut reconnaître que son privilége, qui n'était révélé ni par une inscription, ni par la transcription, qui en aurait tenu lieu, ne pouvait être exercé qu'autant qu'il aurait été complété par la publicité, sans laquelle, resté imparfait et inefficace, il ne pouvait être mis en jeu ; — *Attendu* que c'est dans cet état d'imperfection que l'a trouvé la nouvelle loi, qui en accordant au vendeur un délai pour l'imprimer sur l'immeuble par l'inscription, n'a fait que soumettre son exercice à une formalité sans laquelle, dans le système de cette loi, et pour qu'elle atteignit son but, il devait rester définitivement frappé d'extinction et ne pouvait plus revivre ; — *Attendu* qu'il importe peu que, sous l'empire du code Napoléon, la transcription de l'acte de vente ou l'inscription faite avant la revente de l'immeuble ou dans la quinzaine accordée par l'acte 834 c. pr. civ. eussent pour effet de conserver le privilége du vendeur non payé, puisqu'il dépendait de celui-ci de s'assurer le bénéfice de cette législation en obéissant à la loi nouvelle, qui subordonnait et qui pouvait sans rétroactivité subordonner l'exercice de son droit à la condition d'être rendu public dans le délai qu'elle avait imparti ; — *Attendu* qu'en considérant comme éteint le privilége qui n'aurait pas été conservé conformément à l'ancienne législation, la loi de 1855 a maintenu, au profit du vendeur, l'action résolutoire qui lui était ouverte par l'art. 1654 c. Nap. ; qu'ainsi elle n'a porté aucune atteinte au droit qui lui était acquis ; — Qu'à la vérité, cette action à laquelle le vendeur pouvait recourir malgré la perte de son privilége, et qui était indépendante du régime hypothécaire, a été soumise à la formalité de l'inscription, mais que le législateur a pu en régler, pour l'avenir, l'exercice vis-à-vis des tiers sans altérer l'économie de la loi antérieure ; que c'est ce qu'il avait déjà fait en modifiant, par la loi de 1841, l'art. 877 c. pr. civ. ;

Attendu que de ce qui précède il résulte que *Viorney*, dont le privilége n'avait pas été rendu public sous l'empire du code Napoléon, et qui n'a pas inscrit son action résolutoire dans les six mois de la mise à exécution de la loi du 23 mars 1855, ne peut aujourd'hui exercer cette action au préjudice des créanciers de l'acquéreur Duroulle qui ont inscrit leur hypothèque avant la transcription tardive du contrat de vente du 27 déc. 1851 ; — *Attendu* que les poursuites en expropriation des époux *Michel* et de *Dujardin* sont fondés en titre et qu'elles ne sont pas critiquées en la forme; — Reçoit les époux *Michel* et *Dujardin* intervenants dans l'instance introduite par *Viorney* contre *Duroulle* en résolution, faute de payement du prix, de l'acte de vente sous seing privé du 27 déc. 1851, enregistré le 10 janvier 1852 ; — Faisant droit au fond sur cette action, la déclare mal fondée, en déboute *Viorney*, etc.

A annoter :

Au *Manuel des Notaires*; — note 109-1°, n. 281.

Au *Journal*; — art. 2263.

Au *Commentaire de la loi sur la transcript. hypothéc.*; — art. 1965, en marge des n. 236 et 360.

ART. 2265.

ENREGISTREMENT. — ACTIONS INDUSTRIELLES. — DONATION ENTRE-VIFS. — CESSION D'ACTION.

Les donations entre-vifs d'actions dans une société sont passibles du droit de 7 p. 100, établi pour les mutations à titre gratuit de valeurs mobilières, et non du droit de 50 cent. p. 100 auquel donnent lieu les cessions d'actions dans les compagnies (L. 22 frim. an VII, art. 69, § 2, n. 6; L. 18 mai 1850, art. 7 et 10). — (A).

(Norman. — C. — Enregistrement.)

16 juin 1857, jugement du Tribunal civil de Valenciennes, ainsi conçu :

LE TRIBUNAL; — Considérant que, suivant acte reçu par Me Beauvois, notaire de cette résidence, le 18 mars 1857, M. Jean-Baptiste Lanthiez a fait aux deux mineurs Norman, ses petits-neveux, donation entre-vifs de douze actions de la société des mines de Douchy, estimées 47,000 fr.; — Considérant que, lors de l'enregistrement de cet acte, le receveur a perçu, au taux de 7 p. 100, un droit de 3,948 fr., double décime compris; — Considérant que le sieur Norman ès nom qu'il procède en la cause, s'élève aujourd'hui contre cette perception, soutient que le droit n'était que de 50 cent. p. 100, et demande la restitution

(A). *Conf.*; — Garnier, rép. de l'enregistrement n. 1045.

Contrà : — Championnière et Rigaud, n. 3691 ; Dalloz, Rec. périod. 1857, p[ie] 3, page 78, en note, lequel se fonde sur ce que la loi fiscale ne distinguant point entre les cessions à titre onéreux et les cessions à titre gratuit, le droit à percevoir est, dans l'un et l'autre cas, de 0. 50 p. 0/0 ou de 2 p. 0/0, selon que le capital social admet ou non un fractionnement en quotités de valeurs égales. *Manuel des Notaires*, note 98, n. 10.

de 3,666 fr. illégalement perçus; — Considérant que, sans qu'il soit besoin d'examiner ici quelle est, en droit pur, la valeur juridique du mot *cession*, il suffit de dire que la loi de frimaire an 7, dans son art 69, § 2, n° 6, a très-bien distingué les cessions, à titre onéreux, de biens meubles, d'actions mobilières des compagnies et sociétés d'actionnaires, et les donations entre-vifs de ces mêmes objets, et que c'est avec raison qu'elle a soumis à des tarifs différents des actes si peu semblables et qui diffèrent essentiellement par leur nature et leur résultat, et que les avantages accordés à l'industrie pour la rapide circulation de ses billets à ordre, cessions d'actions et autres effets négociables, soit sur des endos réguliers, soit par tous autres modes de transmission à titre onéreux, utiles dans ces sortes de matières et conservés par l'usage du commerce, ne s'appliquent évidemment pas à des donations entre-vifs de ces mêmes valeurs faites par actes notariés en bonne forme d'après les règles prescrites par les art. 931 et suiv. c. Nap.;

Considérant que si quelques doutes avaient pu s'élever sur ce point, ces doutes seraient levés aujourd'hui, par les termes et surtout par l'esprit des art. 7 et 10 de la loi du 18 mai 1850. En effet, le rapporteur de cette loi en la présentant au corps législatif disait : « Ce que veut le gouvernement, c'est d'établir l'égalité de tous les contribuables et de toutes les valeurs mobilières en matière de successions et de donations; » — Considérant qu'on ne peut soutenir, avec fondement, sous l'empire de cette loi d'égalité absolue pour toutes les valeurs mobilières, qu'une donation faite par un oncle à ses petits-neveux d'inscriptions de rentes sur l'État, entraînera un droit de 7 p. 100, outre le double décime, et qu'une donation faite, entre les mêmes parties, d'actions, soit dans des compagnies houillères, soit dans des compagnies de finances, ou d'industrie, n'entraînerait qu'un droit de 50 cent.; — Considérant que si le système du sieur Norman était admis, il établirait une inégalité choquante, entre les valeurs mobilières et soumettrait, contre la volonté formelle du législateur, à des taxes différentes, des actes qui doivent être soumis à une perception commune et uniforme;

Considérant qu'il résulte de tous ces faits que c'est à bon droit que 3,948 fr. ont été payés sur la donation faite le 8 mars 1857 par un oncle à ses petits-neveux, et que c'est à tort que le sieur Norman, ès nom qu'il agit, demande la restitution de 3,666 fr.; — Considérant que la perception, ayant été régulièrement faite, doit être maintenue; etc.

A annoter :

Au *Manuel des Notaires :* — note 98, n. 10 ; — note 117, n. 12.

Au *Journal :* — art. 415, en marge de l'art. 10 de la loi ; — art. 612.

ART. 2266.

ADJUDICATION. — VENTE ADMINISTRATIVE. — BIENS COMMUNAUX. — ÉTABLISSEMENTS PUBLICS. — PAIEMENT ANTICIPÉ.

A l'avenir, il sera inséré, dans les cahiers de charges des adjudications et dans les contrats de vente de biens appartenant à des communes ou à des établissements publics, que l'adjudicataire ou acquéreur ne pourra se libérer, par anticipation, non plus à la caisse du receveur municipal ou hospitalier, mais entre les mains du receveur particulier de l'arrondissement, et à titre de placement au trésor public, pour le compte de la commune ou de l'établissement (C. Nap. 1239.)

4 mai 1857, circulaire du ministre de l'intérieur aux préfets, ainsi conçu :

Monsieur le Préfet, les adjudicataires ou acquéreurs de biens appartenant à des communes ou à des établissements publics effectuent quelquefois des paiements anticipés sur le montant du prix de ces immeubles, qui ne devait, aux termes du cahier des charges, être acquitté qu'en plusieurs échéances. Il en résulte que des sommes importantes peuvent être encaissées par les receveurs municipaux et hospitaliers à l'insu du comptable supérieur, et que les agents infidèles se trouvent à même de détourner ces fonds à leur profit. Plusieurs malversations de cette nature ont démontré à l'administration la nécessité d'adopter un nouveau mode de comptabilité qui permît d'assurer la surveillance et le contrôle du receveur des finances, et de prévenir ainsi la possibilité de détournements.

J'ai reconnu, d'accord avec M. le ministre des finances, que, pour atteindre ce but, le moyen le plus sûr et le plus efficace est de faire insérer, à l'avenir, dans les cahiers des charges des adjudications et dans les contrats de vente une clause spéciale portant que l'adjudicataire ou l'acquéreur qui voudra se libérer par anticipation, ne pourra le faire valablement qu'en opérant son versement, non plus à la caisse du receveur municipal ou hospitalier, mais à celle du receveur particulier de l'arrondissement, et à titre de placement au trésor public, pour le compte de la commune ou de l'établissement.

En conséquence, je vous invite expressément, Monsieur le préfet, à n'approuver dorénavant les cahiers des charges et les contrats de vente qui vous seront soumis qu'après avoir vérifié avec soin si la clause ci-dessus indiquée s'y trouve contenue. — De son côté, mon collègue va adresser à MM. les receveurs des finances des instructions pour leur tracer les règles de comptabilité qu'ils auront à suivre à l'occasion de cette nouvelle mesure. — Recevez, etc.

A annoter :

Au *Formulaire* ; — V° Cahier des charges, p. 196, alin. 32.
Au *Commentaire* ; — note 109-4°, n. 17, 22.

ART. 2267.

ENREGISTREMENT. — LOI DU DÉCÈS. — PARTAGE. — TESTAMENT.

Les droits d'enregistrement dont est passible un partage testamentaire doivent être liquidés conformément aux lois en vigueur au moment du décès du testateur, et non d'après celles sous l'empire desquelles ce partage a acquis date certaine. (C. Nap. 2 ; Loi 27 ventôse an IX, art. 1 ; — Loi 18 mai 1850, art. 5 ; — Loi 14 juillet 1855, art. 5.)

(Hérit. de Cahouet — C. — Enregistrement.)

27 mai 1857, jugement du tribunal civil de Coutances, ainsi conçu :

LE TRIBUNAL ; — *Considérant* que, le 6 février 1855, la dame de *Coutrières*, veuve *de Cahouet*, fit entre ses enfants le partage de ses biens par testament authentique, en attribuant : 1° au sieur Ernest *de Cahouet* certains immeubles sous la charge de payer à Aglaé *de Cahouet* une rente perpétuelle de 2,000 fr., au capital de 60,000 fr., outre une somme de 10,000 fr. pour plus-value à Alexandrine *de Cahouet*, veuve *Combes* ; 2° à Alexandrine *de Cahouet*, veuve *Combes*, certains autres immeubles, à la charge de payer à Aglaé *de Cahouet* une rente de 2,000 fr., au capital de 60,000 fr. ; — *Considérant* que l'acte du 6 février 1855 reconnut d'ailleurs, en faveur d'Ernest *de Cahouet*, et contre la testatrice, l'existence d'une dette de 4,000 fr. fondée sur un prêt non productif d'intérêts, et qui serait acquittée au décès de la dame *Louvel de Coutrières*, veuve *de Cahouet* ;

Considérant que celle-ci mourut le 2 novembre 1855, et que le testament du 6 février précédent, soumis à l'enregistrement le

2 janvier 1856, acquitta pour droit de soulte, à 4 pour 100 sur 120,000 fr. (lois du 22 frimaire an 7, art. 69, § 7; du 5 juin 1824, art. 3; du 18 mai 1850, art. 5), 480 fr.; pour droits d'obligations, à 50 c. pour 100 sur 4,000 fr. (loi du 7 août 1850, art. 9), 20 fr.; pour droit fixe (loi du 28 avril 1816, art. 43), 5 fr.; et pour simple décime (loi du 6 prairial an 7, art. 1), 482 fr. 50 c.; total : 5,307 fr 50 c.; — *Considérant* que, le 15 janvier 1857, l'administration de l'enregistrement décerna une contrainte contre les héritiers *Cahouet* et prétendit que les droits perçus le 2 janvier 1856, n'étant devenus exigibles que le 2 novembre 1855, au décès de la dame veuve *de Cahouet*, auraient dû être liquidés, suivant les lois des 6 prairial an 7, art. 1; 5 mai 1855, art. 15, et 14 juillet 1855, art. 5; alors en vigueur, et produire pour une soulte de 120,000 fr., à 4 pour 100, 480 fr.; pour obligation de 4,000 fr., à 1 pour 100, 40 fr.; pour droit fixe, 5 fr.; pour simple décime, 484 fr. 60 c., et pour double décime, 484 fr. 50 c.; différence entre ce qui avait été versé et ce qui devait être perçu, 506 fr. 50 c.;

Considérant que les trois héritiers *de Cahouet* formèrent opposition à cette contrainte, assignèrent l'administration en justice et soutinrent que la perception du 2 janvier 1856 était conforme aux principes, parce qu'elle se rattachait à un acte à date certaine du 6 février 1855, passé, quant à l'impôt du décime, sous la loi du 6 prairial an 7; quant au droit d'obligation, sous la loi du 7 août 1850, et non pas sous les lois des 5 mai 1855 et 14 juillet 1855; — *Considérant* que les trois héritiers *de Cahouet* argumentèrent de ce qu'appliquer ces deux dernières lois, ce serait leur donner un effet rétroactif, que la discussion au Corps législatif avait entendu prohiber formellement, que l'interprétation par le ministre des finances avait formellement interdit;

Considérant que la question est donc celle de savoir si, relativement à l'objet de la contrainte, impôt du décime, droit d'obligation, les lois qui dominent la contestation sont la loi du 16 prairial an 7 ou la loi du 14 juillet 1855, la loi du 7 août 1850 ou la loi du 5 mai 1855; — *Considérant* que le testament notarié et à date certaine n'est pas plus qu'une disposition olographe ou mystique, l'expression d'une volonté définitive, arrêtée sans retour; qu'il ne puise sa consécration, son caractère d'irrévocabilité absolue que dans le fait du décès de son auteur; que ce fait établi comme présomption légale qu'il a été persévéré au testament et que son auteur l'a sanctionné une dernière fois au moment suprême, où, libre encore de l'annuler ou de le maintenir, il l'a confirmé en face de la mort ; — *Considérant* que vouloir, de la part du légataire investi à la mort et par la mort du testateur, échapper aux conséquences d'une mutation qui s'est alors accomplie sous l'empire d'une loi nouvelle et se mettre sous la protection d'une loi ancienne moins avantageuse au fisc, à laquelle se réfère la date des dispositions grevées, c'est subvertir les règles les mieux établies, à moins qu'une exception tranchante n'autorise une telle prétention ;

Considérant que cette exception ne se rencontre ni dans la loi du 14 juillet 1855 (double décime) ni dans la loi du 4 mai 1855 (droit d'obligation) ; que, lors de la discussion de la loi du 14 juillet 1855, au Corps législatif, on voit seulement que des amendements ayant pour objet d'éviter la rétroactivité ont été rejetés, par la raison que « les droits d'enregistrements applicables aux actes à date certaine et aux mutations pour décès ne sont dus que quand ils sont ouverts et sont régis par la loi en vigueur au moment de leur ouverture ; » que la conclusion à tirer de là se retourne entièrement contre les héritiers *de Cahouet*, dont le legs et les droits d'enregistrement ne se sont ouverts que depuis les 5 mai et 14 juillet 1855 ; — *Considérant* que l'instruction ministérielle du 17 juillet 1855, invoquée par les héritiers *de Cahouet*, porte « que l'art. 5 de la loi du 14 juillet 1855 ne devra pas être appliqué aux actes et mutations ayant date certaine avant la mise à exécution de la loi ; » mais que les héritiers *de Cahouet* font un singulier abus de cette instruction en omettant ce qu'elle signifie quant aux parties ayant date certaine avant la loi du 14 juillet 1855, et en se préoccupant seulement des actes ayant date certaine avec cette loi ; — *Considérant* que les héritiers *de Cahouet* séparent ainsi la mutation que le testament de leur mère a emportée après la loi du 14 juillet 1855 et celle du 5 mai précédent de l'acte à date certaine avant ces lois, et contenant le testament de leur mère ; que pour eux cet acte est tout : la mutation ultérieure à cette époque, les lois sous lesquelles elle a eu lieu ne sont rien ; — *Considérant* qu'il n'est pas permis de raisonner de la sorte; que le langage des instructions ministérielles est clair, précis, et qu'il serait au moins étrange de l'entendre en ce sens que les mutations à la suite d'un testament authentique ont une date certaine avant le décès du testateur ; — *Considérant* que l'instruction ministérielle n'a dit qu'une chose, que les mutations, les actes sujets aux droits d'enregistrement, consommés et à date certaine avant la promulgation des lois des 5 mai et 14 juillet 1855, ne tomberaient pas sous le coup de ces lois; — *Considérant* qu'il n'y a point à distinguer, dans le testament de la dame *de Cahouet* mère, entre les legs et la reconnaissance d'une dette y relatés ; que, si les legs ne sont ouverts qu'au décès de la testatrice, la reconnaissance d'une dette n'a produit son effet qu'au décès de la testatrice; que jusque-là cette reconnaissance était révocable, aussi bien que les legs, dont peut-être au fond elle ne différait pas. — Par ces motifs, etc.

A annoter:

Au *Manuel des Notaires*; — note 18, n. 91-2°, n. 264.
Au *Journal*; — art. 415, art. 5;
Au *Recueil des Lois*; — art. 72, en marge de l'art. 5 de la loi.

ART. 2268.

OFFICE. — DONATION ENTRE-VIFS. — DÉMISSION. — PROMESSE.

La donation d'un office, avec promesse de démission à réaliser ultérieurement, ne confère au donataire, jusqu'à sa présentation, aucun droit de propriété sur cet office ni sur sa valeur. Elle constitue une simple obligation de faire, donnant lieu seulement à des dommages-intérêts en cas d'inexécution (L. 28 av. 1816, art. 91; C. N. 1142) — (A).

Par suite, si le droit de présentation est exercé au profit d'un autre que celui au profit de qui la promesse avait été faite, le prix de la cession n'appartient point à ce dernier, mais fait partie du patrimoine du promettant, et est, dès lors, le gage de ses créanciers (C. N. 2093).

(Bouvier — C. — Chazal.)

11 nov. 1857, arrêt du la Cour de cassation (ch. civ.), rendu après délibéré en chambre du conseil et ainsi conçu :

LA COUR; — Vu l'art. 91 de la loi du 28 avril 1816, et les art. 1142, 1181 et 1182 c. nap.; — *Attendu* que le droit de présentation conféré aux notaires et officiers ministériels par l'art. 91 de la loi du 28 avr. 1816, constitue pour ces officiers, leurs héritiers ou ayants-cause, une propriété de nature spéciale; qu'ils ne peuvent disposer de cette propriété que sous les restrictions et aux conditions que comporte la nécessité de maintenir le contrôle qui appartient au gouvernement sur la transmission des offices, et d'assurer l'indépendance des fonctions publiques attachées aux titres sur lesquels s'exerce le droit de présentation ; — *Attendu* que si un officier ministériel, dans un

---

(A) *Conf.*: — Cass. 4 janv. 1837; déc. min. justice 5 mai 1834.

acte qualifié donation, vente ou autrement, promet de se démettre de son office, cette disposition, valable dans son principe, est subordonnée, en ce qui touche sa réalisation, à l'exercice effectif du droit de présentation; que l'effet d'un tel engagement se trouvant subordonné à l'événement de cette condition suspensive, l'office demeure dans le patrimoine de celui qui a promis de s'en démettre, et ne tombe dans les biens de celui auquel la démission est promise, que lorsque cette démission a été donnée et la présentation agréée par le gouvernement; — *Attendu*, en effet, que le droit réel en la propriété de l'office ne peut résulter que de la collation qui est faite de cet office par le gouvernement; que si la promesse de démission ouvre un droit légal au profit de celui qui a obtenu cette promesse, elle constitue, à la charge de celui qui l'a consentie, une simple obligation de faire, qui, en cas d'inexécution, peut, suivant les circonstances, se résoudre en dommages-intérêts, mais qui ne confère, par elle même, au stipulant, aucun droit de propriété en la charge dont la résignation lui a été promise : — *Attendu*, en fait, que, dans le contrat de mariage de *Chazal* fils, en date du 24 août 1843, reproduit dans les qualités du jugement confirmé par l'arrêt attaqué, *Chazal* père a déclaré «faire donation au futur époux de la charge et titre d'avoué près la cour royale de Nîmes, dont était pourvu *Chazal* père, pour, par le donataire, entrer en possession aussitôt qu'il aura été nommé auxdites fonctions, auquel office *Chazal* père s'oblige de présenter son fils pour son successeur à l'agrément de sa majesté, aussitôt que sondit fils aura atteint l'âge de vingt-cinq ans;» — *Attendu* que *Chazal* père n'a pas usé du droit de présentation en faveur de son fils; qu'il est décédé en oct. 1846, en pleine possession de son titre d'avoué, et que *Chazal* fils n'en a jamais été pourvu; d'où la conséquence que cet office n'a pas cessé de compter dans les biens de *Chazal* père jusqu'à l'ouverture de la succession de celui-ci, et qu'il n'est jamais tombé dans les biens de *Chazal* fils; — *Attendu*, néanmoins, que l'arrêt attaqué décide que la somme due par *Béchard*, avoué, successeur de *Chazal* père, pour prix de la cession de l'office, sera considérée comme propriété de *Chazal* fils et distribuée entre ses créanciers à l'exclusion de ceux de son père;— *Attendu* que la somme stipulée par suite de l'exercice du droit de présentation n'est que l'accessoire de ce droit, et ne peut, dès lors, être transférée à titre de propriété qu'avec l'office et comme l'office; que si des droits de créance même privilégiée peuvent, en certans cas, s'attacher à la valeur vénale de l'office, cette valeur n'en reste pas moins la propriété de l'officier, et demeure partie intégrante de ses biens, tant que le titre repose sur sa tête; que, s'il en était autrement, l'indépendance de l'officier serait compromise par les recherches ou poursuites que de simples ayants-droit privés seraient autorisés à exercer sur l'office, en même temps que le droit de contrôle exercé par le gouvernement sur la transmission des offices et les conditions de cette transmission, serait gêné et paralysé au grand préjudice de l'ordre public ;— *Attendu* que l'arrêt attaqué se fonde encore vainement sur ce que *Chazal* fils aurait été admis par le gouvernement à exercer le droit de présentation, et l'aurait, en effet, exercé en faveur de *Béchard*; que cette circonstance n'aurait pu, en effet, lui donner un droit qu'il n'avait pas, ni distraire de la succession de son père une valeur qui n'a jamais cessé d'appartenir à celle-ci; mais que, de plus, l'argument manque en fait, puisque *Chazal* fils n'a exercé le droit de présentation qu'avec le concours et le consentement de l'héritier bénéficiaire de *Chazal* père et de la veuve de celui-ci ;—*Attendu* que, de ce qui précède, il résulte que l'arret attaqué a créé entre le mode de transmission de l'office et le mode de transmission de la propriété de la valeur vénale de cet office, une distinction qui n'est pas autorisée par la loi, et que, par suite, il a violé tant les principes de la matière que les lois ci dessus visées; — Par ces motifs, casse, etc.

(*MM. Renouard*, fais. fonc. de présid.; — *Chégaray*, rapp.; — de *Marnas*, 1er avoc. gén., concl. conf.;— *Costa* et *Béchard*, avocats.)

A annoter :

Au *Manuel des Notaires*; — note 191, n. 56, 65.

ART. 2269.

ENREGISTREMENT. — VENTE. — PRIX. — CHARGES. — LOYERS.

Lorsque le vendeur se réserve, jusqu'à une certaine époque, les loyers de l'immeuble vendu, et que l'acheteur est soumis, à partir de la vente, à toutes les obligations dérivant de la propriété, et au paiement des intérêts de son prix, cette réserve constitue une charge qui doit être ajoutée au prix de la vente, pour la perception du droit d'enregistrement. (L. 22 frim. an VII, art. 4 et 15) — (A).

(A) *Dans le même sens* : — Cass. ch. civ. 19 fév. 1845, 16 juin 1847, 30 nov. 1853.

Il en eut été autrement s'il avait été convenu que l'acheteur ne prendrait

(Enregistrem. — C. — Juteau.)

Par acte du 21 janv. 1854, les sieurs *Juteau* frères acquirent du sieur *Antonin* divers bâtiments, moyennant le prix de 24,000 fr., payable aux créanciers inscrits. avec intérêts à 5 p. 100, à partir du jour de l'acte de vente. — Il était stipulé, dans l'acte, que les sieurs *Juteau* seraient propriétaires de l'immeuble vendu, à dater du même jour, et qu'à compter de la même époque ils acquitteraient les contributions foncières, primes d'assurances et autres charges de toute nature. Le contrat portait, en outre, que les acheteurs ne percevraient qu'à partir du 30 juin 1859, les loyers de cet immeuble, par la raison que, jusqu'à cette époque, le vendeur les avait cédés à un sieur *Saglio*.

Lors de l'enregistrement de l'acte, il ne fut perçu de droit de mutation que sur le prix de 24,000 fr. — L'administration décerna contre les sieurs *Juteau* une contrainte à fin de payement d'un supplément de droit, sur la somme de 13,611 fr. 11 cent., montant des loyers que s'était réservé le vendeur.

Les sieurs *Juteau* formèrent opposition à cette contrainte, qui fut annulée par un jugement du tribunal de Belfort, du 9 janvier 1856.

Pourvoi de l'administration de l'enregistrement, pour violation de l'art. 15, n° 6 de la loi du 22 frim. an VII, en ce que le jugement attaqué n'a point considéré comme une charge du prix de la vente dont il s'agissait au procès, la réserve, par le vendeur, des loyers de l'immeuble vendu, jusqu'à une époque déterminée.

25 nov. 1857, arrêt de la cour de cassation (ch. civ.), ainsi conçu :

LA COUR ; — Vu l'art. 4 et l'art. 15, n° 6, de la loi du 22 frim. an VII ; — *Attendu* qu'aux termes desdits articles, le droit proportionnel pour toute transmission de meubles ou d'immeubles est assis sur les valeurs ; et que la valeur de la propriété des immeubles est déterminée pour les ventes, par le prix exprimé, en y ajoutant toutes les charges en capital, ou par une estimation d'experts ; — *Attendu* que le jugement attaqué constate que l'immeuble acheté par les frères Juteau, suivant acte du 21 janvier 1854, l'a été moyennant la somme de 24,000 fr., productive d'intérêts à compter dudit jour 21 janv. 1854, et, de plus, à la

possession de la chose vendue, n'en supporterait les charges et ne paierait les intérêts de son prix qu'à compter d'une époque postérieure à la vente, parce que, alors, la réserve de loyers serait non pas une *charge* de la vente, mais une *restriction* apportée à l étendue de la chose vendue.

charge par les acheteurs de souffrir la privation des loyers de cet immeuble jusqu'au 30 juin 1859 ; — Qu'il est donc certain que, pour avoir la valeur vénale de l'immeuble vendu auxdits frères Juteau, il fallait ajouter au prix exprimé l'importance des loyers dont ces derniers avaient consenti l'abandon au profit du vendeur ; et que cette valeur ainsi déterminée était la base sur laquelle devait être assise la liquidation du droit proportionnel ; — D'où il suit que le jugement attaqué, en restreignant à la somme de 24,000 fr. la valeur sujette au droit proportionnel, a formellement violé l'art. 4 et l'art. 15, n° 6, de la loi du 22 frim. an 7 ; — Casse...

(MM. *Troplong*, 1er présid. ; — *Quenoble*, rapp. ; — *Sevin*, avoc. gén., concl. conf. ; — *Moutard-Martin* et *Mazeau*, av.)

A annoter :

Au *Manuel des Notaires* : — note 57, n. 34.

ART. 2270.

LÉGITIMATION. — MARIAGE SUBSÉQUENT. — DONATION ENTRE-VIFS. — RÉVOCATION. — ÉTRANGER. — STATUT PERSONNEL.

Le mariage contracté en France entre un étranger et une Française, qui y ont leur domicile matrimonial, entraîne la légitimation de leurs enfants naturels reconnus, alors même que la législation du père étranger n'admettrait pas un tel mode de légitimation (C. Nap. 331) — (A).

Par conséquent, les donations faites par le père étranger, avant la naissance des enfants qu'il a ainsi légitimés, et à une époque où il était sans enfants, sont révoquées de plein droit (C. Nap. 960).

(Skottove — C. — époux Ferrand.)

Le sieur Skottove s'est pourvu en cassation contre l'arrêt de la cour d'Orléans, du 17 mai 1856, que nous avons rapporté dans notre art. 2030.

23 nov. 1857, arrêt de la cour de cass. (ch. civ.) rendu après délibéré en chambre du conseil, et ainsi conçu :

LA COUR ; — Vu les art. 331 et 960 C. Nap. ; — *Attendu* que

(A) Cette solution est fondée sur ce principe, que le statut personnel des étrangers ne peut être invoqué par eux en France, toutes les fois que ses dispositions sont contraires à une loi française qui intéresse l'ordre public. Or, la Cour a reconnu, dès qu'il y a un Français intéressé, que la légitimation par mariage subséquent était d'ordre public.

l'arrêt attaqué, tout en déclarant, en fait, que Thomas *Skottove* est né Anglais, qu'il n'a jamais été naturalisé Français, et qu'il a toujours conservé sa qualité d'Anglais, reconnaît également, en fait, que ledit *Skottove* habitait la France depuis un grand nombre d'années, qu'il s'y est marié deux fois successivement, et qu'il y avait son domicile lors de son second mariage avec Sylvine *Morland,* Française, célébré à la Ferté Saint-Aubin, le 26 oct. 1853, et lors duquel il a reconnu les deux enfants naturels nés d'elle et de lui, en France, en 1851 et 1852 ; — *Attendu* que la législation et la jurisprudence anglaises, en les supposant contraires à la légitimation des enfants naturels par le mariage subséquent des père et mère, ne pourraient, au cas où le mariage a été célébré en France, où le père seul est Anglais et domicilié en France, la mère Française, et les enfants nés en France, enlever à cette femme le droit qu'elle tenait de la loi française, qui était la loi du domicile matrimonial à laquelle les futurs époux sont réputés avoir eu la volonté de se soumettre, de légitimer ses enfants par son mariage avec leur père, et à ceux-ci le bénéfice de cette légitimation ; — *Attendu* que cette convention tacite des futurs époux à l'instant où ils allaient s'unir par le mariage, doit produire, en France, des effets complets et indivisibles tant en ce qui concerne le père qu'en ce qui concerne la mère et les enfants ; qu'autrement ce ne serait pas une véritable légitimation ; que la bonne foi de la mère serait trompée aussi bien que les espérances qu'en consentant au mariage elle avait placées dans les lois de son pays, tant pour elle-même que pour ses enfants, lesquels, nés en France, pourront, malgré la reconnaissance du père en l'acte de mariage, réclamer à leur majorité, d'après l'art. 9 C. Nap., la qualité de Français ; — *Attendu* que ces considérations de fait et de droit ont d'autant plus de force et de puissance, que, d'après son objet et ses résultats qui sont de réparer une faute commise contre l'ordre social, au profit de l'enfant naturel qui en était la victime innocente, de créer à cet enfant une famille qu'il n'avait point auparavant, et de l'élever au rang et aux droits d'enfant légitime, la légitimation par le mariage subséquent des père et mère, est, en France, comme le mariage lui-même, d'ordre public ; — Qu'il suit de là qu'en décidant que Skottove n'a pas conféré à ses deux enfants naturels nés en France en 1851 et 1852, par son mariage subséquent avec leur mère, célébré en France le 26 oct. 1853, le bénéfice de la légitimation, et que, par suite, la donation entre-vifs faite par lui à la femme *Ferrand,* le 4 juill. 1836, n'a point été révoquée et qu'elle doit recevoir son exécution, l'arrêt attaqué a expressément violé les art. 331 et 960 C. Nap.; — Casse, etc...

(MM. *Troplong*, 1er présid.; — *Moreau* (de la Meurthe), rapp.; — *Sévin*, avoc. gén., concl. conf.; — *Bosviel* et de *Saint-Malo*, avoc.)

A annoter :

Au *Manuel des Notaires* : — note 81, n. 207; — note 144, n. 63; — note 222, n. 89.

Au *Journal* : — art. 2030.

ART. 2271.

DONATION PAR CONTRAT DE MARIAGE. — INSTITUTION CONTRACTUELLE. — DONATION ENTRE ÉPOUX. — RENONCIATION. — MUTATION PAR DÉCÈS.

Le droit de mutation par décès n'est pas exigible sur la donation faite par un époux à son conjoint, de l'usufruit de la portion des biens qu'il laissera à son décès, si, lors de ce décès le donataire y renonce sans fraude, même par simple acte notarié; la renonciation à une institution contractuelle n'étant pas soumise à une déclaration au greffe comme les renonciations à successsion (L. 22 frim, an VII, art. 68, § 1, n. 1; C. N. 784). — (A)

(Veuve Hirou — C. — enregistrement.)

Un jugement du Tribunal civil d'Avranches, du 28 déc. 1855, avait, au contraire, annulé la renonciation par les motifs suivants: — « *Considérant* que si, d'après les dispositions de la loi du 22 frim. an 7, les renonciations à succession pouvaient avoir lieu dans des actes notariés, il n'en est plus de même aujourd'hui; — Que ces renonciations sont nulles et comme non avenues; — *Considérant*, en effet, que l'art. 784 c. nap. défend d'une manière formelle de faire autrement que par acte reçu au greffe du tribunal de première instance les renonciations à succession; que les règles en ce qui concerne les donations sont les mêmes; — *Considérant* que le législateur, en ordonnant que les renonciations à succession seraient toutes passées au greffe du tribunal dans l'arrondisse-

(A) La Cour n'a point voulu assimiler la renonciation à une institution d'héritier par contrat de mariage à la renonciation à une succession, d'abord parce que ce serait étendre la doctrine du Tribunal de Villefranche à des matières pour lesquelles elle n'a point été établie, et ensuite parce que, entre l'institué contractuel et l'héritier direct, l'analogie est loin d'être parfaite.

ment duquel la succession s'est ouverte, a eu pour but de faire cesser les inconvénients graves résultant des renonciations faites devant notaire et dont les tiers ne pouvaient avoir connaissance; que la défense résultant de l'art. 784 a été faite dans un intérêt général; que dès lors l'administration de l'enregistrement peut, comme les tiers, demander la nullité des renonciations faites devant notaire; — *Considérant* que la renonciation de la veuve *Hirou* à la donation en usufruit résultant de son contrat de mariage et insérée dans l'acte reçu par Me *Rachine*, notaire à Villedieu, le 30 août 1852, étant nulle, il est inutile d'examiner si elle est frauduleuse; »— Pourvoi.

24 nov. 1857, arrêt de la cour de casssation (ch. civ.), ainsi conçu :

LA COUR; — Vu les art. 24, 27, 32 et 68 de la loi du 22 frim. an 7, et l'art. 784 c. nap.; — *Attendu* que les transmissions de propriété ou d'usufruit de biens meubles et immeubles par décès ne sont passibles du droit proportionnel de mutation que lorsqu'elles n'ont point été répudiées par ceux au profit desquels elles ont eu lieu; et que les renonciations, lorsqu'elles sont pures et simples, ne sont soumises qu'au droit fixe de 1 fr., conformément à l'art. 68, § 1er, n° 1 de la loi du 22 frim. an 7; — *Attendu* que par acte reçu Me *Rachine*, notaire à Villedieu, le 30 août 1852, enregistré au droit fixe de 1 fr., la demanderesse, veuve du sieur *Hirou*, décédé le 14 juillet précédent, a renoncé purement et simplement à la donation à elle faite, par son mari, de l'usufruit de la moitié des biens de celui-ci, suivant leur contrat de mariage du 12 janv. 1809; — *Attendu* que l'art. 784 c. nap., portant que la renonciation ne peut plus être faite qu'au greffe du tribunal de première instance dans l'arrondissement duquel la succession s'est ouverte, sur un registre particulier tenu à cet effet, ne s'applique textuellement *qu'à la renonciation à une succession*; et qu'ainsi la renonciation à une donation, surtout d'usufruit, dont l'unique résultat est d'opérer la réunion de cet usufruit à la nue propropriété, n'est point, par cela seul qu'elle est faite par acte notarié, essentiellement et radicalement nulle et qu'elle ne devrait être écartée qu'autant qu'il viendrait s'y joindre des preuves de simulation et de fraude; — *Attendu* que l'administration de l'enregistrement, devant le tribunal, à l'exception absolue de nullité tirée de l'art. 784 c. nap. avait ajouté et avait cherché à établir que la renonciation était frauduleuse, mais que le tribunal a dit que la renonciation étant nulle aux termes de cet article, *il était inutile d'examiner si elle était frauduleuse;* —

Attendu que, dans ces circonstances et dans cet état de faits, le jugement attaqué, en annulant la renonciation précitée, et en validant, par suite, la contrainte et les poursuites dirigées contre la veuve *Hirou*, a faussement appliqué, et, par là même, violé les articles de loi ci-dessus visés, et spécialement l'art. 784 c. nap.; — Casse, etc.

(*MM. Bérenger*, présid.; — *Moreau* (de la Meurthe) rapp.; — *Sévin*, avoc. gén., concl. conf.; — De la *Chère* et *Moutard-Martin*, avoc.).

A annoter :

Au *Manuel des Notaires*; — note 62, n. 182; — note 192, n. 11.

ART. 2272.

PARTAGE ANTICIPÉ. — TESTAMENT. — LEGS. — OPTION. — PRESCRIPTION. — RESCISION. — EXÉCUTION VOLONTAIRE.

La disposition par laquelle un père, en faisant entre ses enfants le partage testamentaire de ses biens, déclare que si l'un d'eux réclame contre l'autre les reprises qui pourront lui appartenir du chef de sa mère, le legs à lui fait pour en tenir lieu sera réduit jusqu'à concurrence de la somme qu'il obtiendrait, en les exerçant, est valable, quoique la mère fût encore vivante lors du testament et à l'époque du décès du testateur; ce n'est point là un pacte sur succession future (C. Nap. 791, 1130, 1600) — (A).

L'action en rescision, pour cause de lésion d'un partage d'ascendant fait par testament, est soumise à la prescription de 30 *ans et non à celle de* 10 *ans, celle-ci ne s'appliquant qu'à l'action en nullité des conventions* (C. Nap. 1304, 2262) — (B).

L'exécution volontaire d'un acte n'élève de fin de non-recevoir contre l'action en nullité ou en rescision de cet acte, qu'autant qu'elle a eu lieu avec la connaissance du vice servant de base à cette action, et avec l'intention de le réparer (C. N. 1338) — (C).

(Ve Sellier — C. — Ve Froment.)

25 nov. 1857, arrêt de la cour de cassation (ch. civ.) rendu après délibéré en chambre du conseil, et ainsi conçu :

(A) Mais il y aurait eu pacte sur succession future s'il y avait eu interdiction, sous une clause pénale, d'exercer des actions dépendant de la succession non encore ouverte.

(B) *Conf.* :— Troplong, testam., n. 2335; Toullier, 7, n. 617; Duranton, 12, n. 531.

(C) *Conf.* : — Cass. ch. civ., 29 juillet 1856, J. art. 2042.

LA COUR ; — Sur le premier moyen et en ce qui touche la succession maternelle ; — *Attendu* que, par son testament du 31 déc. 1820, Georges *Froment* s'est borné à faire à sa fille un legs pour lui tenir lieu de ses droits maternels, ajoutant que ce legs serait caduc ou réductible si la fille prétendait exercer une action en reprise des droits de sa mère, qui se trouvaient intus dans le patrimoine du testateur ; — *Attendu* que cette disposition n'interdisait aucunement à la fille l'exercice des actions qui pouvaient lui appartenir comme héritière de sa mère ; qu'elle ne contenait donc aucun pacte sur une succession future, mais offrait seulement à la fille, entre le legs de son père et l'action en reprise de ses droits maternels, une option qui la laissait parfaitement libre dans son choix ; — Que l'arrêt attaqué constate, de plus, en fait, que la succession de la mère, partageable par moitié entre le fils et la fille, ne se compose que de 4,500 fr., et que la fille n'a aucun intérêt à en exiger le partage, puisqu'elle ne pourrait le faire qu'en renonçant à pareille somme des avantages que lui a faits son père ou des reprises qu'elle peut être en droit d'exercer sur la succession de celui-ci ; — Par ces motifs, rejette le premier moyen et le chef du pourvoi qui s'y rapporte ;

Mais, sur le deuxième moyen, et en ce qui touche le partage de la succession paternelle ; — Vu les art. 2262 et 1338 C. Nap. ; — *Attendu* que les actions réelles et personnelles ne se prescrivent que par trente ans, sauf les cas exceptionnels où la loi établit des prescriptions plus courtes par des dispositions spéciales formellement dérogatoires à ce droit commun ; — *Attendu* que la prescription décennale, établie par l'art. 1304 C. Nap., s'applique seulement à l'action en nullité ou en rescision des conventions ; que ni le texte de cette loi, ni son esprit, ne permettent de l'étendre au cas où l'action en rescision est dirigée contre un partage testamentaire lors duquel la partie qui intente l'action n'a pu s'éclairer par aucun examen préalable et personnel, et ne s'est liée par aucun consentement ; — *Attendu*, d'autre part, que, si l'exécution volontaire d'un acte élève une fin de non-recevoir contre l'action en nullité ou en rescision dont cet acte aurait pu être l'objet, c'est seulement, aux termes de l'art. 1338 C. Nap., à la condition que les actes d'exécution supposent, de la part de celui auquel ils sont apposés, 1° la connaissance du motif qui aurait donné ouverture à l'action en rescision, et 2° l'intention de réparer le vice sur lequel cette action eût pu être fondée ; faute de quoi l'exécution ne saurait présenter les caractères d'une ratification valable ; — Et *attendu*, en fait, que Victoire *Froment*, veuve *Sellier*, demandait la rescision du partage contenu dans le testament de son père, en se fondant sur ce que ce partage contenait à son préjudice une lésion qui aurait porté atteinte à sa réserve légale; — *Attendu* que l'arrêt attaqué déclare cette action non recevable, sans constater que l'exécution opposée à la demanderesse ait été accompagnée soit de la connaissance des vices reprochés par elle audit partage, soit de l'intention de couvrir ces vices; que l'arrêt se borne à dire que « plus de dix ans se sont écoulés depuis le décès du père commun et la connaissance acquise par la demanderesse de l'acte qu'elle attaque et qu'elle a volontairement exécuté; » — *Attendu* qu'en écartant sans autres motifs l'action en rescision formée par la demanderesse, l'arrêt attaqué a méconnu les règles ci-dessus rappelées, faussement appliqué les art. 1304 et 1338, et violé tant ledit art. 1338 que l'art. 2262 C. Nap.; — *Casse* l'arrêt attaqué du 13 nov. 1855, mais seulement au chef qui déclare non recevable la demande en rescision pour cause de lésion du partage testamentaire de la succession de Georges Froment père, et qui rejette, par suite, la demande en partage de cette succession, etc.

(MM. *Troplong*, 1er présid.; — *Chégaray*, rapp.; — *Sévin*, avoc. gén., concl. conf.; — *Marmier* et *Fabre*, avoc.)

A annoter :

Au *Manuel des Notaires* : — note 7, n. 68; — note 62, n. 196; — note 81, n. 268; — note 208, n. 62.

Au *Journal* : — art. 1864; — art. 2042.

ART. 2273.

POSTE AUX LETTRES. — BILLET A ORDRE. — PERTE. — RESPONSABILITÉ. — LETTRE RECOMMANDÉE.

La perte d'un bon, survenue par suite de détournement depuis la mise à la poste de la lettre qui le renfermait, est à la charge du destinataire, s'il résulte du registre de copies de lettres de l'expéditeur que l'expédition a été faite à l'époque convenue ou annoncée, et s'il n'y a eu, dans le mode d'envoi, aucune faute imputable à l'expéditeur. (C. N. 1134, 1138, 1156; C. comm. 2.)

Ainsi, l'omission de la formalité de la recommandation à la poste, par le commerçant qui expédie à un correspondant une valeur à l'ordre de celui-ci, qui lui est demandée, et qu'il a annoncé devoir envoyer par cette voie, ne saurait être considérée comme une faute mettant à sa charge la perte ou le détournement qui a privé le destinataire de cette valeur, si ce mode d'en-

voi est conforme à un usage généralement adopté par le commerce et consistant à ne recommander que les lettres contenant des valeurs au porteur (C. Nap. 1383). — (A).

(Camus — C. Mestrezat.)

Une contestation s'est élevée entre les sieurs *Camus*, négociant à Paris, et les sieurs *Mestrezat* père et fils, de Bordeaux, à l'occasion d'une sorte de promesse de prêt faite par ces derniers au sieur *Camus*, dans les circonstances suivantes : — Les deux maisons étaient depuis longtemps en relations d'affaires. Par suite de ces relations, les sieurs *Mestrezat* avaient tiré sur le sieur *Camus* des traites à diverses échéances. Ce dernier écrivait, à la date du 28 mars 1854, aux sieurs *Mestrezat* : « Je suis tout près de terminer une grande affaire de propriété qui va nécessiter une mise de fonds considérable. Comme j'ai l'intention de vous faire revendre les lacdye D T que vous avez à moi, je viens vous demander s'il vous conviendrait de me couvrir de vos traites à leur échéance et de refaire un nouveau tirage pour leur montant. Si cette proposition vous convient, vous pouvez m'adresser vos nouvelles traites un peu à l'avance de chaque échéance, afin de vous les retourner à temps pour vous éviter des débours de caisse ; vous pourrez faire des sommes rompues parce qu'à la fin il s'établira un compte d'intérêts. » Les sieurs *Mestrezat* répondaient le 19 mars suivant : « Nous nous empressons de vous informer que nous accédons à votre désir et que nous vous enverrons à chaque échéance un bon sur la banque de France, pour parer au payement de nos traites ; un prochain courrier vous apportera le premier bon de 10,000 fr. » Et M. *Camus* répondait le 1er avril : « J'ai reçu vos deux honorées lettres 27 et 30 expiré. Sous ce pli votre traite acceptée ; donc veuillez me couvrir, ainsi que vous l'annoncez, 10,000 fr., 3 juill. Une courte absence de M. *Camus* père m'a empêché de vous la remettre plutôt. »

(A) Il a été décidé, dans le même sens, que le propriétaire de billets de banque, qui a demandé que le dépositaire de ces valeurs les lui envoyât par la poste ne peut, sous prétexte du défaut de recommandation de la lettre d'envoi, prétendre que la perte est à la charge de celui-ci, s'il n'avait pas demandé cette précaution (Paris, 18 mai 1850).

Mais, en sens inverse, il a été décidé que le débiteur qui envoie à son créancier, sans y avoir été autorisé, des billets de banque mis dans une lettre non recommandée, n'est pas libéré en cas de perte de ces valeurs, parce que c'est à lui qu'incombaient les précautions à prendre pour la réalisation du paiement (Lyon, 16 mars 1854, J. art. 1852).

Les sieurs *Mestrezat* ont, à la date du 3 avril suivant, pris à la succursale de la banque de Bordeaux, un mandat de 10,000 fr. à leur ordre et à vue, qu'ils ont passé ensuite à l'ordre de M. *Camus*, et renfermé dans une lettre destinée à ce dernier, lettre par laquelle il lui donnait avis de cet envoi. Cette lettre, qui n'avait été ni chargée ni recommandée, ne parvint pas au destinataire ; et il résulte d'une instruction que le mandat a été encaissé à la banque, par un inconnu, qui signa son acquit du nom de *Camus*, sans même chercher à imiter la signature de ce négociant. Après des recherches réitérées et infructueuses, les sieurs *Mestrezat* soutinrent que le sieur *Camus* devait supporter la perte du bon de 10,000 fr., et malgré toutes les réclamations de ce dernier ils persistèrent à maintenir cette somme au débit de son compte courant. Puis ils assignèrent le sieur *Camus* en payement du reliquat du compte ainsi dressé. Le sieur *Camus* forma à son tour contre ceux-ci une demande reconventionnelle et soutint qu'on devait faire disparaître du compte des sieurs *Mestrezat* la somme de 10,000 fr. portée pour montant du bon et pour agio payé à la Banque.

Cette demande ayant été repoussée par jugement du 14 janvier 1856, le sieur Camus interjeta appel. Mais, par arrêt du 28 mai 1856, la Cour impériale de Bordeaux confirma la décision des premiers juges, considérant, en substance, qu'un mandat avait été donné par le sieur *Camus* aux sieurs *Mestrezat* ; qu'en effet, c'est pour le compte du sieur *Camus* que le bon sur la Banque devait être pris à la succursale de Bordeaux ; c'est pour son compte aussi que devait être fait l'envoi ; et ce double agissement devait accomplir la promesse de *Mestrezat* père et fils, et, par conséquent, réaliser le prêt ; que l'envoi du bon a été fait, ainsi que le prouve le registre de ceux-ci ; que s'il y a eu perte, elle ne saurait être à leur charge, alors qu'il n'y a eu aucune imprudence de leur part et qu'ils se sont conformés à l'usage constant du commerce de ne pas faire charger les lettres contenant des valeurs à ordre.

Pourvoi du sieur *Camus* : 1° Violation des art. 1892, 1893, 1902, 1142, 1147 et 1148 C. Nap., et fausse application de l'art. 1138 et de l'art. 1302, en ce que l'arrêt attaqué, à la suite d'une promesse de prêt à intérêt formellement reconnue au profit du sieur *Camus*, a condamné celui-ci à rendre aux sieurs *Mestrezat*, auteurs de cette promesse de prêt, la somme qui, destinée à l'exécution de leur promesse, avait été détournée avant de parvenir au destinataire ; et a ainsi déclaré que le sieur *Camus* était devenu débiteur envers le prétendu prêteur, d'une somme que cet emprunteur n'avait jamais reçue ;

2° Violation à un autre point de vue des art. 1142, 1147, 1148, 1302, 1892, 1893 C. Nap ; violation aussi des art. 1991, 1992 et des principes du mandat, et fausse application des art. 1353 C. Nap. et 12 C. comm., en ce que l'arrêt attaqué a déclaré que l'obligation de prêt des sieurs *Mestrezat* aurait été non-seulement éteinte, mais encore devrait être réputée pleinement exécutée, par la perte de la chose promise, bien que ceux-ci n'eussent pas même prouvé l'existence d'un cas fortuit ou de force majeure, et bien que l'arrêt ait reconnu que la perte aurait pu être prévenue au moyen d'une simple précaution vulgairement usitée (la recommandation dans les bureaux de la poste).

1er juillet 1857, arrêt de la Cour de cassation (ch. req.), ainsi conçu :

LA COUR ; — Sur les deux moyens tirés de la violation des art. 1892, 1893, 1142, 1147, 1148, 1302 C. Nap., et de la fausse application des art. 1138, 1553 du même code et 12 C. comm. ; — *Attendu* qu'il est établi, en fait, que *Camus*, débiteur de plusieurs traites tirées sur lui par *Mestrezat* et comp., de Bordeaux, et par lui acceptées, désirant ne pas acquitter ces traites, les pria de lui envoyer, à chaque échéance, un bon sur la Banque de France pour y faire face ; — Que *Mestrezat* accéda à cette proposition et annonça à *Camus*, par une lettre du 29 mars 1854, qu'un prochain courrier lui apporterait le premier bon de 10,000 f. ; — *Attendu* que la question ne peut être que de savoir si l'obligation contractée par *Mestrezat*, quelque nom qu'on lui donne, a été remplie ;

Attendu, en droit, qu'en prenant à la succursale de la Banque, à Bordeaux, un mandat de 10,000 fr. à leur ordre sur Paris, en endossant ce billet à l'ordre de *Camus*, et en l'expédiant par la poste, *Mestrezat* et comp. ont réalisé la convention arrêtée entre les parties ;

Attendu que la perte de cette traite de 10,000 fr. serait imputable à *Mestrezat* s'il avait négligé de prendre les précautions conseillées par la prudence ; — Mais qu'il est établi que *Mestrezat* a mis à la poste le mandat sur la Banque, à l'adresse de *Camus*, et que copie de la lettre d'envoi à *Camus* existe sur les livres de la maison de commerce de Bordeaux ; qu'enfin le mandat est parvenu à Paris sans aucun retard, puisque la lettre d'envoi étant datée du 3 avril, le mandat a été payé le 5 à Paris sur un faux acquit ; Que, sous un autre rapport, *Mestrezat* est à l'abri du reproche d'imprudence résultant de ce qu'il n'a ni chargé ni recommandé la lettre renfermant la traite ; — Qu'en effet, l'arrêt attaqué constate qu'à l'époque de l'envoi de cet effet, il était d'un usage général, dans le commerce, d'envoyer, par lettres non chargées ni recommandées, les valeurs à ordre, à la différence des valeurs au porteur qui étaient toujours expédiées par lettres chargées; — Que ce fait, d'un usage constant dans le commerce, devait être apprécié par les juges du fond, et que leur décision sur ce point ne peut tomber sous la censure de la Cour de cassation;

Attendu que de ce qui précède il résulte que le cas fortuit est prouvé et que la convention a été réalisée conformément à ce qui avait été arrêté entre les parties; — Qu'ainsi la Cour impériale de Bordeaux n'a contrevenu à aucun des articles invoqués par le pourvoi, en décidant que le bon avait été pris pour le compte de *Camus*, et que c'était lui qui devait en supporter la perte; — par ces motifs, rejette, etc.

(MM. *Nicias-Gaillard*, présid.; — *Pécourt*, rapp.; — *Blanche*, avoc.-gén., concl. conf.; — *Galopin*, avoc.)

A annoter :

Au *Manuel des Notaires*; — note 26, n. 198; — note 54, n. 11.

Au *Journal*; — art. 1852.

ART. 2274.

COMMUNAUTÉ DE BIENS. — BÉNÉFICE D'INVENTAIRE.

(Question proposée par un de nos abonnés.)

Une communauté de biens peut-elle être acceptée sous bénéfice d'inventaire? (C. N. 793, 1456, 1483).

Une communauté de biens étant l'ouvrage du mari, parce que lui seul en est l'administrateur (C. N. 1421), il en résulte que pour lui l'acceptation de cette communauté n'admet point de restriction. Il ne peut point la répudier. Il est responsable de toutes les conséquences de son administration et ne peut s'en décharger.

Les héritiers du mari sont dans la même situation que leur auteur, s'ils viennent à s'ingérer dans les affaires de la communauté et font des actes qui supposent l'acceptation. Dans ce cas, cette acceptation est toujours pure et simple et sans restriction, quand même ils auraient fait inventaire, parce que, étant au lieu et place du mari, ils sont de plein droit saisis de ses biens, droits et actions, sous l'obligation d'acquitter toutes ses charges (C. N. 724).

Cependant, il leur est possible de n'être pas passibles des

dettes de la communauté; c'est en n'acceptant la *succession* de leur auteur que sous bénéfice d'inventaire par une déclaration faite au greffe du tribunal avant toute immixtion résultant d'actes de propriété, parce que pour eux l'actif et le passif de la communauté ne font qu'un avec l'actif et le passif de la succession, c'est un tout indivisible. Mais on ne peut pas dire que, dans ce cas, ils acceptent la communauté sous bénéfice d'inventaire. Cette communauté s'unit à la succession par une sorte d'accroissement. C'est un accessoire qui se joint au principal qui est l'hérédité du mari,

Il s'agit maintenant de la femme et de ses héritiers.

Pour elle, une acceptation bénéficiaire est inutile, ou du moins elle n'a pas besoin d'être exprimée, car elle a lieu de plein droit. En effet, la communauté n'étant point son ouvrage, la loi ne pouvait, sans l'exposer à une ruine souvent inévitable, l'obliger à payer les dettes de la communauté *ultrà vires*. Aussi l'art. 1483 C. N porte-t-il que la femme n'est tenue des dettes de la communauté que jusqu'à concurrence de son émolument dans l'actif, mais à une condition, celle d'avoir fait inventaire et de rendre compte tant de son contenu que de ce qui lui est échu par le partage de la communauté.

Ainsi donc, pour que la femme ne soit tenue des dettes de la communauté que jusqu'à concurrence de son émolument dans l'actif, il faut nécessairement qu'elle ait fait inventaire. Par conséquent, elle est sur ce point assimilable à l'héritier bénéficiaire; mais l'assimilation n'est point parfaite, parce que pour l'héritier il faut une déclaration au greffe tandis que pour la femme commune il n'y a pas besoin de déclaration. La loi lui fait de plein droit une situation pareille à celle de l'héritier bénéficiaire. Ce n'est qu'en cela que consiste la différence. Mais toujours est-il que ce n'est point commettre une hérésie en droit en disant que la femme peut accepter la communauté sous bénéfice d'inventaire: cela est sous-entendu pourvu qu'elle ait fait inventaire. Ce n'est que quand elle n'a point fait un bon et fidèle inventaire, ou qu'en ayant fait un elle ne rend pas compte de son contenu, qu'elle est tenue des dettes de la communauté au-delà de son émolument, et qu'alors on peut dire qu'elle est déchue du bénéfice d'inventaire.

Les héritiers de la femme ont les mêmes droits qu'elle et sont soumis aux mêmes charges. Par conséquent, ils devront, eux aussi, faire inventaire.

Il y a cependant une autre différence entre la femme et l'héritier, quand il s'agit de la renonciation. C'est que la femme, avant de renoncer, est tenue de faire faire inventaire (C. N. 1456), tandis que l'héritier présomptif n'y est pas tenu. Mais cette obligation de faire faire inventaire avant de renoncer est personnelle à la femme, car ses héritiers ne sont pas tenus de le faire (Jurisp. et doctr. conformes. J. art. 1601).

En résumé, quand il s'agit du mari, il ne peut pas y avoir pour lui d'acceptation bénéficiaire de la communauté. Tout le passif est à sa charge comme tout l'actif est à lui, sauf à le voir diminuer par l'acceptation de sa femme.

Les héritiers du mari pourraient être dans la même situation que lui, en s'attaquant à la communauté seulement. Mais le bénéfice d'inventaire leur est acquis s'ils s'attaquent à la succession de leur auteur et déclarent formellement qu'ils ne l'acceptent que bénéficiairement.

Pour la femme, si elle a fait inventaire et qu'elle ne renonce pas à la communauté, l'acceptation qu'elle fait est de plein droit bénéficiaire sans qu'il soit besoin de l'exprimer. C'est sous-entendu.

Pour les héritiers de la femme, ils sont dans la même position qu'elle.

A annoter :

Au *Manuel des Notaires* : — note 62, n. 88 ; — note 166-2°, n. 184.

ART. 2275.

ENREGISTREMENT. — SOCIÉTÉ. — DISPOSITION INDÉPENDANTE.

L'engagement pris dans un acte de société, par l'un des associés, de ne livrer qu'à la société, pendant toute sa durée, moyennant un prix réglé par avance, et à prélever sur l'acte social, tous les produits d'immeubles lui appartenant ou par lui pris à ferme, doit être considéré, non comme une vente indépendante de cette convention, mais comme une conséquence nécessaire de la convention de société ne donnant pas lieu à un droit d'enregistrement distinct du droit fixe dont est passible l'acte de société (L. 22 frim., an VII, art. 11, et 68, § 3, n. 4. ; L. 28 avril 1816, art. 45-2°; C. N. 1832, 1833). — (A).

(Enregistrem. — C. — Lanthiez.)

Ainsi décidé par jugement du tribunal civil de Valenciennes, du 14 déc. 1854.

(A) Le droit fixe se restreint aux actes de société qui ne portent ni obliga-

Pourvoi de l'administration de l'enregistrement pour fausse application des art. 1832 et 1833 C. N., et 68, § 3, n. 4 de la loi du 22 frim. an 7, et violation des art. 4 et 69, § 5, n. 1 de la même loi, en ce que le jugement attaqué a considéré comme un apport social, passible du droit fixe de 5 fr., et non comme une vente soumise au droit proportionnel de mutation, l'engagement pris par un associé de livrer à la société, moyennant un prix à prélever sur les revenus sociaux, les produits de la culture d'immeubles lui appartenant ou par lui pris à ferme. — La régie invoque, à l'appui du pourvoi, les nombreux arrêts qui ont décidé que la mise en société de valeurs dont l'auteur de l'apport prélève le prix, constitue une transmission de propriété donnant ouverture au droit proportionnel de mutation.

18 nov. 1857, arrêt de la cour de cassation (ch. civ.), ainsi conçu :

LA COUR ; — *Attendu* qu'aux termes de l'art. 68, § 3, n. 4 de la loi du 22 frim. an 7, et de l'art. 45 de celle du 28 avril 1816, les actes de société ne sont frappés, à l'enregistrement, que d'un droit fixe de 5 fr. ; — *Attendu* que la société est définie : un contrat par lequel deux ou plusieurs personnes conviennent de mettre en commun quelque chose, dans la vue de partager le bénéfice qui pourra en résulter (art. 1832, C. N.), et que d'après l'art. 1833, l'apport de chaque associé consiste en argent, en autres biens ou en industrie ; — *Attendu* que, d'après ces principes, le tribunal de Valenciennes a pu justement qualifier de convention dans laquelle domine le caractère social, l'engage-

---

tion, ni libération, ni *transmission* de biens meubles ou immeubles, aux termes de l'art. 68, § 3, n. 4 de la loi du 22 frim. an VII. Et le droit proportionnel a été perçu fréquemment sur des clauses présentant le caractère d'une transmission, parce que alors l'associé, faisant deux opérations distinctes, doit être soumis à deux perceptions séparées (Cass. req., 20 mars 1855, jug. de Réthel, 9 juin 1855).

La Chambre civile a émis un système différent en considérant que le but des stipulations litigieuses était d'entretenir la société des matières premières nécessaires à la fabrication du sucre, d'imposer une obligation à l'associé et non pas de lui procurer un bénéfice. Le prix que cet associé avait le droit de prélever sur l'actif social à raison de la fourniture de ces produits était combiné de manière à assurer les intérêts de la société à l'exclusion des siens propres. Etant lié pendant trois années par le prix fixé au commencement de chaque période triennale, il ne pouvait profiter de la hausse qui surviendrait dans cet intervalle. La convention manquait donc de l'élément recherché dans toute spéculation, dans tout marché, la possibilité d'un avantage pour le vendeur.

ment contracté par *Lanthiez,* s'associant avec *Norman* pour l'exploitation d'une fabrique de sucre indigène, non-seulement d'apporter en société cette fabrique, dont il était propriétaire, mais encore de ne livrer qu'à la société, pendant toute sa durée, moyennant un prix réglé par avance, à prélever sur l'actif social, les betteraves qu'il récolterait dans ses terres voisines de la fabrique, ou dans celles, à la même proximité, qu'il prendait à bail; — *Attendu* qu'en effet, par cette seconde obligation, loin de s'être séparé, pour son exécution, des chances favorables ou défavorables que la société pouvait ultérieurement présenter, ce sociétaire a continué de lier ses intérêts particuliers à l'affaire sociale, puisqu'il s'est chargé de la pourvoir avec continuité des matières premières indispensables à sa marche et à sa durée ; que ses droits et ses engagements, comme fournisseur de ces matières, se sont donc confondus avec ses droits et engagements en qualité d'associé; — *Attendu* que, dans ces circonstances, en considérant comme une dépendance nécessaire de la convention de société la disposition dont il s'agit, laquelle étant écrite dans l'acte de société, n'a pas dû donner lieu, suivant l'art. 11 de la loi du 22 frim. an 7, à un droit d'enregistrement distinct du droit fixe exigible à raison des dispositions principales de cet acte, le jugement attaqué n'a violé aucun des textes de lois cités à l'appui du pourvoi, et n'en a fait, au contraire, qu'une juste application; — Rejette...

(MM. *Bérenger*, présid. ; — *Pascalis*, rapp. ; — *Sévin*, avoc.-gén., concl. conf. ; — *Moutard-Martin et Mimerel*, avoc.)

A annoter :

Au *Manuel des Notaires* ; — note 18, au dessus du n. 441, sous ce titre : *Société*, J. art. 2275 ; — même note, n. 922.

ART. 2276.

PARTAGE DE SUCCESSION. — VENTE DE DROITS SUCCESSIFS. — TRANSCRIPTION (DROIT DE).

L'acte par lequel des héritiers cèdent à leur cohéritier leurs droits dans la succession de l'auteur commun, constitue, non un partage, mais une vente de droits successifs, quand même il exprimerait qu'il a pour objet de faire cesser l'indivision, alors qu'il a la forme d'un contrat de vente, et que non-seulement il contient réserve au profit des vendeurs tant du privilége de vendeur que de l'action résolutoire, mais encore il porte que les vendeurs ne garantissent que leur qualité d'héritiers, ce qui exclut la garantie dont sont tenus les copartageants. (C. N. 884). — (A).

Par suite, un tel acte est soumis à la transcription, et passible du droit de un et demi pour cent. (L. 28 avril 1816, art. 54).

(Denjoy—C.—Enregistrement.)

29 juillet 1857, arrêt de la Cour de cassation (ch. req.), ainsi conçu :

LA COUR : — *Attendu,* en droit, qu'aux termes de l'art. 54 de la loi du 28 avr. 1816, dans tous les cas où les actes sont de nature à être transcrits au bureau des hypothèques, le droit d'enregistrement est augmenté de 1 et demi pour 100 ; qu'au premier rang de ces actes figurent les contrats contenant transmission de droits immobiliers, dont la transcription a pour objet, aux termes de l'art. 2108 C. Nap., de conserver le privilége du vendeur ; — Et *attendu* que, par l'acte du 3 oct. 1853, passé devant *Lacvivier,* notaire à Fleurance, plusieurs des héritiers *Denjoy* ont transmis aux enfants d'un de leurs cohéritiers décédé, leurs droits dans les successions dont il s'agit audit acte, sous la seule garantie de leur qualité d'héritiers et moyennant un prix déterminé ; — Que cet acte, bien qu'il exprime qu'il a pour objet de faire cesser l'indivision entre les contractants, n'en constitue pas moins une vente de droits successifs ; — Que sa forme est celle d'un contrat de vente, et, qu'au fond, d'une part, il contient réserve expresse au profit des vendeurs, tant du privilége attaché à leur qualité de vendeurs que de l'action résolutoire ; et que, d'une autre part, il porte que les vendeurs ne garantissent que leur qualité d'héritiers, à l'exclusion de toute autre garantie ; que, par là, ils ont écarté la garantie qui a lieu, en cas de partage entre cohéritiers, d'après l'art. 884 C. Nap. ;

Que ces stipulations indiquent que les parties ont entendu faire une vente et non un partage ; qu'ainsi, au fond, comme en la forme, la convention faite entre les parties était une vente soumise à la transcription et passible du droit de 1 et demi pour 100, établi par l'art. 54 de la loi du 28 avr. 1816 ; qu'en le décidant ainsi, et, par suite, en rejetant l'opposition des demandeurs à la contrainte décernée contre eux, le jugement attaqué

(A) *Conf.* : — Cass. 4 fév. 1822 ; — Cass. req. 25 juin 1845 ; cass. ch. civ., 18 août 1845 ; — Montpellier, 19 déc. 1855.

Contrà : — Cas. req., 5 novembre 1822 ; — Dutruc, partage, n°s 39 et 609 ; — Dalloz, jurisp. gén. 2e édition, v^o Enregistrement, n. 2696.

n'a commis aucune violation des articles de loi invoqués à l'appui du pourvoi. — Par ces motifs, rejette....

(MM. *Nicias-Gaillard*, prés.; — *Brière-Valigny*, rapp.; — *Blanche*, avoc. gén.; — *Costa*, avoc.)

A annoter :

Au *Manuel des Notaires*; — note 29, n. 159 et 295; — note 109-1°, n. 9; — note 143, n. 3 et 328; — note 207, n. 25.

Au *Journal*; — art. 780, 1re quest.; — art. 2099.

ART. 2277.

FAILLITE. — CONCORDAT. — CRÉANCE ÉVENTUELLE.

Échappe à la loi du concordat la créance résultant de l'éviction subie par l'acquéreur d'un immeuble vendu par le failli avant sa faillite, par cela seul que cette éviction est postérieure au concordat, bien qu'elle soit la conséquence d'une résolution prononcée antérieurement à ce concordat entre le failli et son propre vendeur, alors d'ailleurs que l'acheteur évincé n'a pas été porté au jugement de résolution (C. comm. 516) — (A).

(Lemaître. — C. — Deschamps.)

Le 25 oct. 1850, la veuve et les héritiers *Lemaître* vendirent au sieur *Deschamps* un petit terrain situé à Clamecy, dont ils étaient propriétaires par suite de l'acquisition qu'ils en avaient faite de la dame *Perdriat*. Les consorts *Lemaître* n'ayant pas payé le prix de la vente que leur avait consentie la dame *Perdriat*, il est intervenu, à la date du 20 nov. 1852, un arrêt de la cour de Bourges qui a prononcé la résolution de ladite vente. — Postérieurement à cet arrêt, la dame *Perdriat* vendit le terrain dont il vient d'être question à un sieur *Gonat* qui se mit en possession. Mais, à la date du 9 juin 1855, le sieur *Deschamps*, acquéreur des consorts *Lemaître*, fit sommation à *Gonat* de délaisser le terrain acheté par lui, *Deschamps*, en 1850; *Gonat* ayant refusé de déférer à cette sommation, *Deschamps* le fit assigner en restitution de fruits devant le tribunal civil de Clamecy; il assigna en même temps les consorts *Lemaître*, ses vendeurs.

Avant ce procès, à la date du 1er sept. 1854, le sieur Léon *Lemaître*, l'un des vendeurs du terrain vendu à *Deschamps* par

(A) On voit, par cette décision, qu'il ne suffit pas que l'événement qui est de nature à donner lieu à une créance soit antérieur au concordat, pour que ce créancier doive en souffrir les effets. Il faut, de plus, que cette créance soit éellement née, reconnue, à l'époque du concordat.

l'acte de 1850, avait été déclaré en faillite, et un peu plus tard il avait été rétabli dans ses droits par un concordat dans lequel ses créanciers lui faisaient remise de 70 pour 100 sur leurs créances. Sur l'assignation qui lui fut donnée par Deschamps, Léon *Lemaître* fit offre de payer à *Deschamps* 30 pour 100 pour solde de sa créance, conformément aux termes de son concordat. Mais le tribunal de Clamecy, par jugement du 7 mars 1856, déclara ces offres insuffisantes et condamna le sieur Léon *Lemaître*, solidairement avec ses cohéritiers, à payer à *Deschamps* la totalité des sommes par lui réclamées.

Pourvoi du sieur Léon *Lemaître*, pour violation de l'art. 516 c. com.

6 juillet 1857, arrêt de la cour de cassation (ch. req.), ainsi conçu :

LA COUR ; — Sur le moyen unique, tiré de la violation de l'art. 516 c. com. : — *Attendu* que si l'action en restitution de fruits, formée par *Deschamps* contre *Lemaître*, en 1855, avait sa cause première dans l'arrêt de 1852, qui a prononcé la résolution de la vente du terrain dont il s'agit, entre la dame *Perdriat* et ses acquéreurs, les époux *Lemaître*, le droit de *Deschamps* contre *Lemaître* n'a été déclaré et reconnu qu'à une époque où *Lemaître*, par le concordat qu'il avait obtenu, était rétabli dans l'intégralité de ses droits ; — Que, jusqu'au jugement par lui obtenu, *Deschamps*, étranger à l'arrêt de la cour de Bourges, n'avait aucun titre de créance, ni aucun droit reconnu dont il pût se prévaloir ; — Que celui en vertu duquel il agit aujourd'hui n'existait donc pas avant la déclaration de la faillite *Lemaître* ; qu'ainsi, en décidant que les conventions du concordat ne pouvaient être appliquées à cette créance, le jugement attaqué n'a fait que se conformer aux principes ; — Rejette, etc.

(MM. *Nicias-Gaillard*, présid. ;—*Poultier*, rapp. ;—*Raynal*, avoc.-gén., concl. conf. ; — *Huguet*, avoc.)

A annoter :

Au *Manuel des Notaires* ;—note 130, n. 342.

ART. 2278.

SÉPARATION DE BIENS. — MOBILIER. — ALIÉNATION. — EMPRUNT.

La faculté accordée à la femme séparée de biens de disposer de son mobilier et de l'aliéner, doit être restreinte dans les limites des besoins de l'administration de la femme (C. civ. 1449). — (A).

Ainsi, un emprunt contracté par une femme séparée de biens et non autorisée de son mari, doit être annulé, s'il n'est pas établi que les sommes empruntées aient été employées à de légitimes nécessités de l'administration des biens de la femme. (*Même art.*)

(De Salignac de Fénelon — C. — Laffitte.)

Le 5 janv. 1853, madame *Laffitte*, séparée de corps et de biens depuis le 23 fév. 1847, s'est reconnue, par acte sous seing privé, débitrice du baron Alphonse *de Salignac de Fénelon*, d'une somme de 26,000 fr., qu'elle a déclaré lui avoir été remise antérieurement et en diverses fois, et elle lui a transporté pareille somme à prendre sur celles que lui devait son mari.

Le 27 sept. 1856, M. *de Salignac de Fénelon*, prétendant que ce transport n'a pu recevoir son exécution en raison des oppositions existant aux mains de M. *Laffitte*, a fait assigner devant le tribunal de la Seine tant madame *Laffitte* que M. *Boudin de Vesvres*, son conseil judiciaire, et M. *Laffitte* lui-même, à l'effet de faire condamner madame *Laffitte* au payement de sa créance de 26,000 fr. — Mais M. *Laffitte* a opposé à cette demande une fin de non-recevoir tirée de ce que madame *Laffitte* n'a pu contracter aucun emprunt sans l'autorisation de son mari ou de la justice, même depuis sa séparation de corps. Il soutenait d'ailleurs, en fait, que madame *Laffitte* ne s'était point trouvée en situation de recourir à un pareil emprunt.

10 janv. 1857, jugement conçu en ces termes : — « Attendu qu'Alphonse *de Salignac de Fénelon* demande que la femme *Laffitte* soit condamnée à lui payer une somme de 26,000 fr. avec les intérêts de droit et qu'il a appelé dans cette instance le conseil judiciaire de la femme *Laffitte*, pour que le jugement fût déclaré commun avec eux ; — *Attendu* que le demandeur fonde son action sur un acte sous seing privé souscrit à son profit par la femme *Laffitte*, portant la date du 5 janv. 1853, enregistré seulement le 15 mars 1856, par lequel elle déclare lui devoir ladite somme de 26,000 fr. remise antérieurement à ce jour et en différentes fois, et lui transporte pareille somme sur celles qui lui sont dues par son mari ; — *Attendu* qu'il est constant que la femme *Laffitte*, avant de souscrire cette obligation, n'a point été autorisée par son mari ;

(A) *Conf.* : — Paris, 17 juillet 1850, J. art. 453, et autres arrêts cités au *Manuel des Notaires*, note 68, n. 20.

» Que vainement le demandeur objecte que la femme *Laffitte*, séparée de corps et de biens par l'arrêt du 23 fév. 1847, avait repris la libre administration de ses biens; — Que la disposition de l'art. 217 c. nap. est absolue et sans restriction; — Que si elle a été modifiée par l'art. 1449 du même code pour le cas où la séparation vient à être prononcée, cette modification est restreinte dans les limites que ledit article a clairement tracées en lui rendant la libre administration de ses biens et l'autorisant à aliéner son mobilier; — Que du rapprochement des deux dispositions et de ce qu'elles sont contenues dans le même article, il résulte évidemment que la faculté d'aliéner le mobilier n'a été accordée à la femme que pour lui donner le moyen d'administrer librement ses biens.

» *Attendu* qu'il suit de là que, pour tous les actes qui ne sont pas placés dans ce cas d'exception, la femme judiciairement séparée reste soumise aux dispositions fondamentales de l'art. 217; — *Attendu* que le demandeur ne justifie par aucun document que les sommes qu'il aurait prêtées aient été employées à de légitimes nécessités de l'administration des biens de la femme *Laffitte* ou qu'elles lui aient été versées dans ce but; — *Attendu* que les circonstances qui ont déterminé la justice à pourvoir la femme *Laffitte* d'un conseil judiciaire sont un élément de présomption contraire; — Qu'ainsi le demandeur se fonde sur un titre vicieux, puisque la femme *Laffitte* ne se trouvait point dans le cas exceptionnel de l'art. 1449, et qu'elle n'a point été autorisée par son mari ou par justice; — *Attendu* que, aux termes de l'art. 225, la nullité fondée sur la défense d'autorisation peut être opposée par le mari; — Que le droit du mari à cet égard lui est propre, et qu'il peut l'exercer lors même que, comme dans l'espèce, la femme s'en rapporte à justice; — Par ces motifs, — Déclare nuls et de nul effet l'obligation et le transport consentis par l'acte du 5 janv. 1853, ainsi que la signification dudit transport, du 20 mars 1856; — Déclare, en conséquence, Alphonse *de Salignac de Fénelon* mal fondé dans sa demande, l'en déboute, etc. » — Appel.

27 novembre 1857, arrêt de la Cour imp. de Paris (1re ch.), ainsi conçu :

LA COUR; — Adoptant les motifs des premiers juges, confirme....

(MM. *de Vergès*, présid.; — *De Vallée*, avoc. gén., concl. conf.; — *Liouville* et *Plocque*, avoc.)

A annoter :

Au *Manuel des Notaires* ; — note 68, n. 26 et au-dessous du n. 126 ; — note 220, n. 56.

Au *Journal* ; — art. 453.

ART. 2279.

RÉGIME DOTAL. — REMPLOI. — SÉPARATION DE BIENS.

L'immeuble du mari, adjugé sur saisie immobilière à la femme séparée de biens, qui en a compensé le prix avec ses reprises dotales, n'est pas dotal, bien que la condition d'emploi ait été stipulée dans le contrat de mariage, si la femme n'a pas déclaré dans l'acte d'adjudication sa volonté de faire cet emploi (C. N. 1553) — (A).

Mais cet immeuble étant du moins la représentation et le gage de la dot, les créanciers de la femme ne peuvent le faire vendre qu'à la charge de lui assurer, au moyen d'une consignation préalable, le prélèvement du montant de cette dot sur le prix (C. N. 1250, 1251) — (B).

(Synd. Mathieu. — C. — Mathieu.)

Les époux *Mathieu* se sont mariés sous le régime dotal. La femme s'est constitué en dot les droits devant lui revenir dans la succession de son père, et il a été stipulé que la dot serait aliénable, moyennant emploi.

En 1840, le père de la femme *Mathieu* fait le partage anticipé de ses biens entre ses enfants, et cette dernière y reçoit l'attribution d'une somme de 8,000 fr., qui est, peu de temps après, touchée par son mari.

26 janv. 1849, jugement du tribunal de Périgueux, qui prononce la séparation de biens entre les époux *Mathieu*. — 3 fév. suivant, liquidation des reprises de la femme, qui sont fixées à 8,197 fr.

Une saisie ayant été pratiquée sur une maison que le sieur *Mathieu* possédait à Périgueux, cet immeuble est adjugé, le 29

(A) *Conf.* : — Toulouse, 13 août 1841 ; Duranton, t. 15, n. 452; Benoit, de la dot, t. 1., n. 110 ; Seriziat, rég. dotal, n. 112 ; Bellot, t. 4, p. 75 ; Dalloz, jurisp. gén. 2e édition., v° cont. de mariage, n. 4009.

Contrà : — Merlin, rép. v° dot. § 10 ; Delvincourt, t. 3, p. 535.

(B) *Conf.* : — Montpellier, 21 fév. 1851 et 18 fév. 1853 ; Dutruc, sépar. de biens, n. 455 ; Tessier, de la dot, p. 248, note 410 ; V. la question posée sous notre art. 2263, p. 114, alin. 1.

Contrà : — Troplong, cont. de mariage, n. 3190 et suiv.

mars 1849, à la femme *Mathieu*, qui ne fait aucune déclaration d'emploi. — Un ordre s'ouvre, et cette dernière y obtient, en vertu de son hypothèque légale et à raison de ses reprises, une collocation qui absorbe et au delà le prix d'adjudication par elle dû.

Plus tard, les époux *Mathieu*, qui étaient commerçants, sont déclarés en faillite, et le syndic provoque la vente de la maison acquise par la dame *Mathieu*. — Cette dernière demande la nullité de la poursuite, en alléguant la dotalité de l'immeuble, et subsidiairement elle conclut à ce que, si la maison n'est pas reconnue dotale et inaliénable, il soit du moins déclaré qu'elle est le gage et la représentation de sa dot mobilière, et à ce que, par suite, le syndic ne puisse en poursuivre la vente qu'à la charge, soit de prendre l'engagement de la porter à un prix supérieur aux reprises, soit de fournir caution pour le remboursement de ces reprises au moyen d'une consignation préalable.

18 déc. 1856, jugement du tribunal de Périgueux qui déclare dotal l'immeuble saisi, et annule, en conséquence, les poursuites du syndic. — Appel.

14 mai 1857, arrêt de la Cour imp. de Bordeaux (4e ch.), ainsi conçu :

LA COUR; — *Attendu*, en principe, que l'immeuble acheté des deniers de la dot ne devient dotal qu'à deux conditions : il faut, en premier lieu, que la condition d'emploi se trouve stipulée dans le contrat de mariage, conformément aux dispositions de l'art. 1553, C. Nap.; il faut encore que lemploi, lorsqu'il se réalise, soit accepté par la femme, ainsi que le prescrit l'art. 1435 du même code; — *Attendu* que, si la dame *Mathieu*, mariée sous le régime dotal, devait, aux termes de son contrat de mariage, faire emploi des droits qui lui reviendraient dans la succession de son père, et s'il est vrai encore qu'elle ait fait emploi de la somme lui revenant de ce chef à acheter une maison à son mari, elle n'a fait connaître dans son contrat d'acquisition ni le droit qui résultait pour elle de son contrat de mariage, ni de sa volonté de s'en prévaloir dans l'acquisition qu'elle faisait alors; d'où il suit qu'elle n'a pas observé les règles qui lui étaient imposées par la loi pour rendre dotal l'immeuble, et qu'ainsi la maison par elle acquise n'est pas dotale; — *Attendu*, néanmoins, que, sous le régime dotal, la dot de la femme est toujours inaliénable, qu'elle soit mobilière ou immobilière; que, dans le premier cas, il appartient aux tribunaux, ainsi que le constate une jurisprudence générale, de prendre, quand il en est temps encore, toutes les mesures nécessaires pour conserver entière la dot à la famille; — *Attendu* que la maison dont il s'agit, acquise par l'épouse *Mathieu*, était le dernier immeuble que possédait son mari; que cet immeuble était resté ainsi le gage unique de la dot de la femme; que, dès lors, les créanciers n'ont intérêt et droit à poursuivre la vente de ladite maison qu'autant que sa valeur excéderait celle de la dot de la femme, qui doit rester toujours entière; — Par ces motifs, émendant quant à ce, réforme le jugement; et, faisant ce que les premiers juges auraient dû faire, dit que la maison dont il s'agit n'est pas dotale à la femme *Mathieu*; qu'elle est, dès lors, aliénable; que, néanmoins, elle est restée le gage et la représentation de la dot mobilière de ladite femme *Mathieu*; qu'à ce titre, elle ne peut être aliénée sur les poursuites des créanciers que sous la condition de conserver la dot, et que son montant, distraction faite de toutes les charges, en sera garanti au moyen d'une consignation préalable, etc.

(MM. *Blondeau*, prés.; — de *Thoulouze*, avoc. gén.; — *Brives-Cazes* et *Brochon* père, avoc.)

A annoter :

Au *Manuel des notaires*; — note 84, n. 110; — note 166-5°, n. 67, 68, 69.

Au *Journal*; — art. 2263, p. 114, alin. 1.

ART. 2280.

PRESCRIPTION. — FRAIS. — HUISSIER. — AVOUÉ.

La prescription annale à laquelle sont soumis les huissiers pour le salaire de leurs actes, ne s'applique pas à l'action formée par un huissier contre un avoué qui l'emploie habituellement, en paiement du coût d'actes que celui-ci lui a fait signifier (C. N. 2272.) — (A).

(Argoud — C. — Monot.)

25 fév. 1857, arrêt de la Cour imp. de Grenoble (2e. ch.), ainsi conçu :

LA COUR; — Sur la question de la prescription invoquée par l'avoué *Argoud* : — *Considérant* qu'il ne s'agit pas, dans la cause, de coût d'actes réclamé directement par un huissier à la partie qui lui aurait donné commission de les exécuter, cas auquel il

(A) *Dans le même sens* : — Jug. de la Seine, 28 fév. 1845; — Orléans, 15 mars 1856.

est hors de doute que les dispositions de l'art. 2272 C. Nap. seraient applicables; la prescription prononcée par cet article étant fondée sur une présomption de payement, et les huissiers étant dans l'usage de se faire payer immédiatement par la partie du montant de leurs exploits contre la remise qu'ils lui font de ces actes; mais qu'il s'agit du prix d'actes commandés par un avoué à l'huissier qu'il emploie habituellement et réclamé par celui-ci à ce même avoué, à qui il a confié les originaux de ces exploits pour dresser ses états de frais et en poursuivre le recouvrement; que, dans ce cas, la prescription prévue par l'art. 2272, quelle que soit la généralité des termes, employés par cet article, ne saurait être opposée à la demande de l'huissier, soit parce que, d'après l'usage, l'avoué à qui l'huissier confie les originaux des exploits qu'il a faits sur ses ordres devient le mandataire de ce dernier pour le recouvrement du coût de ces actes, et qu'à ce titre il ne peut invoquer que la prescription ordinaire, soit que, comme dans l'espèce, il intervienne, au moment de la remise par l'huissier à l'avoué desdits exploits, un accord tacite entre eux, d'après lequel l'avoué prend à sa charge ce recouvrement et s'en rend garant vis-à-vis de l'huissier au moyen d'un compte-courant; que cet accord et l'existence de ce compte-courant, prouvés dans la cause, changeant la position légale de l'avoué et de l'huissier, et créant entre eux des relations toutes spéciales, les font rentrer dans le droit commun et s'opposent à ce que la prescription particulière, prononcée par l'art. 2272, puisse être appliquée au profit de l'avoué; — Par ces motifs, sans s'arrêter au moyen de prescription, confirme, etc.

(MM. *Petit*, prés.; — *Gautier*, avoc. gén.; — Casimir *de Ventavon* et Mathieu *de Ventavon*, avoc.)

A annoter :

Au *Manuel des notaires*; — note 172, n. 70.

ART. 2281.

NANTISSEMENT. — GAGE. — ACTION AU PORTEUR. — TRADITION.

Le nantissement qui a pour objet des titres au porteur est parfait par la simple tradition de ces titres au créancier. Il n'est pas nécessaire de remplir, dans ce cas, les formalités prescrites par la loi pour avoir privilége sur les objets remis en gage (C. N. 2074, 2075, 2076.) — (A).

(Cordier et Cie. — C. — synd. Clin.)

Le sieur *Clin*, négociant à Reims, avait remis en nantissement

(A) *Dans le même sens* : — Paris, 29 mars 1856.

à la société *Cordier* et comp., établie dans la même ville sous la dénomination de Caisse d'escompte, douze actions de cette société, pour garantie d'un prêt d'argent qu'elle lui avait fait.

Le sieur *Clin* ayant été déclaré en faillite, les syndics ont revendiqué contre la société *Cordier* et comp. les actions au porteur qu'elle avait reçues de *Clin*, en se fondant sur ce qu'elle ne devait être considérée que comme simple dépositaire, à défaut d'accomplissement des formalités prescrites pour la validité du nantissement par les art. 2074 et suiv. C. Nap.

22 avr. 1856, jugement du tribunal de commerce de Reims, qui accueille cette demande. Appel par le sieur *Cordier* et comp.

7 mars 1857, arrêt de la Cour imp. de Paris (1re ch.), ainsi conçu :

LA COUR ; — *Considérant* qu'il est reconnu qu'en déposant à la caisse d'escompte de l'arrondissement de Reims les actions revendiquées par les intimés, *Clin* n'a eu d'autre but que de garantir le remboursement des avances qu'il avait reçues ; que le dépôt a précédé de plus de cinq mois la faillite de l'emprunteur, et que la convention est régulièrement constatée par les écritures des parties ; — *Considérant* que l'effet de cette convention est contestée par les syndics *Clin*, sur le motif que les formalités édictées par les art. 2074, 2075, 2076 n'ont pas été remplies ; — Mais, *considérant* qu'aux termes de l'art. 2084 du même code, les dispositions qui déterminent les conditions légales du contrat de gage ne s'appliquent point aux faits de commerce ; qu'en cette matière c'est l'usage qui fait la règle ; et que, selon la coutume du commerce, c'est par la transmission même des effets destinés au nantissement que se forme le contrat ; — Qu'ainsi l'endossement des valeurs négociables par voie d'ordre, qui suffit à transférer la propriété, suffit à constituer le nantissement, et qu'il résulte également de la simple tradition des valeurs au porteur, quand elle est sincère, et que son objet est dûment constaté ;

Considérant que ce mode de procéder doit d'autant mieux être maintenu, que non-seulement il est favorable au crédit et à la liberté du commerce, mais que l'observation des formes de transmission propres à chaque nature de valeurs commerciales répond au but que s'est proposé la loi civile par la disposition des art. 2074, 2075, 2076 C. Nap. ; — Que, d'une part, en effet, le déplacement de la propriété résultant de l'endossement ou de la tradition, selon la nature des effets que doit frapper le nantissement, opère la saisie du créancier et donne au privilége une base certaine ; que, d'autre part, l'observation des règles de comptabilité prescrites par la loi commerciale exclut toute crainte de fraude ; — Qu'ainsi l'intérêt des tiers est aussi efficacement protégé par l'application de l'usage commercial que par la rigueur du droit civil ; — Infirme, déboute les syndics de leur demande, etc.

(MM. *Delangle*, 1er prés. ; — *Sallé*, subst. proc. gén., concl. conf. ; — *Desboudet* et *Mathieu*, avoc.)

A annoter :

Au *Manuel des notaires*; — note 180, n. 34 ; — au *Journal*, art. 1897.

ART. 2282.

PRESCRIPTION. — ACTION EN NULLITÉ. — EXCEPTION PERPÉTUELLE. — SÉPARATION DE BIENS.

La maxime « quæ temporalia sunt ad agendum, sunt perpetua ad excipiendum » *peut être invoquée par celui contre lequel on poursuit pour la première fois l'exécution d'un titre dont il oppose la nullité* (C. Nap. 2262) — (A).

La séparation de biens ne fait point obstacle à ce que la prescription ne soit suspendue en faveur de la femme, dans le cas où l'action qu'elle intenterait réfléchirait contre son mari. (C. Nap. 2256-2o) — (B).

(Bonhomme — C. — Massé.)

6 septembre 1843, contrat de mariage de la demoiselle *Labarre* avec le sieur *Bonhomme* : les époux déclarent se marier sans communauté. — Le 11 mars 1844, les mariés *Bonhomme* et madame veuve *Bonhomme* mère contractent solidairement, au profit de la dame veuve *Baudron*, une obligation hypothécaire de la somme de 8,000 fr., exigible le 1er mars 1849. La dame *Bonhomme* jeune, encore mineure, subroge la créancière à tous ses droits et reprises contre son mari.

16 avril 1845, jugement qui prononce la séparation de biens entre les époux *Bonhomme*, et condamne le mari à restituer à sa femme une somme de 10,000 fr. qui lui avait été constituée dans son contrat de mariage.

1er décembre 1853, décès de *Bonhomme*. — La dame *Baudron* fait cession de sa créance à un sieur *Massé*. Celui-ci, après avoir fait signifier sa cession, donne un commandement à la dame *Bonhomme* jeune, majeure depuis plus de dix ans. — Mais cette

---

(A) *Conf.* : — Caen, 17 novembre 1855, 16 janv. 1846, J. art. 1712.

(B) *Conf.* : — Cass. req., 17 nov. 1835.

dernière y forme opposition, en se fondant notamment sur ce que l'obligation du 11 mars 1844 est nulle en ce qui la concerne, parce qu'elle était mineure lorsqu'elle l'a consentie.

13 novembre 1856, jugement du tribunal de Montbrison qui fait droit à cette opposition. — Appel.

17 juillet 1857, arrêt de la Cour impériale de Lyon (1re ch.), ainsi conçu :

LA COUR ; — *Considérant* que la veuve *Bonhomme* était en état de minorité lorsqu'elle a contracté, dans l'intérêt et comme caution solidaire de son mari, l'obligation dont *Massé* poursuit contre elle le remboursement ; qu'elle n'avait pas qualité pour s'obliger valablement, et que la nullité de son engagement n'est pas contestée ; mais que *Massé* oppose la déchéance établie par l'art. 1304 C. Nap., et soutient que l'action en nullité est prescrite pour n'avoir pas été exercée dans les dix ans qui ont suivi la majorité ;

Considérant que l'art. 1304, en limitant à dix années la durée de l'action en nullité ou en rescision, n'a eu en vue que l'action exercée au principal contre une convention déjà exécutée, mais n'a point disposé pour le cas où la nullité est proposée comme exception à une demande principale ; qu'il est de principe, en effet, que l'exception a une durée égale à celle de l'action, par suite de cet ancien adage : *Temporalia ad agendum sunt perpetua ad excipiendum* ; — Qu'il serait contraire à toute raison et à toute justice que le créancier eût trente ans pour demander, tandis que le débiteur n'aurait que dix ans pour se défendre, ou que le débiteur fût obligé de plaider dans un intervalle donné pour rétracter un engagement vicieusement contracté, dont l'exécution ne lui serait pas demandée ;

Considérant que l'instance s'étant engagée dans un commandement signifié par *Massé*, en exécution d'un acte authentique et sur l'opposition formée contre ce commandement, la veuve *Bonhomme* a agi en défendant et a proposé la nullité de son engagement comme exception à l'action dirigée contre elle ; — Adoptant, au besoin, les motifs qui ont déterminé les premiers juges, dit qu'il a été bien jugé.

(MM. *Valois*, présid. ; — *Fortoul*, avoc. gén. ; — *Dubost* et *Perras*, avocats.)

A annoter :

Au *Manuel des Notaires* ; — note 22, n. 148-3° ; — n. 171-1°, n. 8 ; — note 172, n. 32 *bis*, 37 ; — note 176, n. 23.

Au *Journal* ; — art. 209 ; — art. 1712.

ART. 2283.

MARIAGE. — MORT CIVILE. — LOI RÉTROACTIVE.

La loi du 31 mai 1854, abolitive de la mort civile, n'a point d'effet rétroactif. En conséquence, le conjoint de l'individu frappé de mort civile a conservé, sous la loi nouvelle, le droit qu'il avait sous la loi ancienne, de contracter un nouveau mariage (C. N. 2, 25; L. 31 mai 1854, art. 5.) — (A).

(Minist. publ. — C. — Soulot.)

Un jugement du tribunal de Bar-sur-Aube, du 26 mars 1857, l'avait ainsi décidé dans les termes suivants : — *Attendu*, en fait, que, par arrêt de la cour d'assises de l'Aube, du 19 déc. 1850, Jacques-Victor *Briois*, marié à Rosalie-Victoire *Soulot*, demanderesse, a été condamné aux travaux forcés à perpétuité ; que cette condamnation, qu'il subit actuellement, est devenue définitive antérieurement à l'abolition de la mort civile, et que dès-lors elle a produit tous les effets qu'y attachait la loi alors en vigueur ; — *Attendu*, en droit, que la loi ne considère le mariage que comme un contrat civil, abstraction faite du lien naturel et religieux qu'il produit, et que c'est sous ce rapport seulement qu'elle en règle le mode, les conditions et la durée ; — *Attendu* qu'aux termes de l'art. 18 C. pén., dont l'application a été faite à Jacques-Victor *Briois*, la condamnation aux travaux forcés à perpétuité emportait mort civile, et que l'art. 15 C. Nap. déclarait dissous, quant à ses effets civils, le mariage précédemment contracté par l'époux frappé de mort civile ; — *Attendu* que le mariage ainsi dissous, tous liens civils entre les époux étaient par cela même rompus définitivement et irrévocablement ; que le conjoint, resté dans la vie civile, était rendu à sa liberté légale, et qu'il devait être admis à contracter un nouveau mariage ; que la volonté du législateur, à cet égard, résulte clairement et de l'art. 227 C. Nap., qui place sur la même ligne la dissolution du mariage par la mort civile et celle produite par la mort naturelle, et de l'art. 228 qui suit immédiatement, et qui autorise la femme à contracter un nouveau mariage dix mois après la dissolution du mariage précédent ;

« *Attendu* qu'il est de principe fondamental que la loi n'a pas d'effet rétroactif, et qu'en abolissant la mort civile, la loi du 31 mai 1854 a consacré elle-même ce principe en disposant, par

---

(A) *Conf.* : — *Bertauld*, Leçons de législ. crim., p. 161 ; — *Aubry* et *Rau*, sur Zachariæ, t. 1, p. 305, 3e édit. ; — *Humbert*, Commentaire de la loi, n. 454.

son art. 5, que la mort civile cesserait, pour l'avenir, à l'égard des condamnés, sauf les droits acquis aux tiers ; — Qu'on ne saurait refuser de reconnaître que la femme, rendue libre par la dissolution de son mariage, a par cela même acquis le droit de conserver et d'user de sa liberté ; qu'au regard de la loi, elle est devenue personne étrangère au condamné ; que son individualité comme son état civil sont distincts et indépendants de la condition de ce dernier, et que dès lors les nouvelles dispositions législatives qui le concernent, quelles qu'elles soient d'ailleurs, ne peuvent s'étendre jusqu'à elle, l'atteindre et modifier sa position légale ; que, pour qu'il en fût autrement, il faudrait de toute nécessité revenir sur un fait accompli, renouer des liens définitivement rompus, et par conséquent attribuer à la loi du 31 mai 1854 un effet rétroactif qu'elle ne comporte pas, et que repousse et condamne l'art. 2 C. nap. ;

« *Attendu* qu'en l'état de la législation, aucune disposition ne faisant obstacle à ce que la demanderesse contracte un nouveau mariage, à sa conscience seule il appartient de juger si, pour le faire, elle est suffisamment dégagée de tous liens ; qu'ainsi le maire de La Chaise ne saurait se refuser à procéder à ce nouveau mariage, s'il en est requis ; — Par ces motifs, donne défaut, faute de comparaître, contre le maire de La Chaise, et pour le profit, ordonne que le maire de ladite commune procédera à la célébration du mariage de Rosalie-Victorine *Soulot*, dont le mariage avec Jacques-Victor *Briois* a été dissous, si d'ailleurs il en est requis, et s'il n'existe pas d'autres empêchements, et ce sous peine de tous dommages-intérêts qu'il appartiendra de fixer, etc. »

Appel par le ministère public.

11 juillet 1857, arrêt de la Cour imp. de Paris (1re ch.), ainsi conçu :

LA COUR ; — adoptant les motifs des premiers juges, confirme....

(MM. *Poinsot*, prés. ; — *de Gaujal*, avoc. gén., concl. conf.)

A annoter :

Au *Manuel des notaires* : — note 27, n. 292 ; — note 222, — n. 74.

Au *Journal* ; — art. 1665, en marge de l'art. 5 de la loi.

ART. 2284.

ENREGISTREMENT. — PARTAGE ANTICIPÉ. — USUFRUIT. — RENONCIATION. — SIMULATION.

Lorsqu'un époux survivant, après avoir fait le partage anti-

cipé de ses biens entre ses enfants, moyennant une rente viagère de beaucoup supérieure au revenu de ces mêmes biens, déclare, par un autre acte passé le même jour, renoncer purement et simplement à l'usufruit lui appartenant sur les biens de son conjoint, cette prétendue renonciation doit être considérée comme une véritable cession de l'usufruit dont une partie de la rente viagère forme le prix. — (A).

Par suite, il y a lieu à la perception d'un droit de mutation à titre onéreux, pour la cession de l'usufruit, et à un droit de mutation par décès à raison de l'ouverture de ce même usufruit. (L. 22 frim. an VII, art. 69, § 6, n° 3, § 7, n° 1 ; L. 28 avril 1816, art. 52 et 53.)

(Veuve Raisin — C — Enregistrement.

4 avril 1857, jugement du Tribunal civil de Coutances, ainsi conçu :

LE TRIBUNAL ; — *Considérant* que, le 24 juin 1854, Marie-Anne *Enault*, veuve Raisin, fit à ses trois enfants donation : 1° en pleine propriété, d'un immeuble sis à la Rondehaye, contenant 22 ares 86 cent. ; 2° en nue propriété, d'un quart de certains immeubles par elle hérités dans la succession d'un fils prédécédé, soumis à l'usufruit de l'épouse survivante de celui-ci, sis à la Rondehaye et Aneteville, contenant ensemble 2 hect. 39 ares 30 cent., sous la condition que tous ces biens seraient réunis à ceux personnels des donateurs et partagés entre eux ; — *Considérant* qu'ainsi les enfants *Raisin* se trouvaient investis, du chef de leur mère, de fonds ayant une étendue de 82 ares 68 centiares, dont 59 ares 82 centiares étaient grevés d'usufruit en faveur de Justine Leguédois, veuve de Jean-Baptiste-Pierre Raisin ; — Que le revenu des objets transmis aux enfants *Raisin* fut déterminé annuellement à 40 fr. pour établir la perception des droits de mu-

---

(A) *Dans le même sens* : — Jugem. Abbeville, 7 juin 1853, J. art. 1481 ; Cass. req., 27 mars 1855.

Contrà : — Jugem. Dieppe, 9 févr. 1848.

Nota. — La décision du jugement de Coutances n'est fondée que sur la corrélation de deux actes du même jour et enregistrés simultanément. En effet, supprimant cette corrélation, faisant la renonciation quelques mois avant le partage ou quelques mois après, le concours de circonstances établissant la simulation échappait, et dès lors il n'y aurait pas eu lieu à une demande de supplément de droit. Le moyen tiré du taux élevé de la rente n'était que d'une considération secondaire, puisque les rentes viagères n'ont pour ainsi dire point de capital. Au surplus, la rente viagère aurait pu faire l'objet d'un acte particulier et être constituée pour aliments.

tation ; — *Considérant* qu'enfin Marie-Anne *Enault*, veuve *Raisin*, stipula à son profit une rente viagère de 315 fr. et cent vingt fagots de bois que l'on ne saurait raisonnablement évaluer au-dessous de 36 francs.

Considérant que, le jour même de la donation du 24 juin 1854, intervint un acte, enregistré en même temps qu'elle, reçu au notariat de Saint-Sauveur Lendelin, et constatant la renonciation que faisait Marie-Anne *Enault*, veuve *Raisin* : 1° à la société d'acquêts ayant existé entre elle et feu son mari; 2° aux avantages à cause de mort (l'usufruit de moitié sur la fortune en général de son époux prédécédé) qu'elle tenait de son contrat de mariage en date du 22 février 1810 ; — *Considérant* qu'aux termes de cet acte, Marie-Anne *Enault*, veuve *Raisin*, se réserve formellement ses reprises et créances, ces dernières s'élevant à 1,700 fr. au moins, contre la succession maritale ;

Considérant que, s'armant des circonstances de fait qui viennent d'être reproduites, l'administration de l'enregistrement a vu dans la donation du 24 juin 1854 et l'acte concomitant des conventions commutatives à titre onéreux, dans lesquelles, pour la majeure partie, la rente viagère de 315 fr. et de cent vingt fagots était le prix de l'usufruit contractuel délaissé aux enfants *Raisin* ; qu'elle a conclu de là à l'acceptation pure et simple des avantages matrimoniaux renoncés en apparence par un concert frauduleux portant atteinte à ses intérêts, et que, le 8 juillet 1856, elle a lancé une contrainte de 172 fr. 26 c. contre Marie *Enault*, veuve *Raisin* ; — *Considérant* que cette contrainte a été appuyée par un raisonnement tiré de la déclaration relative au payement des droits de mutation, passée par les enfants *Raisin*, le 9 octobre 1854, de laquelle il résulte que l'usufruit de Marie-Anne *Enault* aurait, cessant la renonciation, frappé à concurrence d'un revenu de 307 fr. tant les immeubles propres de Jacques-Alexandre *Raisin* que les acquêts par lui laissés en mourant ;

Considérant qu'il est difficile, en comparant le chiffre de la rente viagère créée le 24 juin 1854 (315 fr.) à celui du revenu : 1° de l'usufruit renoncé ; 2° des immeubles donnés (347 fr.), de ne pas avoir la conviction que la libéralité du 24 juin et l'acte dont elle fut accompagnée se liaient intimement ; que la libéralité stipulée au bénéfice de Marie-Anne *Enault* était, sous forme de redevance à vie, l'équivalent du sacrifice qu'elle imposait par l'acte d'abandon de son usufruit contractuel ; — *Considérant* que, par le décès de son mari, Marie-Anne *Enault* avait été saisie de cet usufruit; que sans doute elle pouvait y renoncer gratuitement ; mais que la simultanéité de la donation et de l'acte du 24 juin 1854 prouve, dans l'espèce, l'existence d'une cession latente, à titre onéreux, du même usufruit, consentie par la mère de famille à ses enfants ; — *Considérant* que, dès-lors, il y a eu ouverture aux droits de mutation qu'entraînait l'usufruit de Marie-Anne *Enault* ;

Considérant que vainement cette dernière objecte que la rente viagère résultant de la donation du 24 juin 1854 ne serait que la conséquence de l'obligation naturelle de lui fournir des aliments sous le coup de laquelle ses enfants étaient placés; — *Considérant* qu'une telle obligation ne se conçoit pas là où il se rencontre des moyens suffisants entre les mains de celui qui en serait créancier ; que Marie-Anne *Enault* avait maintenu ses reprises d'une assez haute importance dans la succession maritale ; que, si elle eût également conservé son usufruit contractuel, elle n'aurait pas eu besoin, eu égard à sa position, de s'armer contre ses enfants du droit naturel que l'art. 205 C. Nap. a consacré ;

Considérant que Marie-Anne *Enault* a soutenu, sans le démontrer, qu'il y avait des dettes dans la succession maritale ; que, cela fût-il vrai, on doit supposer que ces dettes n'atteignaient pas, en ce qui concerne la veuve de Jacques-Alexandre *Raisin*, la valeur, usufruit retranché, de la communauté d'acquêts renoncée par celle-ci et qui renfermait 3 hectares 70 ares d'immeubles d'un produit annuel de 244 fr ; — *Considérant* que Marie-Anne *Enault* a demandé une expertise qui justifierait que les biens donnés avaient un prix peut-être égal au capital de la rente retenue ; que cette expertise, indépendamment de ce qu'elle aurait l'inconvénient d'être en contradiction avec la libéralité du 24 juin 1854, n'arriverait jamais au but visé : car la valeur des terres, bien connue à la Rondehaye et Anetéville, ne permet pas d'estimer à plus de 1,200 ou 1,300 fr. les biens gratuitement transmis aux enfants *Raisin* ;

Considérant qu'en présence de ce qui précède il est inutile d'examiner si l'acte de renonciation du 24 juin 1854 est nul et si la nullité serait couverte par la connaissance que l'administration de l'enregistrement en acquit le 3 juillet de la même année, et qu'elle ne fit suivre d'aucune réclamation ; si, enfin, la déclaration conforme à l'acte du 12 juin 1854, faite au greffe le 15 juillet 1856, est tardive : — *Considérant* que la déclaration du 15 juillet 1856, identique à l'acte de renonciation du 24 juin 1854, ne saurait avoir plus d'effet que lui, et que, rapprochée de la donation de Marie-Anne *Enault*, elle ne lui enlèverait pas le caractère de convention commutative à titre onéreux; — *Considérant* que l'acte du 24 juin 1854, même irrégulier dans la forme comme renonciation, resterait toujours, pour établir cumulativement avec la donation du même jour que sous l'un et l'autre se cachaient des conventions commutatives à titre onéreux emportant des droits de mutation ; — *Considérant* que l'acte du 24 juin 1854, fût-il régulier, ne saurait nuire à l'administration ; — Par ces motifs, sans avoir égard à l'expertise sollicitée, dit à bonne cause la contrainte décernée contre Marie-Anne *Enault*, veuve *Raisin* ; fait main-levée de l'opposition de celle-ci ; ordonne que faute de payement il sera passé outre aux poursuites, etc.

A annoter :

Au *Manuel des Notaires*, — note 56, n. 78 ; — note 101, n. 185.

Au *Journal*, — art. 1481.

ART. 2285.

TRANSCRIPTION (DROIT DE). — Remploi. — Femme. — Acceptation.

Lorsque le mari déclare, dans l'acte d'acquisition d'un immeuble, que cette acquisition est destinée à servir à sa femme de remploi de propres non encore aliénés, cette déclaration n'empêche pas que l'immeuble acheté ne soit, en réalité, qu'un conquêt de la communauté, jusqu'à l'aliénation des propres et à l'acceptation du remploi par la femme (C. Nap. 1401, 1402.)

En conséquence, l'acte ultérieur par lequel la femme, après l'aliénation de ses propres, accepte le remploi offert, est passible du droit de transcription (L. 28 avril 1816, art. 54.) — (A).

(Lermechin — C. — Enregistrement.)

12 juin 1855, jugement du tribunal civil d'Abbeville, ainsi conçu:

Le tribunal ; — *Attendu* que les vendeurs, en signant l'acte de vente du 8 décembre 1852, se sont dessaisis de tout droit de propriété sur l'immeuble qui en fait l'objet ; que la déclaration des époux *Lermechin*, que l'acquisition était faite par la femme afin de lui servir de remploi de ses propres que les époux étaient sur le point d'aliéner, n'a pu avoir pour effet de constituer *hic et nunc*, la dame *Lermechin* propriétaire, parce que l'aliénation de son propre n'étant pas réalisée, elle ne pouvait pas être en

---

(A) *Conf.* : — Jugem. Abbeville, 24 mars 1852, J. art. 1489 ; Jugem. St-Quentin, 21 févr. 1855.

même temps propriétaire de son propre et de l'immeuble acquis; — *Attendu* que, tant que les prescriptions de la loi, pour que le remploi fût valablement et régulièrement effectué, n'ont pas été remplies, il a dépendu des époux d'opérer ou non ce remploi; que la propriété ne pouvant pas rester pendant ce temps sans reposer sur la tête de quelqu'un, et la femme n'y ayant pas de droits acquis, elle a été nécessairement au mari, chef de la communauté dans laquelle tombent de droit tous les conquêts faits durant le mariage;

Attendu que le mari a, par suite, pu disposer de cet immeuble, lequel s'est trouvé atteint des charges et hypothèques qui ont pu être créées sur les immeubles de la communauté jusqu'au jour où le remploi a été parfait;

Attendu que le remploi n'a été parfait que par la quittance du 9 février 1853, constatant l'emploi des deniers provenus d'aliénation des propres de la femme au payement du prix de l'immeuble acquis le 8 décembre 1852 et l'acceptation définitive de cet immeuble par la femme comme remploi; — Que cette quittance ayant eu l'effet de faire sortir ce bien de la communauté pour le convertir en propre de la femme est un acte translatif de propriété et se trouve, à ce titre, susceptible d'être transcrit et par conséquent passible du droit établi par l'art. 54 de la loi du 28 avril 1816;

Attendu qu'on ne peut voir dans la déclaration des époux *Lermechin*, lors de l'acte du 8 décembre 1852, un remploi fait sous une condition suspensive qui, venant à se réaliser, fait remonter l'effet du remploi au jour du contrat d'acquisition; car la condition suspensive est celle qui dépend d'un événement futur et incertain, qu'il n'est pas au pouvoir des parties contractantes de faire arriver ou d'empêcher : or, dans l'espèce, l'événement futur et incertain était l'exécution des prescriptions de la loi pour que le remploi fût parfait; or, il dépendait évidemment de l'un et de l'autre des contractants que ces formalités fussent ou non remplies, la réalisation du remploi dépendait donc uniquement de leur volonté, la déclaration des époux n'était ainsi qu'une énonciation de leur intention, mais non une obligation légale qu'ils contractaient l'un envers l'autre, et l'exécution de cette intention ne peut faire que le remploi remonte légalement à une époque antérieure au jour où il a été revêtu de toutes les conditions voulues par la loi pour que l'immeuble devînt irrévocablement la propriété de la femme; — Par ces motifs, déclare les époux *Lermechin* mal fondés, etc.

A annoter :

Au *Manuel des notaires*; — note 111, au-dessus du n° 47, sous ce titre : — Remploi, J. art. 2285.

Au *Journal*; — art. 1489.

ART. 2286.

DÉCLARATION DE SUCCESSION. — ACHALANDAGE. — ÉTABLISSEMENT INDUSTRIEL. — EXPERTISE. — OMISSION.

Bien que l'achalandage d'un établissement industriel (une brasserie) *soit une valeur mobilière indépendante de l'immeuble où est exploité l'établissement, on peut cependant, lorsqu'il s'agit de la mutation par décès, ne point le déclarer séparément et le comprendre dans la déclaration de l'immeuble comme en étant un accessoire.* (L. 22 frim., an VII, art. 14-8°, art. 15-7°.)

En conséquence, on ne peut regarder en ce cas comme une omission le fait de n'avoir point compris nominativement la valeur de l'achalandage dans la déclaration de succession, s'il résulte de la déclaration des héritiers qu'ils ont pris pour base du revenu de l'immeuble le capital auquel cet immeuble et l'achalandage avaient été estimés lors d'une expertise préalable au partage de cette succession (L. 22 frim. an VII, art. 39.).

(Hérit. Deschodt. — C. — Enregistrem.)

26 mars 1858, jugement du tribunal civil d'Hazebrouck, ainsi conçu :

LE TRIBUNAL ; — « *Attendu* que, dans la succession d'Auguste » *Deschodt*, décédé à Cassel, le 19 avril 1856, se trouvait une » maison et ses dépendances, sise à Cassel, où était établie la » brasserie exploitée par le sieur *Deschodt*, laquelle brasserie avait » elle-même été exploitée par le père du *de cujus*;

» *Attendu* que, de la copie par extrait du procès-verbal des » experts commis par le tribunal pour procéder à l'estimation des » immeubles de cette succession, en date du 11 juin 1856, » copie produite par la régie elle-même, il résulte que ces experts » ont considéré l'achalandage de cette brasserie comme un accessoire ou une dépendance de l'immeuble où s'exploitait cette in- » dustrie, et l'ont estimé à 8,000 fr ;

» *Attendu* que, par la copie partielle des liquidation et par- » tage de cette succession, dressés par Me *Dehandschoewercker*, » notaire à Cassel, le 19 août 1856, produite aussi par la régie, on » voit que le premier lot de ce partage, composé par l'expert à ce » commis par justice, comprend, entre autres choses, la brasserie » et ses dépendances, le tout estimé 30,000 fr., et que dans cette

» somme figure celle de 8,000 fr., montant de l'estimation de » l'achalandage considéré encore ici comme une dépendance de » l'immeuble;

» *Attendu* que l'achalandage de la brasserie *Deschodt* pouvait » d'autant plus être considéré comme une dépendance de l'im- » meuble, que l'industriel était décédé;

» *Attendu* que, si l'achalandage d'un établissement industriel » peut et doit souvent être regardé comme une valeur mobilière » indépendante de l'immeuble servant à l'exploitation de cet éta- » blissement, rien ne s'oppose à ce que, selon les circonstances, » ainsi que l'administration de l'enregistrement l'a reconnu dans » son mémoire précité, et selon l'intention des parties, un tel » achalandage puisse et doive être regardé comme une dépen- » dance de l'immeuble servant à l'exploitation;

» *Attendu* que, dans ces circonstances et d'après la teneur pré- » citée desdits rapports d'expertise et partage de la succession de » leur père, les enfants *Deschodt* ont pu et dû comprendre, et » ont en effet plus tard compris l'achalandage de la brasserie » comme une dépendance de cette brasserie, dans leur déclaration » des biens de la succession de leur père, faite au bureau de l'en- » registrement, à Cassel, le 19 octobre 1856, et que, par suite, » ils n'ont point, dans ladite déclaration et relativement à cet acha- » landage, fait l'omission à eux reprochée par la régie;

» *Attendu* que, la brasserie étant un immeuble propre au sieur » *Deschodt*, l'achalandage en dépendant lui était également propre, » et que d'ailleurs à un autre titre il lui était encore propre, puis- » que par son contrat de mariage, passé devant ledit Me *Dehand-* » *schoewercker*, le 31 décembre 1831, il s'est réservé presque » tous ses biens, meubles et immeubles;

» *Attendu* que les consorts *Deschodt*, relativement à cet acha- » landage et dans la déclaration des biens de la succession de » leur mère, faite au bureau de l'enregistrement, à Cassel, le » 2 novembre 1855, n'ont point fait l'omission à eux reprochée » par la régie.

» Par ces motifs,

» Le tribunal annule ladite contrainte. »

A annoter :

Au *Manuel des notaires*; — note 192, n° 91.

ART. 2287.

COMMUNAUTÉ DE BIENS.—REPRISES.—PROPRIÉTÉ.—CRÉANCE. —PRIVILÉGE.—PARTAGE.—OPPOSITION.

Sous le régime de la communauté légale ou conventionnelle, chaque époux, soit que la femme accepte la communauté, soit qu'elle y renonce, prélève ou reprend, en vertu d'un droit de créance, purement MOBILIER, *et non en vertu d'un droit de* PROPRIÉTÉ, *le prix de ses propres aliénés ou les indemnités à lui dues conformément aux art. 1470 et 1493, alin. 2 et 3 du C. Nap.* (C. Nap. 1470 et 1493.)—(A).

Et la femme n'a pour sûreté de sa créance, vis-à-vis des autres créanciers de la communauté, que le droit de préférence résultant de son hypothèque légale sur les immeubles de son mari. Elle ne jouit, sur les meubles de la communauté, d'aucun PRIVILÉGE *ni d'aucun droit d'exclusion quelconque* (C. Nap., 1470, 1471, 1483, 2101.) —(B).

Elle peut seulement, après un partage consommé sans fraude et si elle a fait un bon et fidèle inventaire, porter en dépense, comme CRÉANCIÈRE PAYÉE, *le montant intégral de ses récompenses et indemnités dans le compte par elle dû aux créanciers et aux légataires qui ne se présenteraient que postérieurement à ce partage* (C. Nap. 1483.) — (C).

En conséquence, elle n'est admise à se faire rembourser le montant de ses récompenses ou indemnités sur les valeurs mobilières de la communauté, que par voie de CONTRIBUTION, *à l'égard des créanciers qui, avant qu'elle ait été régulièrement payée, ont fait tous actes conservatoires de leurs droits et ont formé opposition au partage* (C. Nap., 882, 1476.) — (D).

(A, B, C, D.) Par l'arrêt solennel que nous rapportons, lequel a été précédé d'un délibéré de trois jours, la cour de cassation abandonne la jurisprudence de la chambre civile.—V. nos art. 211, 487, 567, 691, 769, 1309, 1551, 1563.

Malgré la puissance de l'arrêt qui vient d'être rendu sur les questions posées, nous croyons cependant que la jurisprudence n'a pas encore dit son dernier mot et que ces questions se représenteront de nouveau.

L'arrêt ne reconnait les époux que comme *créanciers* de la communauté pour leurs reprises mobilières, reléguant ainsi des sociétaires au rang des étrangers. Or, il y a en cela quelque chose d'insolite. Dans l'usage, comme dans le langage du monde, lorsque deux personnes unissent leurs intérêts et font entrer dans une caisse commune des valeurs leur appartenant, et qu'en fin de compte, elle veulent liquider leur position, chacune reprend plutôt à titre de propriétaire que comme créancière, parce qu'elle n'a point fait de contrat avec la communauté pour devenir créancière ; elle y a plutôt fait un dépôt qu'elle *reprend*, qu'elle *prélève*, dit la loi, expressions qui excluent toute idée de créance. Quand on est créancier de quelqu'un, on ne dit pas que l'on va exercer une *reprise*, un *prélèvement* sur lui, sur ses biens. Le législateur connaissait trop bien la valeur des mots, pour avoir rendu son idée dans un sens qui prête à une équivoque semblable.

(Ve Moinet. — C. — Moinet.)

Le 28 juill. 1824, la dem. *Petit* a épousé le sieur *Moinet*; les époux avaient adopté le régime dotal combiné avec une société d'acquêts. La dame *Moinet* se constituait en dot tous ses biens mobiliers et immobiliers, présents et à venir. Ses apports se composaient : 1° d'une somme de 50,000 fr. donnée par ses père et mère; 2° de divers objets mobiliers à elle appartenant, estimés 2,400 fr., mais avec déclaration que l'estimation n'en faisait pas vente. Il était stipulé, dans le contrat de mariage, que, si le sieur *Moinet* acquérait des immeubles pendant le mariage, il devait y employer la somme de 50,000 fr. constituée en dot à la dame *Moinet*, et tous autres capitaux qu'il aurait reçus pour elle, par préférence et à l'exclusion de ses propres deniers.

Peu de temps après le mariage, le sieur *Petit* céda son office de notaire à son gendre, et le prix de l'office fut compensé tant avec les 50,000 fr. de dot promis à la dame *Moinet*, qu'avec une somme de 90,000 fr., attribuée à cette dame dans un acte de partage anticipé émané de ses père et mère, et une autre somme de 61,825 fr. recueillie par la dame *Moinet* dans la succession de ces derniers.

Le 12 sept. 1852, décès du sieur *Moinet*. — Sa succession fut acceptée bénéficiairement par son héritier unique, le sieur *Moinet* fils. Indépendamment des objets tant mobiliers qu'immobiliers, qui se sont retrouvés en nature, et dont la remise a été faite sans contestation, les reprises en argent de la dame veuve *Moinet* ont été liquidées à la somme de 201,384 fr. 41 c., aux termes d'un procès-verbal du 22 juill. 1853. — La dame veuve *Moinet* a demandé à prélever sur la masse, à titre de propriétaire et sans concurrence avec les créanciers de la communauté, le montant de ses reprises ainsi liquidées.

Elle entendait exercer ce prélèvement notamment sur la valeur de l'office dont le prix avait été payé en majeure partie avec sa dot, et qui venait d'être revendu, depuis le décès du sieur *Moinet*, moyennant un prix excédant de beaucoup les reprises de la veuve *Moinet*. — Plusieurs oppositions ayant été faites entre les mains de l'héritier bénéficiaire, celui-ci ne put consentir au prélèvement.

L'affaire fut portée devant le tribunal civil de Rouen. Les créanciers opposants, mis en demeure d'intervenir dans l'instance, s'ils le jugeaient convenable, n'intervinrent pas. L'héritier bénéficiaire déclara s'en rapporter à justice.

Par jugement du 23 fév. 1854, le tribunal renvoya la dame *Moinet* à la distribution par contribution, pour y faire valoir tous ses droits.

Sur l'appel interjeté par la dame *Moinet*, arrêt confirmatif de la cour de Rouen, du 22 juill. 1854, toujours rendu sans intervention des créanciers opposants, et qui décide que la femme commune ne peut, lorsqu'elle renonce à la communauté, exercer ses reprises qu'à titre de créancière, et par voie de contribution avec les autres créanciers de la communauté.

La dame veuve *Moinet* se pourvut en cassation. — Sur ce pourvoi, un arrêt de la chambre civile du 8 mai 1855 cassa l'arrêt de la cour de Rouen, et renvoya l'affaire devant la cour de Paris.

Le 4 août 1855, la cour de Paris se prononça dans le même sens que la cour de Rouen.

Nouveau POURVOI de la veuve *Moinet* pour violation des art. 1581, 1498, 1493 et 1494 C. Nap., et des principes généraux du même code sur le prélèvement des reprises de la femme à la dissolution de la communauté.

Devant les chambres réunies, saisies de ce pourvoi, le rapport de l'affaire a été présenté par M. Sénéca.

16 janv. 1858, arrêt de la cour de cassation (ch. réun.) rendu après trois jours de délibéré, et ainsi conçu :

LA COUR; — Sur le moyen unique de cassation pris de la violation des art. 1581, 1498, 1493 et 1494 C. Nap., et des principes généraux du même code sur le prélèvement des reprises de la femme à la dissolution de la communauté : — Attendu qu'à la dissolution de la communauté, dans le cas d'acceptation par la femme ou ses héritiers, les prélèvements respectifs des époux, lorsqu'ils ont pour objet soit les biens propres de chacun d'eux existant en nature, soit leurs remplois dûment effectués, ne peuvent être exercés qu'à la charge de justifier, conformément à l'art. 1402 C. Nap., de la propriété ou de la possession légale des biens à prélever; — Que, dans le cas nº 1 de l'art. 1470 C. Nap., les prélèvements s'exercent donc à titre de propriétaire et constituent une véritable revendication;

Attendu, au contraire, que c'est à titre de créancier que chaque époux prélève soit le prix de ses propres aliénés, soit les indemnités qui lui sont dues par la communauté, conformément aux nºs 2 et 3 dudit article; — Qu'en effet, l'action n'a alors pour cause qu'une diminution du patrimoine de l'un des époux, et un profit corrélatif fait par la communauté; — Que cette cause ne produit pas un droit de propriété sur des objets déterminés, et qu'il n'en résulte qu'une créance et une action mobilière;

Attendu que l'actif de la communauté, composé de tout ce qui reste, distraction faite des objets reconnus propres à chacun des époux, après justification, est le gage commun des créanciers; —

Attendu que la femme, pour sa dot et ses conventions matrimoniales, n'obtient certains droits de préférence que sur les immeubles de son mari, conformément aux art. 2121 et 2135 C. Nap.; mais qu'aucun privilége, soit général, soit spécial, n'est inscrit en sa faveur sur les meubles de la communauté dans les art. 2101 et suiv. du même code;

Attendu qu'on ne saurait faire résulter des art. 1470 et 1471 C. Nap. un droit quelconque d'exclusion à l'égard des créanciers, au profit de la femme, pour ses prélèvements, sur les biens de la communauté; — Que ces articles ne s'occupent que du partage de l'actif entre les époux et des droits respectifs de ces derniers, en impliquant toutefois la charge des dettes, aux termes des art. 1467, 1482 et 1483 C. Nap.; — Attendu qu'un droit quelconque d'exclusion ou de préférence ne saurait résulter plus spécialement de l'art. 1483; — Que cet article, étranger aux droits de la femme considérés comme affectant l'actif, a uniquement pour objet de limiter, par une sorte de bénéfice d'inventaire, les effets de l'obligation personnelle de la femme tenue, par le fait de son acceptation, de contribuer au payement des dettes de la communauté contractées par le mari seul;

Attendu que les créanciers vigilants peuvent faire tous actes conservatoires et toutes poursuites légales, pour s'assurer de leur gage et à fin d'être payés, notamment en se conformant aux art. 1476 et 882 C. Nap.;

Attendu que si, après le partage consommé sans fraude, la femme a le droit, sous les conditions exprimées audit article, de porter en dépense le montant de ses récompenses et indemnités, dans le compte qu'elle doit aux créanciers survenants, ce droit, qui ne consiste qu'à retenir ce qu'elle a reçu à juste titre, n'implique nullement un droit de préférence ou d'exclusion attaché à la créance ainsi payée;

Attendu que des droits reconnus à la femme renonçante par l'art. 1493 naissent pour elle des actions qu'elle exerce, à raison de leur nature, comme dans le cas d'acceptation, soit par voie de revendication, soit à titre de créancière; — Attendu, d'ailleurs, que l'art. 1493, pour le cas de renonciation, n'est relatif, comme les art. 1470 et 1471 C. Nap., pour le cas d'acceptation, qu'aux rapports des époux entre eux, et ne porte aucune atteinte aux droits des créanciers vigilants sur les biens qui sont leur gage;

Attendu que les principes ci-dessus sont applicables au cas de communauté conventionnelle;

Attendu, en fait, que la veuve Moinet, mariée sous le régime dotal avec stipulation d'une société d'acquêts, a renoncé à cette société; que les créanciers ont formé opposition avant qu'elle n'ait été légitimement payée du montant de ses reprises par l'héritier bénéficiaire de son mari; qu'elle a toutefois repris sans contestation tous ses propres existant en nature;

Attendu que la veuve *Moinet*, ne pouvant, sous les principes du régime de la communauté, comme sous le régime dotal, prétendre aucun droit exclusif à raison de ses autres reprises sur les biens meubles appartenant ou dévolus à la succession de son mari, et n'ayant, le cas échéant, qu'une hypothèque légale sur les immeubles, l'arrêt attaqué, en la déclarant mal fondée dans sa demande à fin de prélèvement préalable, à titre de propriétaire, sur l'actif mobilier et immobilier provenant de la communauté, du montant desdites reprises, par préférence aux créanciers opposants, et en la renvoyant, quant aux biens meubles, à la distribution par contribution pour y faire valoir ses droits ainsi qu'elle avisera, n'a, dans son dispositif, violé ni les articles invoqués du Code Napoléon, ni les principes généraux de la matière, et n'a fait qu'une juste application des art. 1493 et 2093 du même code; — Par ces motifs, rejette, etc.

(MM. : — *Troplong*, 1er présid.; — *Séneca*, rapp.; — *Dupin*, proc. gén., concl. conf.; — *Dareste* et *Delaborde*, avoc.)

A annoter :

Au *Manuel des notaires*; — note 143, n. 275; — note 166-2°, n. 160; — note 192, n. 57.

Au *Journal*; — art. 211; — art. 487; — art. 567; — art. 691, 3e quest.; — art. 769; — art. 1309, 2e quest.; — art. 1551; — art. 1563.

ART. 2288.

TESTAMENT PAR ACTE PUBLIC. — DATE. — ERREUR. — CLAUSE PÉNALE.

L'omission du millésime, dans l'énonciation de la date d'un testament notarié ou olographe, n'est pas une cause de nullité, si l'époque d'émission du timbre, qui fait corps avec la minute de ce testament, rapprochée de celle de la cessation des fonctions du notaire rédacteur de l'acte, permet de déterminer ce millésime avec certitude (C. N. 970; L. 25 vent. an XI, art. 12 et 68). — (A).

La clause pénale qui a pour objet de protéger un testament contre toute contestation, de la part des héritiers du sang, n'est point applicable aux contestations fondées sur des vices d'ordre public, par

---

(A) *Conf.* — Cass. (req.), 1er mars 1832; 8 mai 1855; — J., art. 1820; 18 nov. 1856, — J., art. 2120; Rouen, 11 mai 1857, — J., art. 2196.

exemple, sur un vice de forme, quand l'héritier réussit dans sa contestation ; mais s'il succombe, la clause pénale est encourue (C. Nap. 900) — (B).

(Moreau et cons. — C. — Veuve Dumaître et cons.)

Le 22 mai 1854, le sieur *Dumaître* est décédé léguant à sa femme, par testament authentique, l'usufruit de tout ce qu'il laisserait à son décès. Ce testament était ainsi daté : « Aujourd'hui, huit du mois d'août...., » sans indication du millésime. Il renfermait la clause suivante : « En cas de contestation de la part de mes héritiers, je donne et lègue à ma femme tout ce que les lois peuvent et pourront me permettre de lui donner, et ce, en toute propriété. »

Le défunt laissait pour héritiers un frère, et deux neveux issus d'une sœur prédécédée. — Ces héritiers demandèrent la nullité du testament de leur frère et oncle, comme dépourvu de date. Ils soutenaient, en outre, que la clause pénale insérée dans le testament, devait également rester sans effet comme insérée dans un acte irrégulier en la forme, et comme ne pouvant mettre obstacle à l'invocation d'une telle cause de nullité.

Un jugement du tribunal de Rochechouart, du 18 août 1855, valida le testament, et décida que la clause pénale recevrait son exécution.

Sur l'appel des héritiers Dumaître, arrêt de la cour de Limoges, du 23 juillet 1856, qui confirme, avec adoption de motifs.

Pourvoi du sieur *Moreau* et cons. : — 1° Violation de l'art. 970 c. Nap., ainsi que des art. 12 et 68 de la loi du 25 vent. XI, en ce que l'arrêt attaqué a validé un testament authentique non daté d'une manière complète, en se fondant sur ce que la date pouvait en être complétée à l'aide d'inductions tirées des énonciations de ce testament. — L'arrêt attaqué a appliqué aux testaments notariés la règle introduite par la jurisprudence, en matière de testaments olographes portant une date erronée ou incomplète. Or, est-il possible d'assimiler, sur ce point, le testament authentique au testament olographe? Assurément, non. La loi (c. Nap. art. 970) ne dit rien sur les éléments constitutifs de la date des testaments olographes. La jurisprudence a donc pu admettre des équipollents, résultant des mentions intrinsèques à l'acte lui-même. Les testaments notariés sont régis, au contraire, par l'art. 12 de la loi du 25 vent. an XI. Or, cet article dit expressément que les actes reçus par les notaires devront énoncer le lieu, l'*année* et

(B) *Conf.* — Paris, 28 janv. 1855, - J, art. 1765, et autres arrêts cités en note de l'art. 1765.

le *jour* où ils auront été passés, et l'art. 68 de la même loi prononce la nullité des actes dans lesquels ces énonciations substantielles ne se rencontrent pas.

2° Violation de l'art. 900 c. Nap., en ce que l'arrêt attaqué a appliqué une clause pénale ayant pour objet d'interdire aux héritiers d'un testateur d'attaquer son testament, à une contestation fondée sur un vice de forme de ce testament.

18 janvier 1858, arrêt de la cour de Cassation (ch. civ.) rendu après délibéré en chambre du conseil, et ainsi conçu :

LA COUR ; — sur le premier moyen : — *Attendu*, en droit, que l'erreur involontaire dans la date du testament ou l'omission d'un de ses éléments essentiels, n'est point une cause de nullité, lorsque l'on trouve dans le testament lui-même le moyen de rectifier ou de compléter cette date ; qu'il n'y a, sous ce rapport, aucune distinction à faire entre le testament authentique et le testament olographe ; — *Attendu*, en fait, qu'après avoir déclaré que l'omission du millésime dans la date du testament de Gabriel *Dumaître* a été le résultat d'une simple inadvertance de la part du notaire, l'arrêt dénoncé a trouvé dans le testament même, dans ses énonciations et dans les faits qui s'y rattachent, les moyens de suppléer avec certitude à cette omission ; qu'il a reconnu notamment que le timbre de la minute du testament avait été, en conformité de l'ordonnance royale du 18 novembre 1814, employé à partir du 1er janvier 1815 seulement, et que le notaire qui reçut cet acte avait cessé ses fonctions dès le 17 juin 1816 ; qu'ainsi en s'attachant, d'une part, à l'énonciation du jour ou du mois (8 août), seuls éléments de la date textuellement exprimés, et, d'autre part, soit à la date de l'émission du timbre qui fait corps avec la minute du testament, soit au terme extrême marqué par la cessation des fonctions du notaire, la période de temps pendant laquelle ce testament a été reçu, se trouve resserrée entre deux limites qui ne laissent place qu'au mois d'août de l'*année* 1815 ; — D'où il suit qu'en rétablissant de la sorte le millésime omis, et en validant le testament dont il s'agit, l'arrêt dénoncé n'a violé aucune loi ;

Sur le deuxième moyen : — *Attendu* que la clause pénale par laquelle le testateur, après avoir légué à sa femme l'usufruit de tous ses biens, ajoute que, en cas de contestation de la part de ses héritiers, il lui lègue en toute propriété tout ce dont il peut disposer, n'a en soi rien d'illicite, si elle n'a pour objet que de protéger contre des critiques mal fondées des dispositions de dernière volonté régulières en la forme et valables au fond ; — *Attendu* que, à la vérité, la forme des testaments étant de droit public, la volonté du testateur ne peut, en aucun cas, prévaloir contre les dispotions de la loi qui, sous peine de nullité, ont prescrit les solennités ou les conditions extrinsèques de la validité d'un tel acte, ni forcer, par conséquent, les héritiers à respecter un testament destitué de toute force légale; qu'il ne saurait donc être interdit aux héritiers, au moyen d'une clause pénale, d'attaquer pour vice de forme le testament qu'on leur oppose; qu'ainsi la clause pénale, soit qu'elle ait été insérée dans le testament argué de nullité, soit qu'elle ait été écrite dans un autre acte ayant une existence indépendante et non contestée, est réputée non écrite et sans effet à l'égard des héritiers qui, en faisant prononcer la nullité du testament, ont usé de leur droit; mais qu'ils exercent cette action à leurs risques et périls; et que, lorsque, par une décision devenue irrévocable, leur action a été déclarée mal fondée et téméraire, ils doivent alors subir, dans toutes ses conséquences, la condition qui, de la part du testateur, avait pour objet de prévenir une contestation injuste; — *Attendu* qu'il suit de ce qui a été jugé sur la première question, que le testament argué de nullité était valable; que c'est dès lors à un acte régulier et dont les dispositions exprimaient légalement la volonté de son auteur, que s'applique la condition avec clause pénale d'en respecter le contenu; qu'ainsi cette clause devait recevoir son exécution; — D'où il suit qu'en le jugeant ainsi, l'arrêt dénoncé n'a violé aucune loi; — Par ces motifs, donnant défaut contre Joseph-Alexis *Brandy*, l'un des défendeurs, rejette...

(MM. *Gaultier*, fais. fonct. de présid.; — *Laborie*, rapp.; — *de Marnas*, 1er avoc. gén., concl. conf.; — *Marmier* et *de la Boulinière*, avoc.).

A annoter :

Au *Manuel des notaires*; — note 152, n. 115, 119; — note 24, n. 135-3°.

Au *Journal;* — art. 313; — art. 974; — art. 975, 2e quest. — art. 1765; — art. 1820; — art. 2074; — art. 2120; — art. 2196.

ART. 2289.

ENREGISTREMENT. — SUBROGATION CONVENTIONNELLE. — DROIT DE LIBÉRATION. — QUITTANCE.

La subrogation par le débiteur au profit du tiers qui lui prête les deniers nécessaires au payement de sa dette, ne donne lieu qu'à un seul droit proportionnel d'enregistrement, celui d'obligation ou transport, sur l'acte d'emprunt dressé entre ce débiteur et ce tiers. Il ne donne pas ouverture au droit de libération sur la quittance délivrée par le créancier payé. (C. Nap. 1250-2° ; L. 22 frim. an VII, art. 4, 10, 11.) — (A).

(Trépagne. — C. — Enregistrem.)

19 janv. 1858, arrêt de la cour de cassation (ch. civ.), ainsi conçu :

LA COUR ; — Vu les art. 4, 10 et 11 de la loi du 22 frim. an VII ; — *Attendu*, en droit, que quand la subrogation s'opère dans les conditions prévues par le n° 1 de l'art. 1250 C. Nap., il n'est dû qu'un droit proportionnel d'enregistrement ; qu'il n'est pas dû de droit de quittance indépendamment du droit d'obligation ou de transport ; — Qu'il n'en peut être autrement quand la subrogation a lieu dans les conditions déterminées par le n° 2 du même article et au moyen d'un seul acte ; — Qu'en effet, dans l'un et l'autre cas, le créancier ou la loi pour lui, est censé faire la cession de la créance à celui dont les fonds servent à le désintéresser ; que cette créance est transmise à ce dernier avec les hypothèques et autres garanties qui y sont attachées ; que le débiteur n'est pas libéré, qu'il ne fait que changer de créancier ; — Qu'on rentre ainsi dans les termes de l'art. 10 de la loi du 22 frim. an VII, d'après lequel, en cas de transmission de biens, la quittance donnée par le même acte, pour tout ou partie du prix, entre les contractants, n'est pas sujette à un droit particulier d'enregistrement ; — *Attendu*, d'ailleurs, que, dans le cas prévu par le n° 2 de l'art. 1250, le payement fait au créancier, avec les deniers empruntés à cet effet par le débiteur, est l'accomplissement de la condition sans laquelle le prêt n'aurait pas eu lieu ; de sorte que, quand l'emprunt et le payement qui sont les éléments de la subrogation sont constatés par le même acte, ce sont là deux dispositions dont l'une est affranchie de tout droit par l'art. 11 de la loi précitée, comme dérivant nécessairement de l'autre ;

Attendu, en fait, que l'acte authentique du 26 mai 1855 constate : 1° que les époux *Monnier* ont emprunté des époux de Chalambert et de Masson 45,000 fr., avec déclaration que ces fonds étaient destinés à payer aux sieurs Hesse, pareille somme qu'ils leur devaient en vertu d'obligations hypothécaires ; 2° que les sieurs Hesse sont intervenus audit acte, et ont reconnu avoir été payés de leur créance avec les deniers empruntés ; 3° qu'au moyen de ce payement, les époux de *Chalambert* et *Masson* ont été subrogés dans tous les droits, actions et hypothèques desdits sieurs Hesse contre les époux de *Monnier* ; — Qu'en décidant qu'en vertu de

---

(A) *Conf.* — Lyon, 11 janv. 1857 ; Championnière et Rigaud, n. 1249.

cet acte de subrogation, il était dû un droit de quittance, indépendamment du droit d'obligation, le jugement attaqué a violé les articles ci-dessus visés; — Casse...,

(MM. : — *Renouard*, fais. fonct. de présid.; — *Leroux de Bretagne*, rapp.; — *de Marnas*, 1er avoc. gén., concl. conf.; — *Plée* et *Moutard-Martin*, avoc.) — (A).

A annoter :

Au *Manuel des notaires*; — note 18, n. 437; — note 117, n. 130; — note 174, n. 37.

ART. 2290.

PRIVILÉGE. — Récoltes. — Engrais.

Le privilége établi pour frais de semences et de récoltes, ne s'étend pas à toute somme dépensée afin d'obtenir la récolte. Il ne s'applique qu'au prix des sommes elles-mêmes et aux dépenses de moisson, de battage et d'engrangement (C. Nap. 2102, n. 1, § 4.) — (B).

Ainsi, ce privilége ne s'étend pas au prix des engrais répandus sur le sol avant les semences. — (C).

(Gerbault. — C. — Malherbe.)

9 nov. 1857, arrêt de la cour de cassation (ch. req.), ainsi conçu :

LA COUR; — *Attendu*, sur le moyen unique du pourvoi tiré de la prétendue violation du § 4, n° 1, de l'art. 2102 C. Nap., que les dispositions de ce paragraphe portant que les sommes dues pour les semences ou pour les frais de récolte de l'année sont payées sur le prix de la récolte par préférence au propriétaire, sont claires et précises; qu'elles n'établissent un droit de préférence que pour les sommes spécialement dues pour semences et pour frais de récolte; que les expressions, *sommes dues pour semences,* ne peuvent s'entendre, suivant leur sens naturel, que des sommes dépensées et dues par le fermier pour le prix du froment, seigles ou autres céréales confiées à la terre; et les expressions *sommes dues pour frais de récolte de l'année,* que des sommes dépensées et dues pour moissonner, battre le blé ou autres récoltes et les mettre en sûreté; que ce serait forcer le sens de ces termes que de leur donner une signification telle qu'ils comprissent toutes les sommes qui auraient été dépensées, afin d'obtenir une meil-

---

(A) Du même jour, autre arrêt semblable, aff. Peyronnat, qui casse un jugem. du trib. civil de Pau, du 6 juin 1856.

(B, C.) *Conf.* — Caen, 28 juin 1837.

Contrà : — Pontt, priv. et hyp., sur l'art. 2102, n. 134; suivant lui, ce privilége doit être étendu à toutes les fournitures faites *en vue de la récolte.*

leure récolte, par conséquent celles pour engrais répandus sur le sol avant les semences; que si le législateur avait voulu accorder un droit de préférence pour les sommes dues pour engrais, il eût été nécessaire qu'il exprimât formellement son intention, comme il l'a fait pour les semences et les frais de récolte; qu'un droit de privilége et de préférence ne s'induit pas d'un cas à l'autre; qu'en l'absence d'une disposition expresse, les droits de privilége et de préférence doivent être restreints aux cas prévus; qu'en le jugeant ainsi, l'arrêt attaqué a fait une juste application du § 4, n° 1, de l'art. 2102 C. Nap.; — Rejette.

(MM.: — *Nicias-Gaillard*, prés.; — *Nicolas*, rapp.; — *Blanche*, avoc. gén., concl. conf.; — *Fabre*, avoc.)

A annoter :

Au *Manuel des notaires*; — note 29, n. 93.

ART. 2291.

JUGE DE PAIX. — BORNAGE. — CONTIGUITÉ. — MISE EN CAUSE.

Le juge de paix, saisi de l'action en bornage de deux propriétés contiguës, peut ordonner d'office la mise en cause des autres voisins, s'il reconnaît qu'il est nécessaire d'étendre l'opération à leurs propriétés (C. Nap. 646.) — (A).

Et les propriétaires ainsi mis en cause ne peuvent se refuser à figurer dans l'instance, sous prétexte qu'il n'y aurait pas contiguïté entre leurs terrains et celui du demandeur en bornage; surtout, quand le voisin immédiat du propriétaire qui résiste à l'appel en cause, consent au bornage de sa propriété, l'instance s'engageant alors réellement entre deux propriétés contiguës. (L. 25 mai 1838, art. 6-2°.)

(Marquis. — C. — Athenant.)

Le sieur *Athenant*, propriétaire de plusieurs parcelles de terres situées commune de Bency, forma devant le juge de paix du canton de Vigneule une demande en bornage contre les sieurs *Poinsignon*, dont les propriétés étaient contiguës aux siennes.

Un jugement préparatoire ordonna que toutes les terres du lieu où se trouvaient les parcelles à aborner seraient comprises dans l'opération, et prescrivit, en conséquence, la mise en cause des propriétaires de ces terres. Le jugement était fondé sur ce que l'ensemble des terres en question formait une masse de propriétés

---

(A) *Dans le même sens:* — Cass. req., 20 juin 1855; Douai, 11 nov. 1842; Curasson, *bornage*, n. 50; Millet, ibid., p. 257; Vaudoré, *droit rural*, t. 1, p. 264; Demolombe, *servit.*, t. 1, n. 267; Dalloz, dict. gén., v° *servit.*, n. 194, 195.

dont les détenteurs actuels avaient toujours joui dans une sorte d'indivision, suivant les droits différents de chacun d'eux, et qu'il était impossible d'opérer isolément, avec équité et justice, le bornage de quelques propriétés seulement, sans appeler, en même temps, à l'opération, tous les propriétaires intéressés à la division de la contrée.

Les propriétaires ainsi appelés d'office à l'abornement, y donnèrent leur consentement, à l'exception du sieur *Marquis*. — Ce dernier résista à l'opération, soutenant que la loi, comme l'ordre public, ne permettaient pas les abornements généraux et par contrée, en dehors du consentement de toutes les parties intéressées.

Le juge de paix repoussa ces conclusions, et déclara que, malgré l'opposition du sieur Marquis, il serait passé outre à l'opération.

Sur l'appel, jugement du tribunal civil de Saint-Mihiel, du 10 déc. 1856, qui confirme, avec adoption des motifs.

Pourvoi du sieur *Marquis*, pour violation de la règle de l'art. 646 C. Nap., en ce que le jugement attaqué a compris la propriété du demandeur dans une opération de bornage, provoquée par un propriétaire non contigu, contre ses voisins seuls, et sans qu'il soit constaté que ces derniers aient usé contre le demandeur du même droit de contiguïté. — L'action en bornage, dit-on, à l'appui du pourvoi, ne peut être exercée que pour des propriétés contiguës. C'est ce que déclare formellement l'art. 646 C. Nap., à l'exemple de la loi romaine (L. 4, § 8, Dig., *Finium regund.*)— A la vérité, cette action, formée par un propriétaire contre son voisin immédiat, peut atteindre le voisin de ce dernier, et gagner ainsi de proche en proche, un certain nombre de propriétés. Mais, pour cela, il faut que chaque arrière-voisin soit actionné par celui dont la propriété est contiguë à la sienne; et il ne saurait appartenir au juge, saisi de la demande originaire à fin de bornage, d'appeler, d'office, dans l'instance tous les propriétaires d'une localité, pour procéder entre eux tous à une opération de bornage, qui n'est et ne peut être portée devant lui, par la partie qui l'a provoquée, que contre son voisin immédiat. C'est ce règlement général, qui n'était demandé par personne, que le demandeur en cassation n'a point voulu accepter, et qu'il était en droit de repousser, en vertu de la disposition très-précise de l'art. 646 C. Nap.

9 nov. 1857, arrêt de la cour de cassation (ch. req.) ainsi conçu :

LA COUR; — *Attendu* qu'en attribuant aux juges de paix la connaissance des actions en bornage, la loi n'a pu leur refuser les moyens nécessaires pour bien remplir cette attribution; — *Attendu* que des cas peuvent se présenter où, pour borner exactement deux propriétés contiguës, il est nécessaire d'étendre l'opération aux propriétés voisines et d'y comprendre le tennement dont elles dépendent ; — Que c'est ce qu'a reconnu, après s'être transporté sur les lieux, le juge de paix saisi, dans l'espèce soumise à la cour et que, par suite, il a ordonné d'office la mise en cause des propriétaires des terrains voisins, de ceux appartenant au demandeur et au défendeur primitifs ; — Qu'en cela, il n'a rien fait de contraire à l'art. 646 C. Nap. ; — *Attendu* d'ailleurs qu'il est constaté en fait qu'en exécution du préparatoire ordonnant la mise en cause des propriétaires voisins, tous ont comparu et donné leur assentiment à l'opération, sauf le sieur *Marquis*, demandeur en cassation, et que les voisins immédiats du sieur *Marquis* ont eux-mêmes demandé le bornage de leurs parcelles contiguës avec les siennes, ce qui, au besoin, ferait rentrer l'espèce de la cause dans le cas précis textuellement prévu par l'art. 646 ; — Par ces motifs, rejette, etc...

(MM. : — *Nicias-Gaillard*, présid. ; — *Taillandier*, rapp. ; — *Blanche*, avoc. gén., concl. conf. ; — *Mazeau*, avoc.)

A annoter :

Au *Manuel des notaires* ; — note 94, n. 25 ; — note 123, n. 9.

ART. 2292.

EMANCIPATION. — OBLIGATION. — RÉDUCTION. — VENTE. — RATIFICATION.

Le mineur émancipé peut faire déclarer excessive et non avenue la clause par laquelle en achetant un immeuble conjointement avec d'autres individus, il s'est soumis à la solidarité pour le payement du prix (c. Nap. 484). — (A).

Et la ratification d'un tel contrat par le mineur émancipé a pu, par une appréciation souveraine de volonté, être déclarée inapplicable à la clause de solidarité (C. Nap. 1311, 1338).

(Labarthe de Molard. — C. — Pouvillon.)

Par acte notarié du 21 août 1849, Catherine *Touriné*, veuve

(A) *Dans le même sens* : — Cass. req., 15 déc. 1832; Colmar, 31 juill. 1826. *Contrà*, en ce sens que les seuls achats dont le mineur émancipé puisse demander la réduction, en cas d'excès, sont ceux qui ont le caractère de simples actes d'administration, et que la réduction autorisée par l'art. 484 du code Nap. concerne exclusivement les achats de *choses mobilières* : — Toullier, t. 2, n. 1301 ; Troplong, *vente*, t. 1, n. 167 ; Coulon, *quest. de droit*, 3, p. 543; Zachariæ, t. 1, p. 477.

de Raymond *Teulé,* Jean Lafond et Antoinette *Teulé,* sa femme, encore mineure, acquirent solidairement divers immeubles appartenant au sieur François *Lafond,* moyennant le prix de 7,300 fr. — Une clause de l'acte déterminait la part de chacun d'eux, dans cette acquisition, et expliquait que la portion affectée à la veuve *Teulé* était acquise pour 2,000 fr., celle de Jean *Lafond* pour semblable somme, et celle d'Antoinette *Teulé,* femme *Lafond,* pour 3,300 fr.

Quelque temps après, cette dernière est décédée sans enfants. — Sa succession s'est trouvée, dès lors, dévolue pour un quart à sa mère, la veuve Raymond *Teulé,* et pour les trois autres quarts à la dame Domenge *Teulé,* femme *Pouvillon,* sa sœur. — Le 28 juin 1852, il intervint entre celles-ci un acte de partage duquel il résulte que les immeubles acquis par la dame Antoinette *Teulé,* en 1849, pour 3,300 fr., furent attribués à la dame *Pouvillon.*

La veuve Raymond *Teulé* possédait tout le surplus des immeubles qui avaient fait l'objet de l'acquisition solidaire de 1849, par suite d'une cession que Jean *Lafond* lui avait consentie de sa part, suivant acte du 19 février 1850. — Par un autre acte du même jour, la veuve Raymond *Teulé* s'était reconnue débitrice envers le sieur *Labarthe de Molard* d'une somme de 5,000 fr., pour sûreté de laquelle elle lui avait affecté divers immeubles à elle appartenant, et l'avait subrogé dans le privilége du sieur François *Lafond,* vendeur des immeubles, qui avaient fait l'objet de l'acte du 21 août 1849.

Le sieur *Labarthe de Molard* étant décédé, ses héritiers ont, par exploit du 25 mai 1855, fait commandement, en vertu de l'acte d'emprunt et de subrogation du 19 février 1850, 1° à la veuve Raymond *Teulé,* tant en son nom personnel que comme héritière à réserve d'Antoinette *Teulé,* sa fille décédée, et comme détentrice de partie des immeubles vendus par le sieur François *Lafond*; et 2° à la dame *Pouvillon* en la même qualité d'héritière d'Antoinette *Teulé,* sa sœur, et de détentrice des immeubles, d'avoir à leur payer la somme de 5,000 fr. portée dans cet acte d'emprunt et de subrogation, si elles ne préféraient délaisser les immeubles par elles détenus. — Opposition par les époux *Pouvillon,* qui assignent les héritiers *Labarthe de Molard* devant le tribunal de Toulouse, à l'effet de voir déclarer nul, en ce qui concerne Antoinette *Teulé* qu'ils représentent, l'acte de vente du 21 août 1849, comme contracté par celle-ci en état de minorité, ou tout au moins pour voir déclarer que la clause de solidarité consentie par Antoinette *Teulé,* pendant qu'elle était mineure, émancipée par son mariage, serait considérée comme excessive et par conséquent comme non avenue, par application de l'art. 484

c. Nap. ; se déclarant prêts à payer, mais sans solidarité, ce qu'ils doivent sur le prix de la part d'Antoinette *Teulé* dans l'acquisition du 21 août 1849.

Une instance s'engage, et les héritiers *Labarthe de Molard* répondent à l'opposition des époux *Pouvillon* que la disposition de l'art. 484 C. Nap. qui déclare réductible, en cas d'excès, les obligations contractées par le mineur émancipé, ne s'appliquent pas aux acquisitions d'immeubles, lesquelles ne peuvent être attaquées que pour cause de lésion, conformément à l'art. 1305 ; — que, dans l'espèce, n'étant point articulé qu'il y ait eu lésion, dans le sens de cet article, au préjudice de la mineure Antoinette *Teulé*, l'acte de vente du 21 août 1845 doit être maintenu avec toutes ses stipulations. — Ils ajoutent, du reste, que les époux *Pouvillon* ont ratifié cet acte par celui du 28 juin 1852 passé avec la veuve Raymond *Teulé*.

10 avril 1855, jugement du tribunal de Toulouse, qui déclare nulle, vis-à-vis de la mineure Antoinette *Teulé*, et de ses représentants, la clause de solidarité stipulée pour le payement du prix de l'acquisition de 1849, et dit en conséquence que le commandement n'aura d'effet contre les époux *Pouvillon* que jusqu'à concurrence de leur part dans ce prix.

Sur l'appel des héritiers *Labarthe de Molard*, la cour de Toulouse a rendu, le 14 août suivant, un arrêt confirmatif.

POURVOI EN CASSATION du sieur Labarthe de Molard : 1°......

2° Violation des art. 484 et 1305 C. Nap., en ce que l'arrêt attaqué a annulé la clause de solidarité stipulée par un mineur émancipé dans un acte de vente immobilière, tout en maintenant cette vente.

3° Violation des art. 1311 et 1338 C. Nap., en ce que l'arrêt attaqué, tout en reconnaissant que le vice de minorité dont se trouvait entachée l'acquisition litigieuse, avait été couvert par une ratification quant à la fixation du prix de la vente, a refusé d'étendre les effets de cette ratification à la solidarité stipulée dans l'acte.

29 juin 1857, arrêt de la cour de cassation (ch. req.), ainsi conçu :

LA COUR ; — ..... Sur le deuxième moyen : — *Attendu* qu'il s'agissait au procès, moins de savoir si le mineur émancipé avait le droit général et absolu d'acquérir des immeubles, que de décider si l'acquisition une fois faite pouvait être annulée pour partie, comme portant préjudice au mineur, aux termes de l'art. 484 C. Nap. ; — *Attendu* que la disposition de cet article est générale, qu'elle n'admet aucune exception et qu'elle déclare réductibles, en cas d'excès, toutes les obligations contractées par un mineur émancipé; — *Attendu* que l'arrêt attaqué, en déclarant, en fait, qu'il y avait excès dans l'obligation, par laquelle la mineure émancipée s'était obligée solidairement au payement du prix total des immeubles achetés par elle, pour partie conjointement avec d'autres acquéreurs, s'est borné à appliquer aux faits reconnus constants la disposition de la loi;

Sur le troisième moyen, relatif à la ratification : — *Attendu* qu'il résulte des faits énoncés en l'arrêt, que la question sur ce point était de savoir si, en ratifiant le contrat de vente relativement au prix, les époux *Pouvillon* avaient entendu également le ratifier quant au payement du prix avec solidarité; que c'était là une question d'intention, se rattachant à l'acte de ratification, soit entière, soit partielle; que le droit de rechercher l'intention qui avait présidé audit acte était une question d'interprétation et d'appréciation de faits, appartenant souverainement au juge du fond; — Rejette...

(MM. *Nicias-Gaillard*, présid.; — *Silvestre*, rapp.; — *Blanche*, avoc. gén., concl. conf.; — *Marmier*, avoc.)

A annoter :

Au *Manuel des notaires*; — note 82, n. 62; — note 171-1°, n. 23.

Au *Journal*; — art. 110.

Art. 2293.

SOCIÉTÉ. — Communauté religieuse. — Autorisation. — Responsabilité.

Une communauté religieuse non autorisée, si elle n'a pas d'existence légale, constitue, entre ceux qui l'ont formée, une société de fait, responsable vis-à-vis des tiers des engagements par elle pris, soit que ces engagements résultent de contrats ou de quasi-contrats, soit qu'ils dérivent de délits ou de quasi-délits. (C. Nap. 1382, 1862, 1864) — (A).

Ainsi, l'action en restitution des sommes d'argent que des membres de la communauté ont obtenues de la faiblesse d'un autre membre, et qui ont tourné au profit de cette communauté, est régulièrement dirigée contre les dames supérieures, jusqu'à concurrence du profit qu'elle en a tiré.

(A) Les demandeurs en cassation ne niaient pas qu'une congrégation religieuse non autorisée dût être considérée comme une *société de fait*, tenue à ce titre, des engagements de chaque associé qui auraient *tourné à son profit*; mais ils prétendaient qu'il fallait, en outre, que la société eût pris l'engagement pour son compte.

(Communauté de Picpus et archevêque de Chalcédoine. — C. — Hérit. Boulnois.)

En 1848, les héritiers de la d[lle] *Boulnois* actionnèrent devant le tribunal civil de Tours M. *Bonamie*, archevêque de Chalcédoine, et mesdames Eudoxie *Coudrin*, Constance *Jobert*, Antoinette de *Beaussais*, Philippe *Némésie*, en leur qualité de supérieurs et membres de la communauté religieuse non autorisée dite de Picpus, à fin de restitution : 1° d'une somme de 384,574 fr., montant des capitaux que possédait leur auteur lors de son entrée, en 1828, dans la réunion des dames de l'Adoration perpétuelle du Petit-Saint-Martin de Tours, qui faisait partie de cette communauté ; 2° de celle de 244,007 fr. reçue dans le couvent de Picpus, au nom de la d[lle] *Boulnois*, depuis son entrée dans cette maison. Les demandeurs réclamaient, en outre, 100,000 fr. de dommages-intérêts, à raison du profit que la communauté avait tiré, pendant longues années, des capitaux réclamés.

Les dames défenderesses opposèrent qu'elles n'avaient jamais connu la d[lle] *Boulnois* ; que jamais, non plus, elles n'avaient eu l'administration de sa fortune, et qu'en conséquence l'action dirigée contre elle était non recevable pour défaut de qualité, en tout cas mal fondée. — Quant à M. *Bonamie*, il opposa, en outre, qu'il n'était que le supérieur purement spirituel de la communauté de Picpus, et qu'à ce titre, il ne pouvait être déclaré responsable d'actes se rattachant à la direction temporelle de cette communauté.

Un jugement du tribunal de Tours, du 6 déc. 1854, accueillit ces conclusions.

Mais, sur l'appel des héritiers *Boulnois*, arrêt de la cour d'Orléans, du 18 fév. 1856, qui infirme, et ordonne la preuve des faits articulés.

Après l'enquête, la cour d'Orléans rendit, le 30 mai 1857, un arrêt définitif, qui condamna les parties défenderesses à restituer aux héritiers *Boulnois* une somme de 350,000 fr.

Pourvoi, tant des dames *Némésie* et cons. que de M. *Bonamie*: 1° Violation des art. 1862, 1863 et 1864 C. Nap., en ce que l'arrêt attaqué a admis l'action directe exercée contre certains membres d'une société civile, à raison des engagements d'autres membres de la même société, sous prétexte qu'ils avaient *tourné au profit* de l'association, mais sans constater, en outre, que ceux de qui ils émanaient avaient agi *pour le compte* de la société, seconde condition indispensable pour obliger la société.

30 déc. 1857, arrêt de la cour de cassation (ch. civ.), ainsi conçu :

LA COUR; — Joint les deux pourvois; et statuant sur le tout : —En ce qui touche le premier moyen tiré de la violation des art. 1370, 1382, 1862, 1864 C. Nap., et le moyen tiré de la violation des art. 1862 et 1863, proposé particulièrement par l'archevêque de *Chalcédoine;* — *Attendu* qu'une communauté religieuse non autorisée, si elle n'a pas d'existence légale, et si elle ne présente aucun des caractères d'une véritable personne civile, constitue cependant entre ceux qui ont concouru à sa formation, une société de fait, nécessairement responsable vis-à-vis des tiers des engagements par elle pris, soit que ces engagements résultent de contrats ou de quasi-contrats, soit, et à plus forte raison, s'ils dérivent de délits ou de quasi-délits; — *Attendu* que cette responsabilité, surtout dans ce dernier cas, est basée, moins encore sur les principes du contrat de société, tels qu'ils sont formulés dans le tit. 9, liv. 3 C. Nap., que sur les règles ordinaires d'imputabilité légale et morale écrites dans les art. 1382 et suiv. du même code; qu'elle doit atteindre dans la mesure de leur participation, équitablement appréciée par les tribunaux, aux affaires de la communauté irrégulière, tous ceux qui ont consenti à en faire partie, plus particulièrement ceux qui, sous le titre de supérieur ou autres, en ont pris la direction ou qui en détiennent les biens; — Qu'autrement la communauté non autorisée, à raison même du vice de sa constitution, et parce qu'elle se serait soustraite, contrairement au vœu de la loi, à la surveillance du gouvernement, échapperait, dans sa personne collective et dans les individualités dont elle se compose, à toute action de la part des tiers engagés avec elle, ou lésés par sa faute; qu'elle obtiendrait ainsi des immunités à bon droit refusées aux sociétés régulièrement organisées, ou aux communautés religieuses reconnues et qui se sont soumises à la tutelle de l'Etat; qu'un privilége aussi exorbitant blesserait également l'ordre public, la morale et la loi; — D'où il suit qu'en déclarant 1° les dames *Coudrin, Némésie, Jobert* et de *Beaussais,* qualifiées par l'arrêt membres et même supérieures de la communauté non autorisée dont il s'agit; 2° l'archevêque de *Chalcédoine* qualifié supérieur général de cette communauté, et qui, d'après les constatations du même arrêt, avaient pris une part active à l'administration de son temporel, responsables, sur les biens de cette communauté détenus par eux, du dommage causé aux héritiers *Boulnois* par les actes dont il l'accusait, et ce jusqu'à concurrence du profit qu'elle aurait retiré de ces actes, la cour impériale d'Orléans, loin de violer aucune loi, n'a fait, au contraire, qu'une juste application des art. 1382 et suiv. C. Nap.;

Rejette les pourvois, etc.

(MM. : — *Bérenger*, présid.; — *Glandaz*, rapp.; — *Sévin*, avoc. gén., concl. conf.; — *Marmier*, *Bosviel* et *Fabre*, avoc.)

A annoter :

Au *Manuel des notaires*; — note 138-1°, n. 256.

ART. 2294.

ENREGISTREMENT. — VENTE. — CONDITION SUSPENSIVE. — INTERPRÉTATION.

La vente d'un immeuble faite sous la réserve en faveur de l'acheteur de l'accepter ou d'y renoncer pendant un certain délai (trois ans) durant lequel les conventions seront suspendues, constitue une vente sous condition suspensive, et ne peut donner lieu à la perception du droit proportionnel, qu'après l'accomplissement de cette condition (C. Nap. 1181; L. 22 frim. an VII, art. 4 et 69) — (A).

Il en est ainsi, alors même que l'ensemble des clauses de l'acte impliquerait l'existence d'une translation immédiate de propriété, la stipulation portant « que les conventions qu'il renferme demeureront suspendues jusqu'à l'accomplissement de la condition » réagissant sur toutes les clauses de la vente et les subordonnant à la réalisation de cette condition (C. Nap. 1156).

(Enregistrement. — C. — Roy de l'Ecluse.)

Par actes sous seings privés des 9 et 10 janvier 1854, le sieur *Roy de l'Ecluse* vendit, sous réserve d'usufruit, à la dame *de Seraincourt*, sa fille, et au sieur *de Seraincourt*, son gendre, diverses terres lui appartenant. Le prix de ces terres et les conditions de payement étaient fixés dans ces actes. Il y était dit que les acheteurs seraient propriétaires des immeubles vendus, dès le jour même de la vente, à la charge d'acquitter les impôts, de supporter les servitudes passives, d'exécuter les engagements pris avec toute compagnie d'assurances contre lesquelles les droits du vendeur leur étaient, dès lors, transportés, enfin de prendre les biens vendus dans l'état où ils se trouvaient. — L'énumération de ces conditions de la vente se terminait par la clause suivante : —

(A) *Dans le même sens* : — Jugem. de Marseille, 11 août 1851, J., art. 1067; — cass. ch. civ. rej., 9 juillet 1855, J., art. 1879.

En sens contraire : — Jug. Dijon, 23 juill. 1855, J. art. 2003. Cette décision est importante comme émanant de la cour souveraine. La régie, en effet, prétendait que, dès qu'il y avait translation de propriété, les choses ne pouvaient être remises au même état que par l'effet d'une condition résolutoire. Mais la cour de cassation a fait prévaloir la volonté des parties sur la présomption de la loi, en décidant que la condition suspensive a empêché qu'il n'y eût translation immédiate de propriété. La résiliation donne lieu alors non à une résolution, mais à un compte de gestion.

« L'acheteur s'interdit la faculté de vendre pendant tout le temps que durera l'usufruit de M. *Roy de l'Ecluse*; et, en raison de cette circonstance, il aura la faculté d'accepter la présente vente ou d'y renoncer pendant un délai de trois ans, pendant lequel les présentes conventions seront suspendues. »

L'administration de l'enregistrement exigea, sur ces deux ventes, le droit proportionnel de mutation.

Mais, sur l'opposition, jugement du tribunal civil de Moulins, du 22 février 1856, qui déclare ce droit non exigible par les motifs suivants : — « *Considérant* que de l'ensemble des actes sous seings privés passés entre le sieur *Roy de l'Ecluse* père et 1° madame *de Seraincourt*, sa fille; 2° le sieur *de Seraincourt*, son gendre, il ressort que les conventions contenues en iceux sont régies par l'art. 6 desdits actes, qui leur assigne leur véritable caractère; qu'il y a lieu, dès lors, d'apprécier la portée et l'étendue de cette disposition ainsi conçue : — « La faculté d'accepter la présente vente ou d'y renoncer est réservée à M. et madame *de Seraincourt* pendant un délai de trois années pendant lequel les présentes conventions seront suspendues, » et de déterminer si elle renferme une condition suspensive ou résolutoire des ventes énoncées auxdits actes; — *Considérant* que si les mots *accepter* ou *renoncer* employés dans le premier membre de phrase de cet article présentent un sens contradictoire qui, pris isolément, ne manifeste pas suffisamment l'intention des parties, en ce que la faculté d'accepter indique une condition suspensive, tandis que la faculté de renoncer indique une condition résolutoire, il en est autrement, lorsqu'on se reporte au dernier membre de phrase qui termine cet article où il est dit : « pendant lequel délai (celui de trois années) les présentes conventions seront suspendues; » — *Considérant* que ces termes sont clairs et précis et ne peuvent donner lieu à une interprétation équivoque sur le sens qui leur est propre; que la volonté des parties y est nettement et clairement exprimée; qu'il est évident qu'après avoir rédigé les actes de vente des 9 et 10 janvier et stipulé toutes les conditions qu'il leur a plu y insérer, les parties n'ont pas voulu que ces ventes reçussent exécution par la seule confection desdits actes en l'état où ils se trouveraient, et c'est alors qu'elles ont déclaré que les présentes conventions, c'est-à-dire les deux ventes, seraient suspendues, et non résolues, expressions qu'elles eussent employées si, dans leur intention, la vente eût été parfaite, dès ce jour, pendant le délai de trois années accordé à M. et madame *de Seraïncourt* pour faire connaître leur volonté dernière et irrévocable; — Qu'ainsi ces ventes étaient faites sous une condition suspensive, potestative;

que les contrats imparfaits jusqu'à l'accomplissement de la condition ne transmettant pas immédiatement la propriété à M. et madame *de Seraincourt*, ne peuvent donner lieu à la perception d'un droit proportionnel, mais seulement à un droit fixe; — *Considérant*, par conséquent, que les sieurs *Roy de l'Ecluse* et les époux *Choppin de Seraincourt* ont été fondés à former opposition aux contraintes contre eux délivrées le 8 janvier 1855. »

POURVOI EN CASSATION de l'administration de l'enregistrement, pour fausse application de l'art. 1181 C. Nap., et violation de l'art. 1183 du même Code, des art. 4 et 69, § 7, de la loi du 22 frimaire an VII, et 52 de celle du 28 avril 1816, en ce que le jugement attaqué a refusé de regarder comme parfaite et actuelle une vente dans laquelle se rencontrait l'accord des parties sur la chose et sur le prix, en attachant un caractère suspensif à la clause portant que l'acheteur aura la faculté d'accepter la vente ou d'y renoncer pendant un certain délai durant lequel la convention demeurera suspendue. — Le tribunal, dit l'administration demanderesse, a considéré que les parties, en stipulant, dans l'espèce, que les acquéreurs auraient un délai de trois années pour accepter, et que les ventes seraient suspendues pendant le même laps de temps, avaient nettement et clairement exprimé la volonté de donner à ces ventes un caractère suspensif. C'est ce que l'on ne saurait admettre. En effet, il suffit d'examiner l'ensemble des clauses des deux contrats litigieux pour reconnaître qu'ils n'ont pas été consentis sous une condition suspensive. D'une part, les ventes sont immédiatement et formellement acceptées par les acheteurs, et d'autre part, la chose vendue est mise dès le jour même de la vente, à leurs risques et périls, puisqu'il est convenu qu'en cas d'incendie, ils auront droit aux indemnités dues par la compagnie d'assurance. Le vendeur n'est donc pas resté propriétaire. — A la vérité, les acheteurs se sont réservé la faculté d'accepter ou de renoncer aux ventes à eux faites. Mais ces expressions sont évidemment contradictoires : si l'une se réfère à l'idée d'une condition suspensive, l'autre suppose simplement une condition résolutoire. Il faut opter entre elles. Or, l'option doit se faire dans le sens qui résulte de l'acte entier, et, dès lors, dans celui d'une translation immédiate de propriété, sauf faculté de résolution par simple renonciation. Quant à la clause que la convention demeurera suspendue, elle doit aussi être réputée non avenue, comme également inconciliable avec le même acte, toujours envisagé dans son ensemble. Il s'agissait donc, dans l'espèce, de ventes faites sous condition résolutoire. Elles étaient, dès lors, passibles du droit de mutation.

4 janvier 1858, arrêt de la cour de cassation (ch. civ.) ainsi conçu :

LA COUR ; — *Attendu* que les actes sous seings privés en date des 9 et 10 janvier 1854 portant vente sous réserve d'usufruit par *Roy de l'Ecluse*, le premier de partie de la terre de Neufglise à sa fille Antoinette, femme *de Seraincourt*, le second de la terre de l'Ecluse à *de Seraincourt*, son gendre, contenaient l'un et l'autre une clause qui réservait expressément aux mariés *de Seraincourt* la faculté d'accepter lesdites conventions ou d'y renoncer pendant un délai de trois ans, pendant lequel ces conventions seraient suspendues ; — *Attendu* que le jugement attaqué a décidé que ces conventions étaient faites sous une condition suspensive potestative, condition qui en déterminait le caractère, et à laquelle toutes les autres clauses étaient subordonnées ; qu'en conséquence, elles ne constituaient que des conventions imparfaites jusqu'à l'acceptation des parties, condition dont l'accomplissement n'a point été allégué ; qu'elles n'avaient point opéré transmission immédiate de la propriété, et ne pouvaient, dès lors, donner lieu à la perception du droit proportionnel ; — *Attendu* qu'en décidant ainsi, le jugement attaqué a fait une saine interprétation des pactes et arrangements de famille dont il s'agit, une juste application de l'art. 1181 C. Nap., et n'a point, dès lors, violé les art. 4 et 69 § 7, de la loi du 22 frimaire an VII, ni l'art. 52 de la loi du 28 avril 1816 ; — Rejette.....

(MM. *Bérenger*, présid. ; — *Quénault*, rapp. ; — *De Marnas*, 1er avoc. gén., concl. conf. ; — *Moutard-Martin* et *Dufour*, av.)

A annoter :

Au *Formulaire* ; — page 51, note B ; — page 550, note A ; — page 667, note A.

Au *Commentaire* ; —Note 18, n. 713, 715 ; —note 107, n. 242.

Au *Journal* ; — Art. 1067 ; — art. 1879 ; — art. 2003.

ART. 2295.

COMMUNAUTÉ DE BIENS. — REPRISES. — PROPRES DE LA FEMME. — SIMULATION.

La dissimulation de prix dans les actes de vente des propres d'une femme commune peut être établie par témoins, afin de fixer le montant réel de la reprise qu'elle a le droit d'exercer sur la communauté ; à ce cas ne s'applique pas l'art. 1341 du C. Nap., lequel n'est relatif qu'aux contrats et non aux quasi-contrats et quasi-délits (C. Nap. **1341, 1348, 1433, 1436.**) — (A).

(A) *En sens cont.* : — Cass. ch. civ., 14 fév. 1843 ; Besançon, 21 juin 1845 ;

Il en est ainsi alors même que la femme aurait concouru à cette dissimulation ; sa participation à l'acte étant réputée le résultat de l'ascendant marital — (A).

(Bouheret. — C. — Guillot.)

Après le décès des époux *Leroux*, et lors de la liquidation de la communauté qui avait existé entre eux, le notaire liquidateur porta, dans l'acte, comme récompense due à la femme, le montant du prix de deux ventes d'immeubles appartenant à celle-ci, faites par actes authentiques des 21 nov. 1831 et 11 avril 1840, et non suivies de remploi. — Les héritiers de la dame *Leroux* prétendant que le prix de ces ventes avait été dissimulé, et que les récompenses en résultant devaient être élevées à un chiffre supérieur, demandèrent à faire preuve par témoins des dissimulations par eux alléguées.

Un jugement du tribunal civil de Dijon, du 1er mars 1852, rejeta cette offre de preuves par les motifs suivants : — « *Considérant* que l'acte de vente du domaine de la dame *Leroux* reçu par les notaires *Guenée* et *Meurgey* à la date du 21 nov. 1831, dûment enregistré, fixe le prix de la vente à la somme de 21,873 fr. 75 c. ; que cet acte est l'expression de la vérité entre toutes les parties contractantes et leurs ayants cause ; que décider le contraire, en admettant les héritiers de la dame *Leroux* à prouver que les acquéreurs ont payé à la venderesse, à son acquit, d'autres sommes que celles portées dans l'acte, ce serait formellement contrevenir aux art. 1319 et 1349 C. Nap., dont les dispositions sont d'ordre public ; — *Considérant* qu'en admettant le seul cas possible d'une dérogation à ces principes, celui de dol et de fraude, il faut reconnaître que dans la cause rien de pareil n'a eu lieu ; que la dame *Leroux*, en s'abstenant de laisser porter sur l'acte authentique une somme supérieure à 21,873 fr. 75 c., et en se privant, dès lors, d'un titre pour recouvrer, elle ou ses héritiers, ce supplément de prix, est censée avoir fait à la communauté ou à son mari, une libéralité qu'il était en son pouvoir de faire, quel qu'en soit le chiffre, puisqu'elle avait la libre disposition de toute sa fortune. »

Sur l'appel, arrêt de la cour de Dijon, du 3 août 1852, qui confirme avec adoption de motifs.

Douai, 28 avril 1851, J. art. 1243 ; Jug. Périgueux, 19 déc. 1849, J. art. 531 ; Toullier, t. 12, n. 344 ; Duranton, t. 14, n. 352 ; Troplong, contr. de mar., t. 2, n. 1162 ; Marcadé, sur l'art. 1436 ; *Rodière* et *Pont*, contr. de mar., n. 713, Odier, ibid., n. 307.

(A) Voir la note A, page précédente.

Pourvoi en cassation du sieur *Bouheret* (héritier de la dame *Leroux*) pour violation des art. 1096, 1348, 1436, 1550 et 1554 C. Nap., et fausse application des art. 1319 et 1349 même code, en ce que la cour de Dijon a refusé aux demandeurs le droit de prouver par tous moyens de preuve, que le prix de vente des propriétés de la dame *Leroux*, leur auteur, était supérieur à celui porté aux contrats, et qu'en conséquence, la récompense due à cette dame était plus élevée que celle résultant desdits contrats, bien qu'il s'agît là d'un quasi-délit et que l'art. 1341, qui défend de prouver par témoins contre et outre le contenu aux actes, ne soit applicable qu'en matière de contrats.

30 déc. 1857, arrêt de la cour de cassation (ch. civ.), ainsi conçu :

LA COUR ; — Vu les art. 1348, 1433 et 1436 C. Nap. ; —*Attendu* que les héritiers de la femme *Leroux* concluaient à être admis à prouver par témoins que les actes de vente des propres de ladite femme Leroux, consentis par le mari, contenaient des dissimulations de prix ; — *Attendu* que ces conclusions avaient pour but d'établir la récompense due à ladite femme, non sur la base de la valeur des immeubles, mais sur le pied de la vente telle qu'elle aurait eu lieu en réalité, ainsi que le veut l'art. 1436 précité ; — *Attendu* que l'art. 1341 ne s'applique pas aux quasi-contrats, non plus qu'aux quasi-délits, aux termes de l'art. 1348 précité, et que la dissimulation alléguée avait l'un de ces caractères, de la part du mari à l'égard de sa femme ; — *Attendu* qu'en admettant le concours de la femme aux actes d'aliénation de ses propres, moyennant un prix dont partie aurait été dissimulée dans les contrats, et lors même qu'elle aurait participé sciemment à cette dissimulation, elle ou ses héritiers ne pouvaient être privés par ce fait, résultat de l'ascendant marital, de la récompense entière que la loi lui accordait en termes absolus par les art. 1437 et 1450 C. Nap., à savoir le prix réel des immeubles aliénés; qu'il suit de là qu'elle était en droit d'être admise à prouver la dissimulation de la manière autorisée par l'art. 1348 précité ;—D'où il suit que, par le rejet des conclusions du demandeur, en se fondant uniquement et en droit sur les art. 1319 et 1341 du même code, l'arrêt attaqué a faussement appliqué ces articles, et expressément violé les art. 1348, 1433 et 1436 précités ; — Casse.

(MM. : — *Bérenger*, présid.;—*Gaultier*, rapp.;—*Sévin*, avoc. gén., concl. conf.;—*Michaux*, *Bellaire* et *Delaborde*, avoc.)

A annoter :

Au *Manuel des notaires*;—note 166-2°, n. 109.

— Au *Journal*; — art. 531; — art. 1243.

ART. 2296.

REMPLOI. — PAYEMENT. — FEMME COMMUNE. — DROIT DE SUCCESSION.

Le remploi des deniers provenant de l'aliénation des propres d'une femme commune en biens, est réputé accompli par cela seul que ce remploi a été déclaré dans l'acte d'acquisition et accepté par la femme, bien que le vendeur n'ait point été payé par le mari et que celui-ci eût à sa disposition les deniers propres de sa femme (C. Nap. 1435.)—(A).

Par suite, l'immeuble ainsi acheté est passible, lors du décès de la femme, du droit de mutation, comme faisant partie de sa succession.

(Ballereau.—C.—Enregistrement.)

Le 4 fév. 1839, les époux *Rabier* firent l'acquisition d'une maison située à Châteauroux, moyennant 20,000 fr. stipulés payables dans le délai de dix ans. Le contrat portait que cette acquisition était faite à titre de remploi d'une somme de 20,025 fr. provenant de l'aliénation des propres de la dame *Rabier;* que les époux *Rabier,* pour faire sortir à effet la déclaration de remploi, mentionneraient dans la quittance du prix de ladite acquisition l'origine des deniers, et qu'enfin la dame *Rabier* tenait ce remploi pour agréable et l'acceptait formellement.

La dame *Rabier* est décédée, le 6 mai 1852, laissant pour légataire universel son frère, le sieur *Ballereau.*

Le prix de l'immeuble acheté en remploi, dans l'acte de 1839, n'avait pas été payé. Après le décès de la dame *Rabier,* le vendeur le fit saisir et vendre, afin d'obtenir son payement.

Lors du règlement du droit de mutation par décès dû par le sieur *Ballereau,* l'administration de l'enregistrement en frappa cet immeuble, comme les autres valeurs de la succession. — Le sieur *Ballereau* demanda la restitution du droit. Il prétendait que, faute de versement, entre les mains du vendeur, des deniers dont

---

(A) D'après cet arrêt, il suffit, pour que le remploi soit valable, que la somme à remployer se soit trouvée pendant le mariage et avant la dissolution de la communauté, à la disposition du mari (conf. Paris, 17 mai 1851, J. art. 1723), sinon le remploi est réputé non avenu : — 1° lorsque les immeubles en remplacement desquels l'acquisition a eu lieu, n'ont pas été aliénés (Cass. ch. civ., 24 nov. 1852, J. art. 1235; cass. req., 5 déc. 1854, J. art. 1763.); — 2° lorsqu'à la dissolution du mariage, le prix de vente du propre de la femme est encore dû (Douai, 9 mars 1847, J. art. 326).

Contrà : — Paris, 6 mars 1847, en ce sens qu'une énumération réelle des deniers de la femme doit avoir été faite au vendeur de l'immeuble acquis en remploi, ou du moins qu'il lui soit consenti une délégation de la créance existante contre l'acquéreur du propre aliéné.

il s'agissait d'opérer le remploi, ce remploi n'était point réputé avoir eu lieu, et qu'en conséquence, l'immeuble acquis par les époux *Rabier* n'avait jamais été qu'un bien de communauté. Il en concluait qu'il n'était passible d'aucun droit quant à cet immeuble, par le motif qu'il avait renoncé à la communauté.

Un jugement du tribunal civil de Châteauroux, du 16 janv. 1855, maintint la perception.

Pourvoi en cassation du sieur *Ballereau* pour violation des art. 1395, 1402, 1434 et 1435 C. Nap., en ce que le tribunal de Châteauroux a considéré comme translatif de propriété à titre de remploi un acte d'acquisition, non suivi du versement, entre les mains du vendeur, des deniers propres dont il s'agissait d'opérer le remploi, et a, en conséquence, considéré l'immeuble ainsi acquis comme faisant partie de la succession de la femme, pour le calcul du droit de mutation par décès, au lieu de n'y faire figurer que la créance contre la communauté qui avait gardé les deniers destinés au remploi.

6 janv. 1858, arrêt de la cour de cassation (ch. civ.), ainsi conçu :

LA COUR ; — *Attendu* que, d'après l'art. 1435 C. Nap., il y a remploi lorsque, d'une part, le mari déclare que l'acquisition est faite des deniers provenant des propres aliénés de la femme pour lui servir de remploi, et que, d'autre part, le remploi est formellement accepté par la femme ; — *Attendu* que, moyennant l'accomplissement de ces deux conditions, la femme est réellement et définitivement propriétaire de l'immeuble affecté au remploi ; — Qu'à cet égard il importe peu que le payement du prix de cet immeuble ait lieu au moment de l'acquisition, ou même que le mari ait alors en sa possession des deniers provenant des propres de la femme destinés à ce payement ; — Qu'il suffit, pour que le remploi produise tous ses effets légaux vis-à-vis du mari et de la communauté, que, pendant le mariage et au cours de la communauté le mari ait ces deniers à sa disposition ; tout alors est accompli, en effet, autant du moins que cela peut dépendre du concours et de la volonté de la femme ; d'où il suit que son droit, en tant que propriétaire de l'immeuble acquis à titre de remploi, ne saurait désormais être justement modifié par des faits qui lui seraient étrangers, et notamment par le fait du mari, lequel, bien que nanti de deniers suffisants, se serait cependant abstenu de payer le prix de l'immeuble avant la dissolution de la communauté ; — *Attendu*, d'ailleurs, qu'il n'existe aucun motif pour que ce défaut de payement qui, d'après l'art. 1583 C. Nap., n'altère en rien les effets de la vente entre le vendeur et l'acquéreur, en ce qui touche la transmission pleine et entière de la propriété de la chose vendue, produise d'autres effets au regard de la femme investie de la propriété de l'immeuble dans les termes de l'art. 1435 du même code ; — Que les principes du droit commun ne subissent sur ce point, dans l'espèce, aucune exception ;—Qu'en effet, et d'abord, cette exception n'est pas écrite dans la loi;—Qu'en outre, loin de résulter de son esprit, elle le violerait essentiellement, puisque, si on l'admettait, on arriverait à cette conséquence que le mari pourrait, à l'aide de combinaisons contre lesquelles la femme serait impuissante, neutraliser son droit à ce point que, d'un côté, dépouillée de la propriété de ses propres dont elle n'aurait consenti l'aliénation qu'en vue du remploi, et privée, d'un autre côté, de la propriété de l'immeuble affecté au remploi par le défaut de payement du prix, qui serait le fait propre du mari, elle verrait disparaître ainsi la garantie réelle que l'art. 1445 C. Nap. avait pour objet spécial de lui assurer, et, avec elle, les avantages et les droits utiles que pourrait comporter la propriété de l'immeuble au moment de la dissolution de la communauté ; — *Attendu* que de telles conséquences sont manifestement contraires aux dispositions de l'art. 1435 précité ;—D'où il y a lieu de conclure que, même au cas de décès de la femme avant le payement du prix de l'immeuble acquis à titre de remploi, l'immeuble ainsi acquis tombe dans sa succession, et que, d'ailleurs, le droit proportionnel de mutation reste à la charge de ses héritiers ;

Attendu, en fait, qu'il est constaté par l'arrêt attaqué : 1° que *Rabier* et Pauline *Ballereau*, son épouse, ont déclaré, dans l'acte de vente du 4 fév. 1839, que l'acquisition, moyennant 20,000 fr., de la maison rue du Crucifix, à Châteauroux, était faite pour servir de remploi à ladite Pauline *Ballereau*, et que celle-ci a formellement accepté ce remploi; — 2° Qu'il était stipulé dans le même acte que le payement aurait lieu avec les deniers propres à la femme, provenus ou à provenir des ventes dès lors effectuées et s'élevant à 20,025 fr., et qu'il n'est pas, d'ailleurs, contesté que telle soit, en effet, l'importance des sommes provenant des propres aliénés de la femme *Rabier*, touchées par son mari pendant le mariage;—*Attendu* qu'en déclarant, en cet état des faits, que le demandeur était mal fondé dans son opposition à la contrainte à lui signifiée par l'administration de l'enregistrement le 26 janv. 1854, et qu'il y avait lieu d'ordonner la continuation des poursuites, le jugement du tribunal civil de Châteauroux, du 16 janv. 1855, loin de violer les art. 1395, 1434 et 1435 C. Nap., en a fait, au contraire, une saine et juste application ;—Rejette, etc.

(MM. : — *Bérenger*, prés.; — *Aylies*, rapp.; — *de Marnas*,

1er avoc. gén., concl. conf.; — *Michaux-Bellaire* et *Moutard-Martin*, avoc.)

A annoter :

Au *Manuel des notaires*;—note 166-2°, n. 104;—note 166-3°, n. 3;—note 166-5°, n. 98;—note 192, n. 95.

Au *Journal*;—art. 326;—art. 1235;—art. 1723;— art. 1763.

ART. 2297.

FAUX. — ÉPOUX. — SIGNATURE.

L'immunité résultant de l'art. 380 du code pénal aux termes duquel les soustractions commises par des maris au préjudice de leurs femmes, par des femmes au préjudice de leurs maris, n'est point applicable au crime de faux dont un mari s'est rendu coupable en contrefaisant la signature de sa femme au bas d'un billet à ordre. (C. pén. 380) — (A).

(Chenu.—C.—Min. publ.)

3 déc. 1857, arrêt de la cour de cassation (ch. crim.), ainsi conçu :

LA COUR; — Sur le moyen tiré de la violation de l'art. 380 C. pén.;—*Attendu* que si la fausse signature apposée au bas du billet à ordre était celle de la femme du demandeur, l'immunité pénale, qui résulte de l'art. 380 C. pén., ne s'applique qu'aux soustractions; que ledit article est placé au chapitre des crimes contre les particuliers, et que ses dispositions exceptionnelles ne peuvent s'étendre au delà des cas qui y sont prévus;—*Attendu* que le crime de faux est placé au chapitre des crimes et délits contre la paix publique et peut porter préjudice à des tiers; qu'il existe, d'ailleurs, indépendamment de l'objet que son auteur aurait eu principalement en vue; — D'où il suit que l'arrêt attaqué n'a pas violé ledit art. 380 C. pén. et en a fait au contraire une saine interprétation; — Par ces motifs, rejette...

(MM. : — *Vaïsse*, prés.;—*Sénéca*, rapp.;—*Sévin*, avoc. gén.)

A annoter :

Au *Manuel des notaires* ; — note 28-1°, n. 25 ; — note 228, sect. 3.

ART. 2298.

FAUX. — ACTE NOTARIÉ. — ACTE IMPARFAIT. — PRÉJUDICE POSSIBLE.

Il y a crime de faux de la part du notaire qui, dans un acte reçu

(A) *Dans le même sens* : — Cass. (ch. crim.), 1er mars 1851, 24 mai 1855.

par lui pour constater le payement, par un acquéreur, de son prix d'acquisition aux créanciers inscrits, énonce faussement que tous ces créanciers ont comparu, ont touché le montant de leurs créances, en ont donné quittance et ont signé la minute, alors qu'il n'y a eu comparution, réception de deniers, quittance et signature que de la part de quelques-uns seulement; une simple éventualité ou possibilité constituant le crime de faux (C. pén., 146) — (A).

(Duhamel. — C. — Ministère public.)

13 novembre 1857, arrêt de la cour de cassation (ch. crim.), rendu après délibéré en chambre du conseil, et ainsi conçu :

LA COUR; — Sur l'unique moyen, tiré d'une prétendue fausse application de l'art. 146 C. pén., résultant de ce que l'acte argué de faux ne porte pas les signatures de *Delaroche* et de Victoire *Robinet*, dont la comparution dans l'acte a été faussement constatée; — *Attendu*, en fait, qu'il résulte de la déclaration du jury que, dans un acte par lui reçu en sa qualité de notaire, pour constater le versement opéré par les époux *Deguette*, acquéreurs d'immeubles grevés d'hypothèques, de leur prix d'acquisition, et la distribution et le payement de ce prix aux créanciers inscrits, l'accusé James *Duhamel* a faussement énoncé que deux de ces créanciers, *Delaroche* et Victoire *Robinet*, avaient comparu, qu'ils avaient reçu le montant de leurs créances, qu'ils en avaient donné quittance, avec mainlevée d'hypothèque, et qu'ils avaient signé la minute, quoique, en réalité, il n'y eût eu, de leur part, ni comparution, ni réception de deniers, ni quittance ou mainlevée, ni signature, et ce, dans le but de conserver à sa disposition les sommes qui revenaient à ces deux créanciers; qu'il a ainsi frau-

---

(A) *Conf.* : — Cass. ch. crim. 7 janvier 1826, 14 avril 1827, 13 oct. 1842, 25 janv. 1849; Merlin, rép. v° *Faux*, sect. 1, § 4.

Contrà : — Chauveau et Hélie, t. 3, p. 317, en ce sens que la fabrication de convention dans un acte nul ne peut constituer un faux punissable, qu'autant que la nullité a sa cause dans des formes postérieures à la rédaction de l'acte.

Nota. Il arrive, assez souvent dans la pratique, que des quittances collectives ne sont pas signées le même jour par les parties et que quelques-unes d'elles, pour une cause ou pour une autre, ne comparaissent pas. Dans ce cas, si le notaire ne veut ou ne peut rappeler les parties signataires pour faire un acte régulier à leur égard, il n'a, d'après l'arrêt, qu'un parti à prendre, c'est de faire, avant d'apposer sa signature, mention, sur l'acte demeuré imparfait ou incomplet, du refus ou de l'omission de signer ou de comparaître de certaines parties. — Sans doute, cette forme est inusitée, mais elle protège le notaire contre une accusation de faux. Sans cette précaution, il arriverait nécessairement qu'un acte imparfait aurait l'apparence d'un acte parfait et que les parties intéressées à se prévaloir de cet état apparent, ne manqueraient pas de le faire.

duleusement dénaturé la substance de l'acte et les circonstances que cette pièce avait pour objet de constater; qu'enfin, il l'a signée lui-même après coup, avec intention de fraude, qu'il l'a fait enregistrer et l'a placée au rang de ses minutes;

Attendu, en droit, que ces éléments réunissent tous les caractères de faux prévu et puni par l'art. 146 C. pén., l'altération de la vérité résultant d'une fabrication de convention par un notaire dans un acte de son ministère, l'intention criminelle et le préjudice causé; — Que, si les signatures *Delaroche* et Victoire *Robinet* ne se trouvent pas de fait au bas de la pièce fausse, cette absence, qui devient une cause de nullité, aux termes des art. 14 et 68 de la loi du 25 ventôse an XI, n'empêche pas qu'il n'existe un acte authentiqué par la signature du notaire, qui, en le prenant pour régulier et sincère, pouvait servir de base à une action ou à un droit; — Qu'à le considérer dans ses termes tenus pour vrais, il en résulterait que *Delaroche* et Victoire *Robinet* ont comparu devant le notaire, qu'ils ont reçu le montant de leurs créances et consenti à la mainlevée de leurs inscriptions; que seulement ils ont oublié ou négligé de signer, sans que le notaire s'en soit aperçu, car, s'il y avait eu refus ou même omission connue du notaire, celui-ci aurait dû en faire mention avant d'apposer sa propre signature ou s'abstenir de signer;

Qu'il n'en est pas des actes publics comme des écrits sous seing privé; que, dans ces derniers, les constatations se font par les seules parties, d'où il suit qu'à défaut de leurs signatures, il ne reste qu'un écrit informe, sans caractère et sans portée, tandis que, dans les actes reçus par un notaire, c'est l'officier public qui constate les conventions arrêtées devant lui, et qui imprime à l'écrit le caractère authentique en y apposant sa signature; — Qu'un acte notarié, incomplet ou susceptible d'annulation, pour défaut de quelques signatures ou d'autres formalités essentielles, ne présente pas moins les apparences d'un acte vrai; que la nullité peut échapper à l'inspection des intéressés, ou les exposer, s'ils l'invoquent, à des procès sur la cause de l'absence de signatures, sur les conséquences de faits postérieurs qui seraient articulés comme constituant une ratification par exécution, ou sur toute autre contestation élevée à l'occasion de l'acte; — Qu'aussi, la fausseté d'un tel acte peut-elle motiver une accusation de faux; —Que, sans doute, le notaire qui, après avoir frauduleusement énoncé, dans un acte préparé par lui, de fausses conventions, s'arrêterait volontairement avant la consommation du crime et supprimerait le projet en cours d'exécution, échapperait à la loi pénale, mais qu'il en est autrement du cas où, comme dans l'espèce, le notaire a persévéré dans sa résolution coupable, et où il a signé et classé comme vraie, avec intention, la minute entachée de faux; — Que, d'ailleurs, la fabrication de conventions, prévue par l'art. 146 C. pén., est indépendante de la fabrication de signature, qui constitue un crime distinct puni par l'art. 147;

Que, quant au préjudice, outre qu'il se trouve ici directement affirmé par le jury, on doit distinguer entre les actes qui portent par eux-mêmes préjudice, tels que les obligations, ventes, quittances, sans qu'il y ait besoin d'en faire la déclaration explicite, et les simples écrits ou lettres missives, dont le préjudice n'est qu'exceptionnel et doit, par suite, être formellement reconnu par le jury; qu'il n'est pas non plus nécessaire, pour qu'il y ait crime de faux, que le préjudice soit consommé ou inévitable; qu'il suffit d'une simple éventualité ou possibilité du préjudice; — Qu'il suit de ce qui précède qu'il a été fait au demandeur une juste application de l'art. 146 C. pén. ; — Rejette...

(MM. *Rives*, fais. fonct. de présid. ; — *V. Foucher*, rapp. ; — *Blanche*, avoc. gén., concl. conf.)

A annoter :

Au *Manuel des Notaires* ; — note 38, n. 39.

Au *Journal* ; — art. 39 ; — art. 183.

ART. 2299.

ADULTÈRE. — Séparation de corps. — Domicile conjugal.

Le domicile du mari n'est plus le domicile conjugal, à partir du jugement qui prononce la séparation de corps. (C. pén. 339.)

Par conséquent, la femme séparée de corps, prévenue d'adultère sur la plainte du mari, ne peut opposer à cette plainte la fin de non-recevoir prise de ce que le mari aurait entretenu une concubine dans son domicile depuis la séparation. — (A).

(Min. public. — C. — Femme Mousalier.)

Le 5 avr. 1857, un jugement du tribunal civil de Versailles a prononcé la séparation de corps entre les époux *Mousalier*, en se fondant sur une condamnation précédente à trois mois de prison encourue par la femme pour adultère.

Mousalier ayant appris, depuis ce jugement de séparation, que sa femme continuait à vivre en état d'adultère avec un sieur

(A) *Conf.* : — Cass. ch. crim., 27 avril 1838 ; Grenoble, 18 nov. 1838 ; Chauveau et Hélie, t. 6, n. 240.

Contrà : — Lyon, 13 juin 1857 ; Le Sellyer, droit crim., t. 2, p. 201.

Malherbe, déjà condamné lui-même comme son complice, a fait constater le flagrant délit, et a porté une nouvelle plainte contre l'un et l'autre.

Poursuivie correctionnellement devant le tribunal de Versailles, la femme *Mousalier* a opposé à la plainte de son mari l'exception admise par l'art. 339 C. pén., et tirée de ce que le mari avait, depuis la séparation, entretenu une concubine dans son domicile.

29 oct. 1857, jugement qui accueille cette exception dans les termes suivants : — « *Attendu* que la femme *Mousalier*, poursuivie pour adultère sur la dénonciation de son mari, excipe de ce que celui-ci se trouve dans le cas prévu par l'art. 339 C. pén. ;— Qu'en effet, elle a adressé à M. le procureur impérial, le 28 octobre, une plainte contre sondit mari, comme ayant, depuis novembre jusqu'à juillet derniers, entretenu une concubine au domicile conjugal, c'est-à-dire dans la maison qu'il habite rue de Montreuil, à Versailles ;— *Attendu* qu'en fait, les époux *Mousalier*, séparés de corps et de biens par un jugement passé en force de chose jugée, occupent depuis cette séparation un logement distinct et personnel ;— Mais qu'en droit, cette circonstance, le mariage subsistant toujours, n'enlève pas le caractère de la maison conjugale à l'habitation du mari, demeuré chef de la famille; — Et attendu dès lors que le jugement du délit imputé à *Mousalier* doit précéder celui du délit dont sa femme et *Malherbe* sont prévenus; — Sursoit à statuer. »

Appel par le ministère public.

4 déc. 1857, arrêt de la cour impériale de Paris (ch. corr.), ainsi conçu :

LA COUR;—*Considérant* que le droit donné au mari par l'art. 336 C. pén. de dénoncer l'adultère de sa femme, est absolu et lui demeure aussi longtemps que subsiste le mariage ; — Que ce droit ne subit d'exception que dans le cas prévu par l'art. 339 du même code, c'est-à-dire quand le mari a été convaincu, sur la plainte de sa femme, d'avoir entretenu une concubine au domicile conjugal; — *Considérant* qu'il n'y a plus de domicile conjugal, dans le sens de l'art. 339, dès que, par suite du jugement de séparation de corps, il n'y a plus d'habitation commune;— Que si la séparation de corps ne dissout pas le mariage, si elle laisse subsister entre les époux les devoirs mutuels de fidélité et d'assistance, si le mari reste le chef de la famille, s'il conserve la puissance paternelle, on ne saurait en conclure que le domicile du mari puisse, après la séparation de corps, conserver encore le caractère et les prérogatives de maison conjugale, puisque le but spécial de la séparation de corps est précisément de faire cesser, en fait comme en droit, toute cohabitation entre les époux et d'attribuer désormais à chacun d'eux un domicile particulier légalement interdit à l'autre conjoint;

Considérant qu'il est constant que, par jugement du 5 avr. 1856 passé en force de chose jugée, la séparation de corps a été prononcée entre les époux *Mousalier*, et que dès avant cette époque la femme *Mousalier* avait quitté le domicile conjugal;—*Considérant* que, dans cet état des faits, la femme *Mousalier* était non recevable à opposer à la plainte en adultère formée contre elle par son mari la propre plainte formée par elle contre ce dernier pour entretien d'une concubine dans le domicile conjugal; que c'est donc à tort que les premiers juges ont sursis à prononcer sur la poursuite du mari jusqu'à ce qu'il eût été statué sur celle de la femme;—Par ces motifs, met l'appellation et ce dont est appel au néant;—Déclare la femme *Mousalier* non recevable et mal fondée sur la demande du sursis; l'en déboute, etc.

(MM. :—*Zangiacomi*, présid.;—*Barbier*, avoc. gén.;—*Vatel*, avoc. à Versailles.)

A annoter :

Au *Manuel des notaires*;—note 176, n. 16;—note 220, n. 78.
Au *Journal*;—art. 190, alin. 4;—art. 320;—art. 616.

ART. 2300.

RÉGIME DOTAL. — Revenus. — Obligations. — Séparation de biens.

Les obligations contractées par la femme dotale, antérieurement à sa séparation de biens, peuvent être exécutées après cette séparation sur la portion des revenus du fonds dotal qui excède les besoins du ménage (C. Nap. 1554.)—(A).

(Martel et autres.—C.—Laurent.)

Ainsi décidé par un jugement du tribunal civil de Brignoles, confirmé par arrêt de la cour impériale d'Aix, du 20 juill. 1856.

A annoter :

Au *Manuel des notaires*; — note 166-5°, n. 84; — note 220, n. 56.

(A) *Contrà* : — Paris, 15 juill. 1856.

ART. 2301.

DONATION DÉGUISÉE. — CONDITION POTESTATIVE. — PROMESSE DE MARIAGE. — DOMMAGES-INTÉRÊTS. — CONCUBINAGE.

La clause d'une donation déguisée sous la forme d'un contrat à titre onéreux, portant que la somme donnée sera payable à la mort du donataire SI SES DETTES A CETTE ÉPOQUE N'EXCÈDENT PAS SON AVOIR, *constitue une condition potestative entraînant la nullité de cette donation; les donations ainsi déguisées n'étant valables qu'autant qu'elles réunissent les conditions essentielles à la validité de toute donation entre-vifs* (C. Nap. 944). — (A).

L'inexécution d'une promesse de mariage ne peut donner lieu à des dommages intérêts, lorsque cette promesse a été, non la cause, mais la conséquence de relations illégitimes, formées dans les conditions du plus vulgaire concubinage, et dans le cas où la promesse n'a été faite que dans le but de légitimer l'enfant né de ces relations. (C. Nap. 1147, 1382). — (B).

(D... — C. — T.)

Des relations illégitimes s'étaient établies entre le sieur T... et Claudine D..., sa domestique, et avaient donné naissance à un enfant, auquel fut donné le nom de Georgette D... — Sur les instances de sa mère, le sieur T... conçut la pensée de légitimer cet enfant. Dans ce but, il promit à Claudine D... de l'épouser, puis il lui consentit un engagement ainsi conçu : « Je reconnais devoir à madame Claudine D... (de Villamontois, département de la Loire), la somme de 20,000 fr., reçue d'elle en espèces et reversible sur la tête de Georgette D..., le tout payable et remboursable après ma mort et *mes dettes particulières payées et liquidées*, sans avoir aucun recours avant cette condition ; en foi de quoi, j'ai signé le présent bon pour la somme de 20,000 fr., payables après ma mort, et j'ai fait et écrit le présent acte, en parfait état de corps et d'esprit, pour qu'après moi on ne puisse pas revenir ni discuter sur mes dernières dispositions, qui sont fixes et irrévocables. — Lyon, le 15 mai 1849. — Signé en parfaite santé, T...

Le sieur T... s'étant refusé à réaliser sa promesse de mariage, Claudine D... l'a fait assigner, le 2 juin 1856, devant le tribunal civil de Lyon, en payement de 50,000 fr. de dommages-intérêts pour réparation, a-t-il été dit dans la demande, du préjudice que T... lui avait causé en abusant de son innocence et de sa jeunesse,

---

(A) *Conf.* : — Cass. ch. civ. 30 juin 1857, J. art. 2209.

(B) *Conf.* : — Gand, 19 juin 1835; cass. req., 24 mars 1845; Riom, 11 août 1846.

en la rendant mère et en lui promettant un mariage qu'il avait ensuite refusé de contracter.

Le sieur T... est décédé le 1er oct. 1856, laissant pour héritiers son père et des neveux et nièces. L'instance a été alors reprise par Claudine D... contre ses héritiers, auxquels elle a réclamé, en outre, le payement des 20,000 fr. montant de l'engagement ci-dessus mentionné.— Les héritiers T... ont repoussé la double demande de Claudine D..., en soutenant, d'une part, que la promesse de mariage faite à celle-ci n'ayant été que la suite de relations illégitimes formées dans les conditions d'un concubinage ordinaire, son inexécution ne pouvait donner lieu à des dommages-intérêts; et, d'autre part, que l'acte du 15 mai 1849, ne pouvant être considéré que comme une donation déguisée sous la forme d'un contrat à titre onéreux était nul, en ce que son exécution était subordonnée à une condition potestative, puisque les 20,000 fr. dont T... se reconnaissait débiteur ne devaient être payables que toutes dettes déduites.

7 janv. 1857, jugement du tribunal civil de Lyon conçu en ces termes : — « En ce qui concerne la promesse verbale du 15 mai 1849 : — *Attendu* que sous les apparences mal déguisées d'un contrat à titre onéreux, cette promesse n'était évidemment qu'une libéralité dont l'objet était de gratifier moins encore Claudine D... que sa fille *Georgette*, décédée depuis; — *Attendu* que ce n'était qu'une de ces donations à cause de mort que l'ancienne jurisprudence des pays de droit écrit autorisait, mais que le droit nouveau a rejetées; que la promesse en question impliquant l'idée d'un engagement actuel, quoique résoluble et ayant à ce point de vue le caractère d'une donation entre-vifs, ne pouvait, d'ailleurs, avoir de force légale qu'autant qu'elle aurait été réalisée en acte authentique (art. 873 et 931 C. Nap.);

» En ce qui concerne la demande en dommages-intérêts:—*Attendu* qu'il n'est nullement établi que Claudine D... ait succombé à une séduction exercée par T..., au moyen d'une promesse de mariage; que si T... a manifesté l'intention d'épouser Catherine D..., c'est seulement à une époque où l'existence d'un enfant né de ses relations avec sa domestique lui avait inspiré le désir de légitimer cet enfant; qu'ainsi le projet de mariage a été non la cause, mais la conséquence des relations ;—*Attendu* que, en réalité, les documents de la cause ne signalent entre T... et Claudine D... qu'une de ces liaisons illégitimes formées dans les conditions du concubinage le plus vulgaire; — *Attendu* que donner à de pareilles liaisons la sanction d'une indemnité à payer en cas de rupture, ce serait offrir un encouragement à l'immoralité et à de honteux calculs, et porter l'atteinte la plus grave aux lois constitutives de la famille; que ce serait admettre qu'une femme peut demander en justice le prix de sa honte, et après avoir apporté le trouble et la désolation dans une famille, peut encore enlever à cette famille, sous le titre d'indemnité, tout ou partie d'un patrimoine sur lequel la femme légitime n'aurait elle-même aucun droit;—*Attendu* toutefois que les relations de Claudine D... avec T... ont conservé, même au milieu du désordre de leur conduite, un certain caractère de domesticité; que cette femme a donné à T... des soins pour lesquels il est juste qu'elle soit rémunérée; que T... l'a lui-même reconnu en refusant ce qui lui était réclamé par la concubine, mais en offrant ce qui pouvait être dû à la servante; — Par ces motifs, dit et prononce que la promesse verbale du 15 mai 1849 est nulle et non avenue; — Rejette la demande en indemnité formée par Claudine D... pour tout ce qui excède la somme de 6,000 fr. que les consorts T... sont condamnés à payer, avec intérêt de droit, à ladite Claudine D..., pour salaires et rémunération des soins et services par elle donnés à Simon T..., etc. »

Appel principal de la part de Claudine D... — Appel incident par les héritiers T...

4 juill. 1857, arrêt de la cour imp. de Lyon (2e ch.), ainsi conçu :

LA COUR; — *Considérant* que la promesse verbale du 15 mai 1849 ne peut pas valoir comme reconnaissance d'un prêt, puisque, d'une part, sa forme exclut ce caractère, et que, d'une autre part, il est certain que Claudine D... n'a jamais prêté ni pu prêter une somme de 20,000 fr.;—*Considérant* qu'elle ne peut pas être considérée comme un testament, puisque, d'après ses termes, ses effets devaient être irrévocables; que son véritable caractère est celui d'une donation entre-vifs, déguisée sous la forme d'un contrat onéreux;—*Considérant* qu'il est vrai que la jurisprudence donne effet à ces sortes de donations, mais seulement quand elles réunissent d'ailleurs les conditions essentielles à la validité de toute donation entre-vifs; — *Considérant* que l'une de ces conditions, aux termes de l'art. 944 C. Nap., est que la donation ne soit pas faite sous une condition potestative; — *Considérant* que, dans la donation dont il s'agit, T... donne à Claudine D... 20,000 fr. payables à sa mort, si ses dettes, à cette époque, n'absorbent pas son avoir; — *Considérant* que c'est là une condition potestative qui annule la donation;—Adoptant, sur le surplus, les motifs des premiers juges, confirme.

(MM. : — *Durieu*, prés.; — *Valantin*, avoc. gén.; — *Dulac*, *Perras* et *Dubost*, avoc.)

A annoter :

Au *Manuel des notaires;* — note 26, n. 198; — note 58, n. 25; — note 81, n. 128, 135; — note 101, n. 196.

Au *Journal;* — art. 111; — art. 1728; — art. 2209.

ART. 2302.

LEGS. — FEMME MARIÉE. — EMPLOI. — PREUVE. — PRÉSOMPTION LÉGALE.

La délivrance d'un legs fait à une femme mariée ne peut lui être refusée sous le prétexte qu'elle ne justifie pas de sa capacité de le recevoir sans emploi. C'est à l'héritier ou légataire universel à établir que la condition d'emploi a été imposée à cette femme par son contrat de mariage, alors surtout qu'elle déclare être mariée sans contrat (C. Nap., 1014; arg. 1241). — (A).

(Dolbeau. — C. — Hudriot.)

Le sieur Jacques *Dolbeau* est décédé laissant un testament par lequel il avait fait un legs particulier de 5,000 fr. à la dame *Hudriot,* et institué le sieur Durand *Dolbeau* pour son légataire universel. — La dame *Hudriot* ayant vainement réclamé la délivrance de son legs, a assigné le sieur Durand *Dolbeau* devant le tribunal de Lyon, pour le faire condamner à l'effectuer. Mais le défendeur a résisté en soutenant que la dame *Hudriot,* qui se disait mariée sans contrat, ne justifiant pas qu'elle ne fût assujettie à aucun emploi, il ne pouvait valablement lui payer le montant de son legs. Il s'est borné, dès lors, à offrir la remise de ce legs, à la charge par la dame *Hudriot* de fournir la justification dont il s'agit, à défaut de laquelle il serait libéré par la consignation de la somme offerte.

2 avr. 1857, jugement ainsi conçu : — « *Attendu* que Durand *Dolbeau* ne nie pas être, en sa qualité de légataire universel de Jacques *Dolbeau,* débiteur du legs de 5,000 fr., fait en faveur de la dame *Hudriot;* — *Attendu* qu'il ne justifie, en aucune façon,

---

(A) Puisqu'on est capable de tous les actes de la vie civile dès qu'on a atteint sa majorité (C. N. 488), il résulte de ce fait une présomption légale de capacité qui dispense de toute preuve celui au profit duquel elle existe (C. N. 1352). C'est donc par application de ce principe qu'on doit décider, dans l'espèce, que la légataire n'est point tenue de justifier qu'il n'y a point obligation pour elle de faire emploi. D'ailleurs, l'emploi n'est de l'essence d'aucun régime. D'un autre côté, ce serait obliger à prouver un fait négatif. Or une telle preuve n'est point admissible par cela qu'elle est impossible. *Ei incumbit probatio, qui dicit; non qui negat* (L. 2, D. de probation.). Ce n'est que par exception, qu'on peut prouver un fait négatif au moyen d'un fait affirmatif.

que les époux *Hudriot* soient tenus à un emploi de la somme formant l'objet du legs, ou n'aient pas capacité pour recevoir ce legs; —Que les époux *Hudriot*, fussent-ils mariés sous le régime dotal, l'emploi ne serait pas obligatoire dans les termes du droit commun; —Mais que, d'ailleurs, nul ne contredit l'affirmation des époux *Hudriot*, qu'ils sont mariés sans contrat, et, par conséquent, sous le régime de la communauté; — Par ces motifs, dit et prononce que, sans s'arrêter aux offres conditionnelles de Durand *Dolbeau*, celui-ci est condamné à payer aux mariés *Hudriot*, la somme de 4,460 fr. montant du legs fait à la dame *Hudriot* par feu Joseph *Dolbeau*;—Déduction faite de 540 fr. payés pour droit de mutation, etc.

Appel par Durand *Dolbeau*.

25 juin 1857, arrêt de la cour imp. de Lyon (2ᵉ ch.), ainsi conçu :

LA COUR ;—Adoptant les motifs des premiers juges, confirme...

(MM.:—*Durieu*, prés.;—*De Lagrevol*, avoc. gén., concl.; —*De Peyronney* et *Reydeller*, avoc.)

A annoter :

Au *Manuel des notaires* ;—note 24, § 8;—note 213, n. 67.

ART. 2303.

TÉMOINS INSTRUMENTAIRES. — DEMEURE. — MENTION. — ACTE NOTARIÉ.

Les actes notariés doivent, à peine de nullité, contenir l'indication de la demeure des témoins instrumentaires, sous l'empire de la loi du 21 juin 1843, comme sous l'empire de la loi du 25 ventôse an 11 **(L. 21 juin 1843, art. 1; L. 25 vent. an 11, art. 12 et 68)—(A).**

(Fontanieu. — C. — Chalmeton.)

La dame *Fontanieu* avait produit, dans un ordre, son contrat de mariage, en date du 7 sept. 1822, à l'effet d'établir qu'elle était mariée sous le régime dotal, et n'avait pu, dès lors, valablement contracter une obligation hypothécaire ni renoncer à son hypothèque légale sur les biens de son mari. — La dame *Chalmeton*, partie adverse, a prétendu que ce contrat de mariage était nul, aux termes des art. 12 et 68 de la loi du 25 vent. an 11, en ce qu'il n'énonçait pas la demeure des témoins instrumentaires. La dame *Fontanieu* a répondu que les dispositions invoquées de

(A) La loi de 1843 ne contenant rien de spécial ou de dérogatoire sur la manière de désigner les témoins, il est évident qu'il aurait été prononcé une nullité en argumentant de son silence.

la loi du 25 vent. an 11 avaient été virtuellement abrogées par l'art. 1 de la loi interprétative du 21 juin 1843, qui porte que « les actes notariés passés depuis la promulgation de la loi de vent. an 11, ne peuvent être annulés par le motif que le notaire en second ou les deux témoins instrumentaires n'auraient pas été présents à la réception desdits actes. »

28 mai 1856, jugement du tribunal d'Allais qui prononce en ces termes la nullité du contrat de mariage : — « *Attendu* qu'aux termes de l'art. 12 de la loi du 25 vent. an 11, l'indication de la demeure des témoins est exigée à peine de nullité ; — *Attendu* que vainement on allègue que les dispositions rigoureuses des art. 12 et 68 de la loi de l'an 11 ont été rapportées par la loi du 21 juin 1843 ; — *Attendu*, en effet, que les termes de l'art. 1 de la loi du 21 juin ne se prêtent point à cette interprétation ; qu'elle a, d'ailleurs, eu pour but de mettre un terme aux contestations nombreuses que faisait naître le défaut de présence des témoins à la réception des actes, mais que la loi de l'an 11 conserve sous tout autre rapport toute sa force ; — *Attendu*, dès lors, que les tribunaux ne peuvent, sous prétexte que les formalités exigées seraient de peu d'importance, se dispenser de l'application rigoureuse du texte de la loi ; — *Attendu*, en conséquence, que le contrat de mariage des époux *Fontanieu* est entaché de nullité; que, dès lors, il est inexact de prétendre que la femme n'a pu contracter une obligation hypothécaire ou renoncer à l'hypothèque qu'elle pouvait avoir sur les biens de son mari ; — Par ces motifs, etc. »

Appel par la dame *Fontanieu*.

La nullité prononcée par l'art. 12 de la loi du 25 vent. an 11, dit-on pour elle, était le complément et le corollaire des dispositions de l'art. 9, qui exigeait impérieusement que le notaire, pour instrumenter valablement, fût assisté, ou d'un second notaire ou de deux témoins français, majeurs, sachant signer et domiciliés dans la commune où l'acte était reçu ; le tout à peine de nullité aux termes de l'art. 68. L'acte devait alors, en effet, contenir toutes les énonciations propres à faciliter la vérification de leur aptitude. — Mais lorsque la loi de 1843 a effacé, pour le passé comme pour l'avenir, la nullité attachée au défaut de concours des témoins, celle qui résultait du défaut d'énonciation de leur domicile a dû s'évanouir aussi. A la vérité, la loi de 1843 n'a supprimé expressément que la nécessité de la présence des témoins à l'acte, mais en réalité elle a supprimé jusqu'au concours des témoins, car on ne peut regarder comme témoin d'un acte celui qui n'assiste pas à sa rédaction.

On a répondu pour l'intimée : le législateur de 1843 n'a nullement songé à supprimer les témoins instrumentaires, et si ces témoins continuent à être nécessaires pour la validité de l'acte, il faut bien que l'acte lui même les désigne exactement et fasse connaître leur identité. L'art. 12 de la loi de ventôse a trait à la désignation ou qualification des témoins, et cette qualification ne peut être complète sans que la demeure soit indiquée.

22 avril 1857, arrêt de la Cour Imp. de Nîmes (2e ch.), ainsi conçu :

LA COUR ; — Adoptant les motifs des premiers juges, confirme.....

A annoter :

Au *Manuel des notaires* ; — note 14, n° 26.

Au *Journal* ; — art. 76, en marge de l'art. 1 de la loi.

ART. 2304.

RENTE VIAGÈRE. — DÉCÈS. — RÉSOLUTION. — RÉDUCTION.

Un contrat de rente viagère créé sur la tête de deux personnes n'est point résolu par le décès de l'une d'elles seulement, survenu dans les vingt jours de la date de ce contrat et par suite de la maladie dont elle était déjà atteinte ; alors même que la rente a été stipulée réductible à moitié au décès du premier mourant des crédi-rentiers, et que ceux-ci ont au surplus stipulé à leur profit certains avantages ne devant prendre fin qu'au décès du dernier mourant (C. N. 1975.) — (A).

(Talon. — C. — Valette).

10 févr. 1857, arrêt de la Cour Imp. de Bordeaux (2e ch.), ainsi conçu :

LA COUR ; — *Attendu* que l'art. 1975 C. Nap., dispose que le contrat de rente viagère créé sur la tête d'une personne atteinte de la maladie dont elle est décédée dans les vingt jours de la date du contrat, ne produit aucun effet ; — *Attendu* que cette disposition est une exception à la règle générale, qui veut que les conventions tiennent lieu de loi entre les parties ; qu'une exception doit être maintenue dans ses limites ; — *Attendu* que, dans l'espèce, la rente viagère a été créée sur la tête de deux personnes, dont l'une seulement est décédée dans les vingt jours qui

---

(A) La jurisprudence et les auteurs admettent, au contraire, que le contrat n'est valable que quand la rente ne doit subir aucune diminution au décès du premier mourant (Cass. ch. civ., 22 fév. 1820 ; Grenoble, 21 juin 1822 ; Zachariæ, t. 3, p. 388; Duranton, t. 18, n. 150; Troplong, cont. aléat., n. 275).

ont suivi le contrat, et par suite de la maladie dont elle était déjà atteinte; — Que la disposition précitée de l'art. 1975 ne trouve donc pas son application textuelle; — *Attendu* que l'esprit de la loi repousse également cette application; — Que c'est, en effet, au défaut de chance aléatoire qu'est attaché, par l'art. 1975, l'anéantissement du contrat de rente viagère; qu'ainsi, il est reconnu par la veuve *Talon*, appelante, et qu'il a été jugé par la cour de cassation, qu'un contrat de rente viagère constituée sur deux têtes, sans réduction, ne se trouve point annulé par le décès de l'un des crédi-rentiers arrivé dans les conditions prévues par le susdit article; que, cependant dans cette hypothèse, la chance aléatoire se trouve notablement amoindrie, alors que l'aléa stipulée sur deux têtes n'a, en réalité, d'après la fiction légale, reposé que sur une seule; — *Attendu* que, dans l'espèce actuelle, l'aléa continue d'exister d'une manière sérieuse, nonobstant le décès du sieur *Talon*; — Qu'il est vrai que la rente viagère stipulée au profit de deux vendeurs s'est trouvée réduite de moitié, mais que le service de l'autre moitié doit avoir lieu jusqu'au décès de la veuve *Talon*; — Que, d'autre part, les vendeurs se sont réservé jusqu'au décès du dernier vivant l'usufruit de quelques-uns des immeubles compris dans la vente; que, d'autre part encore, l'acquéreur s'est engagé à payer une rente annuelle et viagère à la mère du sieur *Talon*, co-vendeur; — *Attendu* que ces diverses stipulations constituent des chances aléatoires suffisantes pour faire maintenir le contrat; — Par ces motifs, déclare la veuve *Talon* et les époux *Arnaudet* mal fondés dans leur appel, etc.

(MM : — *Troplong*, prés.; — *Chauvot* et *Guimard*, avoc.)

A annoter :

Au *Manuel des notaires*; — note 76, n° 79.

Art. 2305.

INSCRIPTION HYPOTHÉCAIRE. — Hypothèque légale. — Renouvellement. — Purge légale.

L'inscription de l'hypothèque légale de la femme, prise à la suite des formalités de la purge, n'est pas soumise à la nécessité du renouvellement dans les dix ans, comme l'hypothèque judiciaire ou conventionnelle (C. Nap., 2121, 2135 2°, 2154, 2195.)—(A).

(A) *Conf.* : — Metz, 14 juin 1837; Cass. ch. civ., 21 août 1833; cass., 22 fév. 1841, J., art. 17.

Contrà : — Lyon, 8 avril 1840; Nancy, 28 juillet 1853; en ce que le dernier arrêt ne distingue pas entre l'hypothèque légale et les

(Société de Lamothe-les-Bains.—C.—Subit.)

Le sieur Vincent *Subit* avait produit, dans l'ordre distributif du prix des immeubles de son père, pour être colloqué à raison des reprises de sa mère décédée, en vertu de l'hypothèque légale de celle-ci et à la date de son contrat de mariage. — Sa collocation fut contestée par le motif que, si l'hypothèque légale de sa mère avait été régulièrement inscrite lors des significations à fin des purges faites par l'acquéreur des biens de *Subit* père, l'inscription n'avait pas été renouvelée dans les dix ans.—Vincent *Subit* a soutenu que ce renouvellement n'était pas nécessaire, et que l'inscription prise lors de la procédure de purge suffisait pour que les immeubles vendus fussent soumis à l'hypothèque jusqu'à ce qu'elle eût produit son effet par la distribution du prix de vente.

Jugement qui admet ce dernier système.

Appel.

8 août 1857, arrêt de la cour imp. de Grenoble (2e ch.), ainsi conçu :

LA COUR ; — *Considérant*, en droit, qu'aux termes des art. 2121 et 2135 C. Nap., la femme mariée a une hypothèque légale sur les immeubles de son mari pour sûreté de ses dot, reprises et conventions matrimoniales ; qu'à la différence des hypothèques judiciaire ou conventionnelle qui ne prennent rang et n'ont d'effet que du jour où elles sont inscrites, l'hypothèque légale existe, indépendamment de toute inscription, et à compter du jour du mariage; que cette faveur accordée à la femme mariée est basée sur l'intérêt qui s'attache à la conservation de la dot et sur l'impuissance où est la femme d'agir et de veiller à ses droits, impuissance qui souvent ne lui permettrait pas de remplir les formalités auxquelles la loi imprime le caractère de publicité; — *Considérant* que pour qu'il puisse être fait exception à ce principe général qui dispense l'hypothèque légale de toute inscription, une disposition expresse est nécessaire et qu'il convient de rechercher si elle existe dans le code;—*Considérant* que si, d'après les art. 2136 et suiv. C. Nap., le mari est tenu de rendre publiques les hypothèques dont ses biens sont grevés et d'en requérir l'inscription, cette obligation imposée au mari sous certaines peines, n'enlève pas à l'hypothèque légale de la femme le caractère qui lui est propre et

---

hypothèques judiciaires ou conventionnelles, quant au renouvellement de l'inscription, encore bien que le créancier aurait fait signifier au tiers détenteur de l'immeuble hypothéqué un commandement de payer ou de délaisser, s'il n'y a ni offres ni délégation faites à ce créancier, ni ordre ouvert, ce qui est conforme aux décisions judiciaires rappelées au *Manuel des Notaires*, note 84, n. 158, et au *Journal*, art. 1952 et 1999.

d'après lequel elle vit par elle-même, sans le secours de l'inscription; que le mari seul est responsable de sa négligence à prendre ou à renouveler inscription; que cette incurie ne saurait être opposée à la femme pour lui faire perdre les droits inhérents à son hypothèque; que ce changement apporté par le code au système de la loi du 11 brum. an 7 est une juste conséquence de la position faite par nos lois à la femme dans la société conjugale, et qui ne saurait lui faire encourir des déchéances qui ne résulteraient point de son fait personnel;

Considérant que les formalités prescrites pour parvenir à la purge des hypothèques ne changent pas davantage la nature de l'hypothèque légale de la femme; que si, dans l'intérêt de l'acquéreur et pour consolider la propriété sur sa tête, la loi exige que les hypothèques qui pèsent sur l'immeuble acquis et qui sont restées jusqu'alors ignorées, viennent à se révéler par le moyen de l'inscription, cette mesure, nécessaire pour manifester l'intention où est la femme de maintenir et faire valoir son hypothèque légale, a pour effet immédiat de consigner entre les mains de l'acquéreur son prix d'acquisition et d'empêcher qu'il ne se libère au préjudice du rang et du droit que la femme tient de son hypothèque; que, jusqu'à ce qu'elle ait produit son effet par la distribution du prix conformément aux prescriptions de l'art. 2195 C. Nap., cette inscription met obstacle à la purge et laisse l'immeuble grevé de l'hypothèque de la femme; — *Considérant* qu'il ne résulte d'aucune disposition précise du code que, comme conséquence et à partir de l'inscription prise par la femme à l'occasion de la procédure de purge, l'hypothèque légale de la femme soit convertie en hypothèque ordinaire et, comme telle, soumise au renouvellement de l'inscription prescrit par l'art. 2154; que cet article et la déchéance qu'il prononce ne concernent évidemment que l'inscription ordinaire, complément du droit hypothécaire ou privilégié; qu'ils ne s'appliquent pas à celle que la loi impose exceptionnellement à la femme pour la soustraire aux effets de la purge; que l'art. 2194, en même temps qu'il exige cette inscription, déclare qu'elle rétroagira au jour du contrat de mariage; d'où il ressort que l'hypothèque reste, après l'inscription, ce qu'elle était avant; qu'il y a d'autant plus lieu de le décider ainsi, qu'avant comme après la procédure de purge, la femme demeurant soumise à la puissance maritale, la loi a dû lui continuer la protection qu'elle lui avait accordée par l'établissement de l'hypothèque légale; — *Considérant* que l'avis du conseil d'Etat du 22 janv. 1808 est conforme aux principes ci-dessus posés; que cet avis décide que lorsque l'inscription a été nécessaire pour opérer l'hypothèque, le renouvellement est nécessaire pour la conserver, d'où il suit que l'inscription prise par la femme pendant la purge n'ayant pas pour effet d'opérer l'hypothèque, mais de révéler son existence, le renouvellement n'est pas nécessaire pour la conserver;

Considérant, en fait, que Vincent *Subit*, créancier du chef de sa mère, demande à être colloqué en vertu de l'hypothèque légale de celle-ci, à la date de son contrat de mariage; que, lors de la procédure de purge suivie par les acquéreurs de la propriété de *Subit* père, cette hypothèque fut inscrite dans les délais de la loi, le 16 janv. 1844; que cette inscription ne fut renouvelée à la requête et au profit de Vincent *Subit* fils que le 27 juill. 1855; mais que, s'agissant dans la cause d'une hypothèque légale régulièrement inscrite lors de la purge, et non encore purgée, elle n'était pas assujettie au renouvellement de son inscription dans les dix ans; que, dès lors, *Subit* doit être alloué conformément à sa demande et qu'il y a lieu de confirmer la décision des premiers juges; — Confirme, etc.

(MM. : — *Petit*, prés.; — *Gautier*, avoc. gén.; — Mathieu *de Ventavon* et Louis *Michal*, avoc.)

A annoter :

Au *Manuel des notaires*; — note 30, n. 219; — note 83, n. 168; — note 156, n. 290.

Au *Journal*; — art. 17; — art. 1952; — art. 1999.

ART. 2306.

RAPPORT A SUCCESSION. — PORTION DISPONIBLE. — LEGS. — DONATION ENTRE-VIFS. — RAPPORT FICTIF.

Le légataire d'une quotité des biens que le testateur laissera à son décès, *peut exiger la réunion fictive à la masse de la succession, des donations entre-vifs faites précédemment par ce dernier, à l'effet de calculer la part des biens héréditaires sur lesquels devra s'exercer son legs, alors que les actes de donation et le testament démontrent que l'intention du testateur a été de léguer toute la quotité disponible* (C. Nap. 857).—(A)

(A) Les légataires de la *portion disponible* ont maintenant le droit d'exiger la réunion fictive à la masse de la succession, des donations faites par le défunt, pour arriver à la fixation de la quotité dans la limite de laquelle ils ont pu être gratifiés.

Mais cette règle est-elle applicable même au cas où le legs porte sur les biens que le testateur *laissera à son décès*? L'arrêt que nous rapportons décide l'affirmative en se fondant sur l'intention présumée du testateur. Cette affirmative avait été consacrée par la cour de Riom, les 26 fév. 1825 et 16 nov. 1829.

(Leneveu. — C. — Vᵉ Chion.)

Le tribunal de Rouen avait statué en ces termes : — « Sur le contredit : — *Attendu* qu'en donnant, le 16 juin 1838, à sa future belle-fille, maintenant femme *Leneveu*, pour le cas où elle survivrait à son mari, l'usufruit de la part qui reviendrait à celui-ci dans la succession de son père, le sieur *Chion* s'est réservé expressément le droit de faire, en faveur de sa femme, telles donations en usufruit qu'il jugerait convenables ; qu'usant de cette faculté il a, suivant testament reçu par Mᵉ *Innocent*, notaire en cette ville, le 6 avr. 1854, légué à sa femme un quart en usufruit et un quart en propriété, avec dispense de caution et d'emploi de tous les biens mobiliers et immobiliers qu'il laisserait en mourant, sans aucune exception ; qu'aux termes d'un acte reçu par Mᵉ *Fauquet*, notaire, le 24 sept. 1856, la veuve *Chion* a déclaré se contenter de la moitié en usufruit des biens mobiliers et immobiliers laissés par son mari ; — *Attendu* que l'obligation imposée à chacun de ses fils de rapporter moitié de la somme reçue au moment du mariage, les réserves insérées dans l'acte du 16 juin 1838, et la volonté exprimée dans l'acte testamentaire susénoncé, de donner à sa femme un quart en toute propriété, et un quart en usufruit de tous les biens mobiliers et immobiliers qu'il laisserait, sans aucune exception, ne permettent pas de penser que *Chion* père a entendu réduire sa libéralité envers sa femme à la moitié seulement de ce qu'il posséderait au moment de son décès, sans y comprendre les 9,000 fr. sujets à rapport ; qu'il est au contraire clairement démontré qu'il a voulu que sa femme fît valoir l'effet du testament sur tout ce qui composerait l'actif net de la succession ; — *Attendu* qu'en faisant rapporter 5,000 fr. par André-Adolphe *Chion*, et 4,000 fr. par la mineure *Chion*, et en comprenant ces deux sommes dans la masse active de la succession *Chion* père, pour en attribuer moitié en usufruit à la veuve, le notaire liquidateur a sainement interprété les actes sus-vantés, et s'est conformé aux dispositions de l'art. 922 C. Nap. ; qu'il est de principe que si les légataires ne peuvent demander la réduction des donations ni en profiter, cette règle est sans application dans l'espèce, puisque les enfants de Nicolas-Eugène *Chion* recevront, dès à présent, en pleine propriété, de leur aïeul, 655 fr. 92 c. en sus de 4,000 fr. par eux rapportés, qui leur sont attribués par compensation ;... — Par ces motifs, déclare mal fondés sur tous les points les contredits apportés par les époux *Leneveu*, et les en déboute ; déclare régulier en la forme et juste au fond l'acte de liquidation dressé par Mᵉ *Fauquet*, notaire, et ordonne qu'il recevra sa pleine et entière exécution. »

Appel par les époux *Leneveu.*

18 juin 1857, arrêt de la cour de Rouen (2ᵉ ch.), ainsi conçu :

LA COUR ; — *Attendu* que la question à juger n'est pas une question de droit, mais une question d'interprétation du testament dont la dame *Chion* réclame le bénéfice; — *Attendu* que, du rapprochement et dela combinaison du contrat de mariage du 16 juin 1838 et du testament du 16 avr. 1845, sort la preuve évidente que l'intention de *Chion* père a été que sa veuve recueillît dans sa succession la quotité dont la loi lui permettait de disposer en sa faveur, et qu'il s'était expressément réservée par le contrat de mariage de son fils; que, dans ce contrat, il déclare d'abord, ce qui était de droit, mais ce qui avait sa signification par les termes dans lesquels allait être conçue la donation éventuelle qu'il se proposait de faire à la Dˡˡᵉ *Huvey*, que la somme par lui donnée à son fils serait rapportée fictivement à la succession ; qu'il y dit ensuite que la donation éventuelle qu'il fait à sa future belle-fille est de l'usufruit de la part que son fils aurait recueillie dans sa succession s'il lui eût survécu, en ajoutant immédiatement que cette donation ne l'empêchera pas de faire au profit de sa femme survivante telles donations en usufruit qu'il lui plaira faire ; qu'il manifestait donc sa volonté que les droits de tous seraient réglés, à son décès, sur ce qui composerait sa succession ; qu'en faisant le testament du 16 avr. 1845, il avait présent à l'esprit la réserve qu'il s'était faite dans le contrat de mariage, et qu'il exprimait de nouveau sa volonté en disant qu'il léguait à sa femme un quart en propriété et un quart en usufruit avec dispense de fournir caution, et de faire emploi de tous les meubles et immeubles, sans aucune exception, qu'il laisserait en mourant ; qu'une pareille disposition, en corrélation parfaite avec la réserve contenue au contrat de mariage, renfermait évidemment dans l'intention du testateur le legs qu'un époux ayant enfants peut faire à son conjoint ; que conséquemment la quotité en doit être déterminée conformément à l'art. 922 C. Nap., dérogeant en cela à l'art. 857 même code, en réunissant fictivement les biens donnés en avancement d'hoirie à ceux existant au jour du décès; que la dame *Leneveu,* au précédent veuve de *Chion* fils, ne peut se plaindre de l'exercice d'un droit auquel était subordonnée la donation qui lui avait été faite, et dont elle pourra réclamer l'exécution à la mort de la dame *Chion* mère; que les enfants *Chion,* donataires en avancement d'hoirie, ayant opéré le rapport fictif des biens à eux donnés, le legs de la moitié en usufruit dont elle a déclaré se contenter, devait, quant à son étendue, être fixé comme l'a fait le notaire liquidateur, sur tout ce qui, après les rapports, composait légalement la succession de son mari.—Adoptant au surplus les motifs des premiers juges, confirme...

(MM. : — *Forestier*, prés. ; — *Jolibois*, 1er avoc. gén., concl. conf. ;—*Lemarcis* et *Deschamps*, avoc.)

A annoter :

Au *Manuel des notaires*;—note 146, n. 126 ;—note 151, n. 16 et 51.

ART. 2307.

FAILLITE. — INSCRIPTION HYPOTHÉCAIRE. — TARDIVITÉ.

L'inscription prise sur un immeuble du failli après la cessation de ses payements, pour une hypothèque, datée de plus de quinze jours, ne peut être annulée lorsque la tardivité de cette inscription est le résultat, non d'une connivence du créancier avec le failli ou de la négligence de ce créancier, mais de l'ignorance de la survenance au failli de l'immeuble sur lequel l'inscription a été prise (C. comm., 448.) — (A).

(Synd. Loiseau. — C. — Jardin.)

Le 3 janv. 1854, le sieur *Jardin* a obtenu du tribunal de commerce de la Seine un jugement qui a condamné le sieur *Loiseau*, conjointement avec les sieurs *Bastial* et *Rotz*, à lui payer la somme de 1,915 fr., montant d'un billet à ordre. —En vertu de ce jugement, et seulement à la date du 21 avr. 1855, le sieur *Jardin* a pris inscription sur les immeubles de *Loiseau*, et notamment sur un moulin situé dans la commune de *Réville*.

Le 29 mai 1856, *Jardin* a fait à *Loiseau* un commandement tendant à saisie immobilière, puis il a fait procéder à la saisie.

Dans l'intervalle, *Loiseau* est tombé en faillite, et le sieur *Quemin* a été nommé syndic de cette faillite.—Ce dernier a demandé la nullité de la saisie immobilière, en se fondant sur ce que l'inscription hypothécaire du sieur *Jardin* devait être annulée comme tardive, aux termes de l'art. 448 C. comm.

Jugement du tribunal de Bernay qui statue sur ce point dans les termes suivants : — *Attendu* qu'il s'agit d'examiner si *Jardin* peut donner suite au commandement après la faillite de *Loiseau*; — *Attendu* que le syndic soutient que l'inscription du 21 avril 1855

(A) *Conf.* : — Bourges, 9 août 1848.

Contrà : — Rouen, 8 mai 1851 cité en note de l'art. 1322. Mais il a été jugé que l'inscription peut être annulée, malgré la bonne foi du créancier, si le long intervalle qui s'est écoulé entre l'hypothèque et l'inscription a pu tromper les tiers sur la situation hypothécaire du débiteur. (Cass. req., 17 avr. 1849, J. art. 1322.)

a été prise tardivement, l'ouverture de la faillite de *Loiseau* ayant été, par le jugement déclaratif du 20 juin 1857, reportée au 3 avr. 1855;—*Attendu* qu'en principe, aux termes de l'art. 448 C. com., les droits d'hypothèque et de privilége peuvent être inscrits jusqu'au jour du jugement déclaratif de la faillite; qu'à la vérité les inscriptions prises après l'époque de la cessation des payements, peuvent être déclarées nulles lorsqu'il s'est écoulé plus de quinze jours entre la date de l'acte constitutif de l'hypothèque et celle de l'inscription; mais que ce n'est là qu'une faculté dans l'exercice de laquelle les tribunaux ont à examiner si le retard que le créancier a mis à inscrire provient d'un empêchement sérieux de sa part ou d'une connivence avec le débiteur failli; — Attendu que, dans l'espèce, aucune connivence ne peut être soupçonnée et n'est alléguée entre *Jardin* et *Loiseau*; — *Attendu* que *Loiseau* n'est devenu propriétaire de l'immeuble sur lequel l'inscription a été prise spécialement, que le 2 nov. 1854, près d'un an après les condamnations obtenues par *Jardin*; que lors de ses condamnations, *Loiseau* était domicilié à Collonges, près de Lyon, et que dès lors il est très-vraisemblable que *Jardin* ait ignoré longtemps, ainsi qu'il l'allègue, que son débiteur eût des propriétés foncières dans l'arrondissement de Bernay, qu'il n'y a donc pas lieu d'annuler l'inscription du 21 avril 1855; — Par ces motifs, déclare la demande du sieur *Quemin*, syndic, mal fondée. »

Appel par le syndic.

16 mai 1857, arrêt de la Cour impériale de Rouen, ainsi conçu :

LA COUR; — Adoptant les motifs qui ont déterminé les premiers juges : — Et *attendu* encore que l'hypothèque de *Jardin* étant judiciaire ne lui imposait pas l'obligation de la faire inscrire aussi promptement que si elle eût été conventionnelle, puisque, dans ce dernier cas, il eût connu les immeubles affectés à sa créance; que des faits et des circonstances du procès il résulte qu'au moment de l'obtention des jugements, *Loiseau* n'avait pas encore acquis l'immeuble situé dans l'arrondissement de Bernay; que *Jardin* n'a eu connaissance de cette acquisition que vers l'époque à laquelle il a pris l'inscription attaquée par les appelants; qu'en effet, lors des jugements de condamnation, *Loiseau* habitait Paris ou les environs de Lyon, et son créancier a pu longtemps ignorer qu'il eût acquis un immeuble dans un arrondissement éloigné; qu'il n'est pas prouvé que la publication de l'acte de société dans laquelle cet immeuble avait été apporté par *Loiseau* soit parvenue à la connaissance de *Jardin*; qu'en pareilles circonstances, on doit facilement admettre que le laps de temps écoulé entre la date des jugements et celle de l'inscription est le résultat d'une simple ignorance sur la survenance d'un immeuble au débiteur, plutôt qu'une négligence de nature à compromettre le sort de l'inscription du créancier; — Confirme...

(MM. : — *Forestier*, prés.; — *Jolibois*, 1er avoc. gén., concl. conf.;—*Deschamps* et *Desseaux*, avoc.)

A annoter :

Au *Manuel des notaires;*—note 130, n. 111.

Au *Journal;*—art. 1322.

ART. 2308.

DÉCONFITURE. — VENTE. — PAYEMENT.

La vente qu'un débiteur non commerçant fait à l'un de ses créanciers en payement de sa dette, ne saurait être annulée comme accomplie en fraude des droits des autres créanciers, et comme étant prohibée par l'art. 446 du code de comm., encore bien qu'elle constitue le débiteur en état d'insolvabilité, et que cette insolvabilité soit connue du cessionnaire, si elle a été consentie à juste prix et sans aucune manœuvre dolosive (C. Nap. 1167; C. comm. 446.)—(A).

(Lépicier.—C.—Roger.)

Le 25 juin 1857, le sieur *Lépicier* a acheté du sieur *Planquette*, son débiteur, alors en état de déconfiture, la récolte en blé d'une pièce de terre appartenant à ce dernier, moyennant la somme de 350 fr., déclarée payée tant ledit jour qu'antérieurement.

Le 4 juill. suivant, le sieur *Roger*, autre créancier du sieur *Planquette* d'une somme de 79 fr., a fait saisir cette même récolte, et la vente en a été fixée au 19 du même mois. Mais, le 9, le sieur *Lépicier* a exercé une action en revendication. *Roger* résiste en soutenant que la vente passée à *Lépicier* est frauduleuse et nulle.

24 juill. 1857, arrêt de la cour de Caen (2e ch.), ainsi conçu :

LA COUR;—*Considérant* qu'il n'est pas contesté que *Lépicier* était légitime créancier de la somme de 350 fr., pour laquelle *Planquette*, son débiteur, lui a cédé, en payement de sa créance, les récoltes excrues sur les pièces nommées le Clos et la maison *Moisson*; qu'il n'est pas davantage contesté que ces récoltes ont été estimées à leur véritable valeur; — Qu'il est constant que, le 25 juin 1857, jour où l'acte de cession a été fait, les récoltes cédées n'étaient point saisies et n'avaient point été l'objet d'un procès-verbal de récolement; — Que tout débiteur a le droit de céder à son créancier, en payement de sa créance, les objets qui lui ap-

---

(A) *Conf.* : — Orléans, 25 mai 1842; Bordeaux, 17 avril 1848.

partiennent, à moins qu'il n'y ait une exception prononcée par la loi, ou que l'acte de cession ne soit une fraude concertée pour porter préjudice à des tiers; — Qu'aucune loi ne déclare nuls les payements faits de bonne foi par un débiteur tombé en déconfiture; que l'art. 446 C. com., qui annule tous payements faits autrement qu'en argent dans les dix jours qui ont précédé l'ouverture de la faillite et depuis cette époque, est une exception au principe général sur la validité des conventions et ne doit recevoir son application que pour le cas de faillite, et seulement relativement à la masse; que l'égalité qui doit exister entre les créanciers d'un failli a rendu nécessaire cette disposition; mais que l'on ne pourrait, sans violer les règles du droit, admettre le même principe pour des payements faits à des créanciers qui reçoivent ce qui leur est dû par leur débiteur en déconfiture, encore que cet état de déconfiture fût connu du créancier;

Que l'acte de cession du 25 juin 1857 ne peut pas être davantage annulé comme ayant été fait en fraude des droits des autres créanciers de *Planquette*;—Que *Lépicier* n'a reçu que ce qui lui était légitimement dû, et qu'il n'est point allégué qu'il ait employé de moyens dolosifs pour se faire consentir la cession qui lui a été faite; qu'on ne peut dire qu'en recevant sa créance il ait fait un acte frauduleux qui puisse être annulé aux termes de l'art. 1167 C. Nap.;—Qu'il est vrai que la cession qu'il s'est fait faire des récoltes de son débiteur a eu pour résultat de porter préjudice aux autres créanciers de *Planquette*, qui seraient venus au marc le franc de leurs créances concurremment avec *Lépicier* sur le prix provenant des récoltes vendues, récoltes dont *Lépicier* profite seul; mais que ce résultat est la conséquence de la vigilance que ce dernier a mise à veiller à la conservation de ses intérêts et l'exercice d'un droit légitime; que les autres créanciers ont à s'imputer de n'avoir pas mis le même soin à assurer le payement de leurs créances;—Par ces motifs, réforme le jugement dont est appel; déclare *Lépicier* approprié par l'acte de cession du 25 juin 1857, des récoltes excrues sur les pièces de terre appartenant à *Planquette*, nommées le Clos et la maison Moisson; en conséquence, dit à bonne cause la revendication faite par *Lépicier* et donne main-levée de la saisie exercée sur lesdites récoltes à la requête de *Roger*.

(MM. :—*Daigremont Saint-Manvieux*, prés.;—*Février*, avoc. gén., concl. conf.;—*Bertauld* et *Paris*, avoc.)

A annoter :
Au *Manuel des notaires*;—note 130, n. 7.

ART. 2309.

SERVITUDE. — MITOYENNETÉ. — HAIE.

Une haie doit être déclarée mitoyenne, bien qu'un seul des héritages qu'elle sépare soit actuellement en état de clôture, si les circonstances démontrent qu'anciennement les deux fonds étaient entièrement clos. En pareil cas, ce n'est pas l'état actuel des lieux qu'il faut considérer, mais bien l'état primitif. (C. N. 670) —(A).

(Blanchard. — C. — Pitel.)

La Dlle *Lafosse*, frappée d'interdiction et ayant pour tuteur le sieur *Blanchard*, est propriétaire d'une pièce de terre entièrement close de haies et bornée d'un côté par un chemin. Le sieur *Pitel* possède, de l'autre côté de ce chemin, un fonds qui est aussi clos de haies, sauf le long du chemin dont il s'agit.

Pitel ayant élevé la prétention de faire déclarer mitoyenne entre lui et la Dlle *Lafosse*, la haie closant la propriété de celle-ci du côté du chemin, le tribunal d'Argentan a rendu, le 7 fév. 1854, après expertise, un jugement conçu en ces termes : — « En ce qui a trait à la haie : — *Considérant* que l'avis de l'expert nommé par un précédent jugement serait que cette haie devrait être déclarée mitoyenne pour une partie seulement; que pour l'autre partie elle appartiendrait exclusivement à la Dlle *Lafosse*; — Mais considérant que cette distinction ne paraît pas se justifier suffisamment ; — Qu'en principe toute haie séparative de deux fonds appartenant à des propriétaires différents est présumée mitoyenne; — *Considérant* que, si cette présomption cesse quand l'un des héritages seulement est, comme dans l'espèce, clos de tous les côtés, la solution ne doit pas intervenir en vue de l'aspect actuel des lieux, mais bien plutôt en se reportant à leur état primitif, le droit ne devant pas se modifier par les changements survenus ; — Que tout porte à croire qu'anciennement chacun des fonds séparés par la haie était entièrement clos, puisqu'aujourd'hui même il n'y a d'ouverture que pour donner un accès aux héritages à même lesquels ce terrain a dû être pris pour cette destination ; — *Considérant* que la possession de *Pitel* ou de ses auteurs paraît venir à l'appui de la présomption légale de mitoyenneté, puisqu'ils ont coupé la haie depuis un grand nombre d'années, sinon constamment, du moins à peu de chose près de la même manière que la Dlle *Lafosse*, ce qui résulte des renseignements

(A) Cette question est neuve en jurisprudence et en doctrine.

recueillis par l'expert à un grand nombre de sources; — *Considérant* qu'enfin il existe à un bout de la haie une devise plantée de telle manière qu'elle semble diviser les fonds par une ligne qui passerait par le milieu; — Que dans le silence des actes il faut donc dire que la haie litigieuse est mitoyenne dans toute sa longueur, sans s'arrêter à l'offre d'une enquête qui, selon toute apparence, ne produirait pas d'autres résultats que ceux acquis au procès;—*Considérant* que d'ailleurs l'intérêt des parties prescrit de leur éviter des frais considérables qui s'ajouteraient à ceux déjà faits, dont le chiffre dépasse de beaucoup la valeur de la haie en contestation;.... — Par ces motifs,... juge que la haie qui sépare *Pitel* de la Dlle *Lafosse* est mitoyenne dans toute sa longueur avec cette dernière et rejette les moyens employés pour en revendiquer la propriété exclusive par le sieur Blanchard aux qualités qu'il agit. » — Appel par *Blanchard*, au nom de la Dlle *Lafosse*.

1er juillet 1857, arrêt de la cour imp. de Caen (1re ch.) ainsi conçu :

LA COUR; — Sans s'arrêter aux conclusions subsidiaires et aux faits respectivement offerts en preuve; adoptant les motifs des premiers juges, confirme, etc.

(MM.: — Mégard, 1er prés.; — Ollivier, 1er av. gén.;—Bidard et Bertauld, av.)

A annoter :

Au *Manuel des notaires;* — note 41, n. 116.

ART. 2310.

ACTE DE COMMERCE. — PROPRIÉTÉ LITTÉRAIRE. — AUTEUR. — ÉDITEUR.

L'auteur d'un ouvrage scientifique ou littéraire (un répertoire de législation, de doctrine et de jurisprudence), *qui l'édite lui-même, ne fait pas acte de commerce en achetant les fournitures et en prenant par un mandataire ou directeur toutes les mesures de publicité ou autres nécessaires pour arriver à la publication et à la vente de cet ouvrage, alors même qu'il se serait adjoint des collaborateurs, s'il a eu la conception première de l'œuvre et y a pris une large part intellectuelle* (C. Com. 632).

Il n'en est pas d'une telle œuvre comme d'une simple compilation

(A) Jurisprudence et doctrine conformes. — V. le Manuel des notaires, note 128, n° 12-12°.

Contrà : Limoges, 29 fév. 1844.

qui, n'exigeant aucun travail intellectuel, constitue purement une entreprise industrielle, une spéculation, qui rend commerçant celui qui l'a entreprise (même art.) — (B).

(Faivre. — C. — Burtz.)

Le sieur *Burtz*, notaire à Strasbourg, prétendait avoir souscrit, en 1845, à la nouvelle édition du *Répertoire* de MM. *Dalloz*, et avoir droit, en conséquence, à certains avantages promis aux souscripteurs de la 1re édition du *Répertoire* de M. Dalloz aîné par le prospectus publié à cette époque, avantages qui ne devaient être accordés que pendant un temps limité et en vertu d'une convention expresse. Il adressa une réclamation en ce sens à M. Faivre, directeur de la *Jurisprudence générale*. Celui-ci répondit que M. *Burtz* n'était point inscrit au nombre des souscripteurs de MM. Dalloz ; que les volumes lui avaient été livrés non par l'administration de la *Jurisprudence générale*, mais par M. *Derivaux*, libraire à Strasbourg, auquel M. *Faivre* avait remis plusieurs exemplaires, sans que la réserve des avantages réclamés par M. *Burtz* eût été stipulée.

A la suite d'une assez longue correspondance, et seulement à la date du 23 mai 1857, le sieur *Burtz* a actionné M. *Faivre* en sa qualité de directeur de la *Jurisprudence générale* de MM. *Dalloz*, devant le tribunal de commerce de Strasbourg, à l'effet de le faire condamner à exécuter les conditions dont il entendait se prévaloir.

M. *Faivre* a décliné la compétence de la juridiction consulaire, sur le motif que ni lui, ni MM. *Dalloz* qu'il représentait, n'étaient commerçants.

17 juill. 1857, jugement qui rejette ce déclinatoire.

Appel par M. *Faivre*.

9 déc. 1857, arrêt infirmatif de la Cour Imp. de Colmar (1re ch.), rendu après délibéré en chambre du conseil. (C).

(MM. : — *Rieff*, 1er prés. ; — *De Baillehache*, 1er avoc. gén., concl. conf. ; — *Koch* et *Chauffour*, avoc.).

A annoter :

Au *Manuel des notaires* ; — note 118, n° 12-12°.

(B) *Conf.* : — Cass. (ch. crim.) 16 juill. 1853.

(C) Le texte de cet arrêt se trouve dans le recueil périodique *Dalloz*, année 1858, partie 2, p. 24.

ART. 2311.

TRANSCRIPTION (DROIT DE). — LICITATION. — SUCCESSION BÉNÉFICIAIRE.

L'adjudication sur licitation au profit d'un héritier bénéficiaire est sujette au droit de transcription, sous la loi de 1855 comme sous la loi de 1816 (L. 28 avril 1816, art. 54; L. 23 mars 1855, art. 1.) — (A).

(Delacroix. — C. — Enregistrem.)

4 juill. 1857, jugement du tribunal civil de la Seine, ainsi conçu:

LE TRIBUNAL ;—*Attendu* que le 1er mars 1856, à l'audience des criées du tribunal de la Seine, il a été procédé à la vente sur licitation, en trois lots, d'immeubles dépendant de la succession de *Delacroix*, et qu'aux termes du jugement et de trois déclarations passées le surlendemain au greffe, il a été adjugé aux trois enfants du défunt, héritiers sous bénéfice d'inventaire, savoir : le premier lot au mineur Gustave *Delacroix*, moyennant 352,000 fr.; le deuxième à Valentine *Delacroix*, femme *Trippier Delagrange*, moyennant 251,157 fr. 50 c. et le troisième à la mineure Théodorine *Delacroix*, moyennant pareille somme de 251,157 fr. 50 c.; que, le 15 du même mois, Hatin, notaire commis par justice, a dressé l'acte de partage de la communauté d'entre les époux *Delacroix* et de la succession du mari ; que chacun des trois colicitants a été constitué abandonnataire de la totalité de son prix d'adjudication; que, lors de la présentation du jugement et des trois déclarations susvisées à l'enregistrement, et sur le vu du partage notarié, le receveur a liquidé, d'après ce partage, les droits d'enregistrement et de greffe sur le jugement d'adjudication, et a pris, en outre, un droit proportionnel de transcription à 1 fr. 50 c. pour 100 sur chacun des prix d'adjudication, augmenté des charges, savoir : pour le premier lot, 5,280 fr. 30 c.; pour le deuxième lot, 3,767 fr. 40 c. ; pour le troisième lot, 3767 fr. 40 c.; plus pour double décime 2,563 fr. 02 c.; que, par leur demande du 7 nov. dernier, la veuve *Delacroix*, comme tutrice de ses deux enfants mineurs, et les époux *Trippier Delagrange*, réclament la restitution de ce droit de transcription; que cette demande est mal fondée;—*Attendu* que, pour la translation de propriété à l'égard des tiers, l'art. 1 de la loi du 23 mars 1855 exige la transcription de « tout jugement d'adjudication autre que celui rendu sur licitation

(A) Sous l'empire de la loi de 1816, jurisprudence conforme. — V. le Manuel des notaires, note 111, p. 39.

au profit d'un cohéritier ou copartageant; » qu'un héritier sous bénéfice d'inventaire qui se rend adjudicataire sur licitation n'acquiert pas, qu'il conserve; que la loi de 1855 ne l'oblige donc pas à faire transcrire pour la consolidation de sa propriété, à l'encontre des tiers; mais que l'art. 1 ainsi appliqué à l'héritier bénéficiaire ne va pas plus loin, et ne tranche nullement la question de savoir si l'on n'en doit pas moins considérer comme acte de nature à être transcrit un jugement d'adjudication d'immeubles sur licitation au profit d'un héritier bénéficiaire; que c'est là un acte de nature à être transcrit, ne fût-ce que pour la purge des hypothèques, purge à laquelle il peut avoir, à la différence de l'héritier pur et simple, un intérêt réel à raison de sa position spéciale, qui l'assimile à un tiers détenteur étranger vis-à-vis des créanciers, dans les termes de l'art. 802 C. Nap.; que de la combinaison de l'art. 12 de la loi du 23 mars 1855 avec l'art. 54 de celle du 28 avr. 1816, il résulte que tout acte qui, étant, sous le code, de nature à être transcrit, subissait, outre l'impôt de l'enregistrement, un droit de transcription d'un et demi, en vertu de la loi de 1816, continue à y être soumis; qu'ainsi celui contre lequel les consorts *Delacroix* réclament a été perçu avec raison;—Par ces motifs, etc.

A annoter :

Au *Manuel des notaires;* — note 111, n. 39.

ART. 2312.

ENREGISTREMENT. — RAPPORT A SUCCESSION. — DISPENSE DE RAPPORT.—DONATION ENTRE-VIFS.

La dispense de rapport à la succession du père commun, quand elle est consentie par des enfants au profit de l'un d'eux, relativement à une somme que celui-ci a reçue à titre d'avancement d'hoirie, a le caractère d'une libéralité, et, par suite, donne lieu à la perception d'un droit de mutation entre-vifs à titre gratuit en ligne collatérale (C. Nap. 843, 919; L. 22 frim. an 7, art. 69, § 6, n. 1; L. 21 avril 1832, art. 33; L. 18 mai 1850, art. 10.)—(A).

(Gorré. — C. — Enregistrem.)

(A) Renoncer à exiger une somme à laquelle nous avons droit, est plutôt une remise de dette passible du droit de 50 cent. pour cent, qu'une libéralité, alors surtout que l'acte n'est point dans les formes prescrites pour la donation entre-vifs. La dispense n'est qu'un fait annonçant l'intention de libérer le débiteur. Pour qu'il en fût autrement, il aurait fallu que la loi eût caractérisé, dans ce cas, la dispense de rapport, en la mettant au rang des donations entre-vifs.

27 août 1857, jugement du tribunal civil de Neufchâtel, ainsi conçu :

Le Tribunal ; — *Attendu* que Georges *Deliencourt* père, donateur à titre d'avancement d'hoirie, aux termes de l'art. 5 du contrat de mariage devant Me Lefau, notaire à Aumale, du 14 oct. 1852, enregistré, n'a dans aucun acte postérieur relevé la femme *Gorré*, sa fille, donataire, de la charge de rapport à elle primitivement imposée, et que, jusqu'au 15 déc. 1852, jour du décès, rien ne permet de supposer qu'il ait voulu l'avantager par préciput ou hors part; d'où il suit que le rapport était dû par la femme *Gorré* à ses cohéritiers de ce qu'elle avait reçu, seulement en avancement d'hoirie ; — *Attendu* que si, dans le pacte de famille des 18 et 21 mai 1855, les enfants *Deliencourt* ont déclaré dispenser leur sœur de rapporter à la succession du *de cujus* les cinq septièmes de 1,500 fr. à elle constitués en dot, vainement la femme *Gorré* soutient-elle que ses cohéritiers ont pu légalement faire ce que le donateur aurait pu lui-même, sans qu'il y ait pour cela ouverture au droit proportionnel réclamé, parce qu'ils continueraient en quelque sorte la personne du défunt, et que d'ailleurs ils se seraient bornés à déclarer en son lieu et place ce qu'ils savaient être sa volonté ; — *Attendu*, en effet, qu'un tel système ne saurait se soutenir en présence des art. 843, 919 C. Nap. ; qu'il résulte du texte et de l'esprit de ces deux articles combinés entre eux que la faculté de déclarer qu'un don est à titre de préciput ou hors part est essentiellement inhérente et personnelle au donateur, et qu'il répugne à la raison d'admettre qu'interpréter sainement l'intention du père commun consiste précisément à déclarer le contraire de ce qu'il avait formellement exprimé dans le contrat de mariage susvisé ;

Attendu, au surplus, qu'après le décès de Georges *Deliencourt de cujus*, la donation à titre d'avancement d'hoirie a réellement cessé à l'égard des enfants *Deliencourt* ; que tous, par l'événement même de ce décès, ils ont été saisis de cette donation comme des autres valeurs de la succession ; qu'en un mot, le tout s'est confondu en un seul actif, et que chacun y a nécessairement amendé pour sa part et portion;—*Attendu*, par suite, que si, dans le règlement des 18 et 21 mai 1855, les héritiers *Deliencourt* ont dispensé la femme *Gorré* de rapporter à la succession *Deliencourt* père ce que celui-ci ne lui avait donné qu'à la charge de rapport, ils ont véritablement renoncé à un droit ouvert à leur profit sur l'objet de la donation, et ce dès l'instant du décès, et remis volontairement à leur sœur une créance qu'ils auraient pu répéter contre elle ; qu'une telle renonciation, dans l'espèce et d'après les motifs qui l'ont inspirée, revêt le caractère de libéralité, passible, par conséquent, de 6 fr. 50 c. pour 100, édictés par l'art. 69, § 6, n° 1, de la loi du 22 frim. an 7; 33 de la loi du 21 avr. 1832; 8 et 10 de la loi du 18 mai 1850;—Par ces motifs, vu les art. 68, § 1, n° 6 ; 69, § 6, n° 1, de la loi du 22 frim. an 7; 33 de la loi du 21 avr. 1832 et 10 de la loi du 18 mai 1850; 843 et 919 C. Nap.; déclare insuffisantes et nulles les offres faites par les époux *Gorré;* les déboute de leur opposition en date du 6 juin 1857; valide, au contraire, la contrainte de la régie du 26 mai 1857, et condamne, en conséquence, les époux *Gorré* au payement de la somme de 81 fr. 07 c., formant le montant des droits supplémentaires de partage, d'acte de complément et de donation réclamés sous la déduction faite d'un droit de libération et d'un droit de pouvoirs, lesquels ont été indûment perçus, de l'aveu même de la régie.

A annoter :

Au *Manuel des notaires* ; — note 60, n. 81, 181 ; — note 133, n. 32 ;— note 146, n. 30.

Au *Journal*;—art. 415, en marge de l'art. 10 de la loi.

ART. 2313.

ENREGISTREMENT. — ACTE IMPARFAIT. — NOTAIRE. — RESPONSABILIT .

Un notaire n'est pas tenu de soumettre à la formalité de l'enregistrement dans le délai prescrit par la loi, un acte signé par les parties contractantes, mais non par lui, encore qu'il ait inscrit cet acte sur son répertoire (L. 22 frim. an 7, art. 26 et 49.) — (A).

(Rue. — C. — Enregistrem.)

10 août 1857, jugement du trib. civil de Châteauroux, ainsi conçu:

LE TRIBUNAL; — *Attendu* qu'il résulte des termes de l'art. 26

(A) *Conf.* : — Cass. ch. civ. rej. 27 août 1806 ; 2 nov. 1807; cass. req., 23 mars 1834; cass. de Belgique, 2 avril 1833.

Mais cette solution ne doit point autoriser les notaires à user souvent de la faculté qu'elle leur semble donner, parce qu'elle les exposerait à de trop grands périls.

En effet, lors même que l'acte qu'il n'a point signé est revêtu de la signature de toutes les parties et qu'il peut valoir comme acte sous seing privé, le notaire peut être responsable de ce qui aurait été fait en vertu de la grosse d'un tel acte. A plus forte raison serait-il responsable s'il y avait nullité de l'acte pour défaut de signature de quelques-unes des parties.

En résumé, il ne peut y avoir de refus légitime de la part d'un notaire de signer un acte que quand les parties ne lui consignent pas les droits d'enregistrement, mais il doit les prévenir à ce sujet, afin qu'elles ne soient point dans une fausse sécurité.

de la loi du 22 frim. an 7 que les actes publics des notaires doivent être enregistrés dans le délai de dix ou quinze jours; — Que les art. 29, 33 et 49 de ladite loi parlent bien des actes reçus par les notaires, mais qu'ils ne disent pas à quel moment un acte est un acte de notaire, un acte reçu par un notaire, un acte passé devant un notaire ; qu'il faut se reporter à l'art. 20 pour savoir quels sont les actes dont parlent les art. 33, 34 et suiv.; que les termes de ces articles sont formels; que ce sont les actes publics ;—Qu'un acte n'est public qu'autant qu'il a été reçu par un fonctionnaire ayant qualité à cet effet; qu'un acte n'est reçu qu'autant qu'il est signé, c'est-à-dire qu'autant qu'il est parfait ; — Que si cela ne résultait pas suffisamment de la loi du 25 vent. an 11, on en trouverait la preuve dans le rapport fait par M. Ph. *Dupin* à la chambre des députés, lors de la discussion de la loi du 21 juin 1843, interprétative de l'art. 9 de la loi de ventôse ;—Qu'en effet, M. *Dupin* s'est exprimé ainsi : « La commission a donné pour mission expresse à son rapporteur d'expliquer que par ces mots : les actes seront reçus conjointement par deux notaires ou par un notaire en présence de deux témoins, on ne doit pas entendre que le second notaire et les témoins seront présents à toutes les discussions des parties, ni aux conférences préliminaires des actes de donation; il suffit qu'ils soient présents au moment de la formation définitive du contrat, c'est-à-dire au moment où les consentements sont échangés et fixés irrévocablement; en d'autres termes, au moment où les conventions sont lues, vérifiées, acceptées et certifiées par les signatures de tous ceux qui doivent concourir à l'acte; »

Qu'il résulte de cette explication que, pour qu'il y ait réception conjointe, il faut que les deux notaires, ou le notaire et les témoins soient présents au moment où les conventions sont lues, vérifiées, acceptées et certifiées par les signatures de toutes les parties et par celle du notaire ;— Que la signature du notaire, donnant seule la publicité, prouvant seule la réception complète, il n'y a pas lieu de s'arrêter à cette considération que l'acte a été porté au répertoire; que ce fait ne donne ni publicité, ni authenticité à l'acte; l'acte signé par le notaire étant public, authentique, alors même qu'il n'est pas porté au répertoire ;

Que, sans doute, dans l'espèce, le notaire a commis une faute en ne donnant pas la publicité aux conventions qui avaient été faites devant lui ; qu'il pourrait, aux termes des principes généraux du droit, et spécialement aux termes de l'art. 68 de la loi du 25 vent. an 11, être condamné envers les parties à des dommages-intérêts, s'il y avait lieu ; qu'il pourrait peut-être même être poursuivi disciplinairement; mais qu'il ne peut être tenu de payer, soit le droit simple, soit le double droit qu'autant que l'acte a été reçu par lui et rendu public;—Que, dans l'espèce, il y a eu, sans aucun doute, commencement de réception; mais qu'il a manqué, pour que la réception ait été complète, la signature du notaire en premier et du notaire en second ou des témoins; que cette absence des signatures des notaires ou du notaire et des témoins a rendu l'acte nul (art. 68), au moins comme acte authentique, comme acte public;—Que cet acte, étant nul comme acte public au respect de tout le monde, ne peut pas être acte public au respect de l'enregistrement, et ce, qu'il soit présenté au receveur, ou qu'il soit trouvé en l'étude du notaire; — Que c'est donc à tort que l'administration de l'enregistrement a décerné une contrainte contre Me *Rue*;—Par ces motifs, déclare Me *Rue* bien fondé dans son opposition, etc.

A annoter :

Au *Manuel des notaires*;—note 17, n. 22;—note 18, n. 52.

Au *Cours de notariat*; —art. 694 du journ., p. 610, dernier alinéa.

ART. 2314.

VENTES JUDICIAIRES D'IMMEUBLES. — INDEMNITÉ. — EXPERTISE. — AVOUÉ.

L'indemnité de 25 fr. allouée aux avoués en matière de ventes judiciaires et de licitations pour leurs soins et démarches dans la fixation de la mise à prix ou l'estimation et la composition des lots quand il n'y a pas d'expertise, ne s'applique qu'à l'avoué poursuivant et non aux avoués colicitants (Ord. 10 oct. 1841, art. x.) — (A).

(Deloche. — C. —Laborie.)

2 déc. 1857, arrêt de la Cour de cassation (ch. req.), ainsi conçu :

LA COUR; — *Attendu* que les tarifs sont, par leur nature, des règlements de droit étroit dont on ne peut étendre les dispositions; — *Attendu* que si l'art. 10 de l'ord. du 10 oct. 1841, alloue, en termes généraux, *aux avoués*, une indemnité de 25 fr., sans expliquer à quels avoués elle est attribuée, il résulte du texte et de l'esprit de cette disposition, qu'elle doit s'entendre des avoués

---

(A) *Dans le même sens* : — Circul. min. just., 20 août 1842; cass. rej., 11 mars 1846; 16 nov. 1857.

Contrà : —Jug. Caen, 5 déc. 1842; Nevers, 7 déc. 1843; Fontainebleau, 17 janv. 1843; Vitré, 1er fév. 1843; Rivoire, tarif, p. 56 et 58; Chauveau, proc. quest. 2535.

poursuivants et non colicitants; — Qu'en effet, lorsque l'ordonnance veut accorder aux avoués colicitants le même droit qu'à l'avoué poursuivant, elle prend soin de l'exprimer; qu'il en est ainsi, notamment, dans le § 3 de l'art. 10, qui suit immédiatement la disposition au sujet de laquelle la question s'élève; qu'il est naturel d'en conclure que, lorsque l'ordonnance n'a pas fait de distinction, c'est qu'elle n'a pas pensé qu'il y eût lieu de distinguer; — Qu'on ne peut tirer un argument favorable aux avoués colicitants de la disposition de l'art. 11 de la même ordonnance, relative à une remise proportionnelle, puisqu'il résulte de cet article que cette remise est principalement accordée au poursuivant, et que si une part en revient aux avoués colicitants, la proportion dans laquelle elle est déterminée ne saurait s'accorder avec la disposition générale et le droit unique de l'art. 10, n° 2;

Attendu, d'ailleurs, que l'esprit dans lequel a été rédigé l'art. 10, n° 2, révèle l'intention de restreindre au poursuivant cette allocation; — Qu'en effet, lorsque la loi manifestait le désir de supprimer autant que possible les expertises, l'ordonnance a trouvé sage d'intéresser l'avoué poursuivant à seconder cette intention, en donnant aux tribunaux les éléments nécessaires pour rendre l'expertise inutile; — Mais que cette considération, si elle n'est pas tout à fait étrangère aux autres avoués, s'applique principalement à l'avoué poursuivant, parce que c'est lui qui possède les titres, baux et autres documents, et parce qu'il est personnellement chargé de l'instruction de la poursuite; — Qu'ainsi, soit que l'on consulte l'intention ou le texte de la loi, on doit reconnaître qu'il a été jugé, à bon droit, que l'expression *aux avoués* s'applique exclusivement aux avoués poursuivants; — Rejette, etc.

A annoter :

Au *Journal*, art. 146, en marge de l'art. 10 de l'ordonn., alin. 2.

ART. 2315.

VENTES JUDICIAIRES D'IMMEUBLES. — VACATION. — SURENCHÈRE. — AVOUÉ.

Le droit de vacation à l'adjudication, en matière de surenchère, n'est dû qu'à l'avoué poursuivant, et ne peut être alloué à l'avoué de l'adjudicataire surenchéri — (Ordonn. 10 oct. 1841, art. 12.)—(A).

(A) *Conf.* : — Instr. min. et arrêts de cassation rappelés en note de l'art. 2314 qui précède.

Contrà : — Jug. Louviers, 22 mai 1846; jug. Marseille, 25 août 1846.

(Galametz. — C. Degasparg.)

16 nov. 1857, arrêt de la Cour de cassation (ch. req.), ainsi conçu :

LA COUR ; — *Attendu* que les tarifs sont, par leur nature, des règlements de droit étroit dont on ne peut étendre les dispositions; — *Attendu* qu'il résulte des dispositions de l'art. 11 de l'ord. du 10 oct. 1841, prises dans leur ensemble, que tous les actes dont il contient l'énumération et la taxe, s'appliquent à l'avoué poursuivant, et sont faits à sa seule diligence ; que l'avoué du poursuivant est même expressément désigné dans plusieurs de ces dispositions; —*Attendu* que, lorsque l'ordonnance veut allouer le même droit aux autres avoués, elle prend soin de l'exprimer, comme elle le fait notamment dans l'art. qui précède; — Qu'à la vérité, dans certains cas, par exemple, pour les avoués colicitants, dans le cas du § 6 de l'art. 11, le droit fixe est remplacé par une remise proportionnelle, tandis que lorsqu'il s'agit de surenchère, l'art. 12 n'alloue aucun droit à l'avoué du surenchéri ; — Mais, *attendu* que, d'une part, l'art. 12 lui-même déclare que, même en ce cas, les émoluments des avoués seront taxés comme il est dit en l'article 11 ; que, d'autre part, la disposition qu'on fait valoir ne saurait autoriser à ajouter une disposition nouvelle à des textes de droit étroit ; — Rejette...

A annoter :

Au *Journal* ; — art. 146, en marge de l'art. 12 de l'ordonn.

ART. 2316.

ACTION HYPOTHÉCAIRE. — HYPOTHÈQUE. — DÉCLARATION D'HYPOTHÈQUE. — TIERS DÉTENTEUR. — CRÉANCE CONDITIONNELLE.

La prescription de l'hypothèque constituée pour sûreté d'une créance conditionnelle est suspendue jusqu'à l'événement de la condition, aussi bien à l'égard du tiers détenteur de l'immeuble hypothéqué qu'à l'égard du débiteur. Il n'est pas besoin d'action en déclaration d'hypothèque (C. Nap. 2157, 2180-4°.) — (A).

(A) *Conf.* : — Cass., 4 mai 1846 ; Pau, 1er juillet 1847 ; Besançon, 19 déc. 1855; Maléville, sur l'art. 2257 ; Vazeille, prescript. n. 301.

Contrà : — Grenoble, 10 mars 1827 ; Bordeaux, 15 janvier 1835 ; 22 nov. 1857 ; Toullier, t. 6, n. 527, 528; Delvincourt, p. 846 ; Grenier, hypoth., t.2, n. 518 ; Mercadé, sur l'art. 2257 n. 2 ; Zachariæ, t. 1, § 214, note 2 ; Proudhon, usuf., t. 4, n. 2132, 2138 ; Troplong, *hypoth.*, t. 4, n. 886, Prescript., n. 791, 796 ; Duranton, t. 2, n. 71 ; t. 20, n. 312 ; t. 21, n. 328 ; de Fréminville, minor. t. 1, n. 440 ; Toullier, t. 7, n. 472 ; Mourlon, *prescript.*, p. 71.

Ainsi, la prescription décennale d'hypothèque établie pour sûreté d'un gain de survie stipulé entre époux, dans leur contrat de mariage, ne court au profit du tiers détenteur de bonne foi de l'immeuble grevé de cette hypothèque, qu'à partir de l'ouverture du gain de survie par le prédécès de l'époux donateur.

(Farge. — C. — Veuve Roche.)

Par son contrat de mariage, le sieur *Roche* a fait à sa femme donation, en cas de survie, d'une rente viagère garantie par une hypothèque sur un immeuble lui appartenant. — Il décéda longtemps après, en 1853.

La veuve *Roche* poursuivit le payement de sa rente, par voie d'action hypothécaire contre le sieur *Farge*, détenteur de l'immeuble affecté, par le contrat de mariage, à la sûreté de cette rente. — Le sieur *Farge*, devenu propriétaire de l'immeuble, par l'effet de la prescription décennale, opposa la même prescription à la veuve *Roche*. Celle-ci répondit qu'aucune prescription n'avait pu courir contre elle avant 1853, époque du décès de son mari, son droit se trouvant soumis jusque-là à une condition suspensive qui le mettait à l'abri de toute prescription (C. Nap 2157).

Un arrêt de la cour de Riom, du 12 novembre 1856, accueillant ce système, repoussa l'exception de prescription opposée par le sieur *Farge*.

Pourvoi du sieur *Farge*, pour violation de l'art. 2180-4° C. Nap., en ce que l'arrêt attaqué a refusé d'admettre la prescription d'une hypothèque au profit du tiers détenteur de bonne foi ayant possédé l'immeuble hypothéqué pendant plus de dix ans, à partir de la transcription de son titre, sous prétexte que la créance garantie par cette hypothèque était conditionnelle. — L'art. 2257 C. Nap., qui porte que la prescription ne court point à l'égard d'une créance conditionnelle, tant que la condition n'est pas réalisée, n'a trait qu'aux créances, c'est-à-dire à la prescription des actions personnelles, ou, en d'autres termes, à la prescription libératoire. La suspension de la prescription, en cas pareil, s'explique parfaitement. La prescription libératoire repose sur une présomption de payement. Or il serait déraisonnable de supposer que le débiteur se fût acquitté avant l'événement de la condition. En outre, la nature de la créance est nécessairement connue de lui, et doit l'être également de ceux qui lui auront succédé. Il ne saurait donc être admis à se faire un grief de l'inaction du créancier. — Le même article ne peut, au contraire, recevoir d'application en matière d'action réelle, c'est-à-dire de prescription acquisitive, d'abord parce qu'il ne parle pas des droits réels, ensuite parce que les considérations qui l'ont fait édicter sont complétement étrangères à cette nature de droits. Cela est évident, quand il s'agit d'une action en revendication de propriété. Le propriétaire a qualité pour exercer cette action contre le tiers qui détient l'immeuble sans droit, ne fût-il que propriétaire conditionnel; et le tiers détenteur qui ignore la nature du droit de propriété à revendiquer contre lui, est autorisé à se plaindre du silence du propriétaire, et à en exciper s'il en est résulté à son profit une possession paisible suffisante pour prescrire. — D'ailleurs les droits de propriété conditionnels sont fort nombreux. Sans parler des gains de survie qui sont stipulés dans les contrats de mariage, et des legs et obligations expressément subordonnés à la réalisation d'un événement incertain, il n'y a pas de contrat synallagmatique qui ne donne lieu à un droit conditionnel au profit de l'une des parties, pour le cas où l'autre partie n'exécuterait pas ses engagements. Or, si l'on admettait, dans tous ces cas, l'imprescribilité des droits réels, que de propriétés incertaines, que de dépossessions après une longue et paisible jouissance; que de procès! — Ce qu'on vient de dire à l'égard du droit de propriété n'a pas moins de force à l'égard du droit d'hypothèque. Ici encore on est en présence d'un droit réel, d'une prescription acquisitive, que ne saurait atteindre l'art. 2257, envisagé dans son texte comme dans son esprit. Le créancier hypothécaire, même conditionnel, qui, durant le temps requis pour prescrire, n'a point formé d'action en déclaration d'hypothèque, doit être repoussé par la prescription, aussi bien que le propriétaire conditionnel qui a négligé de revendiquer sa propriété. — Le demandeur termine en invoquant la jurisprudence et la doctrine des auteurs.

16 novembre 1857, arrêt de la cour de cassation (Ch. req.) ainsi conçu :

LA COUR ; — Sur le moyen unique tiré de la violation de l'art. 2180 C. Nap. : — *Attendu* qu'il est constaté, par l'arrêt attaqué, qu'il s'agit, dans la cause, d'un droit de survie institué par contrat de mariage en faveur de la veuve *Roche*, défenderesse en cassation ayant pour sûreté une constitution hypothécaire, énoncée au contrat ; — *Attendu* que cette institution a créé en faveur de cette dernière une créance éventuelle et conditionnelle ; — *Attendu* qu'il est également constaté que le sieur *Roche* est décédé en 1853, et qu'ainsi l'action de la femme *Roche*, pour obtenir le bénéfice du droit à elle affecté, ne s'est ouverte qu'à cette époque ;

Attendu que, dans cet état des faits, l'arrêt attaqué, en rejetant la prescription opposée par le demandeur à l'exercice des droits de la veuve *Roche*, n'a pas violé l'art. 2180 C. Nap., et qu'il a fait une saine application de l'art. 2257 du même Code ; — Qu'en effet, aux termes dudit article, la prescription ne court pas à l'égard d'une créance qui dépend d'une condition jusqu'à ce que la condition arrive; qu'en vain on prétendrait que, pour faire obstacle à la prescription, le créancier éventuel est obligé de recourir à une action interruptive de cette prescription; qu'aucune disposition de la loi n'exige ce mode de procéder, que les termes absolus de l'art. 2257 C. Nap. rendent entièrement inutile; — Rejette, etc.

(MM. *Nicias-Gaillard*, présid.; — *Poultier*, rapp.; — *Paynal*, avoc. gén., concl. conf.; — *Mathieu-Bodet*, avoc.)

A annoter :

Au *Manuel des Notaires*; — note 22, n. 145; — note 28, n. 248.

ART. 2317.

MITOYENNETÉ. — SERVITUDE. — CLOTURE EN PLANCHES.

La disposition du code relative à la cession forcée de la mitoyenneté ne concerne que les murs proprement dits. Ainsi, le maître d'une clôture en planches peut refuser d'en céder la mitoyenneté à son voisin, sauf à ce dernier, dans les villes et faubourgs, à exiger que cette clôture soit remplacée par un mur établi à frais communs (C. Nap. 544, 545, 661, 663).—(A).

(Ve Breton. — C. — Dorus-Gras.)

La dame *Dorus-Gras* est propriétaire à Etretat d'un pavillon avec jardin, séparé du jardin de la dame veuve *Breton* par un *pal*, ou mur en bois, appartenant à cette dernière. — La dame *Dorus-Gras* voulut acquérir la mitoyenneté de ce pal.—La dame *Breton* ayant refusé de la lui vendre, elle l'actionna devant le tribunal civil du Havre, pour voir déclarer qu'elle y serait contrainte, et entendre valider les offres qui lui étaient faites pour arriver à cette acquisition.

Un jugement, en date du 28 mars 1856, accueillit ces conclusions par les motifs suivants : —« Vu les art. 661, 653 et 663 C. Nap., et attendu qu'il résulte de ces articles que le mot *mur* employé par le législateur dans l'art. 661 n'est que démonstratif, et qu'il doit s'entendre de toute clôture assez solide pour qu'elle puisse servir aux mêmes usages qu'un mur, ou la plupart des usages qu'on peut faire d'un mur;—Que le mot *mur*, mis dans l'art. 661, étant démonstratif et non limitatif, doit s'appliquer particulière-

(A) Il s'agit ici d'une question nouvelle portée pour la première fois devant la cour de cassation.

ment à une clôture faite à l'aide de pieux lisses et de planches, connue au Havre et dans les environs du Havre sous le nom de *pal;* — *Attendu* que la dame *Breton* ne conteste pas la suffisance de la somme offerte par la dame *Dorus-Gras* pour la mitoyenneté du pal, objet du procès; — Que, le 9 mai 1855, la dame *Dorus-Gras* étant dans l'intention d'acquérir la mitoyenneté du pal qui sépare sa propriété de celle de la dame *Breton,* a notifié cette intention et a offert 200 fr. pour cette mitoyenneté ; — Par ces motifs, statuant en dernier ressort et en matière sommaire, déclare valables et suffisantes les offres du 9 mai 1855, celles des intérêts au taux légal courus depuis le jour des offres jusqu'au payement ; — Juge qu'à dater desdites offres la dame *Dorus-Gras* est propriétaire de la mitoyenneté dont s'agit au procès ; — Juge que si, dans le délai de trente jours à partir du présent jugement, la d me *Breton* n'a pas accepté la somme offerte, la dame *Dorus-Gras* pourra, passé ce délai, la déposer à la caisse des dépôts et consignations. »

Pourvoi de la dame *Breton* pour violation des art. 544 et 545 C. Nap., et fausse application de l'art. 661 même code, en ce que l'arrêt attaqué a étendu la disposition de ce dernier article relative à la cession forcée de la mitoyenneté des murs séparatifs d'héritage, à une clôture autre qu'un mur, et notamment à une simple clôture en bois.

15 déc. 1857, arrêt de la cour de cassation (ch. civ.), ainsi conçu :

LA COUR ; — Vu les art. 544 et 545 C. Nap., et notamment l'art. 661 du même code ; — *Attendu* que cet article est une dérogation au principe d'après lequel nul ne peut être contraint de céder en tout ou en partie sa propriété ; — Que, fondé sur des motifs d'intérêt public, il doit être renfermé dans son objet ; — Qu'il n'est relatif qu'aux murs proprement dits ; que c'est ce qui résulte clairement de son texte comme aussi des dispositions qui le précèdent et qui le suivent ; — Que si l'on voulait l'appliquer aux clôtures en général, il faudrait l'étendre même aux haies et aux fossés, ce qui est inadmissible ; — Qu'il n'y a pas, relativement à la cession forcée de la mitoyenneté, les mêmes raisons de décider pour les simples clôtures en planches que pour les murs ; que la juxtaposition des unes n'a pas les mêmes inconvénients que celle des autres ; — Que le maître d'une clôture en planches peut donc refuser d'en céder la mitoyenneté à son voisin, sauf à ce dernier, si les héritages contigus sont dans une ville ou dans un faubourg, à exiger que cette clôture soit remplacée par un mur établi à frais communs suivant l'art. 663 ; — Qu'en décidant que le mot *mur*, employé dans l'art. 661, est démonstratif et non limitatif, en l'appliquant aux clôtures composées de pieux lisses et planches connues au Havre sous le nom de *pals*, et en obligeant, par suite, la veuve *Breton* à céder aux époux *Dorus-Gras* la mitoyenneté du pal établi par elle sur la limite de sa propriété, le jugement attaqué a violé les articles précités; — Casse...

(MM. : — *Troplong*, 1er prés.; — *Leroux de Bretagne*, rapp.; *Sévin*, avoc. gén., concl. conf.; — Mathieu *Bodet* et Paul *Fabre*, avoc.)

A annoter :

Au *Manuel des notaires*; — note 41, n. 60 et 68.

ART. 2318.

SERVITUDE. — ARBRES. — PRESCRIPTION. — DISTANCE.

Le droit acquis par prescription de conserver des arbres qui ne sont point à la distance légale, ne donne pas la faculté de remplacer ces arbres par d'autres plantés à la même distance (C. Nap. 671). — (A).

On doit considérer comme arbres nouveaux les rejets d'anciennes souches d'arbres abattus et ravalés rez de terre, aussi bien que ceux dont les souches elles-mêmes seraient nouvelles (même art.). — (B).

(Beuvrand de la Loyère. — C. — Batault-Gaubert.)

Le sieur *Beuvrand de la Loyère* était propriétaire d'arbres de lisière situés à moins de 2 mètres de la limite séparative de sa propriété et de celle du sieur *Batault-Gaubert* et *Bailleul*. Ces arbres avaient plus de trente ans lorsqu'il les abattit.

Sur les souches ravalées rez de terre, d'autres arbres poussèrent. Les sieurs *Batault-Gaubert* et *Bailleul* en demandèrent l'enlèvement, par le motif qu'ils se trouvaient en deçà de la distance légale. — Le sieur de *la Loyère* répondit que les arbres dont l'enlèvement était réclamé étaient protégés par la prescription trentenaire qui existait pour les anciens arbres, et il invoqua, pour eux, le bénéfice de cette prescription.

(A-B) C'est une application de la règle *tantùm possessum, tantùm præscriptum*.

Conf. : — Cass. ch. civ. rej., 28 nov. 1853; Paris, 23 août 1825; Rouen, 19 juin 1838; Bourges, 8 déc. 1841; Douai, 14 avril 1845; Caen 22 juillet 1845; Toulouse, 1er mars 1855. — Delvincourt, t. 1, p. 564; Duranton, t. 5, n. 391; Marcadé, sur l'art. 671; Ducaurroy, Bonnier et Roustaing, t. 2, n. 308; Solon, *servit.*, n. 245.

Contrà : — *Pardessus*, servit., t. 1, n. 195; Favard, rép., *ibid.*, sect. 2, § 5; Toullier, t. 3, n. 515; Vazeille, *præscr.*, t. 1, n. 429; *Foucher*, L., 25 mai 1838, p. 292.

Après une visite de lieux, le juge de paix, saisi de l'action, ordonna l'enlèvement des arbres litigieux, par une sentence du 17 mai 1856, ainsi motivée : — « *Considérant* que lors de notre visite des lieux en litige, le 3 de ce mois, en présence des parties ou de leurs mandataires, il est demeuré constant que tous les arbres dont on demande l'enlèvement ont moins de trente ans; que d'après leur nature (essence chêne et tremble), ils sont de haute tige; qu'ils ne sont pas le produit spontané du sol; qu'ils n'ont pas été plantés de main d'homme; qu'ils remplacent d'anciens arbres de lisière qui ont été abattus et qui avaient plus de trente ans; qu'enfin ils sont comme ces anciennes lisières, à moins de deux mètres de la limite des propriétés des parties sur laquelle, du reste, il ne s'est élevé aucune contestation; — *Considérant* que les souches de ces anciennes lisières sont ravalées rez de terre; que les baliveaux qui font le sujet du litige, sont adhérents à ces souches ou ont crû sur leurs racines; que même la couronne de quelques-unes de ces souches est, en tout ou partie, recouverte par les sèves successives de ces baliveaux... »

De ces constatations de faits, le juge de paix conclut que la prescription acquise aux arbres abattus ne saurait profiter à ceux qu'ils avaient remplacés.

Sur l'appel, jugement confirmatif du tribunal de Châlons-sur-Saône, du 30 juill. 1856.

Pourvoi du sieur de *la Loyère* pour violation de l'art. 2262 C. Nap., en ce que le jugement attaqué, tout en reconnaissant que les arbres litigieux avaient crû sur la souche des anciens arbres de lisière, a refusé de les faire profiter de la prescription qui permettait la conservation de ces derniers arbres en deçà de la distance légale, bien qu'il y eût identité entre les uns et les autres. — Le demandeur invoque, à l'appui de son pourvoi, un arrêt de la cour de cassation, du 13 mars 1850.

22 déc. 1857, arrêt de la cour de cassation (ch. civ.) rendu, après délibéré en chambre du conseil, et ainsi conçu :

LA COUR; — *Attendu* que le jugement rendu par le juge de paix de Châlons-sur-Saône, et confirmé par le jugement attaqué, constate, en fait, que tous les arbres dont on demande l'enlèvement ont moins de trente ans; que, d'après leur nature, ils sont de haute tige; qu'ils ne sont pas le produit spontané du sol; qu'ils n'ont pas été plantés de main d'homme; qu'ils remplacent d'anciens arbres de lisière qui ont été abattus, et qui avaient plus de trente ans; qu'enfin ils sont comme ces anciennes lisières, à moins de 2 mètres de distance des propriétés voisines; que les souches de ces anciennes lisières sont ravalées rez de terre; que les baliveaux qui font le sujet du litige sont adhérents à ces souches, ou ont crû sur leurs racines; que, même, la couronne de quelques-unes de ces souches est, en tout ou en partie, recouverte par les séves successives de ces baliveaux; que les baliveaux dont il s'agit ne peuvent être et ne sont réellement que des accrues ou rejets qui ont poussé en dehors des arbres anciens; — Qu'en décidant, dans ces circonstances, que ces arbres, rejets des anciennes souches, constituaient des arbres nouveaux, et que le demandeur en cassation n'avait pas le droit de les conserver, le jugement attaqué n'a violé aucune loi; — Rejette.

(MM. *Troplong*, 1er prés.; — *Grandet*, rapp.; — *De Marnas*, 1er avoc. gén., concl. conf.;—*Delaborde* et *Galopin*, avoc.)

A annoter:

Au *Manuel des notaires*;—note 55, n. 175.

ART. 2319.

TESTAMENT PAR ACTE PUBLIC. — TÉMOIN. — CLERC DE NOTAIRE. — STAGE. — PARTAGE DE SUCCESSION.

Celui qui travaille habituellement chez un notaire peut être considéré comme son clerc, alors même qu'il ne serait point inscrit au stage. En conséquence, son concours comme témoin à un testament reçu par ce notaire entraîne la nullité du testament (C. Nap. 975, 976).—(A).

L'exécution de l'arrêt infirmatif qui ordonne un partage de succession ou de communauté peut être renvoyée au tribunal qui a rendu le jugement infirmé, alors surtout que ce jugement n'a eu à résoudre ni à préjuger aucune question concernant le partage (C. Nap. 472).

(Borel de Bottemont. — C. — Ve de Beauvallon.)

La veuve *Borel de Bottemont* est décédée le 26 juin 1854, laissant un testament notarié, en date du 25 mars 1851, par lequel elle léguait ses biens tant à son mari qu'à divers parents. — Les héritiers légitimes de la défunte attaquèrent le testament, par le motif que l'un des témoins instrumentaires travaillait, en qualité

(A) Il résulte de cette décision que c'est le travail *habituel* dans l'étude d'un notaire qui constitue la qualité de clerc.

Conf.: — Bruxelles, 20 mars 1811, 12 avril 1810, 7 mai 1819; Agen, 18 août 1824; Grenoble, 7 avril 1827, pour le cas où le prétendu clerc a des occupations principales étrangères au notariat; Cass. req., 10 avril 1855; J., art. 1780, alors même qu'il serait inscrit au stage notarial.

En sens contraire: — Paris, 13 mars 1832.

de clerc, dans l'étude du notaire qui l'avait reçu, et demandèrent en conséquence le partage de la succession.

Après enquête et contre-enquête, un jugement du tribunal de Vannes, du 23 nov. 1855, rejeta l'action en nullité.

Mais, sur l'appel, arrêt infirmatif de la cour de Rennes, du 23 juin 1856, qui annule le testament, et renvoie les parties devant le tribunal de Vannes, pour les opérations du partage, par les motifs suivants : — « *Considérant* que l'ordre des successions est déterminé par la loi et que le pouvoir d'y déroger n'est reconnu à la volonté de l'homme que sous la condition qu'elle se soit manifestée et qu'elle soit constatée dans les formes prescrites ; — Que toute disposition testamentaire qui ne se produit pas dans un acte revêtu des formalités imposées par la loi à peine de nullité doit être réputée non avenue, sans qu'il soit permis en aucun cas à la conscience du juge d'apprécier l'importance et l'utilité relative d'aucune de ces formalités ; — *Considérant* que des art. 975 et 1001 C. Nap. il résulte que les clercs du notaire qui reçoit un testament, ne peuvent y être pris pour témoins, et que cette interdiction est prononcée à peine de nullité ; — Que l'art. 10 de la loi du 25 vent. an 11 applique cette même nullité à tous les actes des notaires ; — *Considérant* que si l'ordonnance du 4 janv. 1853, a imposé aux clercs qui aspirent aux fonctions de notaire une constatation plus rigoureuse du temps de stage, soumis les stagiaires à de nouvelles règles de discipline, déterminé ou laissé aux chambres de discipline des notaires le soin de déterminer le nombre des clercs, qui, dans chaque étude, pourraient être admis au stage, il n'en faut point conclure que, pas plus depuis cette ordonnance qu'antérieurement, la qualité de clerc se confonde de telle sorte avec celle de stagiaire, qu'il ne puisse exister dans une étude, ou des clercs qui ne soient point stagiaires, ou même plus de clercs que le notaire n'est admis à faire inscrire des stagiaires ; — Que le texte de cette ordonnance résiste à cette interprétation, puisqu'il suppose que la qualité de clerc est acquise au moment où l'inscription est demandée ; — *Considérant* qu'en effet la qualité de clerc appartient à quiconque est habituellement admis dans une étude pour y concourir sous la direction de l'officier public aux travaux de sa profession, soit moyennant un salaire, soit dans le but d'y trouver une occupation utile et instructive ; — Que dans ces conditions de travail habituel et subordonné dans l'étude, l'autorité d'une part et la dépendance de l'autre deviennent le résultat nécessaire en fait, et légalement présumé en droit, de la situation respective ; — Que là se trouve le principe de la nullité prononcée par les articles précités du code Napoléon et de la loi de ventôse, qui ont cherché dans la présence des témoins aux actes une garantie ajoutée à celle du notaire, et qui ne se confonde pas avec celle qu'il présente lui-même ;—*Considérant* que le résultat nécessaire d'un fait constant, ne peut être ni altéré, ni dénaturé par l'opinion erronée qu'en auraient conçue ceux-là mêmes dont il établissait et constituait les rapports mutuels ; qu'il ne suffit pas, par conséquent, qu'un notaire ne regardât pas telle personne comme son clerc, ou que telle personne ne se regardât pas comme le clerc d'un notaire, pour qu'il soit jugé que le lien prohibé n'existait pas entre eux ; s'il était démontré que cette opinion, quelque sincère qu'elle pût être, reposait sur une erreur et qu'elle ne dût être attribuée qu'à une fausse appréciation du droit et des faits ;—*Considérant* que le clerc dont la qualité est établie par un travail habituel dans l'étude, ne la perd pas par cela seul qu'il se montrerait peu régulier et peu assidu, et que sa dissipation rencontrerait dans l'officier public qui l'aurait admis une tolérance plus ou moins facile ; — Que l'autorité ne s'efface pas par la libre condescendance de celui qui en est investi et qui peut toujours la ressaisir à son gré ; que d'autre part la dépendance ne cesse pas d'exister, parce que le supérieur consent à en rendre le joug plus léger ; — *Considérant* que, dans l'espèce, le notaire *Berny*, sollicité, à la fin de l'année 1850, par les parents de Paul-Marie *Torquat* ses clients, de le recevoir comme clerc, avait objecté que les places des six clercs, qu'il était admis par la chambre à faire inscrire, étaient occupées ; — Qu'il avait promis la place vacante et qu'en attendant il avait autorisé Paul-Marie *Torquat* à venir travailler dans l'étude ; — Que celui-ci usant de cette faculté, a commencé dans le cours du mois de décembre 1850 à fréquenter habituellement l'étude, où il avait été admis, non pour une tâche ou pour un temps limités, mais pour y concourir dans la mesure de son aptitude aux travaux de la profession de notaire, et pour échapper, selon le vœu de ses parents, aux dangers de l'oisiveté ; — Que, dès cette époque, et comme tout clerc qui débute, il copiait des actes, faisait les courses de l'étude aux bureaux de l'enregistrement, des hypothèques, des contributions directes, présentait des minutes à la signature du second notaire ;—Qu'il a été inscrit au secrétariat de la chambre aussitôt qu'il a été possible de l'y faire inscrire, et qu'il a continué son stage jusqu'en 1854, époque de son mariage ;—*Considérant* que, dans cet état des faits, résultant également des témoignages reçus dans l'enquête et de ceux qui ont été prêtés dans la contre-enquête, il ne saurait être un seul moment douteux que Paul-Marie *Torquat* ait eu dans l'étude du notaire *Berny* la qualité de clerc, depuis le mois de déc. 1850, jusqu'en 1834, et que, par conséquent, il en fût investi au mois de mars 1831, à l'époque où le testament de la dame *Borel de Bottemont* a été reçu et où il a été pris comme l'un des témoins de cet acte ;—Que c'était même en vertu de cette autorisation qui lui avait été donnée de fréquenter l'étude, qu'il s'y trouvait au moment où, majeur depuis quelques jours, il s'est offert et a été accepté pour l'un des témoins de ce testament, en se chargeant même du soin confié au maître clerc de réunir les autres témoins; —Que vainement on objecte que jusqu'au moment où il a été inscrit il n'était point assujetti comme ses autres clercs à des heures déterminées de travail quotidien ; qu'on ne comptait pas sur sa collaboration; qu'on ne l'employait qu'à copier les actes les plus simples, tels que des mainlevées ou des protêts; qu'il faisait sans autorisation de fréquentes absences, qu'on tolérait que dans l'étude il passât son temps à lire des romans ou des journaux et à écrire des lettres particulières; — Que la fréquentation habituelle de l'étude en qualité de clerc, n'implique ni l'assiduité, ni le zèle, ni même aucune mesure d'obligation que celle qu'il convient au notaire d'exiger; — Qu'il n'apparaît pas, que depuis son inscription au stage, le concours de Paul-Marie *Torquat* aux travaux de l'étude, ait été beaucoup plus empressé, beaucoup plus laborieux, la tolérance du notaire beaucoup moins grande ; que peu importe, en effet, qu'on lui eût fixé des heures de travail, s'il restait le maître de s'en affranchir, ni qu'il crût devoir demander une autorisation d'absence, si elle ne lui faisait jamais défaut; — Que toutefois les premiers juges ont forcé les conséquences des enquêtes, quand ils ont déclaré qu'il avait été entendu que *Torquat* conserverait toute sa liberté, et que des soins donnés à des propriétés rurales étaient devenus pour lui une occupation prépondérante ;—Qu'en résumé, sa situation dans l'étude a toujours été celle d'un jeune homme qui, sentant son avenir assuré par l'aisance de sa famille, n'acceptait pas pour lui-même la perspective du notariat, pour lequel les autres ne l'acceptaient pas davantage, mais qui, suivant les travaux d'une étude de notaire pour complaire à ses parents qui lui voulaient une occupation utile, satisfaisait assez complétement à leur désir, pour que, suivant son propre témoignage, ils aient cru devoir une récompense à sa bonne volonté, et usait cependant de la liberté que lui laissait la condescendance du notaire qui l'avait admis; — Que si cette situation n'est pas celle d'un clerc assidu, zélé et curieux de s'inscrire, elle n'en est pas moins celle d'un clerc placé sous l'influence et sous l'autorité du notaire qui lui a ouvert son étude, et, par conséquent, selon l'esprit comme selon le texte de la loi, elle ne permettait pas que celui qui l'occupait, fût employé comme témoin, dans les actes reçus par ce notaire ; — Par ces motifs, met l'appellation et ce dont est appel au néant; — Corrigeant et réformant; — Dit que depuis le mois de décembre 1850 jusqu'en 1854, Paul-Marie *Torquat* a été, sans interruption, le clerc du notaire *Berny*; qu'il était, par conséquent, le clerc dudit notaire lorsqu'il a été pris pour l'un des quatre témoins qui ont figuré au testament de la dame *Borel de Bottemont*, reçu par ce notaire, le 25 mar. 1851; — Et vu les art. 975, 1001 C. Nap., et 10 de la loi du 25 vent. an 11; — Déclare ledit testament nul et comme non avenu ; ordonne en conséquence la liquidation et le partage entre qui de droit, tant de la communauté qui a existé entre les sieur et dame *Borel de Bottemont* que de la succession de ladite dame, conformément à la loi ; et attendu qu'en cette matière la loi attribue juridiction , renvoie les parties devant le tribunal civil de Vannes, pour y procéder auxdits liquidation et partage. »

POURVOI des sieurs *Borel de Bottemont* et cons. : — 1° Violation de l'art. 980 C. Nap., et fausse application et violation des art. 975 même code, 10 et suiv. de la loi du 25 vent. an 11, 31 et suiv. de l'ord. du 4 janv. 1843, en ce que l'arrêt attaqué a considéré comme travaillant en qualité de clerc, dans l'étude d'un notaire, et comme incapable, dès lors, d'être témoin dans un testament reçu par ce notaire, un individu qui ne recevait aucun salaire, n'était point clerc titulaire, ne tirait aucun profit de son travail, même pour le stage. — La qualité de clerc, dit on, n'appartient, aux yeux de la loi, qu'à celui qui en a le titre, d'après ses prescriptions. La loi du 29 sept.-6 oct. 1791, tit. 4, art. 4, ne donne cette qualité qu'à l'individu dont le travail peut être considéré comme une candidature aux fonctions de notaire. La loi du 25 vent. an 11, art. 10, reproduit le même principe. Elle établit, dans la cléricature, une hiérarchie qui atteste qu'aux yeux du législateur, c'est là une sorte de fonction soumise à sa surveillance. Aussi, les conditions des aspirants au notariat sont réglées. L'ordonnance de 1843 dispose qu'un registre sera tenu par le secrétaire de la chambre, coté et paraphé par le président, où devra être faite l'inscription au stage (art. 33). Elle reconnaît que, dans une étude, quatre clercs peuvent être admis à l'inscription, et que les inscriptions aux grades inférieurs ne seront admises que sur l'autorisation de la chambre (art. 35); elle défend de conférer concurremment à plusieurs clercs le même grade dans la même étude (*eod.*); elle veut que l'aspirant qui passe d'un grade à un autre en fasse la déclaration dans les trois mois (art. 36). Enfin l'art. 37 met les clercs sous la surveillance de la chambre qui peut prononcer contre eux dans la même forme que contre les notaires, le rappel à l'ordre, la censure et la suppression du stage. — Celui qui travaille, même habituellement, dans une étude de notaire, sans être inscrit sur les registres de la chambre, n'a donc pas légalement la qualité de clerc; et il n'a pas cette qualité, notamment dans le sens de l'art. 975 C. Nap.—S'il est salarié, il pourra être un serviteur, également incapable d'être témoin instrumentaire.—Mais, lorsque, comme dans l'espèce, il ne reçoit aucun salaire, l'incapacité dont sont frappés les clercs ou les serviteurs ne saurait l'atteindre, car il n'est à aucun point de vue sous l'autorité et dans la dépendance du notaire.

2° Violation et fausse application de l'art. 472 C. pr., en ce qu'après avoir infirmé le jugement de première instance, la cour de Rennes a renvoyé les parties, pour procéder au partage, devant le tribunal qui avait rendu ce jugement, sous prétexte qu'en matière de partage, la loi attribue juridiction au tribunal du lieu de l'ouverture de la succession, bien que cette attribution ne résulte d'aucune disposition législative, et que la cour de cassation l'ait formellement repoussée.

25 janv. 1858, arrêt de la cour de cassation (ch. civ.), ainsi conçu :

LA COUR ; — Sur le premier moyen, tiré de la violation des art. 975 et 1001 C. Nap. : — *Attendu* qu'aux termes des articles précités ne peuvent être pris pour témoins des testaments faits par actes publics, les clercs des notaires par lesquels ces actes sont reçus, à peine de nullité desdits actes ;—*Attendu* que la question de savoir si la personne qui travaille chez le notaire rédacteur du testament doit être considérée comme clerc de ce notaire dans le sens de l'application de l'art. 975 C. Nap., dépend des circonstances de la cause;—*Attendu* que l'arrêt attaqué a déclaré, en fait, que *Torquat*, témoin au testament du 25 mars 1851, travaillait habituellement dans l'étude du notaire rédacteur, à l'époque de la réception de cet acte; et qu'en reconnaissant en lui la qualité de clerc, bien qu'il ne fût pas inscrit au stage, il a fait une juste appréciation des faits et circonstances de la cause, par lui constatés; que, dès lors, en annulant par ce motif le testament dont s'agit au procès, loin de violer les art. 975 et 1001 C. Nap., il en a fait, au contraire, une saine application ;—Par ces motifs, rejette ce premier moyen ;

Sur le deuxième moyen, tiré de la violation et fausse application de l'art. 472 C. pr. civ. : — *Attendu* que l'instance existant entre les parties a été introduite par les défendeurs à la cassation, et tendait à l'annulation du testament de la dame *Borel de Bottemont* et, par voie de conséquence, au partage de la communauté des époux *Borel de Bottemont* et de la succession de la dame de *Bottemont* conformément à la loi; — *Attendu* que le tribunal de Vannes avait déclaré le testament valable et débouté les héritiers du sang de toutes leurs fins et conclusions; mais que, sur l'appel, l'arrêt attaqué a annulé le testament, ordonné la liquidation et le partage de la communauté de la succession, et, pour y procéder, a renvoyé les parties devant le tribunal de Vannes, lieu de l'ouverture de la succession; — *Attendu* que la cassation de l'arrêt est demandée pour violation de l'art. 472 C. pr. civ., qui veut qu'en cas d'infirmation d'un jugement, l'exécution n'en appartienne au même tribunal que si la loi lui attribue juridiction; — *Attendu* que les circonstances de fait, desquelles ce moyen est tiré, n'existeraient que s'il s'était directement agi, au procès, de la demande en partage, et si une question la concernant eût été, soit résolue par le tribunal de Vannes, soit tout au moins préjugée par lui; — Mais qu'en fait le tribunal n'avait rejeté la demande en partage que par voie de conséquence, et comme étant le résultat nécessaire de l'invalidité du testament; que l'unique question débattue devant lui a été celle de la nullité, ou de la validité du testament; — Que, dans ces circonstances, l'art. 472 précité n'était point applicable, et n'a pu, en conséquence, être violé; — Par tous ces motifs, rejette le pourvoi, etc...

(MM. : — *Renouard*, fais. fonct. de prés.; — *Alcock*, rapp.; — *De Marnas*, 1er avoc. gén., concl. conf.; — *Bosviel* et *Delaborde*, avoc.)

A annoter :

Au *Manuel des notaires*; — note 14, n. 18; — note 152, n. 367.

Au *Journal*; — art. 1780.

Au *Cours de notariat*; — art. 323 du journ., p. 219, avant-dern. alin.

ART. 2320.

SERVITUDES. — SOURCE. — PRESCRIPTION. — OUVRAGES APPARENTS. — FONDS SUPÉRIEUR. — EAU COURANTE.

La prescription des eaux d'une source ne court au profit du propriétaire du fonds inférieur qu'autant que les ouvrages apparents faits par ce propriétaire, pour faciliter la chute et le cours de l'eau dans sa propriété, ont été établis sur le fonds supérieur d'où jaillit la source (C. Nap. 642). — (A).

(A) Cette question est très-controversée en doctrine et en jurisprudence. *Pour l'affirmative* : — Cass. req., 15 fév. 1854; cass. ch. civ.,

Ainsi, les eaux d'une source ne perdent point leur caractère d'eaux privées, au point où elles surgissent, par cela qu'en un point inférieur, des usines auraient été construites, sans opposition du propriétaire de la source, sur une rivière en partie formée par ces eaux ; par suite, le maître conserve le droit d'en disposer à sa volonté (C. Nap. 642, 644). — (B)

(Compagnie des eaux du Havre.—C.—Hubin.)

La compagnie des eaux du Havre s'est pourvue en cassation contre un arrêt de la cour de Rouen, du 16 juill. 1857, pour violation des art. 641, 642 et 644 C. Nap., en ce que l'arrêt attaqué a décidé que, pour que des ouvrages apparents puissent servir de base à la prescription des eaux d'une source, au profit du propriétaire inférieur, il suffit qu'ils soient établis par ce propriétaire sur son propre fonds, alors surtout que les eaux sont utiles, non pas seulement au propriétaire inférieur, mais encore à de nombreux établissements industriels établis sur un cours d'eau qu'elles contribuent à former.

Sur le premier point, la demanderesse en cassation soutient que la théorie de l'arrêt est en opposition : 1° avec l'art. 642, qui veut que les ouvrages facilitent la *chute* et le cours de l'eau dans l'héritage du propriétaire inférieur, et annonce manifestement la volonté que ces ouvrages soient établis sur le fonds même où naît la source, ce qui, d'ailleurs, est conforme aux principes généraux en matière de prescription, la possession acquisitive supposant l'existence d'actes de possession accomplis sur la chose même qu'on entend prescrire ; 2° avec la doctrine du plus grand nombre des auteurs. — Quant au second motif de l'arrêt, motif tiré de ce que les eaux seraient tombées dans une espèce de communauté négative, il ne saurait justifier davantage cet arrêt. La cour constate que les eaux de source litigieuses se sont réunies avec un cours d'eau qui fait mouvoir de nombreux établissements industriels, et elle conclut de cette réunion que les eaux dont il s'agit ont pris

---

19 nov. 1855; 11 août 1856; cass. req., 1er déc. 1856; cass. ch. civ., 18 mars 1857; Colmar, 24 août 1850; Poitiers, 15 mars 1854; Pau, 2 mai 1857. — Duranton, 5, n. 181; Henrion de Pansey, ch. 26, § 4; Toullier, 3, n. 625; Vazeille, *presc.*, n. 401; Troplong, ibid., n. 114; Proudhon, 4, n. 1372; Garnier, 3, p. 728; Daviel, 2, n. 775; Dubreuil, p. 92; Taulier, t. 2, p. 364; Demolombe, 1, n. 80.

Pour la négative : — Delvincourt, 1, p. 450 et 539; Favard, v° servit., sect. 2, § 1; Pardessus, ibid., n. 10; Solon, ibid., p. 246; Zachariæ, t. 2, § 256; Coulon, t. 1, p. 236; Marcadé, art. 642; Ducaurroy, Bonnier et Roustaing, t. 2, n. 268; Demante, t. 2, n. 493; Massé et Vergé, t. 2, § 318.

(B) *Dans le même sens* : — Rouen, 4 fév. 1824; Daviel, 3, n. 792 et 793; Ducaurroy, Bonnier et Roustaing, 2, n. 267; Demolombe, servit., t. 1, n. 101.

le caractère d'eaux courantes, frappées au profit de riverains d'un droit de jouissance auquel le maître de la source ne peut pas porter atteinte. La conclusion est erronée. L'art. 644, qui donne à celui dont la propriété borde une eau courante, autre que celle qui est déclarée dépendance du domaine public, le droit d'en user au passage ne modifie certainement en aucune façon le pouvoir de disposition conféré par l'art. 641 au propriétaire de la source. Le seul cas où le propriétaire ne puisse pas exercer ce pouvoir, lorsqu'il n'y a, d'ailleurs, ni titre, ni destination du père de famille, ni prescription, c'est, aux termes de l'art. 643, lorsque la source fournit aux habitants d'une commune, village ou hameau, l'eau qui leur est nécessaire. Or, dans l'espèce, loin que le maître de la source se trouve dans ce cas, on voit, au contraire, par une délibération du conseil municipal du Havre, en date du 22 juill. 1857, que « l'exécution de l'arrêt de la cour impériale de Rouen priverait d'eau la plus grande partie des habitants de la ville du Havre, empêcherait l'approvisionnement des navires, et causerait une véritable calamité publique... Autant vaudrait, poursuit la même délibération, décréter l'abandon de la ville et la clôture du port. »

8 fév. 1858, arrêt de la cour de cassation (ch. civ.), ainsi conçu :

LA COUR;—Vu les art. 641 et 642 C. Nap.;—*Attendu* qu'aux termes de ces articles, celui qui a une source dans son fonds, peut en user à sa volonté, sauf le droit que le propriétaire du fonds inférieur pourrait avoir acquis par titre ou par prescription; — Que la prescription ne peut courir qu'à compter du jour où le propriétaire du fonds inférieur a fait et terminé, sur le fonds supérieur d'où la source jaillit, des ouvrages apparents destinés à faciliter la chute et le cours de l'eau dans sa propriété; — *Attendu* que l'arrêt attaqué constate, en fait, que *Hubin* n'a établi, sur le fonds supérieur, aucun ouvrage apparent destiné à faciliter le cours de l'eau; qu'il suit de là que la prescription n'a pu courir à son profit; – *Attendu* que d'aucun des faits énoncés dans ledit arrêt, et notamment de la construction des usines de Hubin sur la rivière de Gournay, alimentée en partie par les sources de Saint-Laurent, en un point inférieur à ces sources, il ne résulte nullement que les eaux de ces sources aient perdu, au point où elles surgissent du terrain appartenant à la compagnie des eaux du Havre, leur caractère d'eaux privées, restant à la disposition libre et absolue de ladite compagnie; et que celle-ci puisse être réputée avoir renoncé à la propriété de ces eaux et au droit que les art. 641 et 642 lui assurent sur lesdites eaux jaillissant du fonds dont elle est propriétaire;—Qu'ainsi elle a pu, comme elle l'a fait, en disposer pour l'alimentation des fontaines publiques et particulières de la ville du Havre; — Qu'en jugeant le contraire, l'arrêt attaqué a formellement violé les art. 641 et 642 C. Nap.; — Casse, etc.

(MM. : — *Bérenger*, présid.;—*Moreau* (de la Meurthe) rap.;— *Sévin*, avoc. gén., concl. conf.;— *Ripault* et *Reverchon*, avoc.)

A annoter :

Au *Manuel des notaires*;—note 53, n. 28.

ART. 2321.

COMMUNAUTÉ DE BIENS. — REPRISES. — RENONCIATION. — DATION EN PAIEMENT. — TRANSCRIPTION HYPOTHÉCAIRE.

La femme commune qui renonce à la communauté devient simplement créancière du prix de ses propres aliénés et du montant des indemnités à elle dues par la communauté. Par conséquent, si des immeubles lui sont abandonnés pour l'acquittement de sa créance, elle les prend, non en vertu d'un droit de propriété, mais à titre de dation en payement, et cette dation est susceptible de transcription à l'effet d'affranchir les immeubles ainsi abandonnés de tous droits réels non inscrits en temps utile (C. Nap. 1492, 1493). — (A).

(Belliard.—C.—Eustache et cons.)

La dame *Beaufrand*, après avoir obtenu sa séparation de biens et renoncé à la communauté qui existait entre elle et son mari, fit procéder, le 28 sept. 1837, à la liquidation de ses reprises dont le chiffre fut fixé à 367,010 fr.

Par acte notarié du 15 fév. 1838, le sieur *Beaufrand* déclara donner en payement, à sa femme, jusqu'à concurrence de 100,000 fr., l'habitation la Tartane, acquise par les deux époux durant la communauté. — Le 21 du même mois, cet acte fut transcrit à la diligence de la dame *Beaufrand*.

Plusieurs années après, cette habitation fut vendue par suite d'expropriation forcée, et un ordre fut ouvert pour la distribution du prix. Le sieur *Belliard*, qui était aux droits des vendeurs, non encore payés, de l'habitation, produisit à cet ordre, et y fut colloqué au premier rang, à raison de son privilége de vendeur.

Le sieur *Eustache*, créancier hypothécaire inscrit sur le même immeuble du chef du sieur *Beaufrand*, contesta cette collocation

(A) Cette solution est une conséquence de l'arrêt de la Cour de Cassation rendu par toutes les chambres réunies, le 16 janvier 1858, et qui est rapporté sous notre art. 2287.

par le motif que le privilége dont excipait le sieur *Belliard* était éteint, faute d'inscription, une première inscription étant tombée en péremption, et la seconde n'ayant été prise que le 8 janv. 1849, c'est-à-dire onze ans après la transcription de l'acte de dation en payement consentie à la dame *Beaufrand*, transcription dans la quinzaine de laquelle tous priviléges et hypothèques, grevant l'immeuble donné en payement, auraient dû être inscrits à peine de déchéance. — Le sieur *Belliard* répondit que l'habitation de la Tartane avait été reprise par la dame *Beaufrand*, en vertu d'un droit préexistant de propriété; que cette dame était réputée la détenir par l'effet du titre qui l'avait mise dans la communauté; qu'ainsi, l'acte du 15 fév. 1838 n'était point un acte translatif de propriété; que, dès lors, il ne donnait point lieu à transcription et qu'il ne pouvait en résulter aucune mise en demeure contre les créanciers hypothécaires ou privilégiés non inscrits.

Un jugement du tribunal de Saint-Pierre, du 17 mars 1854, repoussant ce système, déclara le privilége du sieur *Belliard* éteint, et annula sa collocation.

Sur l'appel, arrêt de la cour de la Martinique, du 13 fév. 1855, qui confirme.

8 fév. 1858, arrêt de la cour de cassation (ch. civ.) ainsi conçu :

LA COUR; — *Attendu* que la femme qui renonce perd toute espèce de droit sur les biens de la communauté, lesquels, par l'effet de sa renonciation, sont exclusivement la propriété du mari; que, simple créancière du prix de ses propres aliénés et des indemnités qui lui sont dues par la communauté, si elle consent à recevoir de son mari des immeubles pour l'acquittement de sa créance, elle les prend, non en vertu d'un droit de propriété, mais à titre de dation en payement; qu'une telle convention, lui transférant une propriété qui reposait entièrement sur la tête du mari et dont elle fournit le prix par une compensation de sa créance, constitue ainsi une véritable vente et en a tous les effets vis-à-vis des tiers; que la transcription de cet acte a eu dès lors pour résultat de mettre ceux-ci en demeure de conserver, par une inscription, les priviléges ou hypothèques qui leur auraient été acquis auparavant, et d'affranchir, par conséquent, les immeubles ainsi donnés en payement, de tous droits réels qui ne se sont pas manifestés en temps utile par une inscription régulière; —D'où il suit qu'en le jugeant ainsi, l'arrêt dénoncé, loin de violer les art. 834 C. pr. civ., 2113, 1493, 1494 et 1495 C. Nap., a fait une juste application tant de ces dispositions que de l'art. 1492 du même code; —Par ces motifs, rejette...

(MM. : *Bérenger*, présid.; — *Laborie*, rapp.; — *Sévin*, avoc. gén., concl. conf.;—*Galopin* et *Duboys*, avoc.)

A annoter :

Au *Manuel des notaires*; — note 111, n. 43; — note 166-2°, n. 160.

Au *Journal*;—art. 211;—art. 465;—art. 487;—art. 567;—art. 691, 3e quest.;—art. 769;—art. 1309, 2e quest.;—art. 1551, 2e quest.; — art. 1563; — art. 2287.

ART. 2322.

RÉGIME DOTAL. — DOT. — IMMEUBLE. — DATION EN PAYEMENT. — DOTALITÉ DU PRIX.

Bien que l'immeuble abandonné à une femme mariée sous le régime dotal, dans la succession de son père, pour la remplir de la dot non payée qui lui a été constituée en argent par ce dernier, ne soit pas dotal, le prix en est, au contraire, frappé de dotalité jusqu'à concurrence de la dot; et la femme a le droit de prélever sur ce prix le montant de sa dot, même par préférence aux créanciers envers lesquels elle s'est personnellement obligée (C. Nap. 1550, 1553, 1560).— — (A).

(Cramaussel.—C.—Ve Clos et Cathala.)

Le père de la dame *Cramaussel* mariée sous le régime dotal, lui avait constitué en dot une somme de 4,000 fr. Le donateur étant décédé sans avoir payé cette somme, un moulin et un pré dépendant de sa succession furent, dans l'acte de partage, abandonnés à la dame *Cramaussel*, pour la remplir de sa dot et de ses droits héréditaires.

Plus tard, les époux *Cramaussel* vendirent cet immeuble, après l'avoir hypothéqué à divers créanciers.—Dans l'ordre ouvert pour la distribution du prix, la dame *Cramaussel* demanda à prélever les 4,000 fr. formant le montant de sa dot.

(A) Si l'immeuble avait été donné au mari, la femme aurait eu sur cet immeuble, pour sûreté du remboursement de sa dot, son hypothèque légale qu'elle aurait pu opposer même à des créanciers envers lesquels elle se fût personnellement engagée. Or, pourquoi les créanciers bénéficieraient-ils de la circonstance que l'immeuble au lieu de devenir par l'effet de la dation en payement, la propriété du mari et le simple gage hypothécaire de la femme, s'est trouvé être la propriété même de cette femme? Cette dernière raison ayant prévalu, il en résulte que les deniers dotaux doivent se distraire de cet immeuble, propriété de la femme, de la même manière qu'ils se fussent, en vertu de l'hypothèque légale, dégagés du même immeuble supposé propriété du mari.

Elle obtint gain de cause, en première instance.

Mais, sur l'appel des créanciers, arrêt de la cour de Toulouse du 21 juill. 1855 qui déclare sa prétention mal fondée.

Pourvoi de la dame *Cramaussel* pour violation des art. 1541, 1560 et 1553 C. Nap., en ce que, tout en reconnaissant avec raison que l'immeuble abandonné à une femme mariée sous le régime dotal, en payement de sa dot constituée en argent, n'est pas dotal, la cour aurait dû, tout au moins, sous peine de réduire la dot à néant, reconnaître ce caractère de dotalité à la portion du prix dudit immeuble qui était représentative de la dot, et, par suite, décider que cette portion du prix ne pouvait servir au payement des dettes contractées pendant le mariage par les deux époux.

1er déc. 1857, arrêt de la cour de cassation (ch. civ.), ainsi conçu :

LA COUR; — Vu les art. 1541, 1560 et 1553 C. Nap.;—*Attendu* qu'il résulte en fait de l'arrêt attaqué que les époux *Cramaussel* étaient mariés sous le régime dotal, que le père de la femme *Cramaussel* lui avait constitué en dot une somme de 4,000 fr.; que cette somme n'a point été payée par le donateur, mais qu'après sa mort et par le partage de ses biens, un moulin et un pré ont été abandonnés aux époux *Cramaussel* pour remplir la femme de sa dot et de ses droits héréditaires; que si cet immeuble donné en payement de la dot n'était pas dotal, il en était autrement du prix jusqu'à concurrence du montant de la dot qu'il représentait; que cette portion de prix, dotale, et à ce titre inaliénable, ne pouvait pas être détournée de sa destination essentielle, ni servir au payement des dettes contractées pendant le mariage par les deux époux; d'où il suit que la cour de Toulouse, en refusant à la femme *Cramaussel* le droit de prélever, dans l'ordre, sur le prix de son immeuble et par préférence à ses créanciers, le montant de sa dot, a formellement violé les articles de loi ci-dessus; — Casse.

(MM. : — *Troplong*, 1er prés.; — *Glandaz*, rapp.; — *de Marnas*, 1er avoc. gén., concl. conf.;—*Aubin* et *Costa*, avoc.)

A annoter :

Au *Manuel des notaires*;—note 166-5°, n. 71.

ART. 2323.

TESTAMENT OLOGRAPHE. — COPIE. — DATE. — DÉLIVRANCE DE LEGS. — FRAIS.

Un écrit réunissant les conditions déterminées par l'art. 970 du C. Nap. vaut comme testament olographe, bien que le testateur l'ait intitulé COPIE, *s'il est reconnu que le testateur, en employant ce mot, a entendu refaire un testament qu'il avait précédemment annulé, et non pas en dresser une simple copie* (C. Nap., 970.)—(A).

Lorsqu'un testament contient un legs au profit d'un individu que le testateur désigne comme son commis, bien qu'à la date exprimée au testament, il n'eût pas encore cette qualité, la date de ce testament doit être considérée comme sincère, le testateur étant présumé avoir voulu donner à son légataire la qualification qui lui appartiendrait à l'époque où le testament recevrait son exécution (même art.)—(B).

De ce que les frais de délivrance d'un legs ne peuvent jamais être pris sur la réserve, cela ne met point obstacle à ce que ces frais soient compris dans la condamnation aux dépens prononcée contre le réservataire, par le jugement qui a repoussé son action en nullité du testament (C. Nap. 1016.)

(Soulié-Cottineau.—C.—Cottineau et cons.)

Au décès du sieur *Cottineau*, il fut trouvé, en son domicile, un écrit sur papier timbré, intitulé *mon testament olographe*. Cet écrit, daté du 6 mars 1849, était cancellé en plusieurs endroits, et portait en tête, de la main du sieur *Cottineau*, le mot *nul*. — Un autre écrit sur papier libre, daté du 28 fév. 1850, fut produit quelque temps après, écrit en entier de la main du sieur *Cottineau*, et il renfermait l'intitulé *copie*.

Le sieur *Soulié-Cottineau*, fils adoptif du défunt, refusa de délivrer les legs contenus dans cet acte, en se fondant, d'une part, sur ce qu'il n'avait que le caractère d'une simple copie, sans valeur aucune, faute de représentation de l'original, et, d'autre part, sur ce qu'en tous cas la date en était fausse, l'un des légataires, le sieur *Flynoi*, y étant désigné sous la dénomination de commis du testateur, tandis qu'il est constant qu'il n'était entré, à ce titre, dans la maison du testateur, que le 1er avr. 1850, c'est-à-dire un mois après la date du testament.—Le sieur *Soulié-Cottineau* articulait subsidiairement différents faits de captation.

Un jugement du tribunal de Bordeaux, du 16 août 1856, rejeta la demande du sieur *Soulié-Cottineau*, et le condamna aux dépens.

Sur l'appel, arrêt de la cour de Bordeaux, du 28 janv. 1857, qui, confirmant le jugement de première instance, valide le testament, attendu, quant au premier moyen de nullité, qu'il résultait

---

(A) La question de savoir si un acte écrit, daté et signé par son auteur, a la nature d'un testament olographe, est abandonnée à l'interprétation des tribunaux (Grenier, t. 1, n. 224; Toullier, 5, n. 379; Duranton, 9, n. 43; Marcadé, sur l'art. 970).

(B) *Dans le même sens* : — Cass. req., 29 avril 1850. J., art. 974; 6 août 1856, J., art. 2074.

des documents du procès et des dispositions de l'acte litigieux, que le sieur *Cottineau* avait entendu, non pas faire une simple copie d'un testament non représenté, mais refaire le testament précédemment annulé, et que, dès lors, cet acte, daté, signé et écrit en entier de la main du testateur, devait être considéré comme l'expression de ses dernières volontés;— Quant au second grief, que les rapports antérieurs qui avaient existé entre *Flynoi* et *Cottineau* démontraient que ce dernier avait volontairement donné à son légataire une qualification qui devait lui appartenir au moment où le testament recevrait son exécution; — Quant au troisième grief, que les faits de captation articulés n'étaient point pertinents.

POURVOI du sieur *Soulié-Cottineau :* — 1° Violation des art. 893, 967, 1335 C. Nap., et fausse application de l'art. 970 même code, en ce que l'arrêt attaqué a validé, comme testament olographe, un écrit qualifié *copie* par le testateur lui-même.

2° Violation des art. 970 et 1341 C. Nap., en ce que l'arrêt attaqué a écarté, à l'aide de circonstances extrinsèques, la cause de nullité prise de la fausseté de la date d'un testament olographe, démontrée par le testament lui-même.

3°..., 4° Violation de l'art. 1016 C. Nap., en ce que la cour a mis à la charge de l'héritier, réduit à sa réserve, les frais de délivrance d'un legs.

4 nov. 1857, arrêt de la cour de cassation (ch. req.), ainsi conçu:

LA COUR ;—*Attendu*, sur le premier moyen, qu'il est établi, par l'arrêt attaqué, que l'écrit du 28 fév. 1850 n'est point la copie du testament annulé par son auteur et portant la date du 6 mars 1849, et que ces deux actes diffèrent essentiellement l'un de l'autre; —*Attendu* qu'il est également constaté que ledit écrit du 28 fév. présente tous les caractères d'un testament olographe, puisqu'il est daté, signé et écrit en entier de la main du testateur;—*Attendu* qu'il appartenait aux juges du fond de déterminer le sens et la portée du mot *copie* qui se trouvait en tête du testament, aussi bien que des dispositions qu'il renferme; que la cour d'appel déclare que, par le mot *copie, Cottineau* avait exprimé qu'il refaisait le testament qu'il avait précédemment annulé; qu'en ajoutant que l'écrit en question devait être considéré comme l'expression des dernières volontés du testateur, cette cour a fait de son droit d'interprétation un usage qui ne tombe pas sous le contrôle de la cour de cassation; — *Attendu* que le second moyen de cassation trouve sa réfutation dans le même principe; qu'en effet, si la date erronée d'un testament olographe ne peut être rectifiée qu'à l'aide d'éléments ressortant du testament lui-même, il en est autrement lorsque la date du testament est régulière et complète, et que sa sincérité n'est attaquée que par des faits et des considérations extrinsèques; qu'alors, c'est leur appréciation et non pas la date qui forme le sujet du débat, et que cette appréciation rentre dans le domaine exclusif des juges de la cause; — *Attendu* que le demandeur tirait la preuve de la fausseté de la date du testament en question de ce fait que *Flynoi* jeune, auquel le testateur avait fait un legs, en le qualifiant de son commis, n'était entré chez lui, en cette qualité, qu'un mois après la date du testament; — *Attendu* que la cour d'appel, se fondant sur les rapports antérieurs qui avaient existé entre *Flynoi* et *Cottineau*, en a conclu que ce dernier avait volontairement donné à son légataire une qualification qui devait lui appartenir au moment où le testament recevrait son exécution; qu'une pareille appréciation de volonté était dans les attributions exclusives des juges du fond;

Sur le troisième moyen :...

Sur le quatrième moyen : — *Attendu* que l'art. 1016 C. Nap. d'après lequel les frais de délivrance de legs ne peuvent jamais être pris sur la réserve, n'est pas tellement absolu qu'il ne puisse, en certains cas, cesser de recevoir son exécution en présence de l'art. 130 C. pr. civ., qui met les frais du procès à la charge de la partie qui succombe; — Que, dans l'espèce, la condamnation de *Soulié-Cottineau* en tous les frais de l'instance, y compris ceux des demandes en délivrance, était suffisamment motivée par cette circonstance que celui-ci avait conclu à la nullité absolue du testament, et qu'il succombait sur tous ses chefs de demande; — Rejette, etc.

(MM. : — *Nicias-Gaillard*, présid.; — *Hardoin*, rapp.; — *Blanche*, avoc. gén., concl. conf.; — *Rendu*, avoc.)

A annoter :

Au *Manuel des notaires*; — note 152, n. 125; — note 24, n. 315.
Au *Journal*; — art. 974; — art. 2074.

ART. 2324.

LEGS INCERTAIN. — SECRET. — CHARGE DE LEGS.

Le legs fait à une personne incertaine ou inconnue est nul; mais il n'en est pas de même du legs fait à une personne dénommée, POUR LA METTRE A MÊME DE REMPLIR LES VOLONTÉS DU TESTATEUR, BIEN CONNUES D'ELLE; *un tel legs étant considéré comme fait réellement au légataire désigné, sous l'accomplissement de charges laissées à sa discrétion* (C. Nap. 902). — (A).

(A) *Contrà* : — pour le cas où il a été reconnu par les juges du fait que le

(Gadet. — C. — Eon.)

Le 30 janv. 1855, le sieur *Eon*, prêtre, décéda, laissa un testament authentique, en date du 30 juin 1851, ainsi conçu : « Je recommande mon âme à Dieu, et, pour prouver ma reconnaissance à M. Mathurin *Eon*, mon frère, et le mettre à même de remplir mes volontés, qu'il connaît parfaitement, je donne et lègue par ces présentes, à M. Mathurin *Eon*, mon frère, prêtre, vicaire, demeurant à Lauvallon, la pleine propriété de tous les biens meubles et immeubles dont je décéderai propriétaire, dont il pourra disposer, ainsi qu'il verra bon être, à partir du jour de mon décès... »

Le 3 février, le sieur Mathurin *Eon* écrivait à la dame *Gadet*, sa sœur : « Ne vas pas croire que tout ce que m'a laissé notre frère, par son testament, soit pour moi. Il m'impose de grandes obligations pour des œuvres de bienfaisance que j'ai à remplir selon les intentions de mon frère, qui ne sont point exprimées dans le testament, il est vrai, mais qu'il m'a fait connaître verbalement, et que je remplirai scrupuleusement. »

Les époux *Gadet* demandèrent la nullité de ce testament comme contenant des legs faits à des personnes incertaines, par l'intermédiaire du sieur Mathurin *Eon*.

Un jugement du tribunal de Saint-Brieuc, du 9 juin 1856, prononça cette nullité : « *Attendu* que les énonciations du testament et de la lettre du 3 février démontrent que l'institution du sieur Mathurin *Eon* à titre de légataire universel, n'est qu'apparente, puisqu'il se trouve secrètement chargé d'acquitter, au profit de personnes inconnues, de graves obligations dont on ne saurait déterminer l'objet et l'étendue ; —Que l'incertitude qui en résulte réfléchit sur l'ensemble du testament, et doit faire prononcer la nullité dudit acte »

Mais, sur l'appel, arrêt de la cour de Rennes, du 8 déc. 1856, qui infirme, attendu, en substance, qu'il résulte des termes du

---

légataire dénommé n'est qu'un légataire apparent. Cass. req., 13 janvier 1855. J., art. 2160; 3 mars 1857, 18 août 1826; Douai, 3 mai 1842, 15 déc. 1848; Merlin, rép. v° légataire, § 2, n. 18; Toullier, 5, n. 351; Duranton, 9, n. 408; Marcadé, sur l'art. 1051, n. 5; Massé et Vergé, sur Zachariæ, t. 3, § 418.

Si, au contraire, il est reconnu que le légataire désigné est personnellement gratifié, et que les volontés du testateur ne se rapportent, par exemple, qu'à des œuvres de bienfaisance et de piété, abandonnées à sa discrétion, il résulte de cette interprétation souveraine, que les dispositions testamentaires s'adressent à un légataire connu et certain. Elles doivent être validées, et c'est ce que l'arrêt que nous rapportons décide.

testament que la disposition attaquée constitue un legs universel, une véritable institution d'héritier; qu'il n'existe, dans la cause, aucun indice qui tende à faire soupçonner que le testateur ait pu avoir l'intention de gratifier des incapables; que les volontés du testateur, parfaitement connues du légataire, et que le testateur le met à même de remplir, ne se rapportent qu'à des œuvres de bienfaisance et de piété, abandonnées dans leur application à la discrétion du légataire; que des charges de cette nature, dont personne ne peut à aucun titre et dans aucune mesure, attribuer le bénéfice, ne constituent pas des legs faits à des personnes incertaines, et que leur indétermination ne saurait vicier l'institution de l'héritier auquel elles sont imposées.

Pourvoi des époux *Gadet* pour violation de l'art. 902 C. Nap. — La question de savoir si un legs est incertain, dit-on, est une question de droit, aussi bien que celle de savoir si un testament renferme un fidéicommis, une substitution prohibée. Elle soulève, en effet, presque toujours le point de savoir s'il y a charge de remettre à un incapable. La décision de la cour de Rennes n'est donc pas souveraine, et la cour suprême a le droit d'examiner à son tour si la disposition testamentaire litigieuse ne constitue pas soit un legs incertain, soit un fidéicommis. — Or, en principe, les dispositions testamentaires, pour être valables, doivent s'appliquer à des personnes certaines, et l'on assimile aux personnes incertaines celles que le testateur aurait indiquées verbalement ou par écrit, comme devant profiter de l'effet de ses dispositions, sans les avoir désignées dans un acte revêtu des formalités légales. Il y a présomption alors qu'il a voulu gratifier des incapables. — Or, dans l'espèce, les termes du testament, la lettre écrite à sa sœur par le légataire, établissent, à n'en point douter, comme l'a fort bien déclaré le tribunal, que l'institution du sieur Mathurin *Eon* s'adresse, en réalité, à des personnes inconnues. Le légataire connaît parfaitement les volontés du testateur; il a de graves obligations à remplir, et il les exécutera scrupuleusement. — Il y a là tout à la fois legs incertain et fidéicommis. La nullité du testament aurait donc dû être prononcée.

10 nov. 1857, arrêt de la cour de cassation (ch. req.), ainsi conçu :

LA COUR; — *Attendu* que s'il est de principe qu'un legs fait à une personne inconnue ou incertaine est nul, ce principe n'a reçu aucune atteinte dans l'espèce actuelle; — Qu'en effet l'arrêt attaqué appréciant les termes du testament fait par l'abbé François *Eon* au profit de son frère Mathurin *Eon*, et les intentions du testateur, a décidé que l'institution d'héritier résultant de ce testament était sérieuse, et qu'on ne pouvait pas conclure de certaines expressions dudit testament que le legs universel ne fût qu'apparent et que l'héritier institué ne fût qu'un fidéicommissaire chargé de transmettre la succession du testateur à des personnes restées incertaines; — Qu'une semblable interprétation est souveraine et ne saurait tomber sous le coup de la censure de la cour de cassation; — Rejette...

(MM. : — *Nicias-Gaillard*, présid.; — *Taillandier*, rapp.; — *Blanche*, avoc. gén., concl. conf.;—*Delachère*, avoc.)

A annoter :
Au *Manuel des notaires;* — note 24, n. 96, 370, 380.
Au *Journal* ; — art. 2160.

ART. 2325.

HYPOTHÈQUE JUDICIAIRE. — JUGEMENT. — CONDAMNATION. — SOCIÉTÉ. — LIQUIDATION.

Les jugements n'emportent hypothèque judiciaire qu'autant qu'ils prononcent des condamnations. Ainsi, le jugement qui ordonne, sur la demande de l'une des parties et avec l'acquiescement de l'autre, qu'un tribunal arbitral sera constitué pour la liquidation de leurs droits respectifs dans une société dissoute, ne produit pas d'hypothèque judiciaire, un tel jugement ne renfermant ni ne préjugeant aucune condamnation (C. Nap. 2117, 2123.)—(A).

(Chabalier et Balmel. — C. Polge.)

Un arrêt de la cour de Riom, du 1er mai 1855, s'était prononcé en sens contraire par les motifs suivants : — « *Considérant* que l'hypothèque est un droit réel sur les immeubles affectés à l'acquittement d'une obligation ; — *Considérant* qu'il suit de là qu'il ne peut exister d'hypothèque sans obligation préexistante reconnue, mais qu'il suffit que cette obligation, base nécessaire de l'hypothèque, existe, lors même qu'elle ne serait pas déterminée dans son étendue et dans ses effets;—*Considérant* que le jugement du 3 sept. 1847, constate qu'une société avait existé de fait entre *Polge* et *Chabalier*, mais qu'irrégulièrement formée, elle était nulle; qu'elle ne pouvait produire effet que relativement aux actes maté-

---

(A) *Conf.* :— Cass. ch. civ., 18 janvier 1855.

Le jugement n'emporte hypothèque judiciaire que quand il renferme *en faveur* de l'une des parties, sinon une condamnation actuelle, du moins le germe d'une condamnation (Cass. ch. civ. rej., 21 avril 1810 et 16 fév. 1842; Bourges, 21 mars 1830, et autres arrêts cités au *Manuel des Notaires*, note 30, n. 226.)

riels sociaux qui avaient eu lieu entre les parties, mais que ces actes sociaux les obligeaient à une liquidation qu'il ordonne; — *Considérant* que la nomination des arbitres n'était que la conséquence de ces décisions; — *Considérant* que la reconnaissance par les parties de cet état de société consacrait des droits en faveur de chaque associé; qu'elle imposait aussi à chacun des obligations au nombre desquelles il faut placer en première ligne celle de se rendre respectivement compte des opérations que chacun d'eux aurait faites pour la société, des sommes qu'il aurait touchées, enfin celle définitive à celui qui serait débiteur de payer le reliquat du compte ou de la liquidation; — *Considérant* que cette obligation certaine, quoique non déterminée dans la quotité, était pour chacune des parties le fondement ou au moins le germe, le principe d'une obligation qui donnait lieu à une hypothèque et autorisait par conséquent une inscription; — *Considérant* qu'il devait d'autant mieux en être ainsi en l'espèce que l'obligation de compte paraissait reposer principalement sur la tête de *Chabalier*; — *Considérant*, en effet, que quoique la société dont il s'agit paraisse avoir été constituée en termes généraux et collectifs, il résulte des éléments du procès, notamment des conditions de l'association des parties, de la nature des apports de chacune des parties, du domicile qu'elles avaient, de leurs occupations habituelles, que *Chabalier* devait être et la suite a prouvé qu'il avait été le seul gérant, qu'il achetait les matières premières, qu'il les faisait fabriquer, qu'il vendait leurs produits et en recevait le prix; qu'en un mot, dans la dénomination et la qualité d'associé, *Polge* n'était qu'un bailleur de fonds; — *Considérant* que sous tous ces rapports, l'arrêt du 21 fév. 1848 a bien décidé en déclarant que l'inscription du 15 sept. 1847 devait produire son effet. »

Pourvoi des époux *Chabalier* et du sieur *Balmel* pour violation des art. 2114 et 2123 C. Nap., en ce que l'arrêt attaqué a fait produire une hypothèque judiciaire à un jugement qui, se bornant à ordonner le règlement, dans une société de fait annulée comme dépourvue d'existence légale, des intérêts des membres de l'association, ne prononçait de condamnation en faveur d'aucune des parties.

8 déc. 1857, arrêt de la cour de cassation (ch. civ.), rendu après délibéré en chambre du conseil et ainsi conçu :

LA COUR; — Joint les deux pourvois, et statuant sur iceux; — Vu les art. 2114 et 2123 C. Nap.; — *Attendu* qu'aux termes de la disposition ci-dessus du dernier de ces articles, les jugements ne donnent lieu à l'hypothèque judiciaire qu'en faveur des parties qui les ont obtenus; — *Attendu* qu'il résulte du jugement du 3 sept.

1847, rendu entre *Polge* et *Chabalier*, qu'il se bornait, après avoir prononcé la nullité pour l'avenir de leur association, à ordonner, sur la demande du premier et avec l'acquiescement du second, qu'un tribunal arbitral serait composé pour le règlement de ladite association qui avait existé de fait jusqu'alors entre les parties, et des intérêts de chacun dans cette communauté;—*Attendu* qu'une telle décision ne préjugeait de condamnation ni en faveur de *Polge* ni en faveur de *Chabalier*, puisqu'elle subordonnait purement et simplement l'intérêt de chacun au règlement ultérieur confié au tribunal arbitral; — *Attendu*, en conséquence, qu'il ne pouvait encore en résulter hypothèque judiciaire ni pour l'une ni pour l'autre des parties, le jugement ayant été rendu d'accord avec elles, et non en faveur de l'une contre l'autre; — D'où il suit que l'arrêt attaqué, en validant l'inscription prise par *Polge* en vertu dudit jugement le 14 sept. 1847, a expressément violé les articles précités; — Casse, etc.

(MM. : — *Troplong*, 1er présid.; — *Gaultier*, rapp.; — *de Marnas*, 1er avoc. gén., concl. conf.; — *Béchard*, *Dufour* et *Gatine*, avoc.)

A annoter :

Au *Manuel des notaires*; — note 27, n. 231; — note 30, n. 226 et 229.

Au *Journal*; — art. 819.

ART. 2326.

EXPÉDITION. — GROSSE. — COMMUNICATION. — AYANT-DROIT. — FAILLITE. — SYNDIC. — JUGE COMMISSAIRE.

(Questions proposées par un de nos abonnés du Gers.)

Un notaire peut-il, sans ordonnance du président du tribunal, délivrer expédition ou grosse et donner connaissance au syndic d'une faillite des actes par lui reçus ou dont il est dépositaire et dans lesquels le failli est intéressé en nom direct? (L. 25 vent. an XI, art. 23; C. proc. civ. 839.)

Dans le cas de l'affirmative, le notaire peut-il exiger pour cette délivrance l'intervention du juge-commissaire à la faillite? (C. comm. 454.)

Tout failli étant, à partir du jugement déclaratif de la faillite, dessaisi de l'administration de tous ses biens (C. comm. 443), et cette administration étant, sous la surveillance du juge commissaire nommé par le tribunal de commerce (C. comm. 452), exercée par un syndic (C. comm. 443), il en résulte que ce syndic doit exercer tous les droits actifs et passifs du failli jusqu'au jour de l'homologation du concordat par lequel il est remis à la tête de ses affaires (C. comm. 519) ou jusqu'à l'époque où les créanciers demeurent en état d'union par défaut de concordat (C. comm. 599.)

Comme conséquence, le syndic doit avoir la possibilité de se procurer tous les actes passés par le failli soit devant notaires, soit sous seings privés. Pour les actes devant notaire, la loi de ventôse est formelle, car, par son art. 23, elle donne la faculté à tout *ayant-droit* de se faire délivrer expédition des actes notariés; or, un syndic étant un *ayant-droit*, il en résulte que le notaire ne peut lui refuser expédition des actes passés par le failli et qu'il n'a pas besoin, dans ce cas, de l'ordonnance du président du tribunal.

Le syndic est dans une situation pareille à celle du tuteur, auquel on ne peut contester le droit d'obtenir expédition de tous les actes dans lesquels le pupille est intéressé, sans paralyser son administration et se rendre responsable des déchéances qu'un refus occasionnerait. Il n'y a entr'eux que cette différence quant à l'émanation du pouvoir, c'est que le tuteur est nommé par la loi ou le conseil de famille, tandis que le syndic est nommé par la justice.

Mais est-ce à dire pour cela que le syndic sera dispensé de l'intervention du juge commissaire et que le notaire ne pourra exiger cette intervention?

Le juge commissaire doit surveiller les opérations et la gestion de la faillite (C. comm. 452), mais ce n'est de sa part qu'un contrôle vis-à-vis du syndic, son subordonné, et que les tiers ne peuvent pas l'obliger à exercer. Comme conséquence, nous croyons que le notaire n'est point fondé à refuser de délivrer l'expédition, même en forme exécutoire, d'un acte où le failli est intéressé, si le syndic ne lui représente pas l'autorisation du juge commissaire. Celui-ci, en effet, ne gère pas, c'est le syndic, lequel est seul juge de l'opportunité qu'il peut y avoir pour la faillite à se procurer telle ou telle expédition d'acte.

Sous ce rapport encore le syndic diffère peu du tuteur. Celui-ci a pour surveillant le subrogé-tuteur, tandis que le syndic a pour surveillant le juge commissaire. Or, on ne prétendra pas que le tuteur a besoin du concours du subrogé-tuteur pour obtenir expédition d'un acte.

Par ces motifs, la première question doit recevoir une solution affirmative, et la seconde une solution négative.

A annoter :

Au *Manuel des notaires*;—note 21, n. 2; — note 64, n. 6.
Au *Cours de Notariat*;— art. 956 du journal, p. 949, alin. 6.

ART. 2327.

TIMBRE. — ÉCRIT PÉRIODIQUE. – ANNONCES.

Les écrits périodiques ne sont affranchis du timbre qu'autant qu'ils sont exclusivement relatifs aux lettres, aux arts et à l'agriculture (Décr. 17 fév. 1852, art. 6 ; 26 mars 1852, art. 1.)

Ainsi, un journal, même non politique, qui s'occupe d'annonces commerciales ou industrielles, doit être soumis au timbre. — (A).

(Enregistrement. — C. — Le journal le *Figaro*.)

Un jugement du tribunal civil de la Seine, du 9 mai 1855, avait décidé que les journaux ou écrits périodiques relatifs aux lettres, sciences et arts ou à l'agriculture, lesquels sont exemptés, par le décret du 26 mars 1852, du timbre imposé aux journaux politiques, ne perdent pas le bénéfice de cette exemption par le seul fait d'une publication accessoire d'annonces industrielles; cette déchéance n'étant encourue qu'au cas de publication, même accidentelle, de matières politiques ou d'économie sociale.

Pourvoi formé par l'administration de l'enregistrement.

14 déc. 1857, arrêt de la cour de cassation (ch. civ.), ainsi conçu :

LA COUR ; — Vu l'art. 6 du décret du 17 fév. 1852 et l'art. 1 du décret du 26 mars suivant ; — *Attendu* qu'en règle générale tout écrit périodique, politique ou non, est soumis au timbre; que, s'il est fait exception à cette règle en faveur des journaux exclusivement relatifs aux lettres, aux arts et à l'agriculture, cette exception doit se renfermer dans les objets formellement exceptés, et ne peut s'étendre aux journaux qui s'occupent d'annonces commerciales ou industrielles;—*Attendu* que du jugement attaqué il résulte, en fait, que le journal *le Figaro* a, dans ses numéros des 1er et 8 oct. 1854, inséré des annonces industrielles et commerciales; qu'il a même annoncé que la quatrième page du journal était affermée à un agent de publicité, auquel on devrait s'adresser pour les affiches et annonces ; que, dès lors, ce journal déclarant qu'il s'occupait, et s'occupant habituellement d'annonces commerciales et industrielles, cessait d'être exclusivement littéraire, et rentrait dans la règle commune qui soumet au timbre les journaux et écrits périodiques ; — Qu'en décidant le contraire, le

(A) Le journal n'est soumis à l'impôt du timbre, que s'il est toujours et avec *continuité* consacré aux annonces et affiches, et il ne l'est pas lorsqu'il n'en contient que *accidentellement*. C'est ce qui parait résulter du dernier considérant de l'arrêt que nous recueillons.

jugement attaqué a formellement violé l'art. 6 du décret du 17 fév. 1852, faussement appliqué et, par suite, formellement violé l'art. 1 du décret du 26 mars 1852; — Casse, etc.

(MM. : — *Bérenger*, présid. ; — *Grandet*, rapp. ;— *Sévin*, avoc. gén., concl. conf. ; — *Moutard-Martin* et *Devaux*, avoc.)

A annoter :

Au *Manuel des Notaires*; — note 61, n. 9 et 54; — même note, p. 583, colonne de droite des tableaux, au-dessus de l'alin. 25.

Au *Journal*; — art. 520, p. 387, en marge de la note A; — art. 997, en marge des art. 6 et 11; — art. 1012.

ART. 2328.

CAUTIONNEMENT. — Dation en payement. — Décharge. — Faillite.

L'art. 2038 du C. Nap., suivant lequel l'acceptation volontaire par le créancier d'un immeuble ou d'un effet mobilier, en payement d'une dette cautionnée, a pour effet de décharger la caution, nonobstant l'éviction du créancier, ne s'applique pas au cas où la dation en payement a été faite en vertu de l'acte même de cautionnement, par exemple, au cas où les valeurs ont été données en payement, comme les ayant reçues à une époque postérieure à celle de la déclaration de la faillite du débiteur (C. Nap. 2038; C. comm. 446).

(Ve Maillet. — C. — David et Fombelle.)

Par acte privé du 11 mai 1832, les sieurs *David*, *Fombelle* et comp. prirent à leur charge le payement de certaines sommes dues par le sieur *Maillet* à un sieur *Patureau*, et pour sûreté du remboursement des sommes qu'ils auraient ainsi avancées, la dame *Maillet* se porta caution de son mari, jusqu'à concurrence de 1,500 fr. Ce cautionnement était consenti « sous la condition que toutes les marchandises que le sieur *Maillet* pourrait vendre aux sieurs *David* et *Fombelle* seraient imputées par eux en déduction de ladite somme. »

Un jugement du 23 juill. 1832 déclara la faillite du sieur *Maillet* et en fit remonter l'ouverture au 1er sept. 1830.

Le 19 mai 1840, les sieurs *David* et *Fombelle* pratiquèrent une saisie-arrêt sur diverses créances de la dame *Maillet*, en vertu de l'acte de cautionnement du 11 mai 1832, et en demandèrent la validité devant le tribunal civil de Blanc. — La dame *Maillet* opposa que, à dater de son cautionnement, les sieurs *David* et *Fombelle* avaient reçu de son mari des fournitures de marchandises, dont l'imputation sur la dette, en exécution des clauses de son cautionnement, avait depuis longtemps entraîné l'extinction de ce cautionnement.

Les syndics de la faillite *Maillet* intervinrent alors dans l'instance, pour demander le rapport à la masse de cette faillite de toutes les marchandises remises aux sieurs *David* et *Fombelle* par *Maillet*, depuis le 30 déc. 1830, époque de la cessation de ses payements; et, le 5 juill. 1852, le tribunal civil de Blanc, statuant comme tribunal de commerce, ordonna la restitution de la valeur de ces marchandises.

Les sieurs *David* et *Fombelle* conclurent alors à ce que, par suite de la restitution à laquelle ils avaient été condamnés, l'imputation des marchandises restituées, sur le cautionnement de la dame *Maillet*, fût réputée non avenue, et ce cautionnement déclaré toujours subsistant.

14 août 1855, jugement du tribunal civil de Blanc qui repousse ces conclusions et décide que le cautionnement de la dame *Maillet* devait être considéré comme éteint.

Mais sur l'appel, arrêt de la cour de Bourges, du 5 août 1856, qui infirme ce jugement, condamne la dame *Maillet* à payer aux sieurs *David* et *Fombelle* le montant de son cautionnement, et, en conséquence, déclare bonne et valable la saisie-arrêt pratiquée contre elle : — *Attendu*, en substance, que l'art. 2038 exige que l'acceptation, par le créancier, des objets donnés en payement de la dette principale soit purement volontaire, et que, dès lors, il ne saurait recevoir son application dans l'espèce, les sieurs *David* et *Fombelle* n'ayant imputé sur leur créance contre le sieur *Maillet* les marchandises à eux fournies par celui-ci, que parce qu'ils s'y étaient obligés à l'avance dans l'acte de cautionnement; — Qu'il suit de là que l'éviction soufferte par eux doit faire considérer la dette comme n'ayant jamais cessé d'exister, même vis-à-vis de la caution.

Pourvoi de la dame *Maillet*, pour violation de l'art. 2038 C. Nap., en ce que l'arrêt attaqué a refusé de déclarer un cautionnement éteint par l'effet d'une dation en payement faite par le débiteur principal, à son créancier, d'objets dont ce dernier avait plus tard été évincé, sous prétexte que ce créancier aurait reçu ces objets, non pas volontairement, mais en exécution du contrat de cautionnement lui-même.—Le mot volontaire employé dans l'art. 2038, dit-on, n'a pas le sens que lui prête la cour de Bourges. Il signifie seulement que l'acceptation, par le créancier, de valeurs mobilières données en payement, libère la caution, encore bien qu'elle ait été suivie d'éviction, par cela seul qu'elle a été exempte d'erreur, de dol ou de violence. Il n'importe que cette acceptation soit intervenue, au moment même de la dation en payement ou qu'elle ait eu lieu d'avance et antérieurement à toute remise. Dans les deux cas, elle n'en est pas moins volontaire et libre. — Il y a plus, la circonstance que la dation en payement a été faite et reçue en exécution d'un engagement formel, doit d'autant moins permettre au créancier de revenir contre la caution, après que celle-ci a dû se croire définitivement libérée. Le mode de payement auquel a adhéré le créancier est, en pareille hypothèse, à ses risques et périls, en vertu de la loi, comme de la convention tacite des parties.

23 nov. 1857, arrêt de la cour de cassation (ch. req.), ainsi conçu :

LA COUR ; — Sur l'unique moyen tiré de la violation de l'art. 2038 C. Nap. ; — *Attendu* qu'il est constaté en fait, que c'est par l'effet de la condition énoncée dans l'acte de cautionnement du 11 mai 1832, souscrit par la femme *Maillet*, que les défendeurs éventuels ont reçu en payement du sieur *Maillet*, une certaine quantité de marchandises applicables à l'extinction de la créance principale, et que, postérieurement, sur la demande des syndics de la faillite de *Maillet*, ils ont été condamnés à restituer ces valeurs à la masse ; — *Attendu* que, dans cet état des faits, l'arrêt attaqué avait à juger si, par application de l'art. 2038 C. Nap., la dame *Maillet*, caution, était déchargée de son obligation ;

Attendu en droit, que si la décharge de la caution doit avoir lieu par l'acceptation volontaire que fait le créancier d'un immeuble ou d'un effet quelconque en payement de la dette principale, encore que le créancier vienne à en être évincé, cette déchéance du droit du créancier, tient à sa renonciation présumée à ses droits contre la caution, et ne peut avoir lieu que, lorsque postérieurement au contrat, en recevant une valeur quelconque à la décharge de sa créance, il change la situation créée par le contrat de cautionnement, il opère une novation qui annule ou modifie essentiellement la convention première ; — *Attendu* qu'en jugeant que l'art. 2038 C. Nap. n'était pas applicable au cas où les valeurs reçues par le créancier n'ont passé dans ses mains qu'en vertu d'une condition faisant partie de la convention de cautionnement, l'arrêt attaqué n'a fait qu'une saine application dudit article ; — Rejette, etc.

(MM. — *Nicias-Gaillard*, prés. ; — *Poultier*, rapp. ; — *Blanche*, avoc. gén., concl. conf. ; — *Aubin*, avoc.)

A annoter :

Au *Manuel des notaires* ; — note 32, au-dessus du n. 121, sous ce titre *dation en payement* ; — note 130, n. 89.

ART. 2329.

FAILLITE. — ETRANGER. — COMMERÇANT.

Les étrangers qui exercent le commerce en France, peuvent être déclarés en état de faillite, aussi bien sur leur demande qu'à la diligence de leurs créanciers, le commerce étant du droit des gens et ne constituant pas un droit civil (C. N. XI; C. comm. 437). —(A).

(Castrique. — C. — Gandell.)

Le sieur Castrique s'est pourvu en cassation contre l'arrêt de la cour imp. de Paris du 22 janv. 1857 que nous avons rapporté sous notre art. 2199.

Ce pourvoi a été formé tant pour violation de l'art. 11 C. Nap., et des dispositions de nos lois relatives aux étrangers non autorisés à établir leur domicile en France, notamment, des art. 14, 15 et 16 de la loi du 17 avril 1832, sur la contrainte par corps; que pour fausse application des art. 437 et suiv. C. com., en ce que l'arrêt attaqué a déclaré qu'un commerçant étranger, établi en France, sans autorisation, peut être admis à se faire déclarer en faillite.

24 nov. 1857, arrêt de la cour de cassation (ch. req.), ainsi conçu :

LA COUR; — *Attendu* qu'il est déclaré en fait, par l'arrêt attaqué, que les frères *Gandell*, sujets anglais, ont exercé le commerce à Paris, sous la raison sociale *Gandell* frères et ont cessé leurs payements;

En droit : — *Attendu* que la généralité des termes de l'art. 437 C. com., rend la déclaration de faillite applicable aux étrangers comme aux Français, et que les dispositions de la loi du 17 avr. 1832, n'ont rien d'incompatible avec la mise des étrangers en état de faillite; — *Attendu* que l'état de faillite, loin d'être le résultat de l'exercice d'un droit civil soumis à la réciprocité exigée par l'art. 11 C. Nap. n'est que la conséquence du fait de cessation de payements, fait dont la constatation judiciaire est ordonnée dans un intérêt d'ordre public; — *Attendu* que la loi qui impose principalement au commerçant failli, l'obligation d'assurer cette constatation par la déclaration personnelle de la cessation de ses payements, lui inflige des peines, soit à raison de l'inobservation de ce devoir, soit à raison de certains faits consommés pendant sa gestion commerciale; qu'elle a ainsi les caractères d'une loi de police, obligeant tous ceux qui habitent le territoire français;—Que,

(A) V. sur cette question, nos observations étant en note de l'arrêt du 22 janv. 1857, recueilli sous notre art. 2199.

dès lors, la déclaration de faillite des frères *Gandell* était non-seulement autorisée mais encore impérieusement prescrite; — Rejette, etc.

(MM. : — *Nicias-Gaillard*, présid.; — *D'Esparbès*, rapp.; — *Blanche*, avoc. gén., concl. conf.; — *Mazeau*, avoc.)

A annoter :

Au *Manuel des Notaires*; — note 130, n. 17, 657.
Au *Journal*; — art. 2199.

ART. 2330.

SUCCESSION. — ASCENDANT. — COLLATÉRAUX. — RENONCIATION. — LEGS UNIVERSEL. — DONATION ENTRE ÉPOUX. — USUFRUIT. — CAUTION.

Les ascendants, autres que les père et mère, que l'art. 750 du C. Nap. déclare exclus de l'hérédité par les frères ou sœurs du défunt, recouvrent leur droit à la réserve, lorsque ces derniers renoncent à la succession, et cela encore bien que les frères et sœurs auraient été écartés de la succession par l'institution d'un légataire universel. (C. Nap. 750, 785). — (A).

L'époux qui lègue à son conjoint l'usufruit de la portion non disponible, ne peut le dispenser de fournir caution, surtout lorsque cet usufruit porte sur des créances, valeurs et effets mobiliers dont la conservation ne peut être assurée que par un cautionnement. (C. Nap. 601.) — (B).

(Ve Fornier. — C. — Ve Sarrail.)

Le 11 juill. 1856, le sieur *Sarrail* est décédé, laissant un testament par lequel il déclarait léguer à Irma *Bonnet*, son épouse, tout ce dont la loi lui permettait de disposer, tant en propriété qu'en usufruit, la dispensant, pour cette dernière partie, d'inventaire et de bail de caution. — Au défunt survivaient Irma *Bonnet*, son héritière universelle, en vertu de ce testament, Pascal *Sarrail*,

---

(A) *Conf.* : — Paris, 16 juill. 1839; Cass. req., 11 mai 1840.

Presque tous les auteurs admettent que la renonciation des frères ou sœurs du défunt a pour effet de rendre aux ascendants leur droit à la réserve, lorsque ces frères ou sœurs n'ont pas eux-mêmes été écartés par l'institution d'un légataire universel. Mais, d'autres auteurs (Duranton et Saintespès Lescot) n'attachent pas cet effet à la renonciation des frères ou sœurs dans le cas où le défunt leur a enlevé leur qualité d'héritier, pour l'attribuer à des étrangers. Ces derniers ont alors quelque raison de prétendre que, l'emportant sur les frères et sœurs du défunt qui, sans le testament, excluraient les ascendants, ils doivent, *à fortiori*, l'emporter sur les ascendants eux-mêmes.

(B) *Conf.* : — Cass., 1er juin 1847; Bordeaux, 16 août 1853; Rouen, 13 juin 1840, 2 février 1855.

Contrà. — Rouen, 24 fév. 1842.

son frère, et son aïeule maternelle la dame veuve *Fornier*.

Pascal *Sarrail*, qui, aux termes de l'art. 750 C. Nap., excluait l'aïeule de la succession de son petit-fils, ayant renoncé à cette succession, la dame *Fornier* a prétendu que le titre d'héritier avait passé sur sa tête, et elle a en conséquence réclamé la réserve à laquelle les art. 746, 785 et 915 C. Nap., disait-elle, lui donnaient droit.

Jugement du tribunal de Carcassonne, conçu en ces termes :— — «En ce qui concerne la réserve du quart en nue propriété, réclamée par la dame veuve Fornier ;— En droit : — *Attendu* qu'il ressort de la combinaison des art. 750, 915, 1094, 778, 785 et 786 C. Nap. : 1° que les frères et sœurs d'une personne morte sans postérité sont appelés à sa succession, à l'exclusion des ascendants et de tous autres collatéraux ; mais qu'ils n'ont droit à aucune réserve légale et peuvent être entièrement écartés par des donataires ou des héritiers testamentaires, notamment par l'époux survivant institué légataire universel ;—2° Qu'à défaut de descendants et de frères et sœurs, les libéralités par acte entre-vifs ou par testament ne peuvent excéder la moitié ou les trois quarts des biens, suivant que le défunt a laissé des ascendants dans les deux lignes paternelle et maternelle, ou dans une ligne seulement, ce qui constitue au profit des ascendants une réserve légale de la moitié ou du quart, laquelle néanmoins peut être grevée d'usufruit en faveur de l'époux survivant, si l'acte de donation ou le testament en contient la stipulation expresse ; — 3° Que, lorsque les frères ou sœurs renoncent à la succession, cette renonciation, quels qu'en soient les véritables motifs, les fait considérer comme n'ayant jamais été héritiers, et opère la dévolution et la saisine des biens au profit des successibles immédiats, c'est-à-dire des ascendants qui deviennent ainsi héritiers réservataires, tout comme si les frères et sœurs n'avaient pas existé au moment de l'ouverture de la succession, et sont, par conséquent, en droit de répéter ou plutôt de retenir la moitié ou le quart de tous les biens au préjudice du donataire ou légataire universel.

Sur le point de savoir s'il y a lieu de soumettre l'usufruit de la réserve *à un cautionnement*, nonobstant la dispense accordée par le testament : — *Attendu* que, si, après avoir imposé, en principe, à tout usufruitier l'obligation d'un cautionnement, l'art. 601 C. Nap. admet que l'acte constitutif peut en autoriser la remise, cette exception ne doit s'entendre que du cas où celui qui donne ou aliène la jouissance est aussi le maître de la nue propriété, parce que, pouvant disposer à la fois de l'un et de l'autre en faveur de la même personne, il doit pouvoir, *à fortiori*, disposer de l'usufruit avec dispense de caution; mais qu'il n'en peut être ainsi quand il s'agit d'un usufruit portant sur des choses dont la nue propriété appartient à un tiers, notamment d'une réserve légale qui doit arriver pleine et intacte entre les mains de l'héritier à la fin de l'usufruit; — Que tout au moins il faut distinguer si la réserve consiste en immeubles ou en meubles; — Qu'en effet, dans le premier cas, les intérêts de l'héritier du sang peuvent paraître sauvegardés soit par la nature même des biens impérissables dans leur substance, soit par l'obligation imposée à l'usufruitier de faire dresser un état des immeubles (art. 600 C. Nap.), soit enfin par le droit accordé au nu-propriétaire de provoquer la cessation de la jouissance pour cause d'abus et de dégradation (art. 618);—Mais qu'il n'en saurait être de même lorsque, comme dans l'espèce, la réserve ne consiste qu'en titres de créance, valeurs et effets mobiliers dont la conservation ne peut être assurée que par un cautionnement réel et suffisant; — d'où il suit que, sans s'arrêter à la dispense écrite dans le testament d'Achille *Sarrail*, sa légataire universelle doit être astreinte à une caution pour son droit d'usufruit sur le quart revenant à la dame *Fornier*.

Appel de la veuve *Sarrail*.

19 nov. 1857, arrêt de la cour imp. de Montpellier (1re ch.), ainsi conçu :

LA COUR ; — Sur le sort principal, adoptant les motifs des premiers juges;

Sur le bail de caution; — *Attendu* que, dans l'espèce particulière du procès, la dispense de cautionnement est une atteinte à la réserve de l'ascendant, car la succession ne présente que des valeurs mobilières dont la représentation ne peut être garantie que par le cautionnement;—Que, dans cette situation connue du testateur, la dispense du cautionnement ne peut être que le résultat d'une conception dolosive, dirigée contre la réserve de l'ascendant survivant, dont le testateur se préoccupait nécessairement dans la disposition de son testament relative au legs d'usufruit, et vis-à-vis duquel il a voulu sciemment éluder les prévisions les plus sages de la loi ; — Qu'en enlevant ainsi à l'ascendant survivant la garantie du cautionnement, le testateur a rendu sa réserve illusoire; car, dans l'ordre de la nature, il ne peut la recueillir, et avec l'incertitude du recouvrement, il ne peut l'escompter;—Que tout se réunit, dans l'espèce, pour démontrer l'abus de la dispense du cautionnement, appliquée à des biens dont le testateur n'avait pas la libre disposition, puisque ces biens doivent échoir à un ascendant que deux générations séparent de l'usufruitier; — Adoptant, au surplus, les motifs des premiers juges, confirme.

(MM. : — *De la Baume*, 1er présid. ; — *Mestre*, avoc. gén.;— *Bertrand* et *Digeon*, avoc.)

A annoter :

Au *Manuel des notaires*;—note 88, n. 106;—note 62, n. 205; — note 69, n. 158; — note 214, n. 25.

Au *Journal*; — art. 1373, 3e quest.

ART. 2331.

HYPOTHÈQUE LÉGALE. — SUBROGATION. — CRÉANCIER. — INSCRIPTION HYPOTHÉCAIRE. — MAINLEVÉE. — RADIATION.

Lorsque l'hypothèque légale d'une femme mariée a été inscrite sur la réquisition d'un créancier subrogé à cette hypothèque, l'inscription subsiste au profit de la femme, malgré la mainlevée qui en est ultérieurement donnée par ce créancier. Dès lors, cette mainlevée n'en autorise la radiation qu'en ce qui concerne celui-ci, et le conservateur est bien fondé à refuser au mari de la rayer en ce qui concerne la femme. (C. Nap. 2135, 2153, 2157; L. 23 mars 1855, art. 9.) (A).

(Macqueron.—C.—Conservateur des hypothèques.)

Par actes notariés des 29 nov. 1852 et 23 janv. 1853, les époux *Macqueron* ont emprunté des époux *Thionet* une somme de 1,000 fr., pour sûreté de laquelle, d'une part, le mari a consenti une hypothèque spéciale sur un de ses immeubles, et, d'autre part, la femme a cédé aux prêteurs ses reprises matrimoniales avec subrogation dans son hypothèque légale jusqu'à concurrence de la somme prêtée.

Les époux *Thionet* n'ont pas tardé à faire inscrire tant l'hypothèque conventionnelle que l'hypothèque légale, en remettant au conservateur un bordereau rédigé en leur nom.

Le 19 juill. 1856, les époux *Thionet* ayant été remboursés, passèrent à leurs débiteurs une quittance notariée dans laquelle ils donnèrent mainlevée et consentirent la radiation de l'inscription prise par eux.—Sur la production de cette quittance, le conservateur a délivré au sieur *Macqueron*, le 24 du même mois de juillet, un certificat portant « que l'inscription prise au profit des époux *Thionet* contre les époux *Macqueron* est rayée définitivement, mais seulement quant aux droits des époux *Thionet*, créanciers, soit relativement à l'hypothèque conventionnelle, soit en ce

---

(A) Cette solution n'est admise par certains auteurs, que pour le cas où le créancier aurait requis l'inscription de l'hypothèque légale, au profit et au nom de la femme, en mentionnant qu'il était subrogé dans cette hypothèque jusqu'à concurrence du montant de sa créance.

qui concerne l'hypothèque légale de madame *Macqueron* contre son mari, dans laquelle ils ont été subrogés, les effets de cette inscription conservant toute leur force à l'égard de ladite dame *Macqueron*. »

Le sieur *Macqueron* n'a pas accepté ces restrictions, et il a actionné le conservateur devant le tribunal d'Abbeville, pour voir dire qu'il serait tenu de délivrer un certificat de radiation pure et simple.

Jugement qui rejette cette prétention dans les termes suivants : —« *Attendu* que le texte de l'inscription, conforme au bordereau, ne laisse aucun doute que c'est l'hypothèque légale de la dame *Macqueron* qui a été inscrite sur la réquisition des époux *Thionet*, et qu'il est également constant que la dame *Macqueron* n'a pas donné mainlevée de cette inscription ; — *Attendu* que de ce que les époux *Thionet* ont requis l'inscription, il ne s'ensuit pas qu'ils aient le droit d'en donner mainlevée, le droit de consentir la radiation de l'hypothèque n'étant pas la conséquence du droit de requérir l'inscription, la loi donnant à beaucoup de personnes le droit de requérir l'inscription de l'hypothèque légale des femmes, et n'accordant à aucune de ces personnes le droit d'en consentir la mainlevée ; — *Attendu* qu'aux termes de l'art. 2157 C. Nap., les inscriptions ne peuvent être radiées que du consentement des parties intéressées ; d'où il suit que, si plusieurs parties ont intérêt au maintien d'une inscription, la mainlevée donnée par l'un des intéressés seul n'autorise la radiation que pour ce qui le concerne et non pour ce qui concerne les autres ; — *Attendu* qu'on ne saurait à bon droit prétendre que la femme n'a pas d'intérêt à ce que l'inscription de son hypothèque légale subsiste, puisque, d'après la loi, elle ne peut exercer les droits attachés à cette hypothèque légale qu'autant qu'elle est inscrite, et que, faute de l'avoir inscrite à temps, elle peut, en certains cas, perdre les droits qui résultent à son profit de cette hypothèque légale ; — *Attendu* que, l'intérêt de la femme à ce que son hypothèque soit inscrite étant constant, il importe peu par qui cette inscription a été requise et dans quel but elle l'a été, que ce soit dans la vue de lui être utile ou dans celle d'être utile à celui qui a requis l'inscription, le motif qui a déterminé le requérant à agir ne pouvant rien changer au droit qui résulte pour elle du fait matériel de la publicité donnée à son hypothèque légale par l'inscription qui en a été faite ; que celui qui a inscrit peut n'avoir pas d'intérêt à ce que l'inscription subsiste, tandis que la femme peut avoir un grand intérêt à ce qu'elle ne disparaisse pas, ce qui semble avoir lieu dans l'espèce, où l'on voit qu'elle n'est pas libérée de l'obligation contractée conjointement avec son mari, qu'elle reste débitrice de ceux qui donnent la mainlevée, laquelle a pour effet de libérer les biens du mari pour laisser peser l'hypothèque du créancier sur le bien personnel de la femme... »

Appel.

31 mars 1857, arrêt de la cour imp. d'Amiens, qui, adoptant les motifs des premiers juges, confirme...

A annoter :

Au *Manuel des notaires*; —note 30, n. 158, 159; — note 149, n. 36.

Au *Commentaire de la loi sur la transcription*; —art. 1965 du journal, en marge des n. 22 et 211.

Au *Journal*;—art. 2198.

ART. 2332.

DU NOTARIAT ANCIEN.

OBSERVATION PRÉLIMINAIRE.

Le notariat ayant une origine très-ancienne et s'étant transformé au point d'être, de nos jours, le dépôt de la fortune publique, il peut être utile d'examiner ce qu'il était anciennement afin d'établir, en voyant ce que sont les notaires actuels, la différence des temps, et de constater non-seulement le progrès de la science, mais encore le changement des mœurs. De cette comparaison il peut résulter des enseignements qui tourneront à l'avantage ou au désavantage de notre siècle. Chacun jugera.

Je vais donc examiner l'origine des notaires, l'importance de leurs fonctions, leurs droits, priviléges et exemptions dans un temps déjà éloigné de nous; leurs devoirs et les règles particulières qu'ils devaient observer dans la passation des actes :

CHAP. I. — De l'origine des notaires.

1. Les notaires, suivant la définition donnée par *Domat*, étaient des officiers établis pour donner aux actes qui se passent par-devant eux le caractère de la forme publique et de l'autorité de la justice, qui fait que ces actes portent la preuve de leur vérité.

2. Le titre de *notaire*, donné à ces officiers, vient du mot *notæ* qui signifie *marques* ou *notes;* parce que, anciennement, ceux qui rédigeaient les conventions des parties avaient pour coutume de les écrire par notes. Voilà l'origine du *nom*, sur laquelle on peut encore consulter ce qui sera dit ci-après sous le n° 26.

Voyons maintenant quelle a été l'origine de l'*état* de notaire.

3. L'établissement des notaires est immémorial et si ancien

qu'*Aristote*, précepteur de l'empereur *Alexandre* le Grand (qui régnait plusieurs siècles avant la naissance de Jésus-Christ), parle des notaires comme déjà existants dans ces siècles reculés. Ce précepteur, faisant l'énumération des officiers nécessaires à une cité bien policée, y met, en effet, celui qui faisait les contrats. (*Aristot., de republicâ*, liv. 6, ch. 8.)

4. La reine *Ingoberge*, veuve du roi *Charibert*, qui commença à régner en l'an 564 après Jésus-Christ, fit son testament devant un notaire, selon ce que rapporte saint Grégoire de Tours (Hist. de France, liv. 9, chap. 26.)

5. On ne peut se dissimuler ici que les fonctions des notaires chez les Grecs et dans l'ancienne Rome, n'aient été remplies par des esclaves; mais ce que les notaires furent alors importe si peu à ce qu'ils ont été ensuite, qu'on n'en peut raisonnablement tirer aucune conséquence contre les notaires qui ont précédé les notaires actuels.

6. Autrefois, dit M. *Devaricourt* (collect. de jurisprudence de Denisart, v° Notaire, n. 1 en note), les rois et les souverains avaient, dans toutes leurs juridictions, leurs notaires qui travaillaient sous des magistrats. Les anciens comptes des Baillis, qui sont à la Cour des Comptes à Paris, font mention de ces notaires.

Depuis *saint Louis*, à qui communément on attribue l'érection des notaires royaux en titre d'office en l'année 1270, le nom de *notaire* a toujours emporté avec lui une signification *honorable et distinguée*. Le greffier en chef du parlement de Paris avait la qualité de *protonotaire*, et les quatre secrétaires de la cour celle de *notaires*. C'est là une preuve évidente qu'on ne peut raisonnablement comparer, comme certains auteurs l'ont fait, les notaires qui ont précédé ceux actuels, avec les notaires qui exerçaient la même profession chez les Grecs et chez les Romains.

7. Au reste, on ne peut pas dire que l'état de notaire ait été avili dans les mains des esclaves qui l'exerçaient; on n'en confiait l'exercice qu'à ceux qui réunissaient toutes les connaissances que cet état exige. Or, libres ou dépendants, tous les hommes sont égaux, à mérite égal. Un esclave pouvait même de ce côté-là être beaucoup au-dessus d'un homme libre, quoique cet homme libre fût son maître. Qu'y a-t-il d'extraordinaire que des esclaves aient anciennement exercé un ministère dont ils connaissaient les fonctions et les devoirs, plutôt que des personnes libres qui n'avaient pas alors la moindre aptitude pour les bien remplir? Les uns, quoique esclaves, honoraient l'état de notaire en le remplissant bien; les autres, quoique libres, l'eussent en quelque sorte avili par leur ignorance.

Au surplus, ne sait-on pasque les rois, législateurs de l'ancienne Rome, dans la crainte que le luxe et la mollesse ne s'introduisîssent dans leurs Etats, avaient interdit les exercices des arts sédentaires? La guerre et l'agriculture pour ces rois guerriers qui préparaient des chaînes à l'univers, étaient les seuls arts nécessaires à leur constitution et au bonheur de leurs peuples. Aussi voyons-nous que, sous les rois de Rome et dans les premiers siècles de la République, la philosophie, la médecine, la grammaire, le commerce, et tous les arts, n'étaient exercés que par des esclaves. Dans chaque maison illustre ou opulente, il y avait un esclave qui prenait le nom de l'art qu'il exerçait; par exemple, *Grammaticus, Medicus, Notarius, Mercator, Philosophus.* Quand, ensuite, les Romains eurent reconnu l'utilité de ces arts et de ces sciences, ils rougirent d'avoir été si longtemps plus esclaves que leurs esclaves mêmes; ils en permirent l'exercice à toutes sortes de personnes; on y ajouta des priviléges et des distinctions pour exciter l'émulation; l'Etat même, par la suite, leur donna des appointements et des gratifications.

Les esclaves, au surplus, n'étaient point tels par bassesse de sentiments, mais par le malheur de leur naissance; et si l'on considère l'origine première de l'esclavage, les esclaves étaient des gens pris en guerre, dont la naissance pouvait être beaucoup plus illustre que celle des vainqueurs mêmes, qui devenaient leurs maîtres.

(Voir la suite, au prochain cahier, sous l'art. 2347.)

A annoter :

Au *Manuel des Notaires*; — note 2, n. 1.

ART. 2333.

MARIAGE. — FEMME. — DOMICILE CONJUGAL. — ALIMENTS.

La femme mariée qui a quitté volontairement le domicile conjugal pour se livrer à l'inconduite, n'a pas le droit de demander une pension alimentaire contre son mari, encore bien qu'il refuserait de la recevoir (C. Nap. 214). — (A.)

(C... — C. — N...)

Après avoir quitté le domicile conjugal, pour se livrer à l'in-

---

(A) *Contrà :* — Cass. req., 12 janv. 1808; Paris, 3 oct. 1810; Lyon, 30 nov. 1811.

Mais, le mari ne peut proposer à sa femme qui a quitté le domicile conjugal, de lui payer une pension annuelle, si elle ne rentre pas dans ce domicile, parce que ce serait là consacrer une séparation de corps, volontaire; Colmar, 12 juill. 1806; Dutruc, séparation de biens, n. 322.

conduite, la dame C..., abandonnée et sans ressources, a formé une demande en pension alimentaire contre son mari.

20 août 1856, jugement du tribunal de la Seine qui rejette cette demande dans les termes suivants : — « *Attendu* que la femme C... n'est pas séparée de corps; qu'elle ne justifie pas qu'il y aurait refus de la recevoir de la part de son mari; que, dans cette situation, elle n'a droit qu'au partage de la vie commune; — Par ces motifs, déclare la femme C... mal fondée dans sa demande. »

La dame C..., ayant fait constater par procès-verbal du commissaire de police, que son mari refusait de la recevoir et de subvenir à ses besoins, a interjeté appel du jugement du 20 août 1856, et a obtenu contre son mari, le 27 fév. 1857, un arrêt par défaut ainsi conçu : — « *Considérant* que, d'un certificat du commissaire de police de Montmartre, du 27 août dernier, il résulte que C... refuse de recevoir sa femme au domicile conjugal et de subvenir à ses besoins; qu'en cet état, la femme C... est fondée à former contre lui une demande en pension alimentaire; met l'appellation et ce dont est appel au néant; émendant, décharge l'appelante des condamnations contre elle prononcées; au principal, condamne C... à payer à sa femme une pension alimentaire de 50 fr. par mois, à compter du jour de la demande, et payable d'avance. »

Opposition par le sieur C..., qui soutient que son refus de recevoir sa femme, motivé par l'inconduite de celle-ci, ne saurait être pour elle la base d'une demande en pension alimentaire.

29 août 1857, arrêt de la cour imp. de Paris (4e ch.), ainsi conçu :

LA COUR; — *Considérant* qu'il est constant au procès que la femme C... a quitté le domicile conjugal en 1849, volontairement, et pour se livrer à l'inconduite; — Qu'en cet état, elle est sans droit pour diriger contre son mari une demande en pension alimentaire; — Confirme, etc.

(MM. *de Vergès*, présid.; — *Goujet*, subst.; — Elie *Dufaure* et *Gigot*, avoc.)

A annoter :

Au *Manuel des notaires*; — note 63, n. 422.

ART. 2334.

SERVITUDE. — ACQUISITION. — TIERS DÉTENTEUR. — PRESCRIPTION DE 10 OU 20 ANS. — PRESCRIPTION TRENTENAIRE. — POSSESSOIRE. — PÉTITOIRE.

La prescription pour l'acquisition des servitudes est uniquement celle de 30 ans, même à l'égard du tiers détenteur. A ce cas ne s'ap-

plique pas l'art. 2265 *du C. Nap. qui établit, au profit de ce dernier, la prescription de* 10 *ou* 20 *ans* (C. Nap. 690, 2265). — (A).

Celui qui est reconnu avoir la possession d'une servitude n'en est pas moins tenu, sur l'action pétitoire formée contre lui, de faire preuve de l'acquisition de cette servitude (C. Nap. 690, 1315; C. proc. civ. 23.) — (B).

(Alazard. — C. — Allias.)

23 nov. 1857, arrêt de la cour imp. d'Agen, ainsi conçu :

LA COUR ; — Sur la première question : — *Attendu* que l'ouverture existant dans ce moment dans le mur du galetas de la maison du sieur *Allias*, constitue une véritable servitude de vue sur la cour du sieur *Alazard*, et ne peut, en l'absence de tout titre, être maintenue au profit du sieur *Allias*, qu'autant qu'il justifierait de l'existence de cette ouverture depuis plus de trente ans avant l'instance; — *Attendu* qu'*Allias* ne rapporte nullement cette justification, et qu'il résulte au contraire des enquêtes que l'état présent de cette ouverture ne remonte pas à trente ans; — *Attendu* que l'art. 2265 C. Nap., en parlant de la prescription de dix et vingt ans, n'a trait qu'aux biens immeubles, et non aux charges qui grèvent ces biens; que l'art. 690 ne dit pas que les servitudes s'établiront par titre ou par prescription, mais seulement par titre ou par la possession de trente ans, en sorte qu'on tombe ici sous le coup de l'art. 2264 portant que les règles de la prescription sur d'autres objets que ceux mentionnés dans le dernier titre du code, sont expliquées dans les titres qui leur sont propres, et si la loi, au moyen d'une possession de dix ou vingt ans, ne donne pas une simple servitude sur le terrain d'autrui, tandis qu'elle donnerait l'usufruit de ce terrain et le terrain lui-même, c'est qu'il ne peut guère arriver qu'un tiers possède un champ pendant dix ou vingt ans à titre de propriétaire ou d'usufruitier sans que le maître s'en aperçoive, tandis qu'il se pourrait fort bien qu'une servitude fût exercée pendant ce même laps de temps, sans qu'il en eût le moindre soupçon ; parce que la possession d'une servitude quelconque n'a jamais, à l'égard de tous autres que l'auteur du titre, les mêmes caractères de publicité que la possession de la propriété; qu'elle est toujours plus ou moins équivoque, et surtout peut être facilement ignorée du véritable

---

(A) La prescription trentenaire est seule applicable à l'acquisition comme à l'extinction des servitudes, vis à-vis des tiers détenteurs, aussi bien qu'à l'égard de tous autres (Cass. req., 14 nov, 1853; Demolombe, *servit.* t. 2, n. 781). Mais la question divise les auteurs.

(B) *Conf.* : — Agen, 30 nov. 1857. — Toutefois, la question est controversée.

propriétaire, s'il est éloigné de sa ferme; qu'il suit de là que la possession de trente ans, à défaut de titre, est toujours nécessaire comme mode d'acquérir les servitudes;

Sur la deuxième question : — *Attendu* que c'est à tort que les premiers juges ont pensé que c'était au propriétaire, demandeur au pétitoire, à prouver que son héritage est franc d'une servitude, quoiqu'en agissant directement au pétitoire, il ait lui-même reconnu la possession au défendeur; qu'en effet, la règle générale est que tous les fonds de terre sont libres et présumés tels; et cette présomption est une preuve toute faite au profit de celui qui intente l'action négatoire; que le défendeur, en soutenant qu'il a acquis un droit de servitude, devient demandeur dans son exception; car la possession annale dont il se prévaut, n'établit en sa faveur aucune présomption de propriété ou de servitude; qu'elle prouve seulement que, depuis une année au moins, il possède la servitude; mais les servitudes ne s'acquièrent point par la possession annale, mais la possession trentenaire; que, d'après l'art. 2234, le possesseur actuel, qui justifie avoir possédé anciennement, est censé avoir possédé dans le temps intermédiaire, sauf la preuve contraire; il faut donc toujours que le possesseur qui prétend avoir acquis par prescription, établisse qu'il a possédé anciennement, c'est-à-dire depuis plus de trente ans dans le passé; — Par ces motifs, etc.

(MM. : — *Sorbier*, 1er présid.; — *Drême*, 1er avoc. gén.; — *Beaugrand* et *Delpech*, avoc.)

A annoter :

Au *Manuel des Notaires*, — note 28, n. 505; — note 55, n. 149; — note 172, n. 47.

ART. 2335.

SOCIÉTÉ CIVILE. — SOCIÉTÉ ANONYME. — AUTORISATION. — ASSURANCE.

Une société d'assurances mutuelles (contre les faillites) *désignée uniquement par l'objet de son entreprise, et administrée par un directeur responsable de la seule inexécution de son mandat, est nulle, si elle a été formée sans l'autorisation du gouvernement, parce que quoique société civile elle offre les caractères de la société anonyme* (C. com., 37.) — (A).

(A) C'est en vertu des dispositions générales du Code de comm., que l'autorisation doit intervenir, pour toute société civile formée dans les conditions d'une société anonyme, c.-à-d. sans raison sociale et sans responsabilité des directeurs et administrateurs, si ce n'est celle qui dérive de leur

(Rojare.—C.— Hannoire et Bruyère.)

La cour imp. de Paris, saisie de cette affaire à la suite du renvoi prononcé par l'arrêt de la cour de cassation du 13 mai 1857, s'est conformée dans les termes suivants à la jurisprudence de la cour suprême.

1er fév. 1858, arrêt de la cour imp. de Paris (1re et 2e ch. réun.), ainsi conçu :

LA COUR ; — *Considérant* qu'il est de l'essence des contrats commutatifs à titre onéreux, que chacun des contractants s'engage personnellement à les exécuter ;—Que ce principe, sur lequel repose la foi publique, s'applique aux êtres collectifs comme aux individus; — Qu'ainsi, dans la société civile, la part de chaque associé dans les pertes est en proportion de sa mise; — Que dans la société commerciale, si elle est en nom collectif, tous les intéressés sont tenus solidairement, corps et biens, des engagements sociaux ; — Que la situation légale du représentant de la société en commandite est la même ; — Que, dans les associations commerciales en participation, les tiers ont, contre le participant avec lequel ils ont traité, une action directe et personnelle;

Considérant qu'une seule exception a été faite à la règle pour les sociétés anonymes; qu'aux termes de l'art. 33 C. com., les intéressés dans les sociétés ne sont passibles que de la perte de leur apport, et que, selon l'article précédent, les administrateurs, réputés simples mandataires, ne sont responsables que de l'exécution du mandat qu'ils ont reçu, et ne contractent à raison de leur gestion aucune obligation personnelle ni solidaire relativement aux engagements sociaux ; mais que cette exception, déterminée par des raisons d'intérêt général, est subordonnée à la condition expresse que les statuts de la société auront été contrôlés par le gouvernement, approuvés et publiés dans le Bulletin des lois; — Qu'il suit de là que la convention de société n'existe légalement qu'autant que l'acte qui la constate consacre la responsabilité personnelle des associés, ou qu'à défaut de cette garantie, cet acte ait été, après examen de l'objet, du but, du résultat probable de l'entreprise, revêtu d'une autorisation solennelle.

Considérant qu'il est reconnu que la société d'assurances mutuelles à primes fixes contre les faillites ne satisfait à aucune de

---

qualité de mandataires. Les décrets du 1er avril 1809 et du 18 nov. 1810 ne créent point l'obligation pour les établissements qui y sont mentionnés, de se pourvoir de cette autorisation; ils ne l'exigent que par application du droit commun. On n'a donc plus à se demander quelles sont les associations qu'ils comprennent, puisque le principe qu'ils appliquent gouverne toute association établie sous la forme anonyme.

ces conditions, quoique cependant elle réunisse tous les éléments essentiels et caractéristiques de la société anonyme, tels que la loi les a prévus et définis ;—*Considérant*, en effet, qu'elle n'a pas de raison sociale; qu'elle n'est désignée par le nom d'aucun des associés; qu'elle est simplement qualifiée par la désignation de l'objet de son entreprise; qu'aux termes de la stipulation, elle est administrée par un directeur, dont la responsabilité se restreint à l'exécution de son mandat;—Que, dès lors, une autorisation était nécessaire à son existence ;

Que vainement on oppose qu'une telle société était purement civile, et que ne se livrant à aucune spéculation, elle ne pouvait tomber sous la prescription de la loi commerciale;—*Considérant*, en effet, que la loi civile ne connaît pas de société de capitaux; qu'elle attache expressément à celles qui se forment sous son autorité la responsabilité personnelle des associés ; qu'évidemment donc, si l'on admet qu'en empruntant au code de commerce le mode spécial d'organisation qu'il institue pour les sociétés anonymes, les contractants puissent éluder l'effet légal de la convention, ce ne peut être qu'à charge d'accomplir les prescriptions d'ordre public qui sont la condition même d'existence de ce genre de société ; — Qu'il est contraire à la saine raison, comme au droit, qu'en formant un des contrats que la loi civile a définis, les parties puissent, de leur autorité propre, supprimer les garanties stipulées au profit des tiers, et par une confusion de règles écrites dans le code civil et dans le code de commerce, se soustraire à la fois aux dispositions de la loi civile et de la loi commerciale;—Qu'avec un tel système, la société civile anonyme, affranchie de l'autorisation préalable du gouvernement et de la responsabilité personnelle des associés, aurait pour résultat inévitable de ramener et de consacrer les abus et les désordres que les lois de la matière ont eu pour but de prévenir ; — Que, quel que soit donc l'objet de ces sociétés, qu'elles se proposent de réaliser un lucre et de partager des bénéfices ou simplement de réparer des pertes, l'autorisation préalable est nécessaire pour prémunir le public contre les combinaisons imprévoyantes ou artificieuses des statuts non approuvés ;

Considérant que ces principes ont été ainsi entendus et consacrés dans l'application qui en a été faite aux sociétés civiles présentant les caractères de la société anonyme, tels que les établissements de la nature des tontines et les assurances mutuelles contre l'incendie, la grêle et autres intéressant au même titre l'ordre public (décrets des 1er avril 1809 et 18 nov. 1810; avis du conseil d'Etat du 15 oct. 1809); — *Considérant* que de ce qui précède il suit que la société d'assurances mutuelles à primes fixes, contre les faillites, est nulle, et que les intimés ont eu le droit de rompre un lien illégalement formé; — *Considérant* toutefois que jusqu'au jour de la demande en nullité, une communauté d'intérêts a existé entre les parties, et qu'il est nécessaire d'en liquider les résultats sans qu'il soit besoin de statuer sur les exceptions tirées, la première, de l'incapacité de l'appelant pour représenter la société, la deuxième, des infractions qu'il aurait faites aux statuts sociaux; — Met à néant l'appellation, etc.

(MM. : — *Delangle*, 1er prés.; — *Moreau*, avoc. gén., concl. conf.; — *Nouguier* et *Fontaine*, avoc.)

A annoter :

Au *Manuel des notaires*;—note 138-1°, n. 47;—note 138-2°, n. 117.

ART. 2336.

SUCCESSION.—ACCEPTATION TACITE.— IMMEUBLE. — POSSESSION.

Le fait, par un héritier présomptif, de conserver, après l'ouverture de la succession, la possession d'un immeuble du défunt qu'il détenait auparavant sans juste titre, ne constitue point une acceptation tacite de cette succession (C. Nap. 778).—(A).

(Dubost et de Jumilhac.—C.—De Scey-Brun.)

Après le décès de ses père et mère, le sieur de *Scey-Brun* avait fait une déclaration expresse de renonciation à leurs successions. Mais, plus tard, les sieurs *Dubost* et *Jumilhac*, créanciers des défunts, prétendant que *Scey-Brun* avait tacitement accepté ces successions, en conservant après le décès de ses père et mère un immeuble leur appartenant et qu'il détenait sans titre depuis 1823, lui ont fait signifier un commandement à fin de payement de la somme de 39,000 fr. montant de leurs créances. — Opposition par *Scey-Brun*, qui soutient que la continuation d'une possession commencée avant le décès des père et mère, ne peut être considérée comme un acte d'adition d'hérédité.

16 mai 1853, jugement du tribunal civil de Vesoul, qui accueille la demande de *Scey-Brun*.

Appel par *Dubost* et de *Jumilhac*.

(A) *Conf.* : — Vazeille, sur l'art. 778, n. 5; Demolombe, *success.*, t. 2, n. 408 *ter*; Dalloz, *jur. gén.*, v° success., n. 467.

Contrà : — Riom, 29 mars 1810.

Du reste, la prise de possession d'un immeuble héréditaire, *postérieure* à l'ouverture de la succession, n'est pas par elle-même toujours constitutive de l'acceptation tacite. (Dalloz, *ibid.*, n. 464 et suiv.)

29 avril 1856, arrêt de la cour imp. de Besançon (ch. civ.), ainsi conçu :

LA COUR ; — *Attendu* que le marquis de *Scey-Brun* a régulièrement renoncé aux successions de ses père et mère ; qu'il n'a pris dans aucun acte la qualité d'héritier ; que, dès lors, il ne serait déclaré héritier pur et simple et tenu des dettes, que dans le cas où il aurait tacitement accepté ces successions ou commis des divertissements ou recélés ; — En ce qui touche l'acceptation tacite : — *Attendu* qu'une succession ne peut être acceptée, tacitement ou expressément, avant qu'elle soit ouverte ;—Qu'aux termes de l'art. 778 C. Nap., il y a acceptation tacite quand l'héritier fait un acte qui suppose nécessairement son intention d'accepter et qu'il n'aurait droit de faire qu'en sa qualité d'héritier ; — *Attendu* qu'il résulte des documents de la cause que de *Scey-Brun* détient, en dehors de ses titres, une partie des immeubles désignés dans les conclusions des opposants ; mais qu'il est certain aussi que sa possession remonte à 1823, ou à une époque bien antérieure au décès de la dame *Scey-Raynach* et du comte *Georges de Scey* ; que, par le fait de ses renonciations et en vertu de l'art. 785, son titre d'héritier s'effaçait et sa possession continuait après l'ouverture des successions telle qu'elle avait été auparavant ; qu'il n'apparaît pas que, postérieurement au décès, l'intimé ait fait quelques actes particuliers, dérivant de sa seule qualité de successible, impliquant sa volonté d'accepter les successions de ses père et mère ; que cette volonté ne saurait se supposer, alors que le désastre de leur fortune était notoire, et qu'il restait créancier envers eux de sommes importantes ; qu'elle serait inconciliable avec sa conduite lors de l'inventaire de 1839 et ses soins minutieux pour éviter tout acte d'immixtion ; — Par ces motifs, met l'appellation au néant, etc.

(MM. : — *Jobard*, présid. ; — *Neveu-Lemaire*, 1er avoc. gén. ; —*Guerrin* et *Clerc de Landresse*, avoc.)

A annoter :

Au *Manuel des notaires* ;—note 34, n. 110 ; — note 62, n. 31.

ART. 2337.

HYPOTHÈQUE LÉGALE. — MINEUR. — RÉDUCTION. — COMPTE DE TUTELLE. — DISSIMULATION. — PRESCRIPTION. — INTÉRÊTS.

Lorsqu'un mineur devenu majeur a consenti la réduction de son hypothèque légale à certains immeubles du tuteur, cette réduction doit être considérée comme non avenue, même vis-à-vis des autres créanciers du tuteur, s'il vient à être découvert que celui-ci a commis des dissimulations dans son compte de tutelle, et que les immeubles auxquels l'hypothèque du mineur a été restreinte, sont insuffisants pour répondre de la somme dont le tuteur se trouve réellement débiteur (C. Nap. 2121, 2143). — (A).

La prescription de cinq ans n'est pas applicable aux intérêts de sommes perçues par un tuteur pour son pupille, et cela même après la majorité de ce dernier, si ces sommes n'ont pas fait l'objet d'un compte de tutelle. (C. Nap. 471, 474, 2277.)

(Meurillon. — C. — Vanlerberghe.)

Le 26 déc. 1854, le sieur *Vanlerberghe*, tuteur légal de ses deux filles, a rendu à celles-ci, devenues majeures, un compte de tutelle qui le constituait leur débiteur d'une somme de 39,942 fr., et à la suite duquel les d[lles] *Vanlerberghe* ont consenti à restreindre à certains immeubles de leur père l'hypothèque légale destinée à leur garantir le payement de cette somme.

Plus tard, les d[lles] *Vanlerberghe* ayant découvert que leur père avait dissimulé dans le compte qu'il leur avait rendu une somme de 15,518 fr., par lui touchée en leur nom, en 1840, dans la succession du sieur *Vancostenoble*, leur aïeul maternel, l'ont assigné en restitution de cette somme, avec intérêts jusqu'au jour de la demande, ainsi que pour entendre ordonner que leur hypothèque légale serait établie sur tous les immeubles de leur père.

19 mai 1855, jugement du tribunal civil d'Hazebrouck, qui accueille cette demande.

Tierce opposition par le sieur *Meurillon*, créancier de *Vanlerberghe*, qui conclut : 1° à ce que les d[lles] *Vanlerberghe* ne soient pas admises à exercer leur droit hypothécaire sur les immeubles qu'elles en avaient affranchis en 1854, la révocation, prononcée par le jugement du 19 mai 1855, de la restriction de leur hypothèque, ne pouvant être opposée aux autres créanciers de leur père; 2° à ce que les intérêts réclamés par elles, à raison de la somme de 15,518 fr. que leur père aurait dissimulée dans son

(A) *Conf.* : — Cass. ch. civ., 20 fév. 1838, 18 août 1840; Orléans, 12 janv. 1839.

Mais, il a été jugé en sens contraire, relativement à l'hypothèque légale de la femme mariée, que la restriction de cette hypothèque à certains immeubles déterminés du mari a pour effet nécessaire d'en affranchir tous les autres immeubles de celui-ci, alors même que par le résultat ultérieur de cette restriction, la restitution de la dot ou des reprises matrimoniales se trouverait compromise (Aix, 28 juin 1824; Cass. req., 20 avril 1826; Grenoble, 18 janv. 1833; Limoges, 9 mars 1850; Montpellier, 17 déc. 1851- J., art. 1181). — Cependant, si la réduction a été prononcée par erreur ou par légèreté, ou s'il est survenu des événements de nature à modifier les garanties réservées à la femme, cela ne fait point obstacle à ce que la femme revendique ultérieurement son droit primitif d'hypothèque (Paris, 10 fév. 1857. J. art. 2189).

compte de tutelle, soient réduits à cinq années, par application de l'art. 2277 C. Nap.

30 août 1856, nouveau jugement du tribunal de Hazebrouck, qui rejette cette double prétention dans les termes suivants : — « *Attendu* qu'il résulte de tous les documents de la cause que le sieur Romain *Vanlerberghe* ne pouvait ignorer, lors de la liquidation du 26 déc. 1854 et de la reddition des comptes de tutelle qui ont lieu dans ledit acte à la même date, qu'indépendamment des sommes dont il s'est reconnu débiteur envers ses deux filles mineures, il a touché pour elles, dans la succession de leur aïeul maternel, le sieur *Vancostenoble*, une somme de 15,518 fr. 50 c.; que c'est donc intentionnellement que cette omission a eu lieu de sa part lors de la reddition desdits comptes de tutelle ; — *Attendu* que si les d^{lles} *Vanlerberghe* ont, par l'acte du 26 déc. 1854 susrappelé, renoncé à leur hypothèque légale sur partie des biens du sieur Romain *Vanlerberghe*, leur père et tuteur, elles n'ont agi ainsi que parce qu'elles avaient évidemment été induites en erreur par ce dernier sur l'étendue de leurs droits ; — *Attendu* que les intérêts perçus par le tuteur font partie du compte de tutelle, et que, par suite, ils jouissent des avantages du reliquat en principal dudit compte et ne peuvent être soumis à la prescription quinquennale ; — Par ces motifs, le tribunal reçoit en la forme le sieur *Meurillon* tiers opposant au jugement du 7 mai 1855 ; au fond, le déclare mal fondé dans ses demande, fins et conclusions, etc. »

Appel par le sieur *Meurillon*.

22 avril 1857, arrêt de la cour imp. de Douai (1re ch.), ainsi conçu :

LA COUR ; — *Adoptant* les motifs des premiers juges ; — Met l'appellation au néant, ordonne que le jugement dont est appel sortira son plein et entier effet, etc.

(MM. : — *De Moulon*, 1er présid. ; — *Dupont*, 1er avoc. gén. ; — *Pellieux* et Jules *Leroy*, avoc.)

A annoter :

Au *Manuel des notaires* ; — note 30, n. 132 ; — note 49, n. 172.
Au *Journal* ; — art. 1181 ; — art. 2189.

ART. 2338.

CONTRAT DE MARIAGE. — CONSENTEMENT (DÉFAUT DE). — RATIFICATION. — RÉGIME DOTAL. — COMMUNAUTÉ. — TIERS.

Lorsque la future épouse n'a pas été présente au contrat de mariage, et que ses père et mère se sont portés fort pour elle, la ratifica-

tion qui intervient de sa part ne rend le contrat valable qu'autant qu'elle a lieu avant la célébration du mariage, et elle ne résulte pas du fait même de cette célébration (C. Nap. 1493, 1494).—(A).

A défaut d'une ratification régulière, la constitution de dot stipulée dans le contrat de mariage est nulle, et l'association conjugale est soumise de plein droit au régime de la communauté légale (C. Nap. 1393). — (B).

En conséquence, les valeurs mobilières qui ont été constituées en dot à la future tombent dans la communauté, nonobstant l'exclusion que l'on prétendrait induire de la stipulation dotale, des dispositions prises uniquement en vue du régime dotal ne pouvant s'appliquer au régime de la communauté (C. Nap. 1401-1°).—(C).

La nullité du contrat de mariage pour absence de la future peut être opposée par les tiers qui y ont intérêt aussi bien que par les époux eux-mêmes. Ainsi, un créancier du mari n'est pas non-recevable à s'en prévaloir, parce qu'il aurait stipulé une subrogation sur les reprises paraphernales de la femme, si, d'ailleurs, il n'a reconnu ni expressément ni implicitement la validité de la constitution dotale.

(Ve Barjou. — C. — Brunet.)

On s'est pourvu en cassation contre l'arrêt de la cour de Toulouse du 20 juill. 1852 que nous avons rapporté sous notre art. 1401.

29 mai 1854, arrêt de la cour de cassation (ch. civ.) rendu après délibéré en chambre du conseil et ainsi conçu :

LA COUR;—Sur le premier moyen : — *Attendu* que le défendeur a, par les actes des 27 janv. 1845 et 10 mai 1846, stipulé une hypothèque sur les biens de son débiteur et une subrogation sur les reprises paraphernales de la somme de ce débiteur à l'hypothèque légale de celle-ci, sans reconnaître, ni expressément ni implicitement, la validité et les effets privilégiés de la constitution dotale convenue au contrat de mariage des deux époux et sans renoncer, par conséquent, à se prévaloir, au besoin, de la nullité de ce contrat;—D'où il suit qu'en se fondant, pour le décider ainsi, sur une appréciation qui était dans le domaine du juge du fait, l'arrêt attaqué n'a violé ni les art. 1165, 1166 et 1167 du C. Nap., ni aucune autre loi;

Sur les deuxième et troisième moyens : —*Attendu* que le parti destiné à régir l'association conjugale étant une règle, non-seulement pour les deux familles qui s'unissent et pour la famille nou-

(A) *Conf.* : — Grenoble, 19 janv. 1853 et l'arrêt de Toulouse du 20 juill. 1852, J., art. 1401, contre lequel on s'est pourvu en vain par celui que nous rapportons; cass., 11 juillet 1853; J., art. 1474.

(B-C) *Conf.* : — Montpellier, 9 déc. 1853; J., art. 1829.

velle qui sortira de cette union, mais encore pour les tiers eux-mêmes, ne saurait dépendre que d'un acte immuable faisant par lui-même pleine foi de sa date et de la volonté des contractants ; — Qu'ainsi il doit, sous peine de nullité, émaner du libre consentement des futurs époux, revêtir la forme authentique et précéder la célébration du mariage; — *Attendu* que le contrat de mariage des époux *Barjou* a été reçu en l'absence de la future épouse, alors majeure ; qu'elle aurait dû, même mineure, y figurer et n'y pouvoir être suppléé par ses père et mère se portant fort pour elle; que la nullité du contrat résulte, comme conséquence de ce fait, soit des principes généraux du droit qui n'admettent point de convention sans consentement, soit de la disposition spéciale de l'art. 1396 du C. Nap., qui ne permet aucun changement aux conventions matrimoniales sans la présence ou le consentement simultané de toutes les personnes qui ont été parties dans le contrat de mariage, soit enfin du principe formulé en l'art. 1398, qui, en déclarant le mineur lui-même habile à consentir toutes les conventions dont ce contrat est susceptible, sous la seule condition d'être assisté des personnes dont le consentement est nécessaire pour la validité du mariage, implique la nécessité de sa présence ou de son consentement; — *Attendu* que, dans l'espèce, l'engagement pris par les père et mère de la future épouse de faire ratifier par elle les conventions matrimoniales excluait l'idée d'un mandat qui leur aurait donné pouvoir de stipuler pour elle ou de l'obliger; que, d'ailleurs, la validité du mandat est nécessairement subordonnée à l'observation de la forme essentielle de l'acte qu'il a pour objet; qu'en l'absence d'un mandat spécial et en la forme authentique, la ratification du contrat dont il s'agit n'a pu résulter ni du fait même de la célébration du mariage ni d'actes ou de faits postérieurs; —*Attendu*, dès lors, qu'à défaut d'un contrat réunissant, avant la célébration du mariage, toutes les garanties de solennité et d'immutabilité requis par les art. 1394 et 1395 du C. Nap., et manifestant avec certitude aux yeux des tiers le régime ou les conditions de l'association conjugale, la loi supplée à l'absence de conventions, en soumettant les époux au régime de communauté; qu'en pareil cas, les tiers peuvent se prévaloir des conséquences de la nullité du contrat de mariage contre chacun des époux, comme chacun des époux peut s'en prévaloir vis-à-vis de l'autre ou de ses ayants-cause et des tiers; — D'où il suit qu'en décidant que la nullité du contrat de mariage des époux *Barjou*, à raison de l'absence et du défaut de consentement de l'épouse, n'a pu être couverte ni par le fait de la célébration ni par tous autres faits ultérieurs, l'arrêt dénoncé n'a violé ni les art. 1120,

1121, 1134, 1394, 1395, 1984, 1985 du C. Nap. ni l'art. 1338 du même code, ni aucune autre loi;

Sur le quatrième et dernier moyen : — *Attendu* que la nullité des conventions matrimoniales a, de plein droit, pour conséquence, la substitution du régime de la communauté légale au régime dotal, qui avait été l'objet du contrat annulé, et l'attribution à l'actif de la communauté de toutes les valeurs mobilières que les époux possédaient au jour de la célébration du mariage, ou qui leur sont échus pendant le mariage à titre de succession ou même de donation; que si, en cas de donation, il est permis au donateur d'exprimer que l'objet de sa libéralité, quoique de nature mobilière, sera exclu de la communauté pour rester propre à l'époux donataire, on ne saurait faire résulter cette condition des clauses d'un contrat de mariage qui est frappé de nullité, et qui, d'ailleurs, rédigé uniquement en vue du régime dotal, n'a rien prévu pour l'hypothèse du régime de communauté; que les époux doivent donc, par une nécessaire et juste réciprocité, subir respectivement dans tous ses effets le régime qui existe ainsi pour eux par la seule force de la loi; d'où il résulte qu'en le décidant ainsi, la cour de Toulouse n'a violé ni les art. 1087, 1088, 931, 932, 1340 et 1401 du C. Nap., ni aucune autre loi; — Rejette...

(MM. : — *Bérenger*, présid.;—*Laborie*, rapp.;—*Nicias-Gaillard*, 1er avoc. gén., concl. conf.;—*Lenoël* et *Labordère*, avoc.)

A annoter :

Au *Manuel des notaires*; —note 166-1° n. 13; — note 166-2°, n. 4 et 14; — note 208, n. 13.

Au *Journal*; — art. 1401;—art. 1474; — art. 1829.

ART. 2339.

OFFICE.—NOTAIRE.— RECOUVREMENTS.— RÉSERVE.

La réserve des recouvrements faite par un notaire dans l'acte de cession de son office est licite (L. 25 vent. an XI, art. 59). —(A).

Et cette réserve, quand elle est stipulée en termes généraux, comprend notamment les droits éventuels et non encore exigibles à percevoir sur les donations entre époux et les testaments, quelque long que soit l'espace de temps pendant lequel ces droits peuvent être réclamés par le vendeur de l'office (même art.; C. Nap. 1163).

(A) *Conf.* : — Circ. min. just., 3 nov. 1848, 28 juin 1849, J., art. 188 et 189; Paris, 8 juin 1850; J., art. 789.

Autrefois, le gouvernement exigeait que les recouvrements fussent cédés en même temps que l'office (déc. min. just., 10 août 1843; jugem. Lombez, 18 mars 1842).

(V...—C.—M...)

24 janv. 1857, jugement du tribunal civil de Beaune, ainsi conçu : « *Considérant* que par acte reçu Me *Durandeau*, notaire à Dijon, en date des 1er et 2 juill. 1852, Me *V*... a cédé au sieur *M*... son office de notaire à B..., et que dans l'art. 3, il a été dit : «Ne sont pas compris dans la présente cession tous les recouvrements à faire sur les actes passés par Me *V*... ; » — *Considérant* que cette clause est générale, absolue, qu'elle n'est modifiée par aucune exception, et que, par conséquent, elle doit s'étendre sans distinction, à tous les recouvrements à faire sur les actes passés par Me *V*... pendant son exercice ;

» *Considérant* que la prétention du sieur *M*... d'introduire une exception pour les émoluments dus à l'occasion des testaments et donations n'a aucun fondement solide ; qu'en vain on objecte, dans son intérêt, que des raisons d'ordre public s'opposent à ce que celui qui a cédé un office de notaire fasse des recherches dans les minutes de son successeur pour s'assurer du montant des honoraires qui lui seraient acquis; qu'il est certain que la convention par laquelle le cédant se réserve tous les recouvrements est licite; que, dans l'espèce, elle a même reçu l'approbation du gouvernement, qui a sanctionné le traité des 1er et 2 juill. 1852; que d'ailleurs la difficulté plus ou moins grande de se procurer les moyens de faire exécuter une convention n'en opère pas la nullité ;

» Que cet autre argument tiré du long espace de temps pendant lequel des réclamations pourraient surgir et causer du trouble dans l'étude n'est pas davantage un obstacle sérieux au maintien de la clause avec toutes ses conséquences ; qu'il existe, au contraire, des raisons puissantes d'équité pour ne commettre aucune infraction au contrat qui est devenu la loi des parties ; — *Considérant*, en effet, que si, dans la pratique, les notaires n'ont pas l'habitude d'exiger immédiatement de leurs clients le payement de leurs honoraires pour testaments ou donations entre époux, il n'est pas moins certain qu'ils ont droit à une rémunération quelconque, qui leur est acquise du moment de la passation de l'acte, et qu'en admettant qu'elle ne peut être définitivement déterminée qu'à l'ouverture de la succession, elle ne cesse pas d'être la représentation du travail du notaire cédant, auquel son successeur n'a pris aucune part ; — *Considérant*, d'un autre côté, que la somme à laquelle le notaire qui reçoit les actes de cette nature a droit, est encore représentative de la responsabilité attachée à leur confection, et qui, en cette matière, est très-étendue ; qu'il serait donc tout à fait injuste que le successeur profitât des avantages qu'ils procurent en rejetant sur son vendeur les risques auxquels il est incontestablement exposé; — Par ces motifs, condamne le notaire *M*... à restituer les honoraires qu'il a reçus, etc. »

Appel par Me *M*...

24 nov. 1857, arrêt de la cour imp. de Dijon (3e ch.), ainsi conçu :

LA COUR ; — Adoptant les motifs des premiers juges;—Confirme, etc.

(MM. : — *Legoux*, présid.;—*Massin*, avoc. gén.)

A annoter :

Au *Formulaire;* — Vo Vente d'office, p. 704, note D.

Au *Commentaire;* — note 2, n. 94; — note 59, n. 115; — note 191, n. 34;—note 227, au-dessous du n. 13.

Au *Journal*; — art. 188, p. 126, dern. alin., p. 127, note A; — art. 189, p. 128, n. 6; p. 129, note N; — art. 335; — art. 789;—art. 1292.

ART. 2340.

TESTAMENT PAR ACTE PUBLIC. — NULLITÉ. — VICE APPARENT. — EXÉCUTION VOLONTAIRE. — RATIFICATION.

L'exécution volontaire, par un héritier, d'un testament entaché de nullité, ne le rend non recevable à attaquer ce testament, qu'autant qu'elle a eu lieu tout à la fois avec la connaissance de la nullité et avec l'intention de la réparer (C. N. 1338, 1340). — (A)

Ainsi, on ne saurait voir une ratification d'un testament attaqué pour cause d'incapacité de l'un des témoins, dans le seul fait du concours de l'héritier à un inventaire reproduisant la disposition de ce testament, sans rapporter les conditions relatives aux témoins.

(Ve Touvet. — C. — L'hoste et Freund.)

30 juin 1857, arrêt de la Cour impériale de Colmar (1re ch.) ainsi conçu :

LA COUR; — Sur la fin de non-recevoir admise par les pre-

(A) *Conf.* : — Grenoble, 17 juill. 1813; Cass. ch. civ., 24 juill. 1839; Angers, 19 mars 1841; Cass. ch. civ., 29 juill. 1856, J. art. 2042; 25 nov. 1857, J. art. 2272.

Contrà, en ce sens qu'il suffit que l'héritier ait eu connaissance du testament pour que l'exécution qu'il en fait volontairement le rende non-recevable à en demander la nullité, nul n'étant présumé avoir ignoré la loi (Cass. req., 13 mars 1816; Colmar, 20 mai 1823; Agen, 8 fév. 1825; Angers, 20 mai 1825; Pau, 27 fév. 1827; Cass. req., 5 fév. 1829; Nîmes, 22 juin 1841; Rennes, 12 mai 1851; Merlin, rép. t. 17, p. 799; Grenier, t. 1, n. 325; Troplong, n. 1748; Dalloz, vo disposit. entre vifs et testam., n. 2547, 2548).

miers juges : — *Considérant* qu'en principe général les renonciations ne se présument pas; que cette règle absolue trouve son application spéciale dans les art. 1338 et 1340 C. Nap., qui régissent non-seulement les contrats et obligations, mais encore la matière des donations entre-vifs et des testaments; que, dès lors, la ratification ou l'exécution volontaire d'un testament, susceptible d'être attaqué par une action en nullité, n'emporte la renonciation aux moyens et exceptions que l'on pouvait opposer à cet acte, qu'autant qu'elle a eu lieu tout à la fois avec la connaissance du vice à réparer et avec l'intention de le réparer; que cette connaissance et cette intention ne sauraient s'induire d'actes équivoques, de probabilités plus ou moins chanceuses et ne peuvent résulter que de faits avérés pour le juge, constituant un abandon de droits positifs, intelligent et libre, dégagé de toute possibilité de surprise, d'ignorance ou d'erreur;

Considérant que, dans le testament public du 22 février 1842, le témoin *Schœb*, signalé dans l'action en nullité comme clerc du notaire rédacteur de l'acte, est qualifié de géomètre-arpenteur; que l'incapacité relative de ce témoin et la nullité, dont son concours inficierait l'acte, si sa qualité de clerc du notaire instrumentaire était démontrée, n'apparaissent pas dans la rédaction du testament, complétement régulier dans sa forme extérieure, et ne peuvent se révéler que par une connaissance exacte des rapports personnels ayant existé entre le notaire et le témoin;

Considérant que rien ne justifie que ce testament lui-même ait été porté à la connaissance de François *Touvet*, aux droits duquel se trouvent l'appelante et ses enfants, autrement que par son insertion partielle dans l'inventaire du 25 mars 1842, reproduisant les dispositions de dernière volonté de la testatrice, sans les indications relatives aux témoins de l'acte; qu'en l'absence de toute preuve établissant que François *Touvet* ait eu connaissance des mentions du testament argué de nullité, non plus que des relations personnelles du notaire et du témoin *Schœb*, son intervention à l'inventaire du 25 mars 1842 et la qualité qu'il y prend indiquant abandon de toute pétition directe d'hérédité, peuvent beaucoup plutôt être le résultat de l'ignorance de ses droits que l'expression d'une renonciation difficilement conciliable avec l'étendue de ses charges de famille, et l'exiguité de ses ressources pour y subvenir; que tout tend à faire penser qu'après son décès, une révélation ou une révision tardive du testament, dont l'appelante n'a obtenu l'expédition, qui figure à ses pièces, que le 24 janvier 1855, ont déterminé son action contre laquelle, dans cet état de fait, il n'y a pas lieu de maintenir le déclinatoire admis par les premiers juges;

— *Considérant,* au fond... (sans intérêt) ; — Par ces motifs, sans s'arrêter à l'exception admise par les premiers juges, qu'elle rejette comme mal fondée, met l'appellation et ce dont est appel au néant, etc.

(MM. *Hennau,* prés. ; — *Véron,* avoc. gén. ; — *Sandherr, Gérard* et *Simottel,* avoc.)

A annoter :

Au *Manuel des notaires* ; — note 152 , n. 544 ; — note 208, n. 46 et 49.

Au *Journal,* — art. 2042 ; — art. 2272.

ART. 2341.

RETOUR LÉGAL. — SUCCESSION. — RENONCIATION A SUCCESSION. — QUOTITÉ DISPONIBLE. — DONATION DÉGUISÉE. — RAPPORT A SUCCESSION. — DISPENSE DE RAPPORT.

L'ascendant donateur, qui se trouve être en même temps héritier légitime du donataire, est appelé à recueillir, dans la succession de ce dernier, non-seulement les valeurs par lui données, qui existent encore en nature, mais encore sa part héréditaire ou sa réserve sur les autres biens du défunt (C. Nap. 747 et 751). — (A).

Par suite, s'il renonce à la succession dans l'intérêt de ses cohéritiers, la libéralité résultant de cette renonciation est réputée comprendre à la fois les biens que, dans le cas d'acceptation, le renonçant aurait recueillis comme ascendant donateur et comme héritier légitime.

Les mêmes biens doivent, dès lors, être réunis fictivement à la succession laissée plus tard par ce renonçant, pour le calcul de la quotité disponible et de la réserve (C. Nap. 922).

La renonciation à une succession peut être considérée comme constituant, en faveur des cohéritiers du renonçant, une donation indirecte, si elle a eu pour but de faire profiter ceux-ci de la part héréditaire de ce dernier. — (B).

Et cette donation est sujette à rapport, s'il résulte des circonstances qu'elle n'a point été faite avec dispense de rapport (C. Nap. 845).

(A) *Conf.* : — Toullier, 4, n. 235; Chabot, sur l'art. 747; Grenier, t. 2, n. 598; Favard, v° successions, sect. 3, § 3; Vazeille, success., sur l'art. 747; Duranton, t. 6, n. 210; Marcadé, sur l'art. 747; Demolombe, *success.*, t. 1, n. 483.

(B) *Dans le même sens :* — Colmar, 7 juill. 1848, J. art. 588 ; 7 juin 1850 et 1er avril 1851; Amiens, 24 janv. 1856; Chabot, *success.*, t. 3, p. 244 à 262; Delvincourt, t. 2, p. 530; Duranton, t. 7, n. 345.

Contrà : — Grenier, n. 515 ; Toullier, 4, n. 475. — Leur opinion est fondée sur ce que le cohéritier renonçant est réputé n'avoir jamais été héritier et n'avoir rien donné de son patrimoine.

(Lecouturier de Saint-James. — C. — Ve de Saint-Aignan.)

Par acte du 25 sept. 1818, la dame veuve *de Saint-James* fit donation de la totalité de ses biens à ses cinq enfants, en stipulant une rente viagère. — Plus tard, deux des enfants donataires décédèrent, et elle renonça à leur succession.

En 1853, la veuve *de Saint-James* décéda à son tour, après avoir fait un assez grand nombre de dons manuels, et laissant un testament dans lequel elle léguait à sa fille, la dame *de Saint-Aignan*, une somme de 14,000 fr., et partageait entre ses trois enfants les immeubles qu'elle avait acquis depuis 1818.

Lorsque la dame *de Saint-Aignan* réclama contre ses cohéritiers la délivrance de son legs, l'un d'eux, le sieur *Lecouturier de Saint-James*, opposa que les libéralités entre-vifs émanées de la défunte, avaient épuisé sa quotité disponible. Il faisait figurer parmi ces libéralités le profit résultant des renonciations faites par la veuve *de Saint-James* aux successions de ses deux filles prédécédées, en faveur de ses trois autres enfants, héritiers de leurs sœurs, et demandait que ce profit fût imputé sur la quotité disponible, qui se trouvait ainsi absorbée. — La dame *de Saint-Aignan* et sa sœur, la dame *de Bussières*, reconnaissaient que les valeurs dont les enfants *de Saint-James* avaient profité par l'effet des renonciations ci-dessus, et qui comprenaient à la fois les biens donnés par la veuve *de Saint-James* à ses deux filles décédées, et sa part héréditaire dans les autres biens, leur étaient arrivées à titre de libéralité. Mais elles soutenaient que ces valeurs étaient rapportables, et que dès lors, l'avancement d'hoirie qui en avait été fait laissait intacte la quotité disponible. — La même difficulté s'élevait relativement à d'autres donations émanées de la défunte.

Un jugement du tribunal de Mortagne, du 23 mars 1854, accueillit les conclusions du sieur *de Saint-James* en ce qui touche ces dernières donations; mais, quant à celles concernant le profit des renonciations de la dame veuve *de Saint-James* aux successions de ses filles, il repoussa tant le système de réunion fictive et d'imputation sur la quotité disponible, présenté par le sieur *de Saint-James*, que le système de rapport à la masse, pour le calcul de la quotité disponible, sans imputation sur cette quotité, qu'avaient cherché à établir les dames *de Saint-Aignan* et *de Bussières*. Le tribunal considérait que madame *de Saint-James* ayant renoncé aux successions dont il s'agit, n'avait jamais possédé, ni, dès lors, pu donner, aucune des valeurs qui en dépendent. — Le tribunal renvoya les parties devant un notaire pour procéder au partage sur les bases par lui indiquées.

Appel du sieur *de Saint-James*. — Appel incident des dames

de Saint-Aignan et *de Bussières*. — Sur ce double appel, arrêt de la cour de Caen, du 8 mars 1856, qui confirme, quant aux chefs autres que celui se référant aux renonciations à succession, mais infirme sur ce dernier chef, et, accueillant les conclusions des dames *de Saint-Aignan* et *de Bussières*, décide que les donations indirectes résultant de ces renonciations, constituent des donations rapportables, servant à déterminer la quotité disponible sans l'entamer, et non des donations préciputaires pesant tout entières sur cette quotité.

Pourvoi en cassation du sieur *Lecouturier de Saint-James*.

8 mars 1858, arrêt de la cour de cassation (Ch. civ.), ainsi conçu :

LA COUR; — Sur le premier moyen tiré de la violation des art. 747, 749, 751 C. Nap.; — *Attendu* que l'art. 747 attribue aux ascendants un droit, à l'exclusion de tous autres, sur les choses par eux données à leurs enfants ou descendants décédés sans postérité, lorsque les objets donnés se retrouvent en nature dans la succession; que cette succession privilégiée ne peut pas être confondue avec le droit que la loi accorde aux ascendants comme simples héritiers à réserve de leurs descendants, pas plus que les choses auxquelles les ascendants sont appelés à succéder seuls, ne peuvent être confondues avec les valeurs de la succession générale dévolue à tous les héritiers et aux ascendants eux-mêmes, venant, à ce seul titre, au partage; d'où il suit que l'arrêt attaqué, en jugeant que la dame *de Saint-James*, sans sa renonciation, aurait été appelée à recueillir dans la succession de ses deux filles prédécédées, tout à la fois les objets par elle donnés qui se seraient trouvés en nature, et le quart formant sa réserve dans le surplus des biens, n'a violé aucune loi;

Sur le deuxième moyen tiré de la violation des art. 843, 780 et 785 C. Nap.; — *Attendu* que tout héritier, même bénéficiaire, venant à une succession, doit rapporter à ses cohéritiers tout ce qu'il a reçu du défunt par donation entre-vifs, directement ou indirectement, à moins que ces dons ne lui aient été faits expressément par préciput et hors part, ou avec dispense de rapport; — *Attendu* que l'arrêt attaqué déclare, en fait, que la renonciation de la dame *de Saint-James* aux successions de ses deux filles n'avait pas eu d'autre objet que de faire passer à ses autres enfants les biens qu'elle était appelée à recueillir dans les successions, et présentait tous les caractères d'une véritable libéralité; — Que le même arrêt, appréciant, comme il en avait le droit, les faits et les circonstances de la cause, a reconnu qu'il n'avait pas été dans l'intention de la dame *de Saint-James* de dispenser ses donataires de l'obligation de rapporter; qu'en les soumettant à cette obligation, la cour de Caen n'a donc fait que se conformer textuellement à la loi; — Rejette le pourvoi.

(MM. *Bérenger*, prés.; — *Glandaz*, rapp.; — *Sévin*, avoc. gén., concl. conf.; — *Bosviel* et *Christophle*, avoc.)

A annoter :

Au *Manuel des Notaires*; — note 190, n. 12; — note 151, n. 42; — note 62, n. 149.

Au *Journal*; — art. 588; — art. 2258.

ART. 2342.

MANDAT. — Substitution de pouvoirs. — Payement. — Notaire.

Le mandataire qui s'est substitué un autre mandataire cesse d'avoir qualité pour agir en vertu du mandat, notamment pour recevoir les sommes d'argent à provenir de l'opération (une vente) *dont il était chargé* (C. Nap. 1994). — (A).

... Même dans le cas où la substitution de mandat émanerait, non du mandataire originaire, mais de celui au nom duquel ce mandataire originaire avait rempli son mandat laissé en blanc, dans le but, par exemple, de conserver le droit de recevoir, comme notaire, les actes à passer en exécution du mandat.

Peu importe que, s'agissant d'un mandat de vendre un immeuble, la substitution de mandat ait eu lieu en faveur de l'acheteur, afin de lui faciliter la revente sans frais de cet immeuble. On ne peut prétendre, en présence des termes généraux de cette substitution, qu'elle n'a eu lieu que pour la revente, et non pour le payement du prix.

En conséquence, les tiers ne peuvent opposer au mandant les payements qu'ils ont faits à ce mandataire originaire, malgré la connaissance qu'ils avaient de l'existence d'un nouveau mandataire (C. Nap. 1239).

(Guiet-Girault et Poupard. — C. — De Sparre.)

Le 5 mai 1846, le sieur *de Sparre*, voulant vendre en masse ou en détail la ferme d'Aubigny et ses dépendances, dont il était propriétaire, fit dresser à cet effet une procuration notariée qui don-

(A) Pour soustraire à la nullité les payements faits par les tiers au mandataire primitif, bien qu'ils eussent connaissance de la substitution qui avait fait cesser les pouvoirs de ce mandataire, les demandeurs en cassation soutenaient que cette substitution n'était pas sérieuse; qu'elle n'avait eu pour but que de faciliter au mandataire primitif la possibilité de recevoir comme notaire, les actes à passer en exécution du mandat, et de permettre au mandataire substitué d'opérer, sans droit de mutation, la revente de l'immeuble qu'il avait acheté du mandataire originaire. C'est ce système qui avait été accueilli en première instance.

nait pouvoir au mandataire, dont le nom restait en blanc, d'opérer la vente projetée et d'en recevoir le prix. Le sieur *de Sparre* envoya cette procuration au sieur *Jahan*, notaire à l'Isle-Bouchard.

Par acte sous seing privé, du 25 octobre 1847, le sieur *Jahan*, agissant comme mandataire du sieur *de Sparre*, vendit l'immeuble de ce dernier aux sieurs *Guiet-Girault* et *Poupard*, moyennant une somme de 34,000 fr., payable en dix ans, dans son étude.

Les sieurs *Guiet* et *Poupard* se proposaient de revendre cet immeuble en détail. Pour éviter que les droits de mutation ne frappassent à la fois la vente à eux faite et les reventes qu'ils opéreraient, le sieur *Jahan* consentit à les substituer au mandat qu'il avait reçu du sieur *de Sparre*. Le 31 déc. 1848, il remplit d'abord le mandat, jusque-là resté en blanc, malgré l'usage qu'il en avait fait, du nom d'un sieur *Mercier*, afin que les actes de revente pussent être reçus par lui; puis, en vertu d'un acte passé devant lui, les sieurs *Guiet* et *Poupard* furent substitués au sieur *Mercier* dans la procuration du sieur *de Sparre*. — En vertu de cette procuration, les sieurs *Guiet* et *Poupard* revendirent en détail la ferme d'Aubigny et ses dépendances, devant Me *Jahan*, en l'étude duquel les acquéreurs versèrent le produit de ces reventes, s'élevant à 26,859 fr.

En juillet 1855, *Jahan* tomba en déconfiture. — Le sieur *de Sparre* fit alors sommation aux sieurs *Guiet* et *Poupard* de lui rendre compte des recettes par eux opérées en vertu de la procuration dans laquelle ils avaient été substitués; et plus tard, ayant appris l'existence de la vente qui leur avait été faite à eux-mêmes, il rectifia ses conclusions, et demanda qu'ils fussent condamnés à lui payer le principal de leur prix et les intérêts alors échus. — Les sieurs *Guiet* et *Poupard* opposèrent à cette demande d'une part, la non-exigibilité du prix principal qui leur était réclamé, et d'autre part, le versement fait par eux ou par leurs sous-acquéreurs, entre les mains du sieur *Jahan*, mandataire du sieur *de Sparre*, d'une somme plus que suffisante pour les libérer des intérêts échus de ce prix. — Le sieur *de Sparre* répondit sur ce dernier point, qui paraît avoir été seul débattu, que le sieur *Jahan* avait cessé d'être son mandataire, par l'effet de la substitution du mandat du 31 déc. 1848, et qu'ainsi les versements opérés dans ses mains n'étaient pas libératoires.

Un jugement du tribunal civil de Chinon, du 29 juin 1856, repoussa l'action du sieur *de Sparre*, attendu, en substance, qu'il est constant au procès que le sieur *Jahan* avait figuré, comme mandataire du sieur *de Sparre*, dans la vente du 25 oct. 1847, dont ce dernier réclame aujourd'hui l'exécution; que si la procuration a été remplie plus tard au nom d'un sieur *Mercier*, prête-nom et témoin instrumentaire habituel du sieur *Jahan*, c'était uniquement pour que celui-ci pût recevoir, comme notaire, la substitution consentie le 31 déc. 1848 à *Guiet* et *Poupard* et les ventes en détail qu'ils se proposaient de faire; qu'il suit de là que *Jahan* a toujours été l'unique mandataire *de Sparre*, et que *Guiet* et *Poupard*, substitués dans les effets de la procuration seulement pour les reventes, ont dû le considérer comme tel pour la consommation de l'affaire; qu'ainsi *de Sparre* n'était point fondé à exciper d'une substitution de mandat qui n'avait fait cesser qu'en apparence le mandat du sieur *Jahan*.

Mais, sur l'appel, arrêt de la cour d'Orléans, du 26 fév. 1857, qui infirme.

Pourvoi des sieurs *Guiet* et *Poupard* pour violation des art. 1991, 1992 et 1993 C. Nap. et fausse application et violation des art. 1994 et 2003 même Code, en ce que l'arrêt attaqué a considéré le mandat du sieur *Jahan* et ses pouvoirs pour toucher les sommes à recevoir en vertu de ce mandat, comme ayant pris fin par l'effet d'une substitution de mandat qui n'avait aucun caractère sérieux, puisque, d'une part, le sieur *Mercier*, que le sieur *Jahan* s'était d'abord substitué en remplissant en son nom la procuration laissée en blanc, n'intervenait ainsi que pour qu'il fût permis à ce notaire de passer les actes qui seraient dressés pour l'exécution du mandat, et puisque, d'autre part, la substitution émanée de *Mercier* au profit des demandeurs en cassation ne pouvait avoir un caractère plus réel que celle qui l'avait investi lui-même du pouvoir résultant de la procuration, outre qu'elle était limitée aux reventes, ainsi que l'a jugé le tribunal, sans s'étendre jusqu'à la consommation de l'affaire dont le sieur *Jahan* demeurait, dès lors, exclusivement chargé.

5 janvier 1857, arrêt de la cour de cassation (ch. req.), ainsi conçu :

LA COUR; — *Attendu* qu'il est constaté, en fait, par l'arrêt attaqué, que *Jahan* ayant reçu du comte *de Sparre* une procuration à la date du 5 mai 1846, à l'effet de vendre la ferme d'Aubigny et d'en toucher le prix, consentit la vente de ce domaine à *Guiet*, *Poupard* et *Girault*, par acte sous signatures privées du 25 oct. 1847; — Que postérieurement à cette date, et pour faciliter à *Guiet* et *Girault* la revente en détail de l'immeuble, *Jahan* profitant de cette circonstance que dans la procuration dont il avait déjà fait personnellement usage, le nom du mandataire était resté en blanc, remplit ce blanc du nom de *Mercier* et fit consentir, par ce dernier, une substitution au profit des demandeurs dans tous les pouvoirs conférés par la procuration ; — Que le comte *de Sparre* ayant eu connaissance de la vente originairement consentie à *Guiet* et *Girault*, demanda devant les premiers juges, par ses conclusions dernières, que ceux-ci fussent condamnés à lui payer le prix principal de la vente et les intérêts de ce prix alors échus ; — Que, pour échapper à cette condamnation, *Guiet* et *Girault* ont opposé le versement effectué par eux ou leurs sous-acquéreurs, entre les mains de *Jahan*, qu'ils considéraient toujours comme mandataire de M. *de Sparre*, de sommes supérieures au montant des intérêts alors échus du prix principal ;

Attendu qu'il résulte de ces faits que les versements que les demandeurs en cassation prétendent avoir faits entre les mains de *Jahan*, ne sauraient les libérer envers le comte *de Sparre*, puisque ces payements n'auraient eu lieu que postérieurement à la substitution de *Guiet* et *Girault* dans les pouvoirs de *Mercier*, substitué lui-même à *Jahan*, et qu'à ce moment ils ne pouvaient ignorer que *Jahan* n'avait plus qualité pour recevoir le prix de la vente en vertu de la procuration dont ils étaient eux-mêmes investis ; — Que, d'après cet ensemble de circonstances, la cour d'appel, en condamnant les demandeurs à payer au comte *de Sparre* les intérêts alors échus du prix de la vente du 25 oct. 1847, non-seulement n'a point violé les articles invoqués, mais a fait au contraire une juste application de la loi ; — Rejette...

(MM. *Brière-Valigny*, fais. fonc. de prés. ;—*Hardouin*, rapp. ; — *Blanche*, avoc. gén. ; — *Dufour*, avoc.)

A annoter :

Au *Manuel des Notaires* ; — note 80, n. 107 ; — note 84, n. 39.

ART. 2343.

RESPONSABILITÉ. — PROCÈS. — PRÉJUDICE. — DOMMAGES-INTÉRÊTS. — REMPLOI.

La résistance à une demande reconnue fondée, peut, alors même qu'elle aurait causé un préjudice, être considérée comme non susceptible de donner lieu à une condamnation à des dommages-intérêts (C. Nap., 1382.) — (A).

Ainsi, le débiteur de deniers dotaux, déclaré mal fondé dans son refus d'accepter un emploi en actions immobilisées de la banque de France, ne doit point être condamné à des dommages - intérêts, quoi-

(A) Le plaideur ne doit être frappé par une condamnation à des dommages-intérêts qu'autant qu'il est en faute. Par conséquent, s'il est de bonne foi en formant sa demande, ou en résistant à celle intentée contre lui, il échappe à toute responsabilité et ne se rend passible que des dépens.

que sa résistance ait occasionné une perte à la femme dotale, à raison de la hausse survenue pendant l'instance, dans le cours de ces valeurs.

(Delamotte. — C. — Maucondult.)

La dame *Delamotte* s'est pourvue en cassation contre l'arrêt de la cour de Rouen, du 21 juin 1856, pour violation des art. 1147, 1149 et 1382 C. Nap., en ce que cet arrêt, tout en décidant que la dame *Maucondult* avait mal à propos refusé d'accepter, comme remploi d'une somme dotale par elle due à la dame *Delamotte*, des actions de la banque de France, et exigé un remploi en immeubles, a cependant jugé qu'elle n'était tenue à aucuns dommages-intérêts pour réparation du préjudice causé à la dame *Delamotte*, par suite des variations survenues sur le prix de ces actions, pendant le cours du procès injuste qu'elle avait eu a soutenir contre cette dernière.

23 juin 1857, arrêt de la cour de cassation (ch. req.), ainsi conçu :

LA COUR ; — *Attendu* que l'arrêt attaqué, en examinant et en appréciant les faits du procès, tant à l'égard du refus fait par la dame *Maucondult* d'accepter le placement à elle offert, que sous le point de vue du préjudice qui avait pu résulter de ce retard, relativement au prix d'achat des actions de la banque de France, a déclaré que le tort de la dame *Maucondult* était bien moins d'avoir occasionné ce retard, que de s'être refusée à un placement légal et régulier ; qu'il y aurait trop de rigueur, dans les circonstances, à condamner la dame *Maucondult* à une somme quelconque de dommages-intérêts pour ce retard, et que c'est ainsi que l'arrêt a borné la condamnation aux dépens ; que c'est par les mêmes motifs, et aussi à raison d'une convention antérieure précédemment intervenue entre les parties, que l'arrêt a décidé qu'il n'était pas dû des dommages-intérêts pour la différence entre les intérêts de 3 1/2 payés jusque-là par la dame *Maucondult*, et les intérêts qu'auraient pu produire les actions de la banque, si elles avaient été achetées plus tôt ; que ces appréciations de faits et interprétation de conventions sont souveraines, et qu'elles échappent à la censure de la cour de cassation ; — Rejette, etc.

(MM. *Nicias-Gaillard*, prés. ; — *Silvestre*, rapp. ; — *Raynal*, avoc. gén., concl. conf. ; — *Ripault*, avoc.)

A annoter :

Au *Manuel des Notaires* ; — note 26, n. 213-1°, n. 216.

ART. 2344.

MUTATION, PAR DÉCÈS. — DÉCLARATION DE SUCCESSION. — INVENTAIRE. — VENTE PUBLIQUE DE MEUBLES.

La valeur des biens meubles dépendant d'une succession, est déterminée, pour la fixation du droit de mutation par décès, par l'estimation portée dans l'inventaire qui en a été régulièrement dressé après l'ouverture de la succession, et non d'après le produit de la vente ultérieure de ces biens meubles aux enchères publiques, alors même que cette vente serait antérieure à la déclaratien de la succession (L. 22 frim an VII, art. 14-8° et 27). — (A).

(Hodgkinson-Crosby. — C. Enreg.)

Le sieur William *Hope* est décédé à Paris, le 21 janv. 1855, laissant pour légataire universel le sieur *Hodgkinson-Crosby*. Dans l'inventaire du mobilier du défunt, dressé le 21 février, le mobilier situé à Paris était évalué à 299,051 fr. — Les 28 mars, 11 avril et jours suivants, le même mobilier fut vendu aux enchères publiques, moyennant un prix de 958,146 fr. 25 c.

Le 18 juillet, le sieur *Crosby* fit à la régie la déclaration de la succession ; il y mentionna le mobilier pour la prisée faite à l'inventaire, et non pour le prix produit par la vente. — Le droit de 9 pour 100 fut perçu sur ce prix, et non sur l'estimation portée à l'inventaire. — Le sieur *Crosby* soutenant que la perception devait être ramenée dans les limites de cette estimation, actionna l'administration de l'enregistrement en restitution d'une somme de 64,257 fr., qu'il disait avoir été indûment exigée sur l'excédant.

Jugement du tribunal civil de la Seine, du 23 juill. 1856, qui valide la perception.

Pourvoi du sieur Hodgkinson-Crosby pour violation des art. 14 et 27 de la loi du 22 frim. an 7.

23 fév. 1858, arrêt de la cour de cassation (ch. civ.), rendu après délibéré en chambre du conseil et ainsi conçu :

LA COUR ; — Vu l'art. 14, n° 8, et l'art. 27 de la loi du 22 frim. an 7 ; — *Attendu* que, suivant l'art. 14, n° 8, la valeur des biens meubles, quant à la liquidation et au paiement du droit proportionnel pour les transmissions par décès, est déterminée par la déclaration estimative des parties, sans distraction des charges ; et que, d'après l'art. 27, cette déclaration est remplacée par l'inventaire dressé par un notaire avec l'estimation du commissaire priseur dans les lieux où il en existe ; estimation qui,

(A) *Contrà* : — Délib. de la régie, 12 mai 1835 et 29 nov. 1844 ; jug. de la Seine, 15 janv. 1835 ; jug. de Versailles, 15 fév. 1855 émanée d'un officier public assermenté, doit servir de base à la perception ; — Qu'il suit de là que le jugement attaqué, en s'attachant, en l'absence de toute contestation sur l'exactitude et la sincérité de l'évaluation des biens meubles du sieur *Hope*, décédé le 21 janv. 1855, faite en l'inventaire dressé le 21 février suivant, au produit de la vente de ces biens meubles opérée par les procès-verbaux du 28 mars et du 31 août 1855, et non à l'estimation dudit inventaire, pour la perception du droit de mutation sur ces biens meubles, a expressément violé les articles ci-dessus visés de la loi du 22 frim. an 7 ; — Casse, etc.

(MM. : — *Bérenger*, prés. ; — *Moreau* (*de la Meurthe*) rapp. ; — *Sévin*, avoc. gén., concl. conf. ; — *Mathieu Bodet* et *Moutard-Martin*, avoc.)

A annoter :

Au *Manuel des Notaires* ; — note 192, n. 19 et 55.

ART. 2345.

DONATION ENTRE-VIFS. — TESTAMENT. — PERSONNE INTERPOSÉE. — PORTION DISPONIBLE. — RENTE VIAGÈRE.

La présomption légale d'interposition de personne, ne s'applique qu'au cas où, par l'effet de l'interposition, la libéralité devrait être ANNULÉE *comme s'adressant à un incapable, et non à celui où cette libéralité deviendrait simplement* RÉDUCTIBLE *comme excédant la quotité disponible* (C. N. 911). — (A.)

Ainsi, l'aliénation à charge de rente viagère, faite au père d'un successible en ligne directe, ne doit être considérée comme faite à ce successible lui-même par interposition de son père, qu'autant que la preuve de l'interposition résulte des circonstances (C. N. 911, 918) — (B).

(Hérit. Levasseur. — C. — Hérit. Normand).

Un arrêt de la cour de Rouen, du 28 juin 1856, qui rappelle les faits de la cause, s'était prononcé en sens contraire dans les termes suivants : — « *Attendu* que suivant acte reçu de Bérard et son confrère, notaires au Hâvre, le 25 oct. 1850, le sieur Pierre

---

(A-B) Cette solution, qui est conforme au principe que les présomptions légales ne doivent pas être étendues à des cas autres que ceux pour lesquels elles ont été établies, est enseignée par : Troplong, donat. et testam., n. 874 ; Marcadé, sur l'art. 918 ; Dalloz, jur. gén., v°, dispos. entre vifs et testam., n. 999. Ce principe est appliqué par Coin-Delisle, *donat. et testam., sur l'art.* 918, et par Saintespès Lescot, *de la port. dispon.*, t. 2, n. 395, au cas où l'aliénation dont parle l'art. 918 a été faite en faveur du conjoint du successible. Mais elle est fortement contrebalancée par cet autre principe qui porte qu'il ne peut y avoir interposition de personnes dans d'autres cas que ceux nommément prévus par la loi (Montpellier, 3 mars 1853 ; J., art. 1735).

Normand, père de quatre enfants, a vendu au sieur *Levasseur*, son gendre, mari d'Esther *Normand*, décédée laissant deux enfants mineurs, une maison et dépendances, moyennant une rente viagère constituée sur sa tête; — *Attendu* que cet acte a été attaqué par les trois autres enfants de Normand décédé, par le motif que cette vente était une donation déguisée au profit des enfants *Levasseur*, par voie d'interposition de leur père, et qu'à ce titre elle était réductible à la portion dont l'aïeul pouvait disposer; — *Attendu* que, d'après l'art. 918 c. nap., la vente à fonds perdu à l'un des successibles en ligne directe est considérée comme une donation puisqu'elle est réductible à la portion dont le vendeur apparent aurait pu *disposer* à titre gratuit dans sa succession ; — *Attendu* que les enfants *Levasseur*, petits-enfants de Pierre *Normand*, étaient, du chef d'Esther *Normand*, leur mère décédée, appelés par la loi à recueillir le quart des biens de leur aïeul, si celui-ci n'avait fait aucune disposition ; mais qu'ils n'avaient capacité de recevoir de lui , directement ou indirectement, que jusqu'à concurrence de la quotité dont celui-ci pouvait disposer d'après les art. 913 et suiv., c. nap., et qu'au delà ils étaient incapables ; — *Attendu* que l'art. 911, dont la disposition n'est pas restrictive, s'applique aussi bien à l'incapacité restreinte qu'à l'incapacité absolue; que cela résulte du rapprochement des art. 907 pour le tuteur, 908 pour les enfants naturels, 1099 et 1527 pour les époux; — *Attendu* que suivant le même art. 911, le père de la personne incapable de recevoir est réputé personne interposée ; que la donation directe ou indirecte qui lui est faite par celui à la succession duquel ses enfants sont appelés en ligne directe est présumée faite à ceux-ci ; que cette présomption ressort d'ailleurs, évidemment, des circonstances dans lesquelles l'acte dont s'agit a été fait ; que de la combinaison de cet article avec l'art. 918, il résulte donc que la vente du 25 oct. 1850 est une véritable donation déguisée au profit des enfants *Levasseur* ; que leur père est personne interposée ; que, comme telle, elle ne peut valoir que jusqu'à concurrence de la quotité disponible, et que, pour l'excédant, elle est rapportable à la succession de Pierre *Normand* ; que, conséquemment, le jugement dont est appel, qui en a décidé autrement, doit être réformé. »

Pourvoi du sieur *Levasseur*, pour fausse application, et, par suite, violation de l'art. 911 c. nap., en ce que l'arrêt attaqué a étendu à un cas de simple *réductibilité*, dans l'intérêt de la réserve, une présomption légale d'interposition de personnes édictée en matière d'*incapacité* de recevoir.

7 déc. 1857, arrêt de la cour de cassation (ch. civ.), ainsi conçu :

LA COUR ; — Vu les art. 911 et et 918 c. nap. : — *Attendu* que, devant la cour impériale de Rouen, les héritiers *Normand* se sont bornés à soutenir que l'aliénation à charge de rente viagère consentie par leur père à *Levasseur*, par l'acte du 25 oct. 1850, constituait en faveur des enfants de ce dernier un avantage indirect qui devait être réduit à la quotité disponible ; — Que l'arrêt attaqué l'a ainsi décidé, non par appréciation des faits de la cause, mais par application des art. 911 et 918 c. nap. ; que s'il a invoqué, dans l'un de ses motifs, les circonstances dans lesquelles l'acte dont il s'agit a été passé, ce n'est pas comme établissant par elles seules la preuve d'une libéralité faite aux enfants *Levasseur* sous le nom de leur père, mais comme venant à l'appui de la double présomption d'interposition de personne et de l'avantage indirect qu'il a tiré de la combinaison des articles précités ; que c'est ce qui résulte clairement de l'ensemble des motifs, et surtout du dispositif dudit arrêt ; — Mais *attendu,* en droit, que l'art. 911, placé sous la rubrique *de la capacité de disposer ou de recevoir par donation entre-vifs ou par testament,* ne répute le père personne interposée que quand l'enfant au profit duquel la disposition est faite est incapable de recevoir, et que, dans ce cas, il prononce la nullité de la disposition ; — Que l'art. 918, placé sous la rubrique *de la portion de biens disponible,* ne considère l'aliénation de biens à charge de rente viagère comme une libéralité que quand elle est faite à l'un des successibles en ligne directe, et qu'il se borne à ordonner la réduction de cet avantage à la quotité disponible ; — Que ces deux présomptions légales diffèrent essentiellement par leur objet comme par leurs effets, et que chacune d'elles doit être renfermée dans le cas spécial pour lequel elle a été établie ; — *Attendu,* en fait, que, d'une part, les enfants *Levasseur* n'étaient pas incapables de recevoir de *Normand,* leur grand-père, puisqu'ils étaient appelés à sa succession par représentation de leur mère décédée ; — Que, d'un autre côté, *Levasseur,* leur père, n'était pas l'un des successibles en ligne directe de *Normand,* mais son gendre ; — Que, dès lors, en se fondant sur la présomption légale de libéralité établie par l'art. 918, combinée avec la présomption légale d'interposition établie par l'art. 911, pour décider que *Levasseur* était personne interposée à l'égard de ses enfants, et que l'acte du 25 oct. 1850 constituait à son profit un avantage indirect réductible à la quotité disponible, l'arrêt attaqué a faussement appliqué et, par suite, violé les articles précités ; — Casse, etc.

(MM. : — *Troplong*, 1er présid. ; — *Leroux* (de Bretagne), rapp.; — *de Marnas*, 1er avoc. gén., concl. conf.; — *Hérold* et *Ripault*, avoc.)

A annoter :

Au *Manuel des notaires*; — note 81, n. 65; — note 150, n. 107.

Au *Journal* ; — art. 1735-2e quest.

ART. 2346.

PAIEMENT. — TIERS. — TRANSPORT. — ORDRE JUDICIAIRE.

Le remboursement d'une créance, fait au créancier par un tiers, peut, en l'absence d'un acte écrit constatant le véritable caractère de ce remboursement, être considéré comme ayant eu lieu non à titre de paiement extinctif de l'obligation, mais à titre de transport (C. N. 1234, 1236, 1250, 1251.)—(A).

Par suite, si le créancier ainsi remboursé par voie de transport est resté propriétaire apparent de la créance, il a qualité pour se présenter, dans l'intérêt du cessionnaire non régulièrement saisi vis-à-vis des tiers, à l'ordre ouvert pour la distribution du prix de l'immeuble hypothéqué à cette créance.

(Laluyé. — C. — Legrez-Logeard).

Dans un ordre ouvert pour la distribution du prix de vente d'immeubles appartenant aux époux *Sarrazin*, le sieur *Legrez-Logeard* avait été colloqué pour une somme de 3,412 fr. 65 c. dont il était devenu cessionnaire, aux termes d'un acte notarié du 17 mai 1838. — Les époux *Laluyé*, qui ne venaient pas en rang utile, contestèrent cette collocation, par le motif que le sieur *Legrez-Logeard* aurait été remboursé, sans subrogation, par un sieur *Devienne*. Interpellé sur ce fait, le sieur *Legrez-Logeard* répondit qu'en effet, la créance dont il s'agit lui avait appartenu autrefois, mais qu'actuellement, elle ne lui appartenait plus, et que la totalité de ce qui lui était dû lui avait été remboursé, il y a fort longtemps, sans qu'il pût en préciser la date.

Le tribunal civil de Reims, saisi du contredit, le rejeta et maintint le règlement provisoire, par un jugement en date du 25 janv. 1855, ainsi motivé : — « En ce qui touche le contredit élevé par

---

(A) Dans l'espèce, le créancier, quoique remboursé, était resté en nom comme propriétaire de la créance, ce qui est suffisant pour que le remboursant ait les mêmes droits que ceux qui résulteraient d'un transport régulier. Mais il en serait autrement, s'il s'agissait d'un paiement avec *subrogation*. La subrogation, en effet, ne pourrait résulter que d'un acte écrit, exprimant qu'elle a été faite en même temps que le paiement (cass. req., 13 août 1855, e autres arrêts rapportés au journal, art. 768, 822, 1664). Voir aussi l'art. 1729.t

les époux *Laluyé* contre la collocation prononcée par l'art. 3 du § 2, au profit de *Legrez-Logeard,* contredit fondé sur ce que la créance pour laquelle il a été colloqué ne lui appartiendrait pas, mais bien aux veuve et héritiers de *Devienne,* ancien notaire ; — *Attendu* que l'acte de transport et obligation du 17 mai 1838, est au nom de *Legrez-Logeard* ; — *Attendu* qu'à supposer que, postérieurement à cette époque *Devienne* lui en ait remboursé le montant, les veuve et héritiers de ce dernier auraient pu très-bien produire à l'ordre, sous le nom de *Legrez-Logeard,* puisque aucune disposition de loi ne prohibe ce mode de procéder, lorsqu'il a eu lieu sans fraude et sans préjudice pour les tiers. »

Sur l'appel, arrêt de la cour de Paris, du 9 fév. 1856, qui confirme, avec adoption de motifs.

Pourvoi des époux *Laluyé,* pour violation des art. 1250, 1251 et 2180 c. nap., en ce que l'arrêt attaqué a transformé un remboursement de créance qui, de l'aveu du créancier, et en présence des déclarations mêmes de l'arrêt, avait le caractère d'un paiement pur et simple, en un paiement avec subrogation dont aucun acte ne constatait l'existence, ou en un véritable transport de créance, qui n'avait été lui-même l'objet ni d'un acte écrit, ni d'une notification quelconque. — On ne saurait voir, dans un tel remboursement, ni un remboursement avec subrogation, puisque le loi, en exigeant (art. 1250) que la subrogation ait lieu en même temps que le paiement, suppose nécessairement l'existence d'un écrit constatant cette simultanéité, ni un versement de deniers ayant pour cause un transport, car, il n'y a pas transport dès que le titre de créance reste, comme dans l'espèce, au nom du créancier originaire. Aussi, est-ce le prétendu cédant qui a produit à l'ordre, dans l'intérêt du tiers qui se serait rendu son cessionnaire. Autoriser un tel mode de procéder, c'est ouvrir manifestement la porte à la fraude, et fournir un moyen toujours facile de faire revivre après coup des privilèges ou des hypothèques qui s'étaient trouvés éteints par un remboursement pur et simple émané d'un tiers. Le créancier désintéressé n'aura qu'à exercer ses droits au nom du tiers qui, en le payant, n'a pas eu le soin de se les faire céder ou de s'en faire transmettre le bénéfice par voie de subrogation ; et de la sorte, les sages précautions prises par le législateur pour éviter que des causes de préférence éteintes ne renaissent après coup seront constamment éludées.

22 fév. 1858, arrêt de la cour de cassation (ch. civ.), ainsi conçu :

LA COUR ; — Statuant sur le pourvoi, et sur le moyen unique

tiré de la violation des art. 1234, 1236, 1250, 1251, et 2180 c. nap.; — *Attendu* qu'en l'absence d'un acte écrit constatant le véritable caractère du remboursement fait par *Devienne* à *Legrez-Logeard,* il appartenait à la cour impériale de rechercher si le remboursement avait eu lieu à titre de paiement de l'obligation, ou s'il avait eu pour cause une cession de cette obligation qui, sans l'éteindre, en aurait seulement déplacé la propriété; — Que l'arrêt attaqué s'est placé dans cette dernière hypothèse, en déclarant, en fait, que l'acte de transport et obligation du 17 mai 1838 était resté au nom de *Legrez-Logeard*, déclaration qui suppose nécessairement que si *Legrez-Logeard* avait été personnellement désintéressé, l'obligation elle-même n'en avait pas moins continué d'exister sous son nom au profit de *Devienne* qui lui en avait payé le montant; — *Attendu* que la réponse de *Legrez-Logeard* à l'interpellation des créanciers contestants, qu'il ne lui était plus rien dû, ne pouvait pas préjudicier au droit de *Devienne* et n'excluait d'ailleurs pas l'existence de ce droit; — Qu'en jugeant dans cet état des faits, que *Legrez-Logeard,* propriétaire apparent de la créance, avait pu, sans fraude et sans préjudice pour personne, se présenter à l'ordre dans l'intérêt d'un cessionnaire non régulièrement saisi vis-à-vis des tiers, l'arrêt attaqué n'a violé aucune loi; Rejette, etc.

(MM. *Bérenger,* prés.; — *Glandaz,* rapp.; — *Sévin,* avoc. gén., concl. conf.; — *Mazeau* et *Leroux*, avoc.)

A annoter :

Au *Manuel des Notaires*; — note 84, n. 92; — note 104, n. 192.

ART. 2347.

DU NOTARIAT ANCIEN. (A).

CHAP. II. — Y AVAIT-IL, POUR LES NOBLES, DÉROGEANCE A ÊTRE NOTAIRE ?

8. Cette tache prétendue, que l'esclavage des premiers notaires avait faite à la profession de notaire, a sans doute été cause d'une diversité de sentiments parmi les auteurs qui ont parlé de cette profession. Les uns ont pensé qu'elle était vile, et que, comme telle, elle faisait déroger à la noblesse le noble qui en était pourvu; les autres, moins prévenus, ne voyaient rien qui pût être imputé à dérogeance, ni dans le titre, ni dans les fonctions de l'office de notaire.

(A) Suite de l'art. 2332.—Pour le commencement de la matière, v. l'art. 2332.

9. Entre ces deux partis opposés, le plus raisonnable était celui de croire qu'un notaire ne dérogeait pas, et en cela on était d'accord avec *Delaroque*, traité de la noblesse, ch. 148; *L'Évêque*, discours préliminaire de son recueil de chartes, imprimé en 1663; *de Ferrière*, dictionnaire de droit, v° *notaire*; *Langlois*, traité des droits des notaires, ch. 8; et enfin, avec M. *Roussel de Bouret*, dernier commentateur de la *coutume d'Artois*. Cet auteur qui, a pesé les raisons des deux sentiments opposés, s'exprime ainsi en parlant de l'état de notaire : « Je n'estime pas que cette profession soit dérogeante à la noblesse, et je tiens que le noble qui l'exerce conserve tous les priviléges dont il jouissait, et ne doit pas y être troublé. Les fonctions de ces officiers ne doivent pas être mises au rang des fonctions viles et incompatibles avec la noblesse. La charge de notaire (dit *de Ferrière*), est parmi nous fort honnête; aussi est-elle compatible avec la noblesse. Ainsi, ceux qui en sont revêtus, lorsqu'ils sont nobles, ne dérogent pas pour cela; ils conservent leur noblesse et la transmettent à leur postérité. Il est vrai (poursuit le même auteur) qu'ils sont appelés *servi publici* in lege 2, Dig. *rem pupilli salvam fore* (A); mais (ajoute-t-il), *non quòd revera servi sint, sed quòd populariter rogentur, et cuique serviant,* » (ce n'est pas parce qu'ils sont esclaves, mais parce que ce sont eux qui postulent ordinairement, et qu'ils sont soumis à chacun.)

10. *Expilly*, dans ses plaidoyers, nous apprend qu'il était aussi du même sentiment sur la profession de notaire. Autrefois, dit-il, c'était un office vil (B) : *Tabularii sive tabelliones, erant servi publici*, lib. VII, tit. IX, code, de *servis Reipublicæ manumittendis*. Ensuite, *Honorius et Arcadius, non servos, sed ingenuos, esse vo-*

(A) Le texte de cette loi 2 tirée d'*Ulpien, lib.* 79, *ad edictum*, porte en effet :

Si pupillus absens sit, vel fari non possit : servus ejus stipulabitur; si servum non habeat : emendus ei servus est; sed si non sit unde ematur, aut non sit expedita emptio : profecto dicemus servum publicum apud prætorem stipulari debere. (Si le pupille est absent, ou ne peut agir : son esclave stipulera pour lui; s'il n'a point d'esclave; on lui en achètera un; mais s'il n'y a pas de quoi lui en acheter, ou bien que l'achat ne se réalise pas : nous décidons qu'alors un esclave public doit stipuler pour lui auprès du Prêteur.)

(B) Dire que cet office était vil, précisément parce qu'il était rempli par des esclaves, ce n'est pas en donner une trop bonne raison. Ces esclaves étaient des gens d'esprit et dont la capacité était reconnue; ils possédaient surtout l'art des notes, qui était alors l'art par excellence, et celui dont ils avaient le plus besoin pour remplir leurs fonctions suivant l'usage du temps. Si leur esclavage les avilisait par la force d'un préjugé injuste, leur mérite aux yeux de quiconque le savait apprécier, ne les rendait que plus recommandables. V. *Histoire et chronique de Provence*, p. 98, lettre E.

luerunt, lib. x, tit. LXIX, code, de *tabulariis, scribis, logographis et censualibus*. Par succession de temps la charge de notaire fut fort relevée, car nous avons une glose qui dit que les juges et docteurs étaient notaires (A). Il ajoute que les gentilshommes du Dauphiné en exerçaient les fonctions sans difficulté, et sans faire tort à leur noblesse, au grand bien du public et sûreté des familles et de leurs biens; et croyons (c'est toujours *Expilly* qui parle), qu'en ce siècle si dépravé de mœurs (B) il serait nécessaire plus que jamais que cet office ne fût donné qu'à *des gentilshommes* ou personnes de qualité. (Plaidoyer premier, n. 18.)

11. César *de Nostradamus*, gentilhomme provençal, a beaucoup parlé des notaires dans son histoire et chronique de Provence. En voici quelques fragments :

En cette même saison (c'est-à-dire en 1270) fut commis Guillaume Premeiran, notaire d'Arles, par le sénéchal de Gonesse, pour, au nom de Charles premier, onzième comte de Provence, recevoir les hommages de quelques gentilshommes d'Arles, au moyen de quoi, prêta la ville pareillement devoir et hommage de fidélité au même sénéchal, où ne semble à passer de léger, que *les notaires de ce temps étaient personnes de savoir et d'expérience en leur profession*, communément commis et députés par les lieutenants de Roi et les sénéchaux à recevoir les hommages du pays, *dont plusieurs bonnes et nobles maisons sont descendues*, tant parce que les notaires étaient personnages bien versés aux bonnes lettres et *d'irréprochable intégrité*, que pour les grands biens qu'ils acquéraient au *moyen de leur vertu* (chronique de Provence, édit. de 1614, p. 256, lettre E.)

12. Le savoir, l'expérience, la probité, la vertu étaient les attributs de la plupart des notaires existant alors. Ils avaient tous un guide commun, et ce guide, c'était l'honneur. Malheureux celui qui ne le suivait pas. L'exception ne doit point ici faire de tort à la règle, et de même que le plus beau jour n'est pas sans nuages, de même aussi le corps le plus respectable peut avoir dans son sein des membres corrompus, sans que pour cela il perde rien de l'estime publique. Que serait-ce, en effet, que la vertu, si elle pouvait être ternie par les fautes d'autrui?

13. Suivons notre historien provençal dans ce qu'il dit des no-

---

(A) De là vient sans doute la qualité de *clercs* qui était autrefois donnée aux notaires, et qu'on trouve encore dans les anciennes ordonnances quand il y est question d'eux.

(B) La première édition de l'ouvrage d'*Expilly* étant de 1608, il faut en conclure que les mœurs étaient déjà corrompues.

taires : « Une infinité de nobles n'ont point de lustre, ni de plus » luisante clarté que d'en être extraits et produits. Cependant, dit- » il, ces nobles qui leur doivent tout ce qu'ils sont, méprisent » indignement et ravalent jusqu'à la boue, cette *très-honnête* et » non abjecte profession... Mais qui la méprise ? Selon ses » termes, ce sont des idiots, des ignares et des ânes à courtes » oreilles...»

Denisart, qui avait trouvé tant de charmes à dénigrer une profession si honnête, n'avait probablement pas lu cet excellent passage.

(Voir la suite, au prochain cahier, sous l'art. 2362.)

ART. 2348.

ACTE NOTARIÉ. — NOTAIRE. — PARENTÉ. — ALLIANCE.

(*Questions proposées par un de nos abonnés de l'Orne.*)

Un notaire peut-il, sans contravention à la loi, recevoir le dépôt pour minute d'un acte sous seing-privé contenant vente par son beau-frère à un étranger, lorsque ce dépôt est effectué par l'étranger seul en arrière du beau-frère ? **(L. 25 vent. an XI, art. 8). — (A).**

Pour savoir si un notaire commet, dans ce cas, une contravention, il faut examiner comment le beau-frère est allié du notaire :

S'il est allié du notaire comme ayant épousé la sœur de celui-ci, il y a prohibition, parce que l'étranger, en faisant le dépôt de la vente, se reconnaît débiteur par acte authentique, et que le notaire, s'il recevait le dépôt, pourrait en délivrer grosse à son beau-frère, ce qui le rendrait responsable de toutes les conséquences de cette délivrance et l'exposerait à une action disciplinaire de la part du ministère public pour avoir enfreint une règle qui est d'ordre public.

S'il est allié du notaire comme ayant épousé la belle-sœur de celui-ci, il n'y a point de contravention à la loi, parce que la prohibition n'existe que pour les parents et alliés et non pour les *alliés d'alliés* du notaire, à moins que la disposition ne vienne à tourner directement au profit de l'allié, parce que les prohibitions étant des exceptions ne sont pas susceptibles d'extension.

A annoter :

Au *Manuel des Notaires* ; — note 2, n. 21.

Au *Journal* ; — art. 229, p. 166, alin. 9.

(A) Cette solution est conforme à ce que nous avons dit dans notre cours de notariat, art. 229, p. 166, alin. 9.

ART. 2349.

PROTÊT. — RECONNAISSANCE. — TIMBRE.

(*Question proposée par un de nos abonnés de la Haute-Saône.*)

Lorsqu'une reconnaissance de 75 fr. est faite sur un timbre de 0,05 *et qu'étant revêtue de divers endossements, elle est remise à un notaire pour en faire le protêt, le notaire est-il fondé à réclamer des parties les amendes et droits qui ont été perçus, ainsi que ses frais de protêt?* (L. 24 mai 1834, art. 23; — L. 20 juill. 1837, art. 16.— L. 5 juin 1850, art. 1; — L. 22 frim. an VII, art. 41).

Ce n'est pas la loi du 5 juin 1850 qui est applicable à l'espèce, mais bien celle du 24 mai 1834. En effet, d'après cette dernière loi (art. 23) aucun notaire ou huissier ne peut protester un effet négociable ou de commerce non écrit sur papier du timbre prescrit, ou non visé pour timbre, sous peine de supporter *personnellement* une amende de 20 francs pour chaque contravention. — (A).

Suivant le même article, il est tenu, en outre, d'avancer le droit de timbre (B) et les amendes encourues dans les cas déterminés par les art. 19, 20, 21 et 22 de ladite loi (C), sauf *son recours sur les contrevenants*. Le motif est que le notaire n'a pas commis les contraventions relatives au billet en lui-même, ce sont les parties, et elles doivent en supporter les conséquences.

Le protêt fait par le notaire, s'il ne peut valoir comme protêt, vaut au moins comme sommation de payer, sommation qui demeure à la charge du débiteur quand celui-ci n'obéit point à la

---

(A) Il n'est pas dû une seconde amende pour avoir fait un acte en conséquence d'un autre non enregistré; en d'autres termes, il n'y a pas deux amendes, l'une pour défaut de timbre et l'autre pour défaut d'enregistrement. La loi, en spécifiant qu'*il* y aura amende pour défaut de timbre, n'a point sans doute entendu qu'il y en eût une pour défaut d'enregistrement, car le défaut de timbre comprend nécessairement le défaut d'enregistrement, par la raison que s'il y avait eu enregistrement du premier acte, la formalité n'aurait pas été donnée sans percevoir le droit de timbre qui pouvait être dû à raison du même acte.

(B) Dans l'espèce, la reconnaissance était sujette, indépendamment de 0.10 pour complément du droit de timbre, à une amende de 5 fr. à la charge du souscripteur et de pareille somme à la charge du premier endosseur ou cessionnaire, pour insuffisance du timbre, lequel aurait dû être de 0.15, par application de l'art. 16 de la loi du 20 juillet 1837, qui réduit à cette somme le droit de timbre proportionnel sur les effets de commerce, billets et obligations non négociables de 300 fr. et au-dessous, et non de 0.05 par application de la loi du 5 juin 1850, spéciale pour le timbre des *effets de commerce*.

(C) Dans ces cas, l'amende est de 6 p. 0/0 du montant des sommes exprimées dans l'acte, sans pouvoir être moindre de 5 fr.

mise en demeure qui lui est faite, et pour laquelle le notaire a son recours contre le porteur de la reconnaissance, ainsi qu'il est dit ci-devant. C'est en vain que le porteur prétendrait qu'il n'est pas tenu des frais de ce protêt, car c'est lui qui a eu le premier tort en donnant à protester une reconnaissance qui, par ses endos, avait l'apparence d'un billet à ordre.

A annoter :

Au *Manuel des Notaires;* — note 42, n. 74; — note 61, n. 10; — note 97, n. 196;

Au *Commentaire de la loi* du 5 juin 1850, en marge de l'art. 1.

ART. 2350.

VENTE PUBLIQUE DE MEUBLES. — DÉCLARATION PRÉALABLE.

(*Question proposée par un de nos abonnés de la Drôme.*)

Lorsqu'un notaire a procédé à une vente publique de meubles après avoir fait sa déclaration préalable, et que pour certains objets non portés à leur valeur, le vendeur a ajourné la vente sans indication du jour, y a-t-il lieu à amende contre le notaire si le vendeur, après avoir fait annoncer la vente de ces meubles dans certaines communes, les adjuge à celui qui a fait l'offre la plus avantageuse sans qu'il y ait eu de nouvelle déclaration préalable? (L. 22 pluv. an VII, art. 2.)

Pour qu'il y ait contravention à la loi du 22 pluviôse an 7, il faut que la vente d'objets mobiliers ait eu lieu *publiquement et aux enchères*. Si ces deux conditions ne se rencontrent pas, il n'y a pas lieu à amende.

La circonstance relative aux annonces n'a pas d'importance, parce qu'elle n'a aucune influence sur le mode de vente, alors même qu'on aurait dit dans cette vente qu'on vendrait publiquement et aux enchères. La seule chose bonne à savoir concerne l'opération en elle-même.

En consultant l'opération de la vente (laquelle a eu lieu avant la clôture d'un procès-verbal de vente d'immeuble (A) et comme par observation) on voit bien qu'il y est question d'une offre plus avan-

---

(A) Dans le procès-verbal de vente des immeubles de la succession, on lit ce qui suit :

« Avant de clôturer le présent, le tuteur a fait observer que lors de la » vente mobilière qui a eu lieu le ... il resta invendu un soufflet et une en» clume en mauvais état, qu'après les avoir exposés plusieurs fois aux enchè» res, il n'y eut que des offres ridicules et non acceptables. Il aurait donc » décidé, dans l'intérêt de la succession et des créanciers, d'en ajourner la » vente; et depuis lors, ayant fait annoncer cette vente dans les communes » voisines, l'offre la plus avantageuse ayant été faite par P..., charron » à ....., le tout lui a été adjugé au prix de .... que le tuteur a reçu.»

tageuse faite par un individu sans dire seulement où, mais on n'y voit ni publicité, ni enchères. Le notaire donne seulement acte d'une vente faite à l'amiable par le tuteur, lequel a adjugé l'objet à l'offrant. Peu importe qu'il y ait eu des personnes qui aient offert des sommes différentes et plus élevées, du moment qu'il n'y a pas eu d'enchères.

Tous les jours on fait de semblables ventes pour des coupes de bois. On appelle par affiches les amateurs. Le vendeur dit : Je veux *tant* de la coupe. Quelquefois l'on répond que l'on prend, mais le plus souvent on offre un prix moindre, et si le vendeur s'en contente, on arrête le marché et tout est dit. Comme il n'y a pas eu d'enchères, il n'y a pas eu de contravention à la loi.

A annoter :

Au *Manuel des notaires*; — note 109-2°, n. 3.

ART. 2351.

OFFICE. — PAIEMENT. — RÉPÉTITION. — HÉRITIER.

L'héritier de celui qui a reçu de mauvaise foi ce qui ne lui était pas dû, par exemple, un supplément de prix stipulé dans un traité secret, en matière de cession d'office, est tenu, nonobstant sa bonne foi personnelle, des intérêts légaux, jusqu'au jour de la restitution. A ce cas ne s'applique pas la règle que le possesseur de bonne foi fait les fruits siens, les intérêts courant en vertu d'un quasi-contrat (C. N. 549, 1133, 1235, 1378; L. 28 avril 1816, art. 91). — (A).

(Appay. — C. — Faugé.)

Le sieur *Faugé* devenu cessionnaire, en 1838, de l'office du sieur *Appay*, soutint après la mort de ce dernier, arrivée en 1848, lui avoir payé en dehors du prix stipulé dans le traité soumis à l'approbation du gouvernement, une somme de 75,000 fr. qu'il réclama, avec les intérêts à partir du paiement, en vertu de l'art. 1378 c. nap. — Les héritiers *Appay*, après avoir contesté au fond la prétention du sieur *Faugé*, opposèrent subsidiairement, 1° que les intérêts de la somme à restituer ne pouvaient être alloués au demandeur que du jour de la demande, la mauvaise foi de leur auteur n'étant pas établie; 2° qu'en tous cas, ils étaient prescriptibles par cinq ans; 3° qu'enfin s'il était déclaré que ces

(A) En dehors de toute idée de quasi-contrat, le point de savoir si l'héritier du possesseur de mauvaise foi fait les fruits siens, lorsqu'il est personnellement de mauvaise foi, est fort controversée. (*Pour l'affirmative*, cass., ch. civ., 24 mai 1848; Orléans, 11 janv. 1849, rendu par suite du renvoi ordonné par l'arrêt précité; Demolombe, de la propriété, t. 1, n. 612 et suiv. Massé et Vergé, sur Zachariæ, t. 2, p. 107, note 16. — *Pour la négative*, Douai, 1er juil. 1840; Duranton, t. 4. n. 357; Hennequin, législ., t. 2, p. 229; Zachariæ, t. 1, § 201; Marcadé, sur l'art. 550; Dalloz, t. 11, p. 460, n. 17.)

intérêts avaient couru à partir du paiement, et ne tombaient pas sous le coup de la prescription quinquennale, il fallait décider, du moins, qu'ils avaient cessé de courir contre les héritiers, à dater du 17 août 1848, jour du décès du sieur *Appay*, à raison de leur bonne foi personnelle, pour ne reprendre, quant à eux, leur cours, qu'à l'époque de la demande.

Un jugement du tribunal civil de la Seine, du 11 mai 1855, accueillit les conclusions du sieur *Faugé*.

Sur l'appel, arrêt de la cour de Paris, du 25 nov. 1856, qui confirme en ces termes : — « *Considérant* qu'il importe à l'ordre public que le prix des offices ne dépasse pas les limites posées par l'autorité supérieure ; — Que toutes stipulations en dehors du traité sanctionné par le ministre de la justice, sont frappées d'une nullité absolue; que les sommes payées en vertu de ces stipulations sont reçues indûment, de mauvaise foi, et doivent être restituées avec les intérêts légaux à compter de l'indue perception ; — *Considérant* qu'il résulte des pièces du procès qu'*Appay*, notaire à Vincennes, en présentant *Faugé*, comme successeur, a exigé et reçu, en outre du prix et des conditions portés au traité agréé par le ministre de la justice, une somme de 75,000 fr. ; — Qu'à la vérité, ce supplément de prix a été convenu et versé entre les mains d'un tiers dès le 5 mars 1838, mais qu'il n'a été reçu par *Appay* que le 4 juill. 1838, jour de la prestation de serment; qu'ainsi, le cours des intérêts à restituer n'a commencé qu'à partir de cette dernière date; — *Considérant* que, pour en arrêter le cours à l'époque du décès d'*Appay*, ses héritiers invoquent vainement leur état de minorité, leur bonne foi personnelle, la longue inaction de *Faugé* et les actes de celui-ci, tendant à les maintenir dans l'ignorance de la stipulation illicite ; — Qu'en effet, les caractères et les conséquences du quasi-contrat d'où dérive la restitution, ont été déterminés par le fait qui l'a formé, dès l'origine, et que les héritiers, majeurs ou mineurs, sont tenus des engagements de cette nature comme de toutes les obligations de leur auteur, dont ils continuent la personne et la possession ; — Que les actes intervenus entre eux et *Faugé* ne constatent que le retard de celui-ci dans l'exercice de son action, mais n'en impliquent et n'en ont pas entraîné la renonciation ; — *Considérant* que le droit à la restitution des intérêts n'étant que la suite et la dépendance du droit à la restitution du capital, n'aurait pu être éteint que par la prescription trentenaire ; que la prescription quinquennale n'est applicable qu'aux intérêts exigibles chaque année ; — Met le jugement au néant, en ce que les premiers juges ont omis de fixer le point de départ des intérêts de la somme de 75,000 fr ; dit que les intérêts à restituer courront du 4 juill. 1838 jusqu'au jour de la restitution, etc. »

Pourvoi des héritiers *Appay*, pour violation des art. 549 et 550 c. nap., en ce que l'arrêt attaqué a déclaré que, malgré sa bonne foi personnelle, l'héritier du possesseur de mauvaise foi ne peut faire siens les fruits d'un capital par lui recueilli dans la succession de son auteur: et que, par suite, il est tenu des intérêts de la somme reçue par son auteur, indûment et de mauvaise foi, non-seulement jusqu'au jour du décès de ce dernier, mais encore jusqu'au jour de la restitution. — Aux termes formels d'un arrêt de la cour de cassation du 24 mai 1848, dit-on à l'appui du pourvoi, la bonne foi personnelle suffit pour que le simple possesseur fasse les fruits siens. L'arrêt attaqué, cependant, refuse de faire l'application de ce principe à l'espèce, par le motif que les intérêts étaient dus en vertu d'un quasi-contrat, qui lie les héritiers comme leur auteur. Mais c'est là la négation du principe ci-dessus rappelé. Si celui qui reçoit un paiement indû est tenu de restituer le capital par l'effet d'un quasi-contrat, il n'est obligé d'en rembourser les intérêts à partir de la réception, que comme conséquence de sa mauvaise foi, et à titre de pénalité. Cette pénalité ne saurait être infligée à ceux qui sont de bonne foi, et qui peuvent se trouver ruinés par des restitutions d'intérêts accumulés, que, dans leur ignorance du vice du paiement fait à leur auteur, ils auront consommés avec pleine sécurité.

10 juin 1857, arrêt de la cour de cassation (ch. req.), ainsi conçu:

LA COUR ; — *Attendu* qu'il est reconnu, en fait, par l'arrêt attaqué, qu'*Appay*, notaire à Vincennes, en présentant *Faugé* comme son successeur, a exigé et reçu, en outre du prix et des conditions portées au traité agréé par le ministre de la justice, une somme de 75,000 fr. ; — *Attendu* que celui qui a reçu indûment et de mauvaise foi ce qui ne lui était pas dû, est obligé de le restituer avec les intérêts légaux à compter de l'indue perception ; — Que telle était la situation d'*Appay*, lorsqu'il recevait de son successeur 75,000 fr. non portés au traité ostensible ; — *Attendu* que les héritiers sont saisis de plein droit des biens, droits et actions du défunt, sous l'obligation d'acquitter toutes les dettes de la succession ; — Que, de même que dans les contrats on est censé avoir stipulé pour soi et pour ses héritiers, de même aussi les engagements résultant des quasi-contrats incombent aux héritiers, qui sont tenus des engagements de cette nature comme de toutes les obligations de leur auteur ; — Qu'ainsi l'obligation qui pesait sur *Appay* pèse également sur ses héritiers, et que les demandeurs en cassation n'étaient pas fondés à exciper de leur bonne foi personnelle pour prétendre qu'ils ne devaient pas les intérêts depuis le décès de leur père ; — Qu'en le décidant ainsi la cour impériale de Paris n'a point violé les art. 548 et 550 c. nap., et a fait, au contraire, une juste application de l'art. 724 même code ;... — Rejette, etc,

(MM. : — *Nicias-Gaillard*, présid. ; — *Pécourt*, rapp. ; — *Raynal*, avoc. gén., concl. conf. ; — *Michaux-Bellaire*, avoc.)

A annoter :

Au *Manuel des notaires*; —note 50, n. 40 *bis* ;—note 191, n. 62.

ART. 2352.

TESTAMENT OLOGRAPHE. — DONATION ENTRE-VIFS. — LEGS. — NULLITÉ. — INDIVISIBILITÉ.

L'acte qui renferme à la fois une donation entre-vifs et un legs, peut-être déclaré valable quant à cette dernière disposition, s'il réunit les conditions exigées pour la validité des testaments olographes, quoiqu'il soit nul, quant à la première, comme dépourvu, par exemple, d'authenticité et d'acceptation expresse (C. N. 895).

Mais le montant de la donation annulée pour vice de forme, peut être ajouté au montant du legs renfermé dans le même acte, par interprétation des termes de la disposition testamentaire, la nullité de la donation dérivant, alors, d'une omission de forme, et non d'un défaut de volonté chez le testateur (C. N. 893, 931).

(Hérit. Bérenger. — C. Leleu).

Le 6 mai 1850, le sieur *Bérenger* est décédé, laissant un écrit ainsi conçu : — « Je soussigné déclare faire une rente de 600 fr. par année à mademoiselle Clarisse *Leleu*, pendant sa vie durante, payable par trois mois en trois mois, à compter du jour qu'elle viendrait à sortir de chez moi ; et, en cas que je viendrais à décéder, la rente sera augmentée de 400 fr. de plus par an. Le 3 juill. 1837, signé *Bérenger*. » — La disposition relative à l'augmentation de la rente en cas de décès, a été tracée après coup et en interligne entre la disposition qui la précède et la date de l'acte.

Le 6 mai 1854, la demoiselle Clarisse *Leleu* a actionné les héritiers *Bérenger* en paiement de la rente constituée à son profit dans l'acte ci-dessus.

Un jugement du tribunal de la Seine, du 14 juill. 1855, a repoussé cette demande, par les motifs suivants : — « Vu la minute de l'acte du 3 juill. 1837, représentée à l'audience par Me Delpech, notaire ; — *Attendu* que, d'après l'état matériel de cet acte, il appert qu'il ne contenait d'abord que la constitution par *Bérenger* d'une rente de 600 fr. au profit de la fille *Leleu*, au cas où elle sortirait de chez lui; que le corps de l'acte s'arrêtait à ces mots : « elle viendrait à sortir de chez moi, » et que c'est par addition et en interligne entre le corps de l'acte et sa date, que *Bérenger* a ajouté que cette rente serait, après sa mort, augmentée de 400 fr.; — Qu'ainsi l'objet de l'acte était une donation entre-vifs dont l'effet devait être recueilli par le donataire du vivant même du donateur, qui ne peut produire aucun effet parce qu'elle n'a pas eu lieu dans la forme authentique exigée par la loi; — Que l'addition qui y a été faite n'a point changé sa nature, et ne lui a pas donné le caractère d'une disposition testamentaire; qu'ainsi ledit acte ne peut produire aucun effet. »

Mais, sur l'appel, arrêt de la cour de Paris, du 10 janv. 1857, qui infirme en ces termes : — « *Considérant* que le testament étant un acte par lequel le testateur dispose de tout ou partie de ses biens pour le temps où il n'existera plus, la disposition par laquelle *Bérenger* a exprimé sa volonté que la rente viagère de 600 fr. par lui stipulée au profit de Clarisse *Leleu* fût augmentée de 400 fr. dans le cas où il viendrait à décéder, constitue essentiellement une disposition testamentaire; que le testament peut être olographe; que, pour être valable, il doit être seulement écrit en entier, daté et signé du testateur; qu'aux termes de l'art. 970, il n'est assujetti à aucune autre forme; que, dans l'espèce, l'acte soumis à l'appréciation de la cour réunit ces trois conditions;— Que vainement on objecte que, dans la première partie de cet acte, se trouve la donation entre-vifs d'une rente de 600 fr., laquelle est nulle comme n'ayant pas été faite devant notaire; que ce sont là deux dispositions séparées, d'une nature différente, vivant chacune de sa vie propre, et assujetties, quant à leur validité, à des règles et à des formalités spéciales pour chacune d'elles, de telle sorte que la nullité de l'une n'entraîne pas la nullité de l'autre; — Que rien dans la loi ne fait obstacle à ce qu'elles coexistent dans un même contexte, placées à la suite l'une de l'autre et sous une même date; et que si l'une doit être annulée comme ne remplissant pas les formalités qui lui sont prescrites, l'autre n'en doit pas moins subsister comme conforme aux règles qui lui sont particulières; — ... Condamne les héritiers *Bérenger* à payer à ladite *Leleu* la rente annuelle et viagère de 1,000 fr. à elle constituée par le testament olographe du 3 juill. 1837... »

Pourvoi des héritiers *Bérenger*, pour violation des art. 893 et 931 c. nap., et fausse application de l'art. 895 même code, en ce que, d'une part, l'arrêt attaqué a attribué la valeur d'un testament olographe à une disposition qui n'était qu'un accessoire inséparable d'une donation entre-vifs renfermée dans le même acte, et devait, dès lors, tomber avec cette donation, frappée de nullité pour défaut d'authenticité, et en ce que, d'autre part, il a, dans tous les cas, fait revivre à tort cette donation, en ajoutant le montant à la somme léguée. — Des deux dispositions de l'écrit litigieux, dit-on à l'appui du pourvoi, la première a incontestablement le caractère d'une donation entre-vifs, et, dès lors, elle est nulle, comme dépourvue d'authenticité. La seconde, qui y a été ajoutée en interligne, ne doit-elle pas suivre le même sort? L'arrêt attaqué décide que chacune d'elles a une existence qui lui est propre, que l'une peut survivre à l'autre. Cette interprétation est contraire aux termes formels de l'acte. Dans la disposition dont on s'occupe, le sieur Bérenger *augmente*, pour le temps postérieur à son décès, la rente qu'il vient de donner. Il n'y a donc là qu'un supplément de donation, en prévision d'un cas déterminé; il y a là, pour l'hypothèse prévue, une augmentation de la libéralité nulle; il n'y a pas une libéralité distincte. — En tous cas, la disposition finale de l'écrit du 6 mai 1850, constituât-elle un legs indépendant de la donation, il en résultait seulement que cette disposition devait recevoir séparément son exécution. La rente donnée était de 600 fr.; celle léguée était de 400 fr. Le legs ne pouvait donc produire d'effet que dans la limite de cette rente de 400 fr. Vainement la cour de Paris argumente-t-elle de ce que la rente léguée est, en vertu de l'acte, une augmentation de la rente donnée; car l'augmentation d'une chose qui n'existe pas est nécessairement réduite à elle-même. — L'arrêt attaqué a donc, sous un double rapport, encouru la cassation.

4 août 1857, arrêt de la cour de cassation (ch. req.), ainsi conçu :

LA COUR; — *Attendu* que l'acte du 3 juill. 1837 renferme deux dispositions : l'une par laquelle *Bérenger* donne à la dlle *Leleu* une rente viagère de 600 fr.; l'autre par laquelle il augmente cette rente pour le cas où il viendrait à décéder; — Que la nullité de la première, à raison de l'omission des formalités prescrites par la loi, ne saurait réagir sur la seconde qui, considérée en elle-même, réunit les conditions exigées par l'art. 895 c. nap. pour la validité du testament olographe; — Qu'en le décidant ainsi, l'arrêt attaqué n'a violé aucune disposition de la loi;

Qu'il ne l'a pas violée davantage en fixant à 1,000 fr. le chiffre de la rente due à la dlle *Leleu*, sur la quotité de laquelle, d'ailleurs, les demandeurs n'ont pas fait porter le débat devant la cour de Paris, parce que la nullité de la première disposition à laquelle l'arrêt se réfère pour cette fixation, dérivant de l'omission des formes, et non du défaut de volonté de *Bérenger*, ne faisait pas obstacle à ce que les juges interrogeassent cette disposition pour rechercher le chiffre de la rente, et le fixer conformément à la volonté du testateur; — Rejette...

(MM.: *Nicias-Gaillard*, présid.; — *Nachet*, rap.; — *Raynal*, avoc. gén., concl. conf.; — *Labordère*, avoc.)

A annoter :

Au *Manuel des Notaires*; — note 24, n. 238; — note 81, n. 2; — note 152, n. 2.

ART. 2353.

CONTRAT DE MARIAGE. — CONSENTEMENT. (DÉFAUT DE). — DONATION EN FAVEUR DE MARIAGE. — ACCEPTATION. — CRÉANCIERS. — DON MANUEL. — TIERS.

De ce que les stipulations matrimoniales renfermées dans un contrat de mariage passé en l'absence de l'un des futurs époux sont nulles, il ne s'ensuit pas que les conventions passées avec des tiers dans ce contrat, et notamment des donations par eux faites à l'époux absent, soient également frappées de nullité, si elles sont conformes aux prescriptions de la loi (C. Nap., 1393, 1394). — (A).

Ainsi, la constitution dotale faite à la future absente par son père, reste valable comme donation faite en faveur de mariage; et, bien que non acceptée par la future non présente au contrat de mariage, elle doit être maintenue comme valablement acceptée pour celle-ci par le futur dont la qualité de procureur général de sa future épouse vaut pouvoir pour faire une telle acceptation (C. Nap., 932, 1087) — (B).

D'ailleurs, en supposant la donation nulle pour défaut d'acceptation, malgré l'exécution qu'elle aurait reçue de la part du donateur, cette nullité ne pourrait être opposée par les créanciers du mari (C. Nap., 1166.) — (C).

En tous cas, si la constitution dotale consistait dans une somme d'argent reçue par les époux, elle devrait au moins être validée comme don manuel (C. Nap., 931). — (D).

La libéralité étant maintenue, les objets donnés ne tombent pas nécessairement dans la communauté légale à laquelle les époux se trouvent soumis par suite de la nullité du contrat de mariage. Ils

---

(A-B) *Conf.*:—Toulouse, 5 mars 1852 et 19 janv. 1853; Pau, 1er mars 1853; Cass. ch. civ. rej., 29 mai 1854, J., art. 2338 et 9 janv. 1855. — Cette solution résultait déjà de ce que nous avons dit dans notre formulaire, p. 605, note A, et d'un arrêt de la cour de cassation du 11 nov. 1828, portant qu'une vente faite à un tiers dans un contrat de mariage passé après célébration est valable.

Contrà : — Nîmes, 8 janv. 1850; Toulouse, 20 juill. 1852, J., art. 1401; cass. ch. civ. rej., 11 juill. 1853, J., art. 1474.

(C) Ces créanciers peuvent seulement, comme tous autres tiers intéressés, demander la nullité du contrat de mariage pour absence de la future. (Cass., 29 mai 1854, J., art. 2338.)

(D) *Dans le même sens* : — Toulouse, 5 mars 1852, cité *suprà*, note A-B.

peuvent être réputés propres à la femme, si le donateur a manifesté l'intention de ne les pas comprendre dans l'actif de cette communauté. (C. Nap., 1401-1°) — A.

(Lisside. — C. — Nissole).

30 août 1854, arrêt de la cour imp. de Nîmes (3e ch.), ainsi conçu :

LA COUR; — *Attendu* que de la nullité des stipulations matrimoniales entre Pierre *Nissole* et Lucie *Fabre* résultant de la non-présence de celle-ci au contrat, il ne suit pas nécessairement que les autres conventions contenues audit acte soient également nulles, si, pour les faire, on s'est conformé aux prescriptions de la loi; — Que notamment la donation de la somme de 2,000 fr. faite par le père et la mère à leur fille, future épouse, en faveur du mariage, reste entière malgré l'objection prise de ce qu'elle n'aurait pas été valablement acceptée ; — *Attendu* que les appelants créanciers du mari et qui ne sont à aucun titre les représentants ou ayants-cause du donataire ou de la donataire seraient sans qualité pour opposer le défaut d'acceptation d'une donation d'ailleurs complétement exécutée par les donateurs qui ont payé la somme promise, aux époques convenues; — Qu'au reste, la présence du donataire à l'acte de donation et son acceptation dans ledit acte ne sont point indispensables; que la donation a été suffisamment acceptée pour la femme par le mari, son procureur général, ayant le pouvoir d'accepter les donations qui pourraient lui être faites ;

Mais qu'en supposant que cette donation ne fût pas valable et que les appelants fussent admissibles à en opposer la nullité, il restait toujours un don manuel de 2,000 fr. auquel le père et la mère, donateurs, étaient libres d'imposer certaines réserves ou conditions, et qu'il faudrait, dans cette hypothèse, comme dans toute autre, examiner s'ils ont exprimé, selon le vœu de l'art. 1401 du Code Nap., l'intention que la somme donnée ne tombât pas dans la communauté;

Attendu, à cet égard, que la clause de l'acte par laquelle on constitue cette somme en dot et on soumet les époux au régime dotal à l'exclusion de la communauté, celle par laquelle les donateurs stipulent en leur faveur le droit de retour, et au besoin les faits et circonstances de la cause, démontrent à la Cour que les donateurs ont suffisamment manifesté l'intention que ladite somme restât propre à la femme et ne fût pas comprise dans l'actif de la

(A) *Conf.*: — L'arrêt de Toulouse, mentionné *suprà*.
Contrà : — Cass., 29 mai 1854, J., art. 2338.

communauté ; — *Attendu* qu'il n'est pas exact de dire que par ce système l'équité se trouve blessée, en ce que la femme aura le privilége de conserver la propriété exclusive de son mobilier, alors que celui du mari est versé dans une communauté imprévue, puisqu'il ne s'agit d'y soustraire que des objets reconnus n'avoir été donnés à la femme que sous cette condition, et que tout le surplus de son mobilier, et notamment celui dont le contrat de mariage contient la nomenclature, et que certainement aucun des contractants n'avait l'intention d'englober dans la communauté, est néanmoins soumis à ce régime de la même manière que le mobilier du mari;

Par ces motifs et ceux des premiers juges, a démis et démet les appelants de leur appel ; ordonne, en conséquence, que le jugement rendu le 22 fév. 1854 par le tribunal civil de Vigan sortira son plein et entier effet et sera exécuté selon sa forme et teneur, etc., etc.

(MM. : — *De Labaume*, présid ; — *Tourné*, subst. ; — *Laget* et *Fargens*, avoc.)

A annoter :

Au *Formulaire* ; — p. 605, à la marge de la note A.

Au *Commentaire* ; — note 10, n. 5 et 6 ; — note 25, n. 50 ; — note 53, n. 14 ; — note 81, n. 77 et 339 ; — note 166-1°, n. 13 ; — note 166-2° n. 4 et 14.

Au *Journal* ; — art. 1401 ; — art. 1474 ; — art. 1829 ; — art. 2338.

ART. 2354.

ACTE PASSÉ EN CONSÉQUENCE D'UN AUTRE. — ENREGISTREMENT. — QUITTANCE. — REMISE DE TITRE. — GROSSE QUITTANCÉE.

La mention dans un acte de vente notarié « que le vendeur a remis à son acquéreur la grosse QUITTANCÉE *de l'acte constatant l'acquisition qu'il avait précédemment faite du même objet, » rend obligatoire l'enregistrement préalable de cette quittance, sous peine, pour le notaire, d'une amende de 10 francs, et d'être responsable du paiement des droits auxquels est soumise la quittance ; la prohibition de faire ou enregistrer un acte en vertu d'un acte sous seing privé non enregistré, étant applicable par cela seul que cet acte privé forme un des éléments de l'acte public, et quoiqu'il n'en soit pas la cause unique et principale* (L. 22 frim. an VII, art. 42 ; L. 16 juin 1824, art. 10). — (A).

(A) *Conf.* : — Jugem. de Mirecourt, 12 août 1853, J., art. 1635; jug. de Rennes, 3 juin 1843.

Contrà : — Championnère et Rigaud, n. 7250 et 10224; jug. de Civray, 8 août 1845; et l'opinion que nous avons émise en note de notre art. 1635.

(Enregistrement. — C. — Achard.)

Un jugement du tribunal civil de Saverne, du 22 déc. 1854, s'était prononcé en sens contraire, dans les termes suivants : — « *Considérant* que l'art. 23 de la loi du 22 frim. an 7 ne prononce aucune pénalité pour l'inobservation de la défense qu'il édicte de faire usage, dans un acte public, d'un acte sous seing privé non enregistré; que la pénalité n'est établie que par l'art. 42, qui a soin de définir le cas où cet usage doit être atteint par une répression ; — *Considérant* que ledit article 42 dispose qu'aucun notaire ne pourra faire ou rédiger un acte en vertu d'un acte sous signature privée, s'il n'a été préalablement enregistré, à peine de 50 fr. (10 fr.) d'amende, et de répondre personnellement du droit; — Qu'il y a donc lieu d'examiner si la vente du 29 janv. 1853 a été rédigée en vertu de la quittance portée sur la grosse du contrat du 25 nov. 1845 ; — *Considérant* que l'on ne saurait sérieusement admettre que la quittance qui fait l'objet des poursuites de l'administration soit la cause ou la base de la vente faite par Eswa à Wendling ; — Que, sans doute, elle a déterminé l'acquéreur à se libérer, sans s'inquiéter du privilége du précédent vendeur, mais qu'il n'est pas possible de confondre la cause du contrat prévu par l'art. 42 avec la cause du paiement du prix, anticipé ou immédiat, dont il ne s'occupe pas ; que les lois fiscales sont de droit étroit; qu'en conséquence, leur application doit être restreinte dans les limites que leur a assignées le législateur ; — Que, d'un autre côté, il serait même difficile de considérer la quittance remise par suite de la vente comme un élément de ce contrat ; qu'en effet, elle se réfère à une mutation antérieure et ne peut en rien influer, soit sur l'existence, soit sur la validité de celle du 29 janv. 1853 ; — *Considérant* que l'art. 13 de la loi du 16 juin 1824 n'a pas eu pour objet d'aggraver les prescriptions de l'art. 42 de la loi du 22 frim. an 7; qu'il se borne à autoriser les notaires à faire des actes en vertu et par suite d'actes sous signatures privées non enregistrés, et à énoncer ces actes, cause des actes publics, à la condition de les annexer aux contrats qui en sont la conséquence, et de les soumettre à l'enregistrement avant eux. »

Pourvoi de l'administration de l'enregistrement pour violation des art. 23 de la loi du 22 frim. an 7, 10 et 13 de la loi du 16 juin 1824, qui défendent de faire dans un acte public usage d'aucun acte privé non préalablement enregistré, sans exiger que l'acte privé soit la cause unique et principale de l'acte public, et par cela seul qu'il en est un des éléments.

17 février 1858, arrêt de la cour de cassation (ch. civ.), ainsi conçu :

LA COUR ; — Vu les art. 23 et 42 de la loi du 22 frim. an 7, 10 et 13 de la loi du 16 juin 1824 ; — *Attendu* que des dispositions combinées de la loi du 22 frimaire, art. 23, et de la loi du 16 juin 1824, art. 13, il résulte qu'on ne peut faire dans un acte public aucun usage d'un acte sous seing privé, si ce dernier acte n'est enregistré avant l'acte public ; — *Attendu* que, pour que cet enregistrement soit obligatoire sous les peines édictées par ces lois, il n'est pas nécessaire que l'acte privé soit la cause unique ou principale de l'acte public ; que, d'après l'art. 42 de la loi du 22 frimaire, et l'art. 13 de celle du 16 juin 1824, il suffit que l'acte public soit fait en vertu ou par suite de l'acte sous seing privé, c'est-à-dire que l'acte privé soit devenu un des éléments de l'acte public dans lequel il est mentionné ; — *Attendu* qu'aux termes de ces deux derniers articles de loi, les notaires qui ne se conforment pas aux prescriptions dont s'agit sont responsables des droits de timbre et d'enregistrement, ainsi que des amendes auxquelles l'acte sous seing privé aurait été assujetti, sans préjudice d'une amende personnelle que l'art. 10 de la loi du 16 juin 1824 réduit à 10 fr. ; — Et *attendu*, en fait, que, dans l'acte public du 29 janv. 1853, le notaire *Achard* a constaté : 1° qu'*Eswa* a vendu à *Wendling* une pièce de terre au prix de 300 fr., dont l'acte porte quittance ; 2° que, dans l'objet d'établir la propriété, *Eswa* a remis à son acquéreur, notamment la grosse *quittancée* de l'acte constatant l'acquisition qu'Eswa lui-même avait faite de cette pièce de terre par acte du 25 nov. 1845 ; — *Attendu* que de ces énonciations il résulte que, dans l'acte public de vente du 29 janv. 1853, il était fait usage de la quittance sous seing privé donnée à la suite de la vente primitive de 1845, et que même cette quittance sous seing privé est devenue un des éléments dudit contrat public de vente de 1853, puisqu'elle figure dans ce contrat au nombre des pièces remises par le vendeur à l'acquéreur comme établissant la propriété ; — *Attendu*, dès lors, que le notaire *Achard*, qui n'a pas fait enregistrer la quittance sous seing privé dont s'agit avant l'acte public du 29 janv. 1853, était passible de la responsabilité et de l'amende ; — Que, néanmoins, le jugement attaqué en a affranchi ce notaire, par le motif que la quittance privée était, non la cause de l'acte de vente de 1853, mais seulement la cause du paiement constaté dans cet acte ; qu'en le décidant ainsi, ce jugement a créé une distinction non autorisée par la loi et formellement violé, en ne les appliquant pas, les dispositions légales ci-dessus visées ; — Par ces motifs, donnant défaut contre *Achard*, casse, etc.

(MM. *Bérenger*, prés. ; — *Chégaray*, rapp. ; — *De Marnas*,

1er avocat général, concl. conf.; — *Moutard-Martin*, avocat.)

A annoter :

Au *Manuel des notaires*; — note 42, n. 88.

Au *Journal*; — art. 250; — art. 1635.

ART. 2355.

ENREGISTREMENT. — PRESCRIPTION. — CONTRAINTE. — OPPOSITION. — CONDAMNATION.

Le jugement qui ordonne l'exécution d'une contrainte en matière d'enregistrement, présente les caractères d'un jugement de condamnation, qui n'est prescriptible que par 30 ans et non par 2 ans **(L. 22 frim. an VII, art. 61-1°; C. Nap. 2262). — (A).**

(Enregistrement. — C. — Ducros.)

Suivant acte du 18 juill. 1835, le sieur *Ducros* s'est rendu adjudicataire des salins de Peccais, et, faute par lui d'avoir acquitté dans les vingt jours les droits dus sur cette adjudication, il fut condamné à les payer, ainsi que le double droit, par un jugement du tribunal de Nîmes, du 25 avril 1836, qui valida la contrainte décernée contre lui. — Un arrêt de la cour de cassation, du 14 mars 1837, rejeta le pourvoi dont le sieur Ducros avait frappé ce jugement.

Postérieurement, le sieur Ducros obtint la remise du double droit, et ce ne fut que le 19 août 1847 que l'exécution du jugement du 25 avril 1836 fut poursuivie, quant au droit simple. — Le sieur Ducros oppose à ces poursuites la prescription de deux ans, dont le cours, commencé le 9 mai 1836, jour de la signification du jugement, avait pris fin au 10 mai 1838.

Un jugement du tribunal de Vigan, du 4 mars 1853, accueillit ce moyen de prescription.

Pourvoi de l'administration de l'enregistrement, pour violation de l'art. 2262 C. Nap., et fausse application de l'art. 61 de la loi du 22 frim. an 7. — En principe, a-t-on dit, un jugement donne naissance, au profit de celui qui l'a obtenu, à une action *judicati*, qui dure trente années, quelle que soit la durée de l'action sur laquelle est intervenu le jugement. — Le tribunal de Vigan n'a

(A) Ce jugement est justement qualifié de jugement de condamnation, puisqu'il procure à la régie un titre véritablement nouveau, lequel produit une hypothèque judiciaire, hypothèque que n'emporte pas la contrainte par corps. Ce titre doit donc vivre 30 ans, quelle que soit la durée de l'action en vertu de laquelle il a été obtenu, conformément à la règle admise pour la prescription de toute condamnation judiciaire.

En sens contraire : — Jug. de Mâcon, 1er déc. 1848.

pas nié ce principe, mais il n'a pas voulu voir une condamnation produisant l'action dont on vient de parler, dans le jugement qui, en matière d'enregistrement, se borne à ordonner l'exécution d'une contrainte. C'est là une erreur. La contrainte, d'après les art. 64 et 65 de la loi du 22 frim. an 7, n'est qu'un acte de poursuite. Le visa du juge de paix qui la rend exécutoire, aux termes du premier de ces articles, a pour unique objet de donner à l'administration un titre provisoire, que l'opposition du redevable met à néant pour lui substituer le titre résultant du jugement définitif, si ce jugement en ordonne l'exécution. — Le jugement emporte donc bien alors condamnation, jusqu'à concurrence de la somme pour laquelle il valide la contrainte. Il échappe, par conséquent, à la prescription spéciale qui frappait l'action, et n'est soumis qu'à la prescription applicable aux condamnations judiciaires, c'est-à-dire à la prescription de trente ans.

16 mars 1858, arrêt de la cour de cassation (ch. civ.), rendu après délibéré en chambre du conseil et ainsi conçu :

LA COUR ; — Vu l'art. 2262 C. Nap. ; — *Attendu* qu'un jugement qui, rejetant l'opposition d'un redevable à une contrainte en paiement de droits d'enregistrement, ordonne l'exécution de cette contrainte jusqu'à concurrence d'une somme déterminée, et condamne l'opposant aux dépens, constitue, lorsqu'il a acquis l'autorité de la chose jugée, en faveur de l'administration de l'enregistrement, non-seulement pour les dépens, mais aussi pour la créance principale dont ils sont l'accessoire, un titre nouveau qui lui confère les droits et actions résultant de tout jugement de condamnation au profit de la partie qui l'a obtenue ; — Qu'ainsi, en lui attribuant le droit à une hypothèque judiciaire, pour sûreté d'une créance auparavant dépourvue de toute garantie de cette nature, il lui donne en même temps, pour l'exécution et à partir des condamnations obtenues, une action qui, comme toutes celles dont la durée n'est pas limitée par une disposition spéciale de la loi, reste sous l'empire de la règle générale formulée en l'article 2262 C. Nap., et se prescrit par trente ans seulement ; — D'où il suit qu'en décidant le contraire, le jugement dénoncé a faussement appliqué l'art. 61 de la loi du 22 frim. an 7, et expressément violé l'art. 2262 C. Nap. ; — Par ces motifs, casse, etc.

(MM. *Bérenger*, prés. ; — *Laborie*, rapp. ; — *De Marnas*, 1er avoc. génér., concl. conf. ; — *Moutard - Martin* et *Leroux*, avoc.)

A annoter :

Au *Manuel des Notaires* ; — note 18, n. 750-1° ; — note 44, n. 24-1°.

ART. 2356.

PRODIGUE. — Conseil judiciaire. — Interdiction. — Appel.

Le majeur pourvu d'un conseil judiciaire a qualité pour défendre, sans l'assistance de ce conseil, à une demande en interdiction. Il est surtout dispensé de cette assistance pour interjeter appel du jugement qui a prononcé cette interdiction (C. Nap. 499, 502.) — (A).

(Joyeux et Ve Antoine. — C. — Peletot.)

Par jugement du tribunal civil de Saint-Mihiel, du 6 déc. 1853, la dame veuve Casimir *Antoine* fut pourvue d'un conseil judiciaire. — La dame veuve *Elophe Antoine*, sa tante et belle-mère, poursuivit plus tard son interdiction, que le tribunal de Saint-Mihiel prononça, par jugement du 14 mai 1856, suivi, sur l'appel de la veuve Casimir *Antoine*, d'un arrêt confirmatif de la cour de Nancy, du 19 juin de la même année.

La veuve *Elophe Antoine* n'avait pas cru devoir mettre en cause, dans ce procès en interdiction, le conseil judiciaire de la défenderesse, préférant le conserver comme témoin pour déposer dans l'enquête.

Pourvoi de la veuve Casimir *Antoine* pour violation des art. 502 et 513 C. Nap., qui défendent à toute personne placée sous la surveillance d'un conseil judiciaire, de plaider sans l'assistance de ce conseil, à peine de nullité.

15 mars 1858, arrêt de la cour de cassation (ch. civ.) ainsi conçu :

LA COUR ; — Sur le moyen unique, tiré de la violation des art. 499 et 502 C. Nap. ; — *Attendu* que si, en principe, le majeur pourvu d'un conseil judiciaire ne peut pas plaider sans l'assistance de ce conseil, cette règle reçoit exception lorsqu'il s'agit d'une instance en interdiction, à raison de la nature, du but et des formes spéciales d'une pareille instance; que l'action en interdiction est surtout dirigée dans l'intérêt de la partie défenderesse et en vue d'obtenir pour elle une protection plus efficace que celle dont la justice l'avait déjà entourée; qu'il n'y a donc pas nécessité d'appeler le conseil judiciaire dans l'instance; qu'encore moins, lorsque l'interdiction a été prononcée, pourrait-on enlever au majeur qu'elle a frappé le droit de réclamer devant le second degré de juridiction, sans l'assistance d'un conseil, contre une mesure

(A) *Contrà* : — En ce sens que la prohibition d'ester en justice sans l'assistance du conseil judiciaire est absolue et s'applique aux procès qui tiennent à la *personne* comme à ceux qui sont relatifs aux *biens* du prodigue. (Toulouse, 2 déc. 1839; Besançon, 11 janv. 1851; Limoges, 2 juin 1856.)

qui lui ôte la liberté de sa personne et l'administration de ses biens; que, d'ailleurs, la loi a créé pour ce cas des garanties spéciales, telles que l'avis de la famille, la comparution personnelle de la partie devant le juge, la surveillance obligée du ministère public à toutes les phases de la procédure, garanties qui remplacent et rendent superflue l'assistance du conseil judiciaire; — D'où il suit qu'en statuant sur l'appel de la veuve Elophe Casimir *Antoine*, sans que celle-ci fût assistée de son conseil judiciaire, la cour impériale de Nancy n'a violé aucune loi; — Rejette, etc.

(MM. : — *Bérenger*, prés.; — *Glandaz*, rapp.; — *de Marnas*, 1er avoc. gén., concl. conf.; — *Hennequin*, avoc.)

A annoter :

Au *Manuel des notaires*; — note 74, n. 43.

ART. 2357.

ACTE ADMINISTRATIF. — ACTE NOTARIÉ. — COMMUNE. — EXPÉDITION. — APPROBATION DU PRÉFET.

Le notaire qui a procédé à l'adjudication de terrains communaux n'est pas tenu de délivrer sans frais une copie du cahier des charges et du procès-verbal relatifs à cette vente pour que le Préfet soit mis à même d'approuver l'opération. (Décr. 16 fév. 1807, art. 174.)

Une instruction ministérielle du 6 sept. 1853 rapportée sous notre art. 1456 avait décidé que dans le cas dont il s'agit, le notaire pouvait délivrer au préfet une copie sur papier non timbré de l'acte qu'il avait reçu.

Cette instruction étant muette sur le point de savoir si pour cette copie le notaire pourrait réclamer les droits d'expédition, nous avons examiné ce point en note de notre art. 1456 et nous nous sommes prononcé pour la négative.

Mais la question ayant été soumise au ministre de la justice a reçu une solution affirmative, solution qui a été partagée par le ministre de l'intérieur, par les motifs suivants :

La circulaire du 6 sept. 1853 porte seulement que l'expédition des actes publics qui doivent être soumis à l'approbation du préfet, sera dispensée du timbre par application de l'art. 16, n. 1er, alin. 2 de la loi du 13 brumaire an 7, et ne règle rien en ce qui concerne les honoraires du notaire qui a fait et délivré la copie.

Mais, d'un autre côté, le coût des expéditions de tous les actes notariés est fixé par l'art. 174 du tarif du 16 fév. 1807, et il est d'ailleurs de principe que tout travail d'un officier public doit être rémunéré s'il n'a pas été déclaré gratuit par la loi.

A annoter :

Au *Manuel des Notaires*; — note 5, n. 76; — note 21, n. 8; —

note 64, au-dessous du n. 17, sous ce titre : « *Droit d'expédition.* »

Au *Journal*; — art. 1301, p. 1366, alin. 2; — art. 1456.

ART. 2358.

COMMUNAUTÉ RELIGIEUSE. — AUTORISATION. — SOCIÉTÉ CIVILE. RESPONSABILITÉ. — RESTITUTION. — SOLIDARITÉ.

Les communautés religieuses non autorisées, si elles ne constituent pas des personnes civiles, composent du moins des sociétés de fait responsables envers les tiers des engagements qu'elles prennent, soit que ces engagements dérivent de contrats ou de quasi-contrats, soit qu'ils aient pour cause des délits ou des quasi-délits (C. Nap. 1382, 1862, 1864.) — (A).

Cette responsabilité s'applique à tous ceux qui font partie de cette congrégation, dans la mesure de leur participation aux affaires communes; elle incombe surtout à celui qui, sous le nom de supérieur ou sous tout autre, a la direction de la communauté et en détient les biens.

Il n'existe aucun lien de droit entre les membres d'une communauté religieuse non autorisée. Chacun d'eux peut reprendre sa liberté et réclamer la possession des effets mobiliers ou immobiliers qu'il a versés dans la société, celle-ci étant incapable de posséder, d'acquérir et de recevoir des libéralités sous quelque forme que ce soit. — (B).

Et les personnes soumises à la restitution de ces valeurs, comme ayant soit la direction de la congrégation, soit la détention de ses biens, doivent y être condamnées solidairement.

Toutefois, le membre au profit duquel cette restitution est ordonnée, est tenu de souffrir les déductions de sa part des pertes et charges supportées par la communauté pendant le temps qu'il en a fait partie.

(De Guerry. — C. — Commun. de Picpus.)

Madame la marquise veuve de *Guerry* entra en 1819 dans l'institut des Sacrés-Cœurs de *Jésus* et de *Marie*, appelé la congrégation de *Picpus*, du nom de la rue dans laquelle il est établi à Paris. — En 1853, des changements notables ayant été apportés à la constitution de l'ordre, madame de *Guerry* se retira de cette congrégation.

En 1856, elle a actionné la communauté de Picpus en restitution des sommes qu'elle avait versées dans la société.

(A) *Conf.*: — Cass. ch. civ. rej., 30 déc. 1857. J., art. 2293, aff. de Boulnois C. la même communauté de Picpus.

Contrà : — Aix, 27 janv. 1825.

(B) *Conf.* : — Cass. req., 26 fév. 1849; 15 déc. 1856; Paris, 20 mai 1851.

Jugement du tribunal civil de la Seine qui rejette cette demande.

Appel par madame de Guerry.

8 mars 1858, arrêt de la cour imp. de Paris (1re ch.), ainsi conçu :

LA COUR; — Sur la fin de non-recevoir opposée par les intimés à l'action intentée par la marquise de *Guerry* contre la communauté de *Picpus*; — *Considérant* que si les communautés religieuses non autorisées ne constituent pas des personnes civiles, elles forment cependant entre les membres dont elles se composent des sociétés de fait responsables envers les tiers des engagements qu'elles prennent, soit que ces engagements dérivent de contrats ou quasi-contrats, soient qu'ils aient pour cause des délits ou quasi-délits; — Que cette responsabilité s'applique, dans la mesure de leur participation aux affaires communes, à tous ceux qui ont fait partie de la congrégation irrégulièrement établie; qu'elle incombe surtout à quiconque, sous le nom de supérieur ou autre, en a la direction et en détient les biens; — Que, s'il en était autrement, une communauté non autorisée, à raison même du vice de sa constitution, échapperait, et dans sa personne collective et dans les individus dont elle est formée, à toute action de la part des tiers envers lesquels elle a pu s'obliger, trouvant ainsi dans sa contravention aux lois le principe d'immunité à bon droit refusé aux congrégations qui se sont soumises à la règle; que la morale, le droit, l'ordre public, seraient également blessés d'un pareil résultat; — Rejette la fin de non-recevoir, et statuant au fond :

Considérant que l'institut des Sacrés-Cœurs établi par une bulle du saint-siége de l'année 1817 n'est pas autorisé par l'Etat; — Que la conséquence légale de cette situation, c'est qu'entre les membres de cette communauté il n'existe pas de lien de droit; que, chacun devant la loi est resté maître de ses actions; qu'il peut à son gré reprendre sa liberté, et s'il a versé dans la société des effets mobiliers ou immobiliers, en réclamer la possession; — *Considérant*, en effet, que suivant les maximes du droit public, confirmées par la loi du 24 mai 1825, les congrégations religieuses non autorisées ne peuvent, comme êtres collectifs, posséder, acquérir, et sous quelque forme que les contrats aient lieu, recevoir des libéralités; — Que cette faculté n'appartient qu'aux établissements régulièrement fondés sous les conditions et dans les limites que le législateur a déterminées; — Qu'il est contraire à l'intérêt général que, sans le concours et l'assentiment de l'Etat, il se forme des corporations destinées à se perpétuer, et qui, soit par leur but et leurs règles intérieures, soit par l'accumulation et l'immobilité de leurs propriétés, se créent une position exceptionnelle; — Qu'il serait contraire à la raison que l'inobservation de la loi devînt pour ces congrégations un moyen non-seulement de se soustraire à la surveillance de l'Etat, mais encore d'éluder les incapacités dont sont atteints les établissements légalement formés; — Qu'ainsi se justifie l'action exercée par la marquise de *Guerry* en restitution des capitaux apportés par elle dans la communauté de *Picpus*;

Considérant que, toutes vérifications faites, ces capitaux s'élèvent à 1,200,000 fr. environ, mais que la marquise de *Guerry* ayant, pendant plus de trente années, appartenu à la communauté de *Picpus*, il est conforme au droit qu'elle supporte sa part des pertes et charges de la société pendant ce long espace de temps;... — ...Qu'elle-même a reconnu la justice de ces déductions, et qu'en fixant à 500,000 fr. la somme dont s'est enrichie la congrégation, et qu'elle est tenue, en conséquence, de restituer, tous les intérêts légitimes seront satisfaits; — *Considérant*, d'ailleurs, que les intimés ne peuvent opposer à l'appelante qu'elle n'a pas rendu ses comptes, et qu'à l'époque où elle s'est séparée de la congrégation de *Picpus*, elle aurait emporté des valeurs considérables; — Que ces allégations sont dénuées de preuves; qu'il est, au contraire, certain que, lorsque la marquise de *Guerry* a quitté *Picpus* pour aller à Rome, où l'appelait un intérêt sérieux, elle a laissé tous les éléments de la comptabilité qu'elle avait tenue comme économe et en même temps tout ce qu'il y avait d'actif mobilier appartenant à la maison; — Que les intimés ne sont pas plus fondés à demander que la valeur de la maison de la Trinité soit imputée sur les condamnations obtenues par l'appelante;...—...Que toutefois, les frères de *Picpus* ayant été employés aux travaux de terrassement et, pendant le temps que ces travaux ont duré, nourris par la maison mère, il doit être tenu compte par l'appelante des avantages qu'elle a retirés de ce concours; — Qu'ils peuvent être évalués à 25,000 fr.;

Qu'il convient aussi de décider qu'en recevant le paiement des sommes que lui alloue le présent arrêt, la marquise de *Guerry* sera tenue de renoncer au bénéfice des acquisitions qu'elle a faites par indivis, et sous forme de tontine, avec certains membres de la communauté de *Picpus*, l'effet de ces conventions ne pouvant survivre à la cause dont elles dérivent; — *Considérant*, enfin, qu'encore bien que l'action de la marquise de *Guerry* ne puisse être attribuée à des motifs capricieux et blâmables, il y a lieu de prendre en considération la position de la communauté de *Picpus*, et de tempérer l'exercice du droit par des délais équitablement arbitrès;... — Met l'appellation et le jugement dont est appel au néant; émendant, décharge l'appelante des condamnations contre elle prononcées; au principal, condamne solidairement les intimés comme ayant ou ayant eu la direction de la congrégation non autorisée de *Picpus*, et détenant ses biens, à payer à la marquise de *Guerry*, toutes compensations et imputations opérées, la somme de 475,000 fr. avec intérêts à compter du jour de la demande, savoir: 50,000 fr. dans six mois de ce jour, et pareille somme de six mois en six mois jusqu'à libération complète; — Dit qu'après l'acquittement des condamnations prononcées à son profit, la marquise de *Guerry* renoncera, en telle forme qu'il appartiendra, au bénéfice des stipulations tontinières insérées dans les contrats d'acquisitions auxquelles elle a pris part.

(MM. *Delangle*, 1er présid.; — *Devallée*, avoc. gén.; — Em. *Ollivier* et *Berryer*, avoc.)

A annoter :

Au *Manuel des notaires*; — note 107, n. 367; — note 138-1°, n. 256.

Au *Journal*; — art. 2293.

ART. 2359.

COMPTE DE TUTELLE. — TUTEUR. — ARRÊTÉ DE COMPTE. — SUBROGÉ-TUTEUR.

(*Questions proposées par un de nos abonnés de la Seine-Inférieure.*)

Un compte de tuteur à tuteur doit-il, comme le compte de tutelle rendu au mineur devenu majeur, être précédé de la remise des pièces justificatives constatée par un récépissé de l'oyant-compte dix jours au moins avant l'arrêté? (C. Nap. 472.)

La présence du subrogé-tuteur à la reddition du compte est-elle nécessaire? (C. Nap. 451.)

Sur la première question. — Lorsqu'un ancien tuteur rend compte de sa gestion à un nouveau tuteur, c'est un compte ordinaire et non un compte de tutelle qui ne peut pas lier le mineur d'une manière absolue. Par conséquent, il importe peu que ce compte ait été accompagné de la remise des pièces justificatives. A la vérité, quand le mineur sera devenu majeur, le nouveau tuteur lui rendra seul compte des deux gestions et devra satisfaire aux exigences de l'art. 472 tant pour lui que pour l'ancien tuteur à la place duquel il s'est mis pour répondre à la demande en compte du mineur. Mais cela n'ôte pas à celui-ci le droit de s'adresser directement au premier tuteur, s'il trouve que le compte qui a été rendu au second tuteur n'est point exact.

Ainsi, lorsqu'il y a eu plusieurs tutelles successives, le mineur a le droit de demander un compte général au dernier tuteur, sauf à celui-ci à exiger du tuteur qui l'a précédé un compte particulier qu'il doit comprendre dans son compte général. Il ne suffirait pas que le premier tuteur fût seulement condamné à assister au compte du second tuteur (A). Ce n'est donc qu'au compte général qu'il y a obligation pour le dernier tuteur de faire la remise à l'oyant des pièces justificatives à l'appui tant de ce compte général que du compte particulier.

Sur la seconde question. — D'une part, on dit : Le compte de tuteur à tuteur doit être rendu en présence du subrogé-tuteur, parce que s'il est du devoir du nouveau tuteur d'exiger le compte de la gestion de son prédécesseur, de recouvrer ce qui est dû, de se faire mettre en possession des titres, papiers et biens du mineur, le même compte tient lieu, à l'égard du nouveau tuteur, de l'inventaire qui se fait à l'ouverture de toute tutelle (C. Nap. 451) et auquel le subrogé-tuteur doit assister. C'est ce compte qui constate l'état dans lequel le nouveau tuteur prend la tutelle et les biens dont il est chargé. Il se trouverait n'avoir point eu de contradicteur dans l'acte qui constitue sa charge, s'il pouvait recevoir et arrêter seul le compte de la gestion de son prédécesseur. Il faut donc le concours du subrogé-tuteur (B).

Mais, d'une autre part, on répond, et c'est notre opinion, que ce compte peut être rendu sans l'assistance du subrogé-tuteur, parce que l'obligation de faire inventaire n'incombe qu'au premier tuteur et qu'étendre cette obligation à un tuteur successif, c'est, en l'absence de toute loi, créer une règle que le législateur n'a point sanctionnée. Un seul inventaire est suffisant, comme étant la base de la tutelle; en prescrire d'autres, ce serait aggraver la situation du pupille puisqu'il en supporterait les frais.

Le nouveau tuteur n'a pas besoin de consulter le conseil de famille pour entendre le compte de la gestion du premier tuteur. Cependant il est assez d'usage à Paris, lorsqu'il est procédé par le conseil de famille à la nomination du nouveau tuteur, d'autoriser celui-ci à entendre et approuver le compte de la gestion du premier tuteur hors la présence du subrogé-tuteur (C).

Par ces motifs, nous pensons que les deux questions doivent recevoir une solution négative.

(A) *Conf.* : — Arrêt de la cour royale de Bourges, 15 mars 1826.

(B) *Conf.* : — Toullier, t. 2, n. 1246.

(C) Ce mode de procéder est celui que nous avons adopté dans notre formule de *Compte de tuteur à tuteur*, p. 292.

A annoter :

Au *Formulaire* ;—en marge de la formule de *Compte de tuteur à tuteur*, p. 292.

Au *Manuel des notaires*;—note 163, n. 294, 433.

ART. 2360.

SUCCESSION BÉNÉFICIAIRE. — BÉNÉFICE D'INVENTAIRE. — HÉRITIER. — SAISIE-ARRÊT. — OBLIGATION DIVISIBLE. — DOMMAGES-INTÉRÊTS. — FRAIS FRUSTRATOIRES.

Les héritiers bénéficiaires, tous administrateurs de la succession, n'ont pas qualité pour se représenter réciproquement dans les instances intéressant cette succession. (C. Nap., 803).

Par suite, la dénonciation d'une saisie-arrêt, faite avec assignation en validité d'un seul d'entre eux, est nulle, même vis-à-vis de l'héritier auquel elle a été adressée (C. Proc. Civ., 563, 565).

La stipulation que chacun des héritiers du débiteur sera tenu de la dette pour le tout, n'est pas opposable à des héritiers bénéficiaires, les obligations du défunt se répartissant nécessairement entre chacun d'eux, jusqu'à concurrence de son émolument (C. Nap., 802, 1221-4°) — (A.)

Le fait, par un créancier, d'avoir pratiqué, au détriment de son débiteur, des saisies-arrêts qui sont demeurées frustratoires, en ce sens que le remboursement de la dette se trouvait assuré indépendamment de ces saisies-arrêts, peut donner lieu à des dommages-intérêts au profit du débiteur (C. Nap., 1382).

(Veuve de Montchal et autres. — C. — De Verteillac.)

Par acte public, du 10 juin 1833, la dame *de Montchal* et ses deux filles ont prêté sur hypothèque une somme de 130,000 fr., aux sieur et dame *de Verteillac*, sous la condition, notamment, que la dette ne pourrait s'acquitter partiellement, ni en capital ni en intérêts, en sorte que chaque héritier des emprunteurs en serait tenu pour le tout.

Les emprunteurs sont décédés tous deux en 1853, laissant trois héritiers qui n'ont accepté les successions que sous bénéfice d'inventaire. — Pour arriver au remboursement de leur créance, les prêteurs ont fait pratiquer des saisies-arrêts entre les mains de divers débiteurs de la succession *Verteillac*, et les ont ensuite dénoncées à un seul des héritiers, le sieur *de Verteillac* fils, *pris au nom et comme héritier bénéficiaire de ses père et mère, tant pour lui que pour ses cohéritiers, et ce pour éviter les frais.*

(A) Mais elle est opposable à des héritiers purs et simples (Douai, 2 fév. 1850, J., art. 825), de sorte qu'il suffit à l'héritier de prendre la qualité d'héritier bénéficiaire pour se soustraire à payer au delà de sa part héréditaire.

27 août 1855, jugement du tribunal de première instance de Poitiers, qui, en présence et par application de la clause ci-dessus rappelée de l'acte du 10 juin 1833, valide les saisies-arrêts.

Mais, sur l'appel du sieur *de Verteillac*, arrêt infirmatif de la cour de Poitiers, en date du 22 mai 1856, qui, sans s'expliquer sur la clause précitée, annule les saisies, par le motif que l'héritier bénéficiaire, simple administrateur des biens de la succession, n'a pas qualité pour représenter ses cohéritiers, et qu'en conséquence ces saisies auraient dû être dénoncées à tous les héritiers.

Pourvoi de la veuve de Montchal et autres :

16 fév. 1858, arrêt de la cour de cassation (ch. civ.), rendu après délibéré en chambre du conseil.

LA COUR ; — Sur le premier moyen de cassation ; — *Attendu* qu'aux termes des art. 563 et 565 c. pr. civ., la saisie-arrêt doit, à peine de nullité, être dénoncée, dans le délai de huitaine, avec assignation en validité à la partie saisie ; — *Attendu* que les saisies-arrêts auxquelles la dame *de Montchal* a fait procéder entre les mains des débiteurs des successions des époux *de Verteillac*, n'ont été dénoncées, avec assignation en validité, qu'à César-Auguste *de la Brousse*, marquis *de Verteillac*, l'un des héritiers bénéficiaires desdits époux ; — Qu'une telle action procédait mal, et que le marquis *de Verteillac* a pu demander, comme il l'a fait, que ces saisies fussent déclarées nulles pour n'avoir pas été dénoncées, dans le délai de la loi, avec assignation aux autres parties saisies, c'est-à-dire aux dames *de Doudeauville* et *de Courcelle*, ses sœurs, héritières comme lui sous bénéfice d'inventaire des époux *de Verteillac* ; — Qu'il importe peu que les dénonciations aient été faites et les assignations en validité données au marquis *de Verteillac* comme héritier bénéficiaire de ses père et mère tant pour lui que pour ses cohéritiers et ce pour éviter des frais, puisqu'il était sans pouvoir pour représenter dans l'instance ses cohéritiers qui, administrateurs avec lui des successions dont il s'agit, auraient dû être personnellement en cause pour contester, s'il y avait lieu, la créance du saisissant et la déclaration des tiers saisis ; — Qu'il n'importe pas davantage que, dans l'acte d'emprunt du 10 juin 1833, il ait été stipulé que chacun des héritiers des époux *de Verteillac* serait tenu, pour le tout, du remboursement de la somme prêtée à leurs auteurs ; qu'en effet cette stipulation ne peut faire que, quand ces héritiers n'ont accepté les successions paternelle et maternelle que sous bénéfice d'inventaire, l'un d'eux soit tenu des dettes au delà de son émolument, ni qu'il ait qualité pour répondre seul, pendant la durée de l'administration commune, aux demandes en validité de saisies-arrêts pratiquées par un créancier entre les mains des débiteurs de ces successions pour avoir paiement de la totalité de sa créance; — Qu'en prononçant, dans ces circonstances, la nullité des saisies-arrêts faites par la dame *de Montchal*, l'arrêt attaqué s'est conformé à la loi;

Sur le deuxième moyen de cassation; — *Attendu* que l'arrêt attaqué constate que les saisies-arrêts ont été intempestives et frustratoires, puisque le remboursement de la somme empruntée en 1833 était assuré avant qu'elles fussent pratiquées; qu'elles ont été multipliées avec si peu de discernement qu'on a dû renoncer à plusieurs d'entre elles; qu'enfin elles ont eu pour effet d'entraver l'administration des successions et de nuire au crédit des héritiers; que ces faits ont été souverainement appréciés par la cour impériale de Poitiers, et qu'en condamnant la dame *de Montchal* à 100 fr. de dommages-intérêts pour réparation du préjudice ainsi causé, elle n'a pu contrevenir à l'art. 1382 C. Nap.; — Rejette le pourvoi, etc.

(MM. : *Bérenger*, présid.; — *Leroux* (de Bretagne), rapp.; — *de Marnas*, 1er avoc. gén., concl. conf.; — *Reverchon* et *de St-Malo*, avoc.)

A annoter :

Au *Manuel des notaires*; — note 26, n. 198; — note 85, n. 57; — note 108, n. 104, 114.

Au *Journal*; — art. 825, 3e quest.

ART. 2361.

TRANSCRIPTION HYPOTHÉCAIRE. — MINUTE TRANSCRITE.

(*Question proposée par un de nos abonnés.*)

Les notaires peuvent-ils faire transcrire sur minute les contrats translatifs de propriété reçus par eux. **(L. 25 vent. an XI, art. 22; L. 23 mars 1855, art. 1.)**

Une instruction de la régie de l'enregistrement du 14 nov. 1855, n. 2501, porte dans son second alinéa :

« Les titres seront transcrits sur le registre à ce destiné, et la » mention de la transcription contenant quittance des droits et » salaires sera mise par le conservateur sur l'*expédition* ou l'*acte* » *même* qui lui aura été présenté pour être transcrit. »

Un notaire, interprétant cette instruction dans le sens le plus large, a pensé qu'il était suffisamment autorisé à faire transcrire sur minute les contrats qu'il recevait. En le faisant, il pouvait mettre ainsi sur toutes les expéditions par lui délivrées mention de la formalité, devenue substantielle, de la transcription. Il pouvait, sans déplacement et sans frais, fournir immédiatement aux intéressés la preuve de la régularité de leurs titres.

Malgré les avis contraires qui lui ont été donnés par l'inspecteur de l'enregistrement, le notaire a cru devoir persister. Aujourd'hui le directeur examine s'il ne doit pas déférer au procureur impérial cette manière d'opérer qu'il regarde comme une contravention à la loi de ventôse.

Consulté sur ce point par le notaire, voici notre opinion :

Les minutes des actes appartiennent aux parties et non au notaire qui n'en est que dépositaire. Si donc les parties autorisent le notaire à faire opérer la transcription sur minute, il ne fait en cela qu'accomplir un mandat de leur part et remplir une nécessité. Sans doute la minute peut se perdre, mais qui pourra se plaindre de cette perte si elle est arrivée par cas fortuit et que ce cas soit bien constaté? Ce ne sont pas les parties, puisque l'accident aurait pu arriver à elles-mêmes. Sera-ce le procureur impérial, dans l'intérêt public? Mais l'ordre public n'est intéressé à la conservation de la minute que quand les parties ont transmis à d'autres leurs droits résultant de l'acte perdu. Jusque-là les tiers sont sans droit aucun puisque, pour eux, l'acte est comme non existant.

Ainsi, pour qu'un notaire soit à l'abri de recherches au cas de perte de la minute par cas fortuit, il doit suffire qu'il représente un mandat des parties à l'effet de faire opérer la transcription sur minute. A défaut de mandat, il sera responsable des conséquences de toute perte arrivée sans sa faute. Mais, même avec un mandat, il est bien entendu qu'il sera responsable de la perte arrivée par sa faute.

Pour appuyer notre théorie, il nous suffira de rappeler que la prohibition faite aux notaires par l'art. 22 de la loi du 25 vent. an 11 de se dessaisir d'aucune minute n'est point absolue, qu'il y a été fait exception en matière de testament par acte public. Il a été, en effet, décidé (A) qu'un notaire peut remettre la minute d'un testament au testateur. Pourquoi cela est-il permis? Parce qu'il n'y a que le testateur qui ait intérêt à conserver ou détruire son testament.

Il y a été aussi fait exception pour soumettre les minutes à la formalité de l'enregistrement, et pour le cas où il est nécessaire de mettre au pied ou à la marge de la minute quelque acte qui se passe en exécution de cette minute et qui ne peut être reçu par le même notaire (B).

(A) V. le *Manuel des Notaires*, note 152, n. 419 *bis*.
(B) V. le *Cours de Notariat*; — art. 884 du Journal.

Or, revenant à notre question, il n'y a que les parties qui aient intérêt à la conservation de la minute, et si elles consentent à un déplacement momentané qui est dans leur intérêt respectif, elles ne pourront faire un procès en responsabilité au notaire s'il n'y a faute de sa part.

Par ces motifs, nous pensons que la question proposée doit recevoir une solution affirmative.

A annoter :

Au *Manuel des notaires* ; — note 21, n. 1.

Au *Cours de notariat* ; — art. 884 du journ. p. 861, alin. 2 et 3; p. 863, alin. 2 et 3. — Au *Journal*, art. 1965, n. 2.

ART. 2362.

DU NOTARIAT ANCIEN (A).

(*Même sujet.*)

14. Le même *Nostradamus* (p. 404, lettre A de sa chronique) dit que « les notaires n'étaient hommes vils, puisque les Nobles ne tenaient à déshonneur d'exercer publiquement une telle profession.»

15. Non-seulement il y a eu de tout temps des Nobles qui ont pensé se donner un nouveau lustre, ou au moins ne point déroger en exerçant la profession de notaire; mais encore dans l'opinion des souverains, pour qui tous les états sont ce qu'ils veulent qu'ils soient, on remarque que cette profession est recommandable. L'empereur *Maurice* n'a pas dédaigné d'être notaire lui-même; il en fit les fonctions avant de manier les armes; et certes, appelé comme il l'était à l'état de souverain, il n'eût point fait celui de notaire s'il l'eût cru dérogeant (B).

16. Un accord de l'année 1380, dont parle *Nostradamus*, p. 457, lettre E de sa chronique, fait voir que, de ce temps, les notaires étaient déjà au rang des Nobles, bien loin qu'on crût leur état dérogeant. Il s'agissait de tumultes à Naples, entre les Nobles de deux partis pour raison de la préséance, tumultes qui avaient déjà occasionné plusieurs meurtres, « si que le sang était à couler » par les rues. Sans la venue du prince *Othon*, qui, accompagné » de plusieurs barons, arrêta ce mortel esclandre, du consente- » ment des Nobles des deux partis, moyennant leur serment prêté » et la foi donnée entre les mains du magnifique Ugo de Saint-

---

(A) Suite de l'art. 2347.—Pour le commencement de la matière, v. les art. 2332 et 2347.

(B) Ce fait historique est tiré du *Trésor chronologique et historique* de dom Pierre de St-Romuald, religieux de la congrégation Notre-Dame des Feuillants.

» Séverin, lieutenant-général et *protonotaire* du royaume. » Au nombre des gentilshommes qui prêtèrent ce serment et qui signèrent l'acte d'accord, se trouvent François *de Carracciols* (A) et *Léonel de Somma*, tous deux notaires.

17. Le même historien nous apprend encore (p. 516, lett. E) « qu'une grande partie des gentilshommes, tant de *Provence*, du » *Dauphiné*, du *Languedoc*, d'*Italie*, d'*Espagne*, de *France*, » d'*Allemagne*, que d'autres contrées, où la vertu et les bonnes » lettres sont cultivées, est issue, et a pris son commencement et » sa splendeur de gens et personnages de haut savoir ; *et qui est* » *bien plus* (dit-il), le nombre n'est point petit de ceux qui sont » descendus de simples tabellions et notaires (B), lesquels, toutefois, dans ce temps-là, devaient être nécessairement hommes de » lettres et d'intégrité très approuvée, tant parce qu'on ajoutait » merveilleusement foi à leurs écritures, que parce qu'ils contrac- » taient non en idiome vulgaire, mais en langage latin, façon qui » s'est continuée jusqu'au temps du grand roi *François*. »

18. Si l'on consulte *Guy Pape* (Jurispr., liv. 2, sect. II, art. 13), cet auteur met dans la même catégorie les procureurs et les notaires. « L'art de *procureur*, dit-il, et celui de *notaire* dérogent à » la noblesse. Les lois donnent au notariat l'éloge de vil, et au » notaire celui de serf public. » *Chorrier*, annotateur de *Guy Pape* et plus judicieux que lui, nous explique son erreur. C'est ainsi qu'il en parle : « Cette injure faite aux notaires, vient de quelques » textes des lois romaines *mal entendues* par les premiers docteurs, » *en des siècles fort ignorants*. Avant que la jurisprudence » de *Justinien* eût été reçue dans le *Dauphiné*, cet art *si néces-*

(A) Charles *de Carracciols*, père de François, avait aussi été notaire. Il n'y avait même que les nobles qui exerçassent alors cet office (*Nostradamus*, p. 554, lettres D, E, F; et l'annotateur de *Guy Pape*, liv. 2, sect. 2).

D'après cela, quelle conséquence tirer de ce que ce même office de notaire a été, dans un autre temps, exercé par des esclaves ? Et, s'il eût été vil alors, comment, en passant dans d'autres mains, eût-il pu devenir recommandable?

(B) M. Richard de Vailly, notaire à Paris, eut pour fils messire Jean *de Vailly*, qui fut président au parlement de Paris, dans laquelle charge il mourut *comblé de gloire et d'honneur*, le 19 oct. 1434. Combien d'autres personnages n'y a-t-il pas eu, qui se sont distingués dans les premières dignités du royaume, et qui étaient également descendus de notaires au Châtelet?

Voltaire, cet auteur dont les talents universels sont si admirés, est le petit-fils de M. *Arouet*, notaire à Paris. Si le mérite le plus rare, le génie le moins limité peuvent faire rejaillir quelque gloire jusque sur les ancêtres de celui qui en est pourvu, la compagnie des notaires de Paris doit se glorifier à jamais d'avoir eu pour un de ses membres l'aïeul de *Voltaire*.

» *saire du commerce de la vie civile,* n'y était exercé que par des » *ecclésiastiques et par des nobles*, bien loin qu'on le crût bas et » servile. On a confondu ceux qui écrivaient *per notas* avec ceux » qui reçoivent les contrats. Les premiers étaient *serfs* et les au- » tres *libres*. »

19. Faisons donc au moins la distinction dont il vient d'être parlé, et d'après cela, examinons ce que *Denisart* a avancé sur la question que nous traitons ici. Il est bon de réfuter ses erreurs, car quelque monstrueuses qu'elles soient, elles pourraient encore trouver des partisans.

(V. la suite au prochain cahier sous l'art. 2379.)

ART. 2363.

SUBROGATION. — NOTIFICATION. — ACCEPTATION.

La subrogation consentie par le créancier n'a pas besoin, pour produire effet vis-à-vis des tiers, d'être signifiée au débiteur ou acceptée par lui dans un acte authentique, parce que l'art. **1250** *du Code Nap. a pris soin de déterminer les conditions nécessaires pour donner effet à cette subrogation sans distinction entre les parties et les tiers* (C. Nap. 1250-1°.)–(A).

A ce cas ne s'applique pas l'art. **1690** *du Code Nap., lequel n'est relatif qu'aux cessions qui constituent de véritables ventes, ayant pour objet principal et direct de transporter une créance sur la tête d'une personne qui entend l'acheter* (C. N. 1690)–(B).

(Synd. Arnouts. — C. — Veuve Baelen et Pillons.).

27 juill. 1857, arrêt de la cour imp. de Douai (1re ch.) qui, adoptant les motifs des premiers juges, confirme un jugement rendu par le tribunal civil d'Arras.

A annoter :

Au *Manuel des Notaires*; — note 84, n. 84 et 90; — note 96, n. 5.

ART. 2364.

INTÉRÊTS. — JOUR *à quo.* — DEMANDE. — COMPÉTENCE.

La demande ne fait pas courir les intérêts, lorsqu'elle est formée devant un juge incompétent (C. N. 1153, 2246.) — (C).

(A-B) Les auteurs enseignent, au contraire, qu'il n'existe aucune différence entre une subrogation de cette nature et la cession de créance, et que par suite, le subrogé n'est saisi à l'égard des tiers que par l'accomplissement des formalités que prescrit l'art. 1690 du code nap. (Toullier, t. 7, n. 117 et suiv., 127; Delvincourt, t. 2, p. 559; Duranton, t. 12, n. 124; Dalloz, jurisp. gén., vis obligation et vente.

(C) *Conf.* : — Paris, 5 janv. 1837; cass. ch. civ., 11 janv. 1847; Agen,

(Pety-Béthune. — C. — Goudecaux.)

Le 5 nov. 1853, le sieur *Goudecaux* fils a actionné le sieur *Pety-Béthune* devant le tribunal de commerce en paiement de sommes dues pour fournitures de marchandises. *Pety* reconventionnellement lui a demandé compte de la gestion d'une ferme dont il a été chargé. Le tribunal de commerce s'est déclaré incompétent, et *Goudecaux* fils, le 10 avr. 1856 seulement, a cité *Pety* en conciliation. Il a formé ensuite contre lui, le 2 mai suivant, devant le tribunal civil de Cambrai, une demande en paiement de 4,127 fr. pour débours, salaires et frais de gestion de la ferme d'Amerval.

22 août 1856, jugement du tribunal de Cambrai, qui condamne *Pety* à payer à *Goudecaux* fils la somme de 3,853 fr. 10 c., avec les intérêts à compter du 5 nov. 1853, jour de la demande devant le tribunal de commerce.

Appel par *Pety-Béthune*, qui conteste au fond le chiffre de la créance réclamée, et soutient d'ailleurs que les intérêts de la somme demandée ne peuvent courir à partir de la demande formée devant un juge incompétent, mais seulement à compter du jour de la demande régulièrement intentée, repoussant à cet égard l'argument qu'on voudrait tirer de l'art. 2246 C. Nap.

5 août 1857, arrêt de la cour imp. de Douai (1re ch.), ainsi conçu :

LA COUR ; — En ce qui touche la fixation de la somme due, en principal, à l'intimé : — Adoptant les motifs des premiers juges ; — En ce qui concerne les intérêts : — *Attendu* qu'aux termes de l'art. 1153 C. Nap., les intérêts sont dus à partir du jour de la demande ; — Que cette disposition doit s'entendre d'une demande régulièrement formée devant la juridiction compétente, et qu'on ne saurait, pour écarter l'application de ce principe, se prévaloir de l'art. 2246, édicté pour un cas différent et exceptionnel ; — Qu'ainsi les premiers juges ont à tort fixé pour point de départ des intérêts, le 5 nov. 1853, jour de la demande originairement portée devant le tribunal de commerce qui a dû se déclarer incompétent à raison de la matière, au lieu de les adjuger, en vertu de l'art. 57 C. pr., à compter du 10 avr. 1855, date de la citation en conciliation sur la demande intentée le 2 mai suivant, et qui avait pour objet, non une reddition de compte, mais le paiement d'une somme déterminée dont le chiffre s'élevait à 4,127 fr. 50 c. ; — Par ces motifs,

---

5 mars 1849; Cons. d'Ét., 24 mai 1854; J., art. 1742; Alger, 2 juin 1856.
Contrà : Paris, 27 juin 1816; Toulouse, 27 mai 1843; Chauveau, sur Carré, t. 1, p. 277.

confirme; — Dit néanmoins que les intérêts alloués à l'intimé par le tribunal ne courront qu'à partir du 10 avr. 1855.

(MM. *de Moulon*, 1er présid.; — *Dupont*, avoc. gén.; — *Flamant* et *Jules Leroy*, avoc.)

A annoter :

Au *Manuel des Notaires*; — note 49, n. 106.

Au *Journal*; — art. 1742.

ART. 2365.

INSCRIPTION HYPOTHÉCAIRE. — HYPOTHÈQUE LÉGALE. — RESTRICTION.

L'inscription prise par une femme mariée (ou par ses héritiers ou ayants-droit) sur un immeuble déterminé du mari, comme spécialement affecté à la créance, ne frappe que sur cet immeuble et non sur la généralité des biens du mari, encore bien que le bordereau porte qu'elle est requise pour la conservation de l'hypothèque légale de la femme, cette énonciation n'étant point exclusive de la restriction de l'inscription (C. Nap., 2121 ; 2135 - 2° ; 2148-5°)—(A).

(Conservat. des hypoth. de Troyes. — C. — Veuve Marcotte.)

Le 4 juill. 1836, les héritiers de mad. *de Mesgrigny* prirent contre la succession de son mari une inscription dont le bordereau portait qu'elle était requise en vertu du contrat de mariage de mad. *de Mesgrigny* et de l'art. 2135 C. civ., en conséquence desquels cette dernière avait droit à une hypothèque légale sur les biens de son mari, et aussi en vertu de divers actes de liquidation des communauté et succession *de Mesgrigny*, sur la totalité du domaine rural de Villebertin, désigné avec détails dans ce bordereau, et déclaré spécialement affecté à la créance des inscrivants par l'un des actes de liquidation. — Cette inscription fut renouvelée le 6 juin 1846.

Le 7 juin 1850, M. *Munié* s'est rendu adjudicataire de l'hôtel de Vauluisant, situé à Troyes, dépendant de la succession de M. *Marcotte*, qui l'avait acquis de la famille *de Mesgrigny* dès 1826. — Lors de la transcription de l'adjudication, opérée à la requête de M. *Munié*, le conservateur du bureau des hypothèques de Troyes crut devoir comprendre dans l'état délivré à l'adjudicataire l'inscription du 4 juill. 1836. — En présence de la mention de cette

---

(A) *Dans le même sens* : — Bourges, 30 avril 1853. Suivant cet arrêt, l'inscription prise en vertu d'une convention particulière, quoique relatant le contrat de mariage, ne vaut pas comme inscription de l'hypothèque légale de la femme sur la succession de son mari, si l'hypothèque que cette inscription a pour objet de conserver, y est qualifiée d'*hypothèque spéciale*.

inscription, M. *Münié* a refusé le paiement de son prix à mad. veuve *Marcotte*.

De son côté, le conservateur des hypothèques, se fondant sur les énonciations du bordereau, a persisté à maintenir l'inscription dont il s'agit comme frappant, à titre d'inscription d'hypothèque légale, sur la généralité des biens de la succession *de Mesgrigny*, et conséquemment sur l'hôtel de Vauluisant. — Mad. veuve *Marcotte* a fait alors assigner le conservateur à fin de radiation de cette inscription, soutenant qu'il ressortait avec évidence des termes du bordereau que les héritiers *de Mesgrigny* avaient entendu prendre inscription exclusivement sur l'immeuble désigné d'une manière spéciale dans ce bordereau.

26 nov. 1856, jugement du tribunal civil de Troyes qui accueille la demande de mad. veuve *Marcotte* dans les termes suivants : — « *Attendu* qu'aux termes de l'art. 2135 C. Nap., l'hypothèque légale du chef de la femme mariée existe indépendamment de toute inscription; — Que les ayants-droit à l'effet de cette hypothèque, qui peuvent s'abstenir absolument de la faire inscrire, peuvent, à plus forte raison, limiter l'inscription à certains immeubles déterminés; — Que, dans beaucoup de cas, cette restriction concilie la conservation des droits des parties avec les ménagements commandés par les liens de famille ; — *Attendu* que, dans l'espèce, MM. *de Mesgrigny* n'avaient requis inscription que sur le domaine de Villebertin comme affecté spécialement à leur créance ; — Que la simple énonciation de leur droit d'hypothèque légale ne peut équivaloir à sa mise en action, laquelle n'a d'autre moyen de s'exercer que la réquisition d'inscription générale ou particulière; — Qu'il s'ensuit que rien n'autorisait M. le conservateur à délivrer l'inscription du 5 juin 1846 parmi celles frappant l'hôtel de Vauluisant; — *Attendu* qu'il n'est pas exact de dire que le seul dommage que peut éprouver une partie, par suite d'une inscription indûment délivrée, consiste dans le coût de cette délivrance; — Que, loin de là, il est souvent long et difficile, et toujours onéreux, d'obtenir la radiation d'inscriptions ; — *Attendu* que les arrêts invoqués à l'appui du système du défendeur n'ont pas trait à l'espèce présentement débattue; — Qu'en effet, il ne s'agit pas de savoir si le conservateur doit être ou non juge d'une inscription, mais de savoir s'il y a lieu d'inscrire ou de délivrer une inscription qui n'a pas été requise; par ces motifs, ordonne que le conservateur du bureau des hypothèques de Troyes sera tenu dans les trois jours à partir de la signification du présent jugement, de retrancher de l'état délivré le 12 août 1850, l'inscription du 6 juin 1846, n° 123, sinon le condamne à 25 fr. par jour de retard, etc. »

Appel par M. le conservateur des hypothèques de Troyes.

15 fév. 1858, arrêt de la cour imp. de Paris (1re ch.), ainsi conçu :

LA COUR; — Adoptant les motifs des premiers juges, confirme...

(MM. *Delangle*, 1er présid.; — *De Vallée*, avoc. gén., concl. conf.; — *Lacan* et *Breulier*, avoc.)

À annoter :

Au *Manuel des notaires*; — note 83, n. 79.

ART. 2366.

EXPROPRIATION POUR UTILITÉ PUBLIQUE. — OBLIGATION À TERME. — HYPOTHÈQUE.

L'expropriation pour cause d'utilité publique a pour effet de rendre immédiatement exigibles les créances à terme pour sûreté desquelles l'immeuble exproprié a été hypothéqué, encore bien que le débiteur offrirait à son créancier une autre hypothèque, présentant même plus de garantie que la première (C. Nap. 1188, 2131, 2184) — (A).

(Gassion. — C. — Delaruelle-Duport).

M. *Gassion* avait constitué à son fils, par contrat de mariage, une dot de 60,000 fr., payable dix ans après la célébration du mariage, c'est-à-dire au mois de janv. 1861, avec intérêts jusqu'à cette époque. Pour sûreté du service de ces intérêts et du paiement du capital à l'échéance, il a consenti une inscription hypothécaire sur une maison située à Paris, rue des Mathurins-Saint-Jacques.

M. *Gassion* fils est décédé trois ans après la célébration du mariage. — Dix-huit mois plus tard, sa veuve, mère de deux enfants, a épousé en secondes noces M. *Delaruelle-Duport*.

Au commencement de 1856, la ville de Paris a exproprié pour cause d'utilité publique une partie des maisons de la rue des Mathurins, et notamment celle de M. *Gassion* père, hypothéquée à M. *Gassion* fils. A peine le jury eut-il fixé l'indemnité à laquelle avait droit le propriétaire, que M. *Delaruelle* la frappa d'opposition, et réclama de M. *Gassion* le paiement immédiat de 60,000 fr., constitués à M. *Gassion* fils. — Pour repousser cette demande, M. *Gassion* a invoqué le bénéfice du terme et offert de remplacer la garantie que faisait disparaître l'expropriation de sa maison, par une autre

(A) *Conf.* :—Cass. ch. civ., 17 mars 1848, après délibéré en ch. du conseil. M. Delalleau, n. 408, est d'avis que les tribunaux peuvent, en pareil cas, autoriser le débiteur à faire transporter sur d'autres fonds de valeur suffisante l'hypothèque dont est grevé l'immeuble exproprié, afin qu'en donnant cette sûreté il puisse jouir des délais qui lui sont accordés.

hypothèque sur deux maisons libres de toutes charges et d'un revenu de plus de 12,000 fr.

16 juill. 1856, jugement du tribunal civil de la Seine qui rejette cette offre dans les termes suivants : — « *Attendu* que les sommes déposées par le préfet de la Seine à la caisse des consignations l'ont été aux droits de qui il appartiendra ; — *Attendu* qu'aux termes des lois sur l'expropriation, ces sommes constituent un véritable prix de vente sur lequel les créanciers hypothécaires ont le droit d'exercer leurs hypothèques, comme sur tout autre prix; — *Attendu* que les dispositions de l'art. 2131 C. Nap. n'ont aucun rapport à l'espèce actuelle, puisqu'il ne s'agit ni de la perte de l'immeuble, ni d'une diminution de sûretés, mais seulement d'un droit hypothécaire qui a produit son effet légal; — *Attendu* que les offres faites par *Gassion*, et ayant pour objet de donner une autre hypothèque à la femme *Delaruelle-Duport*, ne pourraient être admises que par un contrat volontaire que le tribunal n'a pas le droit de former, ni de sanctionner contre la volonté de l'une des parties; — Par ces motifs, déclare *Gassion* mal fondé dans sa demande, l'en déboute, et le condamne aux dépens. »

Appel par M. *Gassion*.

13 fév. 1858, arrêt de la cour imp. de Paris (1re ch.), ainsi conçu :

LA COUR ; — adoptant les motifs des premiers juges, confirme.....

(MM. *Delangle*, 1er présid.; — *De Vallée*, avoc. gén., concl. conf.; — *Moulin* et *E. Leroux*, avoc.).

A annoter :

Au *Manuel des notaires;* — note 77, n. 62 ; — note 30, au-dessus du n. 364, sous ce titre : *Expropriation pour utilité publique;* — note 194, n. 20.

ART. 2367.

COMMUNAUTÉ DE BIENS. — ASSURANCES. — INCENDIE. — PROPRE DE LA FEMME. — RENONCIATION.

***L'indemnité payée par une compagnie d'assurances à l'un des époux, à raison de l'incendie d'un immeuble propre à ce dernier, ne tombe pas dans la communauté, cette indemnité n'étant que la représentation de l'immeuble incendié* (C. Nap. 1401) — (A);**

***Il en est ainsi de l'indemnité payée en cas d'incendie d'un immeuble propre à la femme, assuré par le mari pendant la communauté. La femme, même renonçante, a un droit exclusif à cette indemnité, en vertu de l'art. 1493 du Code Nap.* (C. Nap. 1493-3°) — (B).**

(A-B) *Dans le même sens* : —Nancy, 30 mai 1856; J., art. 2060.

Mais l'indemnité due pour prix de l'assurance d'un immeuble incendié,

(Pascaud. — C. — Gendreau).

31 mai 1856, jugement du tribunal civil de Confolens, ainsi conçu : — « *Attendu* que, sous le régime de la communauté légale, le mari n'a droit qu'aux fruits des immeubles propres de sa femme; — Que dès lors, ainsi que l'enseigne Pothier, *Traité de la communauté*, nº 96, toutes choses qui proviennent à l'un des conjoints, durant le mariage, de son héritage ou autre immeuble, sans être des fruits, n'entrent point dans la communauté légale; — Que la communauté ne peut s'enrichir aux dépens des propres d'un autre époux; — Que les principes d'équité ne permettent donc pas que les propres aillent jamais se perdre dans la communauté; — Que ce qui est de nature de propre au commencement doit rester tel jusqu'à la fin; — *Attendu*, dès lors, que toute chose, mobilière ou non, qui représente l'immeuble, doit être propre comme l'immeuble; — *Attendu* que le mari est l'administrateur des biens propres de sa femme; — Qu'il doit prendre toutes les mesures de précaution pour leur conservation; — Qu'à ce titre, Gendreau a agi prudemment en faisant assurer ceux de la sienne; — *Attendu* que le produit de l'assurance en cas de sinistre est la propriété particulière de l'assuré; — *Attendu* qu'en faisant cette assurance, le mari n'a agi que comme administrateur mandataire légal de sa femme, pour elle, dans son intérêt propre, dans l'intérêt de sa chose propre, et que, si cette chose se trouve détruite par un sinistre, le produit de l'assurance doit tenir lieu de la chose détruite et être propre de la femme; — *Attendu* que les primes payées par la communauté pour prix de cette assurance ne peuvent rien changer à ce caractère de propre; qu'elles sont aussi acquittées dans l'intérêt de la communauté elle-même, pour lui assurer la jouissance de ces immeubles, et que ces frais de garantie et de conservation sont à sa charge; — *Attendu* qu'il est impossible d'admettre que le mari, qui n'a rien à perdre, puisse, en assurant la chose de sa femme, trouver un avantage personnel dans le sinistre et s'en applaudir; — *Attendu* que le produit de ce sinistre représente donc évidemment l'immeuble; qu'il n'est qu'un dépôt dans la communauté, et qu'il donne lieu à reprise; — *Attendu* que cette indemnité ne tombant pas en communauté, les dispositions de l'art. 1492 C. Nap., portant que la femme renonçante perd toute espèce de droit sur le mobilier qui y est entré de son chef, ne peuvent recevoir aucune

---

étant mobilière, ne forme point, dès lors, le gage exclusif des créanciers hypothécaires de l'assuré, quoiqu'il représente l'immeuble assuré; par conséquent, l'assuré peut toucher l'indemnité au préjudice de ceux-ci (Colmar, 11 mars 1852; cass., 28 juin 1831; Liége, 24 nov. 1831; Grenoble, 27 fév. 1834; doctrine conforme).

application; — Qu'il y a lieu, au contraire, d'appliquer les dispositions de l'art. 1493, qui accorde à la femme renonçante le droit de reprendre toutes les indemnités qui peuvent lui être dues par la communauté;

» *Attendu* que le principe, qui paraît aujourd'hui consacré par la jurisprudence, que l'indemnité ou prix de l'assurance d'un immeuble distrait par incendie est essentiellement mobilier, ne contrarie en rien la solution ci-dessus; — Qu'il résulterait seulement de cette jurisprudence que cette indemnité, dans l'espèce, propre à la femme *Gendreau*, n'est pas la représentation exacte de la chose perdue, à l'égard des tiers qui avaient sur cette chose des droits de privilége ou d'hypothèque, et que, dès lors, elle appartiendrait indistinctement à tous ses créanciers chirographaires et hypothécaires, leur hypothèque disparaissant par suite de la destruction de la chose; mais qu'il n'en résulte nullement qu'entre époux la femme n'a pas droit à récompense, à raison de l'indemnité payée pour prix d'une assurance faite par elle-même, par l'intermédiaire de son mandataire légal, de sa chose propre détruite par un incendie, que cette reprise soit mobilière ou immobilière; — Qu'elle y a droit, tout comme au prix d'aliénation de sa chose propre qui aurait été touché par le mari, et qui serait, dès lors, rangé dans la classe des choses mobilières de la communauté; — Qu'immobilière ou mobilière, la récompense est donc toujours due comme valeur représentative de l'immeuble, sauf les droits des créanciers de la femme seulement sur cette reprise dans le rang qui leur appartient; — *Attendu* que cette même jurisprudence, qui considère comme mobilière l'indemnité due en cas de sinistre, et l'attribue indistinctement à tous les créanciers de l'assuré, admet cependant diverses dérogations à son principe; — Qu'ainsi, il a été jugé (C. de Paris, 24 mars 1855) que l'indemnité devait être, de préférence aux créanciers de la faillite de l'assuré, attribuée exclusivement aux voisins qui ont souffert de l'incendie, en vertu d'une subrogation virtuelle de ces voisins dans les droits de l'assuré contre l'assureur; — Qu'ainsi encore, et en vertu de la même subrogation, il a été décidé (Paris, 13 mars 1837) que le propriétaire de l'immeuble incendié, à l'exclusion des créanciers du locataire en faillite, avait seul droit à l'indemnité de l'assurance faite par le locataire pour risque locatif; — Qu'à plus forte raison, la femme propriétaire assurée avait, elle seule, droit, préférablement à son mari et à ses créanciers, à cette indemnité représentative de sa chose propre. » — Appel.

19 mars 1857, arrêt de la Cour impériale de Bordeaux, 2ᵉ ch., ainsi conçu :

LA COUR ; — *Attendu* que l'indemnité dont il s'agit ne rentre dans aucune des dispositions que comprend la sect. 1 de la 1re part., chap. 2, C. Nap., déterminant ce qui constitue l'actif de la communauté ; — Adoptant, au surplus, les motifs, parfaitement juridiques, du jugement attaqué, met l'appel au néant, etc.

(MM. *Troplong*, présid. ; — *Mourier*, avoc. gén. ; — *Goubeau* et *Vaucher*, avoc.).

A annoter :

Au *Manuel des notaires* ; — note 155, n° 18 ; — note 166-1°, n. 7.

Au *Journal* ; — art. 2060.

ART. 2368.

FAILLITE. — FEMME MARIÉE. — MINEUR. — HYPOTHÈQUE LÉGALE. — DOT. — RÉPÉTITION. — TUTELLE.

La femme mariée ou ses héritiers peuvent, à la dissolution du mariage, et alors qu'il s'est écoulé plus de dix ans depuis l'échéance des termes pris pour le paiement de la dot, répéter cette dot contre le mari à titre CHIROGRAPHAIRE, *sans être tenus de prouver qu'il l'a reçue, encore bien que ce dernier soit en état de faillite. A ce cas ne s'applique pas l'art. 563 du Code de commerce, lequel ne dispose que pour le cas où la femme réclame l'exercice de son hypothèque légale* (C. comm. 563 ; C. Nap. 2121) — (A).

L'enfant mineur d'un commerçant failli peut, après le décès de sa mère, exercer cumulativement sur les biens de son père, tant l'hypothèque légale restreinte dérivant pour sa mère de l'art. 563 du Code de comm., que de celle qu'il a de son propre chef à raison de la gestion tutélaire de son père (mêmes art.) — (B).

(Synd. Maimbourg — *C.* — Rotenflue).

2 février 1857, arrêt de la Cour imp. de Colmar (3e ch.), ainsi conçu :

LA COUR ; — Sur l'appel principal : — *Attendu* que *Noirot*, aujourd'hui failli et décédé, n'avait pas de profession déterminée au moment de la célébration de son mariage avec Marie-Anne *Rotenflue*, et est devenu commerçant dans les trois mois qui ont suivi cette union ; que dans le contrat anténuptial du 6 oct. 1839,

(A) L'art. 563 C. comm., qui exige que les femmes de commerçants justifient de leurs droits et reprises par acte ayant date certaine, ne s'applique qu'au cas où il s'agit de l'exercice de leur hypothèque légale, et non à celui où elles voudraient simplement établir leur qualité de créanciers chirographaires (Douai, 27 mai 1841 ; Renouard, t. 2, p. 296 ; Esnault, n. 592 ; Bédarride, n. 1036).

(B) *Dans le même sens* : — Grenoble, 7 juin 1834.

les père et mère de la future lui ont constitué en dot une somme de 10,000 fr., payable la moitié immédiatement et l'autre moitié un an après; que plus de dix années s'étant écoulées depuis l'échéance des termes pris pour le paiement de cette dot, les héritiers de la dame *Noirot* pouvaient, en s'appuyant sur l'art. 1569 C. Nap., la répéter contre les représentants du mari, sans être tenus de prouver que celui-ci l'avait reçue; que l'événement de la faillite ne modifiait nullement, et n'enlevait pas aux enfants issus de ce mariage, le droit qui ne pouvait leur être ni contesté ni refusé, de se présenter et d'être admis au passif de la faillite, en qualité de créanciers chirographaires, pour le montant des reprises de leur mère; qu'à cet égard ils ont été laissés sous l'empire du droit commun par l'art. 563 C. com., dont les dispositions et les conditions restrictives ne s'appliquent qu'au cas où la femme d'un commerçant failli réclame l'exercice de son hypothèque légale; qu'alors seulement, la loi commerciale, dans le but de conserver à la masse les biens qui ont été acquis avec l'argent d'autrui, limite le privilége hypothécaire de la femme aux immeubles que le mari possédait au moment de son mariage ou à ceux qui lui sont advenus depuis, soit par succession, soit par donation entre-vifs ou testamentaire, à charge par elle de prouver, par un acte ayant date certaine, que la dot a été réellement payée; que cette preuve résulte, dans l'espèce, de la déclaration faite par *Noirot*, le 7 déc. 1853, au bureau de l'enregistrement de Brisach, dans les six mois qui ont suivi le décès de sa femme; qu'il a porté lui-même à l'avoir de la succession de celle-ci la reprise de 10,000 fr.; qu'il a donc reconnu sur un registre public avoir reçu l'apport dotal, et que c'est à bon droit que les premiers juges ont attaché à la créance des enfants l'affectation hypothécaire de l'art. 563 C. com.;

Sur l'appel incident : — *Attendu* que du 7 juin 1853, date de la mort de la femme, au 22 mai 1856, date de sa propre mort, *Noirot* a été le tuteur légal de ses deux filles encore mineures; qu'à ce dernier titre, ses biens immeubles étaient soumis, pour raison de sa gestion, à l'hypothèque légale des pupilles, du jour de l'ouverture de la tutelle; que cette hypothèque protégeait nécessairement les reprises dotales dont *Noirot* était débiteur envers ses enfants et qui étaient exigibles à la dissolution du mariage; que le bénéfice de l'hypothèque établie par les art. 2121, § 3, et 2135, n° 1, C. Nap., doit, dans les circonstances de la cause, se cumuler avec celui de l'hypothèque dérivant de l'art. 563 C. com.; que ces deux droits sont distincts comme les sources d'où ils procèdent; que celui-ci provient du chef de la mère qui pouvait l'exercer elle-même de son vivant; que celui-là est propre et personnel aux demoiselles *Noirot*, qui ne l'ont point recueilli dans la succession maternelle ; qu'il suit de là que les biens du père, débiteur de cette succession et tuteur de ses enfants, étaient soumis à deux hypothèques séparées et indépendantes, l'une se rattachant aux créances de la femme, l'autre régie par les règles spéciales aux faits de tutelle ; — Par ces motifs, met l'appel principal au néant ; statuant sur l'appel incident et émendant le jugement du tribunal de commerce de Colmar, en date du 9 sept. 1856, dit et ordonne que, indépendamment du droit hypothécaire résultant de l'art. 563 C. com., les mineures *Noirot* auront, pour la somme de 10,000 fr., un droit d'hypothèque légale sur tous les biens immeubles du sieur *Noirot*, leur père et tuteur ; ordonne pour le surplus que ledit jugement sortira son plein et entier effet, etc.

(MM. *Pillot*, présid. ; — Baillehache, 1er avoc. gén. ; — Louis *Chauffour* et *Ostermeyer*, avoc.)

A annoter :

Au *Manuel des Notaires* ; — note 30, n. 114 ; — note 130, n. 529.

Au *Journal* ; — art. 1275, 2e quest.

ART. 2369.

PORTION DISPONIBLE. — DONATION ENTRE-VIFS. — RÉDUCTION. — FRUITS. — RESTITUTION. — JOUR *à quo*.

L'art. 928 du C. Nap., suivant lequel le donateur doit restituer les fruits de ce qui excède la portion disponible, à compter seulement du jour de la demande en réduction, lorsque cette demande n'a pas été faite dans l'année du décès du donateur, ne s'applique qu'au donataire non successible. Quant au donataire successible il est tenu, dans tous les cas, de restituer ces fruits à compter du décès du donateur **(C. Nap., 826, 928.) — (A).**

(Ortoli. — C. — Pietri.)

29 juin 1857, arrêt de la cour imp. de Bastia (1re ch.), rendu après délibéré en chambre du conseil, et ainsi conçu :

LA COUR ; — Sur les deuxième et troisième griefs de l'appel incident relatifs à la restitution des fruits : — *Attendu* que l'ar-

(A) Le donataire non successible doit être considéré comme étant de bonne foi, parce qu'il est censé ignorer si ce qui lui a été donné excède ou non la portion disponible, mais le donataire successible n'est pas de bonne foi, alors surtout qu'il connaît des héritiers qui sont au même degré que lui et qui concourront nécessairement avec lui au partage, auquel cas le rapport des biens donnés et de leurs fruits depuis le décès, est inévitable.

Contrà : — Dalloz, Rec. de 1858, 2e part., page 65.

ticle 928 C. Nap. ne s'applique qu'au donataire non successible et ne prenant pas part au partage; — Que le cohéritier qui détient une portion quelconque des biens de la succession autres que ceux dont il a été mis en possession et jouissance par une donation ou par un testament, avec attribution de préciput et dispense de rapport, doit compte des fruits et revenus de cette portion à partir du jour de l'ouverture de la succession; — Qu'on ne comprendrait pas, en effet, que le cohéritier placé dans cette position, et déjà avantagé par l'effet de la donation ou du testament, dût l'être encore par la faculté de faire les fruits et revenus siens jusqu'au jour de la demande, et qu'en définitive, l'héritier qui peut intenter l'action en pétition d'hérédité pendant trente ans, n'eût pas la même faculté pour la répétition des fruits et revenus; — Confirme...

(MM. *Andrau-Moral*, fais. fonct. de présid.; — *Casabianca*, avoc. gén.; — *Bonelli* et *Milanta*, avoc.)

A annoter :

Au *Manuel des Notaires*; — note 50, n. 48; — note 146, n. 112; — note 151, n. 100.

ART. 2370.

CULTE. — ECCLÉSIASTIQUE. — APPEL COMME D'ABUS. — INJURE. — COMPÉTENCE. — CONSEIL D'ETAT.

L'injure adressée à un particulier par un ecclésiastique dans l'exercice du culte (étant revêtu de ses habits sacerdotaux et présidant une confrérie ou congrégation dans l'Eglise) rentre dans les cas d'abus prévus par la loi du 18 germ. an x, et doit, dès lors, être déférée au conseil d'Etat, préalablement à toute poursuite devant les tribunaux **(L. 18 germ. an 10, art. 6) — (A).**

(Viard. — C. — Durand.)

16 déc. 1857, arrêt de la cour imp. de Dijon (ch. correct.), ainsi conçu :

LA COUR; — *Considérant* que tous les cas d'abus prévus par l'art. 6 de la deuxième partie de la loi de germinal an 10, doivent, aux termes de l'art. 8 de ladite loi, être déférés, préalablement, à toute poursuite, au conseil d'Etat, qui termine l'affaire administrativement ou la renvoie, selon l'exigence des cas, aux autorités compétentes; — *Considérant* que cette disposition est d'ordre pu-

---

(A) *Dans le même sens* : — Cass. ch. crim., 12 mars 1840 et 29 déc. 1842; Cormenin, dr. adm., t. 1, p. 235 et 238; Dalloz, jurisp. gén., v° culte, n. 269 et suiv.; Mangin, act. publ., n. 255; Favard de Langlade, v° abus; Affre, adm. des par., p. 586; Lesenne, p. 351; Dufour, pol. des cultes, n. 1324.

blic, et qu'elle remplace, à l'égard des ministres du culte, les salutaires garanties accordées aux fonctionnaires par l'art. 75 de la constitution de l'an 8; — *Considérant* que les faits et discours imputés par la dame *Durand* au desservant *Viard*, dans la citation qu'elle lui a fait donner, constitueraient évidemment une entreprise ou procédé qui aurait pu compromettre l'honneur de cette dame et dégénérer contre elle en injure; que sous ce rapport ils rentrent dans les cas prévus par l'art. 6 de la loi de germinal an 10, et qu'il reste seulement à examiner s'ils ont eu lieu dans l'exercice du culte;

Considérant, sur cette question, qu'une confrérie ou congrégation canoniquement instituée, réunie dans l'église, présidée par le curé revêtu de ses habits sacerdotaux, et qui se livre aux pratiques de son institution, fait des actes qui, sans être obligatoires pour tous les fidèles, font néanmoins partie du culte catholique; — *Considérant* que la congrégation de Sainte-Anne existe régulièrement et canoniquement à Melay depuis le 3 mai 1850, jour où elle a été instituée par un acte de la juridiction épiscopale; que cette confrérie doit nécessairement, d'après son règlement, se réunir à l'église; que sa réunion ne pourrait avoir lieu ailleurs sans manquer aux prescriptions ecclésiastiques et sans tomber sous les dispositions des art. 291 et 292 C. pén., et qu'elle ne peut être présidée que par le curé;

Considérant que, le dimanche 26 juill. dernier, cette confrérie était réunie dans l'église de Melay, d'après une invitation du curé, pour procéder à une nouvelle formation des listes, à la lecture du règlement, et entendre les instructions dont il devait l'accompagner; — Que le curé était revêtu de son surplis et de son étole pour présider cette assemblée; que la lecture du règlement qu'il a donnée contient des exhortations et des réflexions pieuses auxquelles il a ajouté ses instructions particulières; que, dans de pareilles circonstances, cette réunion était dans l'exercice du culte, et que si le curé avait été troublé ou outragé pendant sa durée, on n'aurait pu certainement le regarder comme étant alors un simple particulier, et en dehors de ses fonctions ecclésiastiques; qu'il résulte de là que les paroles imputées au desservant *Viard*, si elles ont été réellement prononcées, constitueraient un abus dans l'exercice du culte, devant être déféré au conseil d'Etat, et que les tribunaux sont, quant à présent, incompétents pour statuer sur la poursuite intentée par la dame Durand; — Par ces motifs, réformant le jugement du 7 nov., se déclare incompétente sur les poursuites de la dame *Durand*, et subsécutivement annule le jugement du 14 nov. comme incompétemment rendu.

(MM. *Legoux*, présid.; — *Martin*, subst. du proc. gén., concl. conf.)

A annoter :

Au *Manuel des Notaires*; — note 67, p. 658, alin. 4 du tableau.

Au *Recueil des Lois*; — art. 246.

ART. 2371.

PARTAGE ANTICIPÉ OU D'ASCENDANT. — RÉVOCATION. — RÉSOLUTION. — PRIVILÉGE.

Si le partage d'ascendant par acte entre-vifs constitue entre les père ou mère donateurs et les enfants donataires, une véritable donation soumise à toutes les règles de ce contrat, il n'a, dans le rapport des enfants entre eux, que le caractère du partage ordinaire de succession.

En conséquence, le défaut de paiement par l'un des donataires d'une somme que l'acte l'oblige à payer aux autres, n'autorise point ceux-ci à demander la révocation du partage. Ils n'ont qu'un privilége sur les immeubles composant le lot du copartagé qui doit cette somme (C. N. 884, 953, 1076, 2103-3°). — (A.)

On ne saurait prétendre qu'à défaut de l'action en révocation, ils peuvent exercer l'action résolutoire pour inexécution des conditions de l'acte, cette action n'étant point applicable au partage (C. Nap., 1184) — (B).

(Pelletret. — C. — Faivret.)

31 déc. 1856, jugement du tribunal civil de Gray, statuant dans les termes suivants : — « *Considérant* que l'acte par lequel les père et mère abandonnent leurs biens à leurs enfants sous la forme de donations entre-vifs et pour en faire le partage, a un double caractère; qu'au point de vue des père et mère donateurs et des enfants donataires, il renferme une véritable donation soumise à toutes les règles de ce contrat, et, par conséquent, à l'action révocatoire pour inexécution des charges et conditions; que, dans les rapports des enfants entre eux, cet acte ne constitue qu'un partage dont les effets doivent être réglés par les principes des partages de succession, auxquels ils sont assimilés par les art. 1078 et 1079 C. Nap.; — *Considérant* que l'abandon fait par les père et mère *Faivret* de tous leurs immeubles à leurs six enfants, suivant

---

(A) *Conf.* : — Limoges, 8 fév. 1847; Grenoble, 8 janv. 1851; J., art. 894; Genty, tr. des partages d'ascendants, p. 80.

Contrà : — Limoges, 21 juin 1836.

(B) Jurisprudence et doctrine conformes.

Toutefois, on admet généralement que la clause résolutoire peut être valablement stipulée dans un acte de partage ou de licitation (cass., 6 janv. 1846; Montpellier, 12 mai 1847. Mais voir la note 143, n. 317).

acte reçu du notaire *Clerget*, le 22 mars 1850, n'impose à ceux-ci aucune charge ni condition au profit des père et mère donateurs; que la plus-value de 2,330 fr. promise par Alfred *Faivret* à sa sœur, la femme *Pelletret*, n'est point une charge de la donation; qu'elle tient uniquement à la composition des lots, et que ce n'est là qu'un moyen d'en compenser l'inégalité, moyen dont l'emploi est autorisé par l'art. 883 C. Nap., au titre du partage; — *Considérant*, dès lors, que le défaut de paiement de la plus-value stipulée par *Faivret* ne peut pas opérer la révocation dudit acte dans sa partie constitutive d'une donation entre-vifs, qu'il ne peut pas non plus en entraîner la résolution dans celle constitutive du partage; qu'en effet, les actes de partage, par leur nature et d'après les dispositions combinées des art. 883, 885, 886 et 887 dudit code, ne sont point sujets à l'action résolutoire pour inexécution édictée par l'art. 1184; que le copartageant, créancier d'une plus-value, n'a pour la garantie de ses droits qu'un privilége sur les immeubles composant le lot de celui qui la doit, aux termes de l'art. 2103 (Req. 29 déc. 1829); et que, dans l'espèce, si la femme *Pelletret* n'a pas conservé le sien par une inscription régulière, elle ne peut en imputer la faute qu'à elle seule;—Par ces motifs, déboute les demandeurs de leurs fins et conclusions, etc. »

Appel par la dame *Pelletret*.

8 juin 1857, arrêt de la cour impériale de Besançon, qui, adoptant les motifs des premiers juges, confirme...

(MM. *Dufresne*, 1er prés.; — *Neveu-Lemaire*, 1er avoc. gén.; — *Oudet* et *Tripart*, avoc.)

A annoter:

Au *Manuel des Notaires*; — note 81, n. 174 et 243; — note 143, n. 317.

Au *Journal*; — art. 894.

ART. 2372.

COMMUNAUTÉ DE BIENS. — CLAUSE DE FRANC ET QUITTE. — RÉGIME DOTAL.

La clause du contrat de mariage aux termes duquel la femme ou ses héritiers auront, en renonçant à la communauté, le droit de reprendre ses apports francs et quittes de toutes dettes, alors même qu'elle se serait personnellement obligée, ne pouvant s'entendre que du simple recours accordé à la femme par l'art. 1494 du Code Nap., ne saurait avoir pour effet de frapper les immeubles de la femme d'inaliénabilité dotale vis-à-vis des tiers (C. N. 1387, 1393.)— (A)

(A) La cour de cassation décide, au contraire, qu'une telle clause per-

En conséquence, elle n'empêche point que la femme ne soit tenue d'exécuter, tant sur ses meubles que sur ses immeubles, les obligations solidaires qu'elle a contractées avec son mari, sauf son recours contre ce dernier, en conformité de l'art. 1494 (C. Nap., 1494). —(A)

(Marcadier. — C. — Galzain.)

19 fév. 1857, arrêt de la cour imp. de Bordeaux (2ᵉ ch.), ainsi conçu :

LA COUR; — Attendu que le sénatus-consulte Velléien n'ayant plus d'autorité en France à l'époque où la dame *Marcadier* consentit, solidairement avec son mari (6 déc. 1851), le contrat d'obligation dont il s'agit, elle est évidemment mal fondée à demander la nullité de son engagement; que, par suite, le commandement signifié par Gazlain en vertu dudit contrat est valable; — Que la seule question sérieuse est de savoir si l'épouse *Marcadier*, qui a obtenu sa séparation de biens et renoncé à la communauté stipulée par son contrat de mariage, peut être poursuivie sur ses immeubles propres; — *Attendu* que, par l'art. 1 de ce contrat, en date du 11 sept. 1829, les époux ont déclaré se soumettre au régime de la communauté, conformément au code Napoléon, en la réduisant aux acquêts; —*Attendu* que l'article qui sert de fondement à la prétention de l'épouse *Marcadier* est ainsi conçu : « La future et les enfants qui naîtront de ce mariage pourront, en renonçant à la communauté, lorsqu'elle sera dissoute, reprendre tout ce qu'elle a apporté en mariage et tous les biens qui lui écherront pendant le mariage, le tout franc et quitte de toutes dettes et charges, encore qu'elle y eût parlé et s'y fût obligée; » — *Attendu* que l'appelante prétend trouver dans cette clause, non-seulement une dérogation aux règles générales de la communauté, mais encore une sorte de soumission partielle au régime dotal, laquelle aurait affecté son immeuble d'inaliénabilité dans l'hypothèse, réalisée au procès, de renonciation à la communauté; — *Attendu* qu'il s'agit au procès d'une question d'interprétation du contrat de mariage sur lequel l'épouse *Marcadier* fonde ses prétentions; — *Attendu* qu'en supposant que, le régime de la communauté légale étant adopté par un contrat de mariage, on puisse valablement y introduire des pactes hostiles à l'essence de ce régime, il faudrait au moins que la dérogation fût clairement exprimée, de manière que les tiers qui traitent avec les époux ne puissent devenir victimes

---

met à la femme d'exercer ses reprises par préférence aux créanciers envers lesquels elle s'est engagée (cass. req., 16 avril 1856, J., art. 2043; 7 fév. 1855, J., art. 1790).

(A) Voir la note A de la page précédente.

d'une équivoque ; — *Attendu* que la clause dont il s'agit peut recevoir son application sans que les immeubles soient frappés d'inaliénabilité dotale; qu'elle peut s'appliquer au simple recours de la femme contre son mari, même pour le cas où elle serait engagée solidairement avec lui; qu'il est alors conforme à l'art. 1161 C. Nap., d'adopter cette interprétation qui laisse à la clause de soumission au régime de la communauté la force que lui enlèverait presque complétement une interprétation contraire?—*Attendu* que, si l'on consulte la commune intention des futurs époux, on arrive au même résultat; — *Attendu*, en effet, que la clause dont il s'agit, entendue comme le veut l'épouse *Marcadier*, constituerait la dotalité la plus absolue, et que l'on ne peut concevoir que, si telle eût été la volonté des futurs époux, ils n'eussent pas déclaré se soumettre au régime dotal, au lieu d'adopter, comme ils l'ont fait d'une manière formelle, le régime de la communauté; qu'ils n'ont même pas exprimé, comme dans les espèces de quelques arrêts invoqués par l'appelante, que la clause de franc et quitte s'exercerait vis-à-vis des créanciers contre lesquels la femme aurait parlé; — *Attendu*, en outre, qu'anciennement, avant la promulgation du code Napoléon (ainsi qu'il est constaté par Ferrière et par Pothier), dans les pays de communauté, la stipulation que la femme en cas de renonciation, reprendrait ses biens francs et quittes, encore qu'elle se fût obligée avec son mari, ne nuisait nullement aux tiers, et ne donnait à la femme qu'un recours contre son mari; que le régime de la communauté en usage dans ces provinces ayant été étendu à la France entière par le code Napoléon, qui en a fait le régime légal, ces termes *franc et quitte*, ainsi entendus et définis par l'usage, ont conservé leur sens sans dérogation; — *Attendu* que dans l'Angoumois, pays de communauté, où le contrat dont il s'agit a été passé, l'intention des parties n'a pu être, en insérant cette formule locale et traditionnelle, que de lui conserver le sens incontesté et notoire qui y était anciennement attaché; — *Attendu* que les tiers ont dû l'entendre dans le même sens; — *Attendu* que l'on ne saurait s'arrêter à cette objection que la stipulation dont il s'agit aurait été sans utilité, entendue dans le sens contraire à la dotalité, puisqu'elle ne serait que la reproduction de l'art. 1494 C. Nap.; — *Attendu* que l'habitude de reproduire dans les contrats des stipulations textuellement écrites dans la loi est trop commune pour qu'une telle considération puisse avoir quelque influence sur la solution du procès; que, dans le contrat même dont il s'agit, l'art. 2, stipulant que les dettes de chacun des époux seraient exclues de la communauté, n'est qu'un développement surabondant, puisque cette exclusion résulterait de plein droit de la seule stipulation de communauté réduite aux acquêts; *Attendu* qu'il est donc plus naturel et plus juridique de voir dans la clause qui donne lieu au litige une énonciation explicative, quoique surabondante, que de la considérer comme en contradiction avec la volonté dominante, exprimée, de se soumettre au régime de la communauté;—*Attendu* que de ce qui précède il résulte que l'intention des parties n'a point été de soumettre les immeubles de l'épouse *Marcadier* au régime dotal; que la clause dont il s'agit n'est donc autre que la disposition de l'art. 1494 C. Nap.;—Que, par conséquent, l'épouse *Marcadier* est tenue, suivant cet article et nonobstant sa renonciation à la communauté, de remplir l'obligation solidaire qu'elle a prise avec son mari, et ce, tant sur ses immeubles que sur ses meubles, sauf son recours contre son mari; — Par ces motifs, déclare l'épouse *Marcadier* mal fondée dans ses conclusions et dans son appel du jugement du tribunal de Barbézieux, du 2 juin 1856; ordonne, en conséquence, que ledit jugement sera exécuté suivant sa forme et teneur, etc.

(MM. : — *Troplong*, présid.; — *Mourier*, avoc. gén.; — *Rateau* et *Ganivet*, avoc.)

A annoter :

Au *Manuel des notaires*; — (*formulaire*);—p. 323, alin. 28; —(Commentaire); — note 62, n. 274; — note 166-3°, n. 47.

Au *Journal*; — art. 1790; — art. 2043.

ART. 2373.

ACTE AUTHENTIQUE.— TÉMOINS INSTRUMENTAIRES. — ENQUÊTE. — PREUVE TESTIMONIALE.

***Les témoins instrumentaires d'un acte authentique peuvent être entendus dans une enquête ordonnée par suite de contestations élevées sur la validité de cet acte. Ils ne sauraient être assimilés à ceux qui ont donné des certificats sur des faits relatifs au procès* (C. proc. civ., 283) — (A).**

(A) *Dans le même sens* :—Cass. (ch. req.), 12 nov. 1856, dont la solution est fondée sur ce que, la qualité de témoin instrumentaire ne figurant pas au nombre des causes de reproche énumérées par la loi, on doit en conclure que ces témoins peuvent, en cas d'inscription de faux contre l'acte auquel ils ont figuré, être entendus comme témoins dans l'enquête ordonnée. Divers autres arrêts de cette cour et la presque unanimité des cours imp. sont dans le même sens. La même décision a été donnée à l'égard de l'officier public, rédacteur de l'acte (cass. 23 nov. 1812). — Seulement, la jurisprudence s'est divisée sur le point de savoir si les dépositions des témoins instrumentaires peuvent suffire à *elles seules*, pour établir la fausseté de l'acte;

Un témoin qui a déposé dans l'enquête, peut encore être entendu dans la contre-enquête —(A).

(Pianelli. — C. — Colonna de Leca.)

22 juill. 1837, arrêt de la cour de Bastia (ch. civ.), ainsi conçu :

LA COUR ; — En ce qui concerne le reproche des témoins *Friess* et *Grimaldi*, qui ont signé le testament en qualité de témoins instrumentaires : — *Considérant* que les témoins instrumentaires d'un testament accomplissent un devoir imposé par la loi ; — Que leur mission consiste principalement à attester l'identité des parties et le fait de la libre manifestation de la volonté du testateur ; — Qu'ils ne peuvent, par conséquent, être assimilés à ceux qui auraient donné des certificats sur des faits relatifs au procès ;

Sur la double notification du nom de *Friess* et la double déposition de *Grimaldi :* — *Considérant* que si *Friess* avait figuré sur la liste des témoins signifiée à la requête des appelants, il est constant que ce témoin n'a pas été assigné dans l'enquête ; — Que rien ne s'opposait, dès lors, à ce qu'il fût produit par les intimés dans leur contre-enquête ; — *Considérant* que si *Grimaldi* a été entendu dans l'enquête des *Pianelli*, il ne résulte point de cette première déposition une incapacité de déposer dans l'enquête de leurs adversaires ; — Que l'art. 283 n'indique point le cas d'une déposition antérieure dans l'enquête, comme constituant un motif de reproche envers le témoin qui serait appelé pour être entendu dans la contre-enquête ;

Sur la nullité de la déposition du témoin Pierre *Colonna*, dont le nom a été signifié le 10 juin : — *Considérant* que la nullité, dans le système des appelants, résulterait de ce que, dans l'assignation à eux donnée au domicile de leur avoué à Bastia, il n'aurait pas été tenu compte de l'augmentation de délai à raison de la

---

mais, suivant un arrêt de la cour de cassation (ch. req.) du 12 mars 1838, « le pouvoir d'admetre à déposer les témoins instrumentaires une fois reconnu aux juges, c'est à eux et à eux seuls qu'il appartient d'apprécier la portée » et les résultats de leurs dépositions, de manière qu'ils peuvent, sur cette » déposition unique et sans le concours d'aucun autre élément de preuve, » déclarer la nullité de l'acte. »

Contrà : — L'ancienne jurisprudence; Danty sur Boiceau, préface n. 53; Domat, l. 3, tit. VI, sect. 2; nouv. Denizart, t. 8, p. 458 et 472; Merlin, rép. v° témoin instrum., § 2, n. 8, quest. de droit, v° témoin, § 3; Toulouse, 26 mai 1829, lequel arrêt déclare « qu'il serait d'une immoralité profonde d'admettre pour témoins, à l'effet de détruire un acte, ceux-là même qui, par leur souscription, en ont attesté la sincérité. »

(A) *Conf.* : — Bordeaux, 20 juin 1837.

distance entre Bastia, lieu du domicile de l'avoué, et Ajaccio, lieu du domicile de la partie, augmentation qui devait être portée au double, aux termes de l'art. 1033 C. pr. civ.; — *Considérant* que pour l'appréciation de ce moyen de nullité il faut avant tout décider si l'augmentation du délai doit être calculée à raison de la distance entre le domicile de l'avoué et celui de la partie, ou bien entre le premier de ces domiciles et le lieu où l'enquête doit être faite; — *Considérant* qu'en matière d'enquête, la loi ne se préoccupe nullement du domicile de la partie qui a constitué avoué; — Que, dans le but d'imprimer à la procédure une marche plus rapide, elle donne à la partie un domicile spécial chez l'avoué qui la représente; — Que les assignations adressées à ce domicile légal sont censées signifiées au domicile même de la partie; — *Considérant* que l'assignation donnée conformément à l'art. 261 C. pr. civ., a pour objet de mettre tous les intéressés à même d'assister à l'enquête; — *Considérant* que la partie qui a constitué avoué ne peut ignorer que la signification du jugement, la sommation d'être présente à l'enquête et la notification de la liste des témoins lui seront faites au domicile de son avoué; — Qu'elle a dû, par suite, faire parvenir à ce domicile tous les renseignements nécessaires pour les reproches des témoins et pour les interpellations à leur adresser, ou bien s'y trouver elle-même, comme dans l'espèce, si elle le juge plus utile à ses intérêts; — *Considérant* que l'augmentation de délai que la partie assignée peut légitimement réclamer ne doit point, dès lors, être calculée eu égard à la distance qui sépare son domicile personnel de celui de l'avoué, mais uniquement à celle qui existe entre ce dernier domicile et le lieu où l'enquête doit être faite; — Que, dans l'esprit de l'art. 1033 C. proc., l'augmentation du délai accordé à la partie doit toujours être proportionnelle à la distance entre le lieu de l'assignation et celui de la comparution; — *Considérant* que lorsqu'il s'agit d'une enquête, le lieu de la comparution est celui où l'enquête doit être confectionnée; — *Considérant* que, dans la cause, le domicile légal des appelants était chez leur avoué à Bastia; que c'est là que leur a été donnée l'assignation pour être présents à l'enquête; — *Considérant* que l'enquête devant être faite à Bastia même, il est manifeste qu'aucune augmentation de délai n'était due aux parties de *Nicolini*; — Qu'ainsi, l'assignation du 10 juin dernier est parfaitement régulière, puisqu'un délai supérieur à trois jours francs devait s'écouler entre l'assignation et l'audition du témoin *Colonna*; — Par ces motifs, rejette comme mal fondés les reproches et les moyens de nullité opposés par les parties de *Gavini*, etc.

(MM. : —*Calmètes*, 1er présid. ; — *Bertrand*, 1er avoc. gén.; —*Gavini* et *Milanta*, avoc.)

A annoter :

Au *Manuel des Notaires*;—note 152, n. 280, 281 ;—note 195, n. 1.

Au *Journal*; — art. 1616; — art. 2234, 2e quest.

ART. 2374.

USUFRUIT. — Fermages. — Partage de fruits.

Dans le partage du prix de ferme d'un immeuble entre l'usufruitier et le nu-propriétaire de cet immeuble par suite de l'extinction de l'usufruit, on doit, en vertu de la règle que les fruits civils s'acquièrent jour par jour, prendre pour point de départ, non l'époque de la perception des fruits naturels par le fermier, mais uniquement celle de son entrée en jouissance (C. Nap., 584, 586) — (A).

(Guillain.— C. — Oudin-Cotelle.)

27 nov. 1856, arrêt de la cour impériale de Metz (ch. civ.) ainsi conçu :

LA COUR;—*Attendu* que *Guillain*, l'appelant, n'a acquis des droits à l'usufruit des immeubles saisis, en avril et mai 1851, qu'à partir du jour de l'adjudication faite à son profit à la barre du tribunal de Vouziers, le 3 mars 1853;—*Attendu* qu'au moment de cette adjudication, les immeubles saisis, qui consistaient en maison de ferme, terres et prés, étaient loués verbalement pour neuf ans, en vertu de baux qui avaient commencé le 23 avr. 1844 et devaient finir le 23 avr. 1853; —*Attendu* que l'art. 584 C. Nap., dérogatoire à quelques dispositions de l'ancien droit, range le prix des baux à ferme dans la classe des fruits civils qui, selon l'art. 586 du même code, sont réputés s'acquérir jour par jour et appartiennent à l'usufruitier, à proportion de son usufruit ; — *Attendu* que ces règles légales ont pour effet nécessaire d'obliger les tribunaux à ne tenir compte ni de l'époque de l'échéance ou de l'exigibilité des fermages ni de l'époque de la perception des fruits naturels par le fermier, mais seulement de l'entrée en jouissance de ce fermier ; de sorte que quand l'usufruit est loué, le droit de l'usufruitier au prix du bail finit, non à une époque correspondante à la perception effective et variable des fruits par le fermier, mais à l'époque fixe où le droit du fermier prend fin, en vertu des conventions faites sur la durée du bail; — *Attendu* que les règles

(A) *Conf.* : — Proudhon, usuf., t. 2, n. 927 et suiv. ; Duranton, t. 4, n. 542; Dalloz, dict. gén., v° usuf., n. 243, 244.

énoncées aux art. 584 et 586 peuvent bien amener quelque différence dans la jouissance de l'usufruitier ou de celui qui le remplace, selon que cet usufruitier perçoit les fruits en nature ou recueille les fruits civils de la chose sujette à usufruit, mais que ces règles ont eu précisément pour but, dans le cas où il y a lieu à la perception des fruits civils, d'établir un calcul fixe et d'éviter les supputations difficiles ou les ventilations arbitraires que voudrait faire accueillir l'appelant ; — *Attendu* qu'il suit de là que la sentence dont est appel ne fait aucun grief à Théodore *Guillain*; — Confirme.

(MM. : — *Woirhaye*, 1er présid. ; — *Gérard d'Hannoncelles*, subst., proc. gén., concl. conf.; — *De Faultier* et *Boulangé*, avoc.)

A annoter :

Au *Manuel des Notaires*;—note 50, n. 18; — note 69, n. 68.

Art. 2375.

HYPOTHÈQUE LÉGALE. — COMPTE DE TUTEUR A TUTEUR. — MAINLEVÉE D'INSCRIPTION.

(*Question proposée par un de nos abonnés du Morbihan.*)

Un second tuteur auquel la veuve du premier tuteur rend compte de la tutelle que son mari a eue d'un mineur, peut-il donner mainlevée de l'inscription de l'hypothèque légale grevant les biens du premier tuteur en recevant le reliquat du compte (C. N. 2157)?

Dans le cas de l'affirmative, suffit-il de déposer au conservateur la quittance du reliquat de compte portant mainlevée de l'inscription pour qu'il doive opérer la radiation (C. N. 2158).

Les inscriptions, dit l'art. 2157 du Code Nap., sont rayées du consentement des parties intéressées et ayant capacité à cet effet...

Suivant lettres des Ministres de la justice et des finances, des 29 frim. et 14 niv. an 13, un tuteur ne peut donner mainlevée de l'inscription qui a été prise pour sûreté d'une créance due à son pupille, avant que celui-ci ne soit désintéressé — (A).

Cela posé, on demande si un second tuteur, qui reçoit le reliquat du compte qui lui est rendu par la veuve du premier tuteur, a le droit de donner mainlevée de l'inscription prise contre ce dernier pour conservation de l'hypothèque légale dont ses biens étaient grevés relativement à la tutelle.

L'affirmative ne saurait souffrir de difficulté. La charge de la tutelle ayant cessé pour le premier tuteur, sa libération, ainsi que

(A) V. le *Manuel des Notaires*, v° mainlevée, note 149, n. 19.

la radiation de l'inscription qui grève ses biens immeubles, ne peuvent être différées jusqu'à la majorité ou l'émancipation du pupille.

D'un autre côté, le tuteur représente le pupille dans tous les actes civils (C. N., 450). Le pupille est, à la vérité, partie intéressée à la reddition du compte du premier tuteur, mais comme il jouit de ses droits civils sans en avoir l'exercice, son second tuteur a capacité pour donner mainlevée de l'inscription d'hypothèque légale grevant le premier tuteur, laquelle hypothèque n'est qu'un accessoire du reliquat de compte. Or, on ne comprendrait pas que l'accessoire subsistât, quand le principal est éteint.

La radiation peut s'opérer en déposant au conservateur un extrait littéral ou expédition de l'arrêté du compte, portant quittance du reliquat, et nous ne concevrions pas que le conservateur exigeât d'autres pièces.

Du reste, cette mainlevée n'a pas toute l'importance qu'on semble y attacher au premier abord. Si le compte est régulier, elle sera définitive; mais s'il était entaché d'erreur, le mineur ne serait pas lié, son hypothèque occulte subsisterait toujours (A), de sorte que pour les tiers une semblable mainlevée ne leur donne pas une complète sécurité. Il n'y a que la purge des hypothèques légales, qui puisse à leur égard produire cet effet.

A annoter :

Au *Manuel des Notaires*; — note 149, n. 19; — note 163, n. 330.

Au *Journal*; — art. 2337; — art. 2359.

ART. 2376.

MUTATION PAR DÉCÈS. — DÉCLARATION DE SUCCESSION. — DONATION ENTRE-VIFS. — SOMME D'ARGENT. — CHARGE.

La donation d'une somme à prendre sur les plus clairs biens de la succession du donateur, constitue, alors d'ailleurs que cette somme n'existe plus en nature dans la succession, une charge non susceptible d'être déduite du montant des valeurs héréditaires pour le calcul du droit de mutation par décès. (L. 22 frim. an VII, art. 15, n. 7.) — (B).

Mais il y a lieu d'imputer jusqu'à due concurrence sur cette somme le montant des valeurs mobilières dépendant de la succession.

(A) V. le Journal, art 2337 et 2359.

(B) *Dans le même sens* : — Jug. de la Seine, 9 fév. 1848, J., art. 234, 28 mars 1855 et 3 janv. 1857 ; cass. req., 6 mai 1857 ; cass. ch. civ., 17 fév. 1857, J., art. 2121.

(De Saint-Chamans. — C. — Enregistrement.)

15 mai 1857, jugement du tribunal civil d'Epernay, ainsi conçu :

Le tribunal ; — *Attendu* que, suivant le contrat de mariage entre le comte Gaëtan de *Saint-Chamans* et la dem. Noémie de *Saint-Chamans*, reçu par Mes Fourchy et Dulong, notaires à Paris, le 7 août 1838, le marquis Amand de *Saint-Chamans* a fait donation audit Gaëtan de *Saint-Chamans* de 300,000 fr. à prendre sur les plus clairs et apparents biens de sa succession, après le décès de la marquise ; laquelle donation devait demeurer caduque en cas de survie du donateur au donataire et à sa postérité, et, dans le cas contraire, recevoir exécution lors de l'ouverture de la succession du donateur, pour la pleine propriété, si la marquise venait à décéder avant lui, pour la nue propriété, si elle lui survivait et pour le temps de son existence; — *Attendu* que le marquis de *Saint-Chamans* est décédé le 7 juin 1839, laissant Gaëtan de *Saint-Chamans* donataire de 300,000 fr. en nue propriété, suivant le contrat de mariage dont il vient d'être parlé, et la marquise de *Saint-Chamans*, sa veuve, donataire de l'usufruit de ladite somme, aux termes du même contrat, et en outre donataire universelle des autres biens de la succession, suivant acte reçu par Me Guy, notaire à Courgivaux, le 27 octobre 1824; — Que les biens de cette succession se composaient d'immeubles d'une valeur considérable et de meubles évalués à 5,035 fr. 85 c. seulement, et composés d'objets mobiliers divers et d'une action de 3,000 fr. sur une fabrique de porcelaine ; — Que la marquise de *Saint-Chamans* est décédée à son tour le 7 mars 1853, laissant Louis de *Saint-Chamans* comme légataire universel, aux termes de son testament olographe du 15 avril 1831 ;

Attendu qu'en 1858 il a été perçu un droit fixe de 5 fr. sur la donation éventuelle par le marquis de *Saint-Chamans* à Gaëtan de *Saint-Chamans*, comprise au contrat de mariage de ce dernier ; — Qu'à la mort du marquis, la déclaration de la succession a été faite par la marquise, sa veuve, laquelle s'est présentée comme donataire universelle en vertu de l'acte de 1824, et a payé, en conséquence, le droit proportionnel sur tous les biens composant la succession ; que ni la marquise, ni Gaëtan n'ont fait connaître les droits résultant pour eux de l'acte de 1838 ; que l'administration de l'enregistrement n'a point perçu de Gaëtan la différence entre le droit proportionnel payé par la marquise sur les 300,000 fr. dont s'agit et le montant du droit proportionnel plus élevé dû par Gaëtan, mais qu'à cet égard le bénéfice de la prescription est acquis à ce dernier ; — Qu'à la mort de la marquise, et sur la déclaration du légataire universel Louis de *Saint-Chamans*, les droits proportionnels ont été payés par celui-ci sur l'ensemble des biens de la succession, distraction préalablement faite des 300,000 fr., montant de la donation de 1838 à Gaëtan;

Que, postérieurement, et à la date du 18 août 1855, l'administration de l'enregistrement, prétendant que ladite somme de 300,000 fr. avait été déduite à tort du montant des biens laissés par la marquise et qu'elle ne constituait qu'une charge dont, aux termes de l'art. 14, n° 8, de la loi du 22 frim. an VII, elle ne devait pas être déduite, a décerné contrainte contre Louis de *Saint-Chamans* pour une somme de 21,450 fr., montant du droit proportionnel sur 300,000 fr., et, par acte de Hélie, huissier à Montrésor, en date du 17 du même mois, a signifié ladite contrainte à Louis de *Saint-Chamans* et lui a fait commandement de payer ladite somme;—Que, dans ses mémoires des 27 oct. 1855 et 22 fév. 1856, l'administration de l'enregistrement a persisté dans sa prétention, en réduisant toutefois à 294,964 fr. 15 c. le montant des valeurs sur lesquelles elle réclamait la perception du droit proportionnel, et à 21,091 fr. 07 c. le montant de ce droit; — Que, dans ses mémoires des 13 fév. et 4 juill. 1856, Louis de *Saint-Chamans* persiste de son côté dans son opposition; — Que le tribunal est appelé à statuer;

Attendu que par l'effet de la donation de 1838, Gaëtan de *Saint-Chamans* a été investi d'un droit éventuel irrévocable à la mort du marquis; — Que la question est de savoir, si, comme le prétend Louis de *Saint-Chamans*, ce droit est un droit réel, *jus in re*, de telle sorte que l'objet donné lui demeure étranger et soit passé dès l'année 1839 dans le patrimoine de Gaëtan, ou si, au contraire, suivant la prétention de l'administration de l'enregistrement, il ne constitue qu'un droit proportionnel, *jus ad rem*, grevant de la charge de solder 300,000 fr. le domaine de Louis de *Saint-Chamans*, dans lequel le montant de la donation de 1838 serait entré avec les autres biens composant la succession de la marquise; — Que le marquis, n'ayant laissé dans sa succession aucune somme d'argent, n'a pu transmettre à Gaëtan un droit réel sur une chose qu'il ne possédait pas; qu'il ne lui a donc transmis qu'un droit personnel, lequel ne sera converti en droit réel que par le versement qui sera fait par Louis à Gaëtan; que la masse des biens laissés par le marquis est entrée successivement dans le domaine de la marquise et dans celui de Louis, grevé de ce droit personnel de Gaëtan qui en constitue une charge, et dont, conformément aux dispositions du droit fiscal, il ne doit pas être tenu compte dans le calcul du droit proportionnel;

Mais, *attendu* que l'administration de l'enregistrement restreint sa demande primitive; que considérant, au point de vue du droit fiscal, tous les meubles comme étant de même nature et pouvant se suppléer réciproquement par cette raison qu'ils sont soumis aux mêmes droits, elle admet que Gaëtan de *Saint-Chamans*, donataire d'une somme de 300,000 fr., doit être réputé avoir acquis à la mort du marquis la propriété des meubles se trouvant dans la succession et évalués à 5,035 fr. 85 c., bien que ne comprenant pas des sommes d'argent; qu'en conséquence elle ne demande plus à percevoir le droit proportionnel que sur 294,964 fr. 15 c. formant la différence entre le montant des meubles de la succession et le montant de la donation;—Par ces motifs; — en la forme, reçoit Louis de *Saint-Chamans* opposant à l'effet de la contrainte décernée par l'administration de l'enregistrement le 10 août 1855 et du commandement du 17 du même mois;—Au fond, le déclare mal fondé dans son opposition et l'en déboute; ordonne la continuation des poursuites commencées à la requête de l'administration de l'enregistrement de la somme de 21,091 fr. 07 c., montant de droits à 6,50 p. 100 sur un principal de 294,964 fr. 13 c., faisant partie des biens de la succession de la marquise de *Saint-Chamans*, etc.

A annoter :

Au *Manuel des Notaires*; — note 192, n. 87.

Au *Journal*; — art. 234; — art. 2121.

ART. 2377.

CONTRIBUTION MOBILIÈRE.—ÉTUDE.—NOTAIRE.—AVOCAT.—AVOUÉ.—HUISSIER.

La contribution mobilière due par un notaire doit être calculée même sur le local où il a établi son étude, lorsque ce local fait partie de son habitation personnelle (L. 26 mars 1831, art. 8; — L. 21 avril 1832, art. 17). — (A)

(Longuemarre.)

29 juillet 1857, arrêt du conseil d'Etat qui annule une décision rendue par le conseil de Préfecture du Calvados.

(MM. *Lemarié*, rapp., — *de Forcade*, concl.)

A annoter :

Au *Manuel des Notaires*; — note 58, n. 6.

Au *Journal*; — art. 1874.

(A) Du même jour, arrêts identiques annulant des décisions rendues par le même conseil, au profit d'un *avocat*, d'un *avoué*, d'un *huissier*.

Conf. : — Conseil d'État, 22 mars 1855, J., art. 1874.

FIN DU TOME IV. — ANNÉE 1858.

TABLES.

1. — TABLE ALPHABÉTIQUE ET SOMMAIRE

DES MATIÈRES

DU MANUEL DES NOTAIRES ET DES AVOCATS. — ANNÉE 1858.

Acte administratif. — (*Acte notarié. Commune. Expédition. Approbation du préfet.*) — Le notaire qui a procédé à l'adjudication de terrains communaux n'est pas tenu de délivrer sans frais une copie du cahier des charges et du procès-verbal relatif à cette vente pour que le préfet soit mis à même d'approuver l'opération. art. 2,357.

Acte authentique. — (*Témoins instrumentaires. Enquête. Preuve testimoniale*). — Les témoins instrumentaires d'un acte authentique peuvent être entendus dans une enquête ordonnée par suite de contestations élevées sur la validité de cet acte. Ils ne sauraient être assimilés à ceux qui ont donné des certificats sur des faits relatifs au procès.

Un témoin qui a déposé dans l'enquête, peut encore être entendu dans la contre-enquête. 2,373.

Acte de commerce. — (*Propriété littéraire. Auteur. Editeur.*) — L'auteur d'un ouvrage scientifique ou littéraire (*un répertoire de législation, de doctrine et de jurisprudence*), qui l'édite lui-même, ne fait pas acte de commerce en achetant les fournitures et en prenant par un mandataire ou directeur toutes les mesures de publicité ou autres nécessaires pour arriver à la publication et à la vente de cet ouvrage, alors même qu'il se serait adjoint des collaborateurs, s'il a eu la conception première de l'œuvre et y a pris une large part intellectuelle. Il n'en est pas d'une telle œuvre comme d'une simple compilation qui n'exigeant aucun travail intellectuel, constitue purement une entreprise industrielle, une spéculation qui rend commerçant celui qui l'a entreprise. 2,310.

Acte notarié. — (*Notaire. Parenté. Alliance.*) — Un notaire peut-il, sans contravention à la loi, recevoir le dépôt pour minute d'un acte sous seing-privé contenant vente par son beau-frère à un étranger, lorsque ce dépôt est effectué par l'étranger seul en arrière du beau-frère? Q. art. 2,348.

Acte passé en conséquence d'un autre. — (*Enregistrement. Quittance. Remise de titre. Grosse quittancée.*) — La mention dans un acte de vente notarié « que le vendeur a remis à son acquéreur la grosse quittancée de l'acte constatant l'acquisition qu'il avait précédemment faite du même objet, » rend obligatoire l'enregistrement préalable de cette quittance, sous peine, pour le notaire, d'une amende de 10 francs, et d'être responsable du payement des droits auxquels est soumise la quittance; la prohibition de faire ou enregistrer un acte en vertu d'un acte sous seing-privé non enregistré, étant applicable par cela seul que cet acte privé forme un des éléments de l'acte public, et quoiqu'il n'en soit pas la cause unique et principale. 2,354.

Acte respectueux. — (*Mariage. Témoin instrumentaire. Parenté. Acte notarié.*) — Peut être témoin instrumentaire dans un acte respectueux signifié à la requête d'une fille majeure à sa mère, l'oncle de l'homme avec lequel elle se propose de contracter mariage. 2,240.

ACTION EN NULLITÉ. — V. prescription.

ACTION HYPOTHÉCAIRE. — (*Hypothèque. Déclaration d'hypothèque. Tiers détenteur. Créance conditionnelle.*) — La prescription de l'hypothèque constituée pour sûreté d'une créance conditionnelle est suspendue jusqu'à l'événement de la condition, aussi bien à l'égard du tiers détenteur de l'immeuble hypothéqué qu'à l'égard du débiteur. Il n'est pas besoin d'action en déclaration d'hypothèque.

Ainsi, la prescription décennale d'hypothèque établie pour sûreté d'un gain de survie stipulé entre époux, dans leur contrat de mariage, ne court au profit du tiers détenteur de bonne foi de l'immeuble grevé de cette hypothèque, qu'à partir de l'ouverture du gain de survie par le prédécès de l'époux donateur. 2,316.

ACTION INDUSTRIELLE. — V. enregistrement, n. 3.

ACTION RÉSOLUTOIRE. — V. vente ancienne.

ADJUDICATION. — (*Vente administrative. Biens communaux. Etablissements publics. Payement anticipé.*) — A l'avenir, il sera inséré, dans le cahier de charges des adjudications et dans les contrats de vente de biens appartenant à des communes ou à des établissements publics, que l'adjudicataire ou acquéreur ne pourra se libérer, par anticipation, non plus à la caisse du receveur municipal ou hospitalier, mais entre les mains du receveur particulier de l'arrondissement, et à titre de placement au trésor public, pour le compte de la commune ou de l'établissement. 2,266.

ADOPTION TESTAMENTAIRE. — (*Tutelle officieuse. Enfant naturel.*) — L'adoption testamentaire d'un enfant naturel par celui qui l'a reconnu est nulle, si l'adoptant n'a point été préalablement tuteur officieux de cet enfant, sous les conditions de forme et de temps déterminées par les art. 361 et suiv. du C. Nap. 2,256.

ADULTÈRE. — (*Séparation de corps. Domicile conjugal.*) — Le domicile du mari n'est plus le domicile conjugal, à partir du jugement qui prononce la séparation de corps.

Par conséquent, la femme séparée de corps, prévenue d'adultère sur la plainte du mari, ne peut opposer à cette plainte la fin de non-recevoir prise de ce que le mari aurait entretenu une concubine dans son domicile depuis la séparation. 2,299.

ADVERSAIRE. — V. autorisation maritale.

AGENT D'AFFAIRES. — V. honoraires.

ALIÉNATION. — V. Régime dotal, n. 1 ; séparation de biens.

ALIMENTS. — (*Ascendants. Collatéraux. Héritiers. Obligation personnelle.*) — L'obligation alimentaire établie par la loi entre les ascendants et descendants et leurs alliés n'est pas transmissible aux héritiers du débiteur, et notamment à ses héritiers collatéraux, quant aux arrérages postérieurs au décès du débiteur, alors même que les aliments seraient dus en exécution d'un jugement passé en force de chose jugée.

Mais l'action formée, dans ce cas, contre une partie en sa qualité d'héritière, peut être subsidiairement intentée contre la même partie en son nom personnel. 2,228.

— V. mariage, n. 2.

ALLIANCE. — V. acte notarié.

ANNONCES. — V. timbre.

ANTIDATE. — V. testam. olographe.

APPEL. — V. prodigue.

APPEL COMME D'ABUS. — V. culte.

APPROBATION DU PRÉFET. — V. acte administratif.

ARBRES. — V. servitude, n. 1.

ARRÊTÉ DE COMPTE. — V. compte de tutelle.

ARRÊTÉ DE COMPTE VERBAL. — V. compte.

ASCENDANTS. — V. aliments; succession.

ASSURANCE. — V. communauté de biens, n. 1; société civile.

AUTEUR. — V. acte de commerce.

AUTORISATION. — V. communauté religieuse ; société ; société civile.

AUTORISATION MARITALE. — (*Tiers. Adversaire. Ordre public.*) — L'autorisation d'ester en justice, nécessaire à la femme mariée, doit être provoquée par la partie adverse, si elle n'a été donnée ni par le mari, ni par le juge de son domicile.

Et c'est au juge saisi de la contestation à conférer incidemment cette autorisation.

L'autorisation d'ester en justice n'habilite la femme à interjeter appel, ou à défendre à un appel interjeté contre elle, que lorsque cette autorisation le déclare formellement.

— 3. (*Clause de franc et quitte. Régime dotal.*) La clause du contrat de mariage aux termes duquel la femme ou ses héritiers auront, en renonçant à la communauté, le droit de reprendre ses apports francs et quittes de toutes dettes, alors même qu'elle se serait personnellement obligée, ne pouvant s'entendre que du simple recours accordé à la femme par l'art. 1494 du Code Nap., ne saurait avoir pour effet de frapper les immeubles de la femme d'inaliénabilité dotale vis-à-vis des tiers.

En conséquence, elle n'empêche point que la femme ne soit tenue d'exécuter, tant sur ses meubles que sur ses immeubles, les obligations solidaires qu'elle a contractées avec son mari, sauf son recours contre ce dernier, en conformité de l'art. 1494. 2,372.

— 4. (*Reprises. Propres de la femme. Simulation.*) — La dissimulation de prix dans les actes de vente des propres d'une femme commune peut être établie par témoins, afin de fixer le montant réel de la reprise qu'elle a le droit d'exercer sur la communauté; à ce cas ne s'applique pas l'art. 1341 du C. Nap., lequel n'est relatif qu'aux contrats et non aux quasi-contrats et quasi-délits.

Il en est ainsi alors même que la femme aurait concouru à cette dissimulation; sa participation à l'acte étant réputé le résultat de l'ascendant marital. 2,295.

—5. (*Reprises. Propriété. Créance. Privilége. Partage. Opposition.*) — Sous le régime de la communauté légale ou conventionnelle, chaque époux, soit que la femme accepte la communauté, soit qu'elle y renonce, prélève ou reprend, en vertu d'un droit de créance, purement MOBILIER, et non en vertu d'un droit de PROPRIÉTÉ, le prix de ses propres aliénés ou les indemnités à lui dues conformément aux art. 1470 et 1493, alin. 2 et 3 du C. Nap.

Et la femme n'a pour sûreté de sa créance, vis-à-vis des autres créanciers de la communauté, que le droit de préférence résultant de son hypothèque légale sur les immeubles de son mari. Elle ne jouit, sur les meubles de la communauté, d'aucun PRIVILÉGE ni d'aucun droit d'exclusion quelconque.

Elle peut seulement, après un partage consommé sans fraude et si elle a fait un bon et fidèle inventaire, porter en dépense, comme CRÉANCIÈRE PAYÉE, le montant intégral de ses récompenses et indemnités dans le compte par elle dû aux créanciers et aux légataires qui ne se présenteraient que postérieurement à ce partage.

En conséquence, elle n'est admise à se faire rembourser le montant de ses récompenses ou indemnités sur les valeurs mobilières de la communauté, que par voie de CONTRIBUTION, à l'égard des créanciers qui, avant qu'elle ait été régulièrement payée, ont fait tous actes conservatoires de leurs droits et ont formé opposition au partage. 2,287.

— 6. (*Reprises. Renonciation. Dation en payement. Transcription hypothécaire.*) — La femme commune qui renonce à la communauté devient simplement créancière du prix de ses propres aliénés et du montant des indemnités à elle dues par la communauté. Par conséquent, si des immeubles lui sont abandonnés pour l'acquittement de sa créance, elle les prend, non en vertu d'un droit de propriété, mais à titre de dation en payement, et cette dation est susceptible de transcription à l'effet d'affranchir les immeubles ainsi abandonnés de tous droits réels non inscrits en temps utile. 2,321.

—V. contrat de mariage, n. 2.

COMMUNAUTÉ RELIGIEUSE. — (*Autorisation, Société civile. Responsabilité. Restitution. Solidarité.*) — Les communautés religieuses non autorisées, si elles ne constituent pas des personnes civiles, composent du moins des sociétés de fait responsables envers les tiers des engagements qu'elles prennent, soit que ces engagements dérivent de contrats ou de quasi-contrats, soit qu'ils aient pour cause des délits ou des quasi-délits.

Cette responsabilité s'applique à tous ceux qui font partie de cette congrégation, dans la mesure de leur participation aux affaires communes; elle incombe surtout à celui qui, sous le nom de supérieur ou sous tout autre, a la direction de la communauté et en détient les biens.

Il n'existe aucun lien de droit entre les membres d'une communauté religieuse non autorisée. Chacun d'eux peut reprendre sa liberté et réclamer la possession des effets mobiliers ou immobiliers qu'il a versés dans la société, celle-ci étant incapable de posséder, d'acquérir et de recevoir des libéralités sous quelque forme que ce soit.

Et les personnes soumises à la restitution de ces valeurs, comme ayant soit la direction de la congrégation, soit la détention de ses biens, doivent y être condamnées solidairement.

Toutefois, le membre au profit duquel cette restitution est ordonnée, est tenu de souffrir les déductions de sa part des pertes et charges supportées par la communauté pendant le temps qu'il en a fait partie. 2,358.

—V. Société.

COMMUNE. —V. acte administratif.

COMMUNICATION. —V. expédition.

COMPENSATION. —V. honoraires.

COMPÉTENCE. —V. Culte; honoraires; intérêts.

COMPTE.—(*Arrêté de compte verbal. Omission. Redressement.*) — Un arrêté de compte entre parties majeures n'est assujetti à aucune forme particulière, et peut résulter, notamment, d'un acte énonçant la somme qui, tous comptes réglés, en forme le reliquat.

Par suite, le rendant compte ne peut être astreint à reproduire ses comptes, pour qu'ils soient de nouveau discutés. Il ne peut y avoir lieu, conformément à l'art. 541 du C. proc. civ., qu'à une simple action en redressement d'articles déterminés du compte, pour erreurs, omissions ou double emploi. 2,230.

COMPTE COURANT. —V. novation.

COMPTE DE TUTELLE. — (*Tuteur. Arrêté de compte. Subrogé-tuteur.*) — Un compte de tuteur à tuteur doit-il, comme le compte de tutelle rendu au mineur devenu majeur, être précédé de la remise des pièces justificatives constatée par un récépissé de l'oyant-compte dix jours au moins avant l'arrêté?

La présence du subrogé-tuteur à la reddition du compte est-elle nécessaire? Q. art 2,359.

—V. hypothèque légale, n. 2.

COMPTE DE TUTEUR A TUTEUR. — V. hypothèque légale, n. 1.

CONCIERGE. — V. responsabilité, n. 1.

CONCORDAT. — V. faillite, n. 1. 2.

CONCUBINAGE. —V. donation déguisée.

CONDAMNATION. — V. enregistrement, n. 10; hypothèque judiciaire.

CONDITION POTESTATIVE. —V. donation déguisée; donation entre-vifs, n. 1.

CONDITION SUSPENSIVE. — V. enregistrement, n. 14; société.

CONGÉ —V. louage des choses.

CONSEIL. —V. responsabilité, n. 1.

CONSEIL D'ÉTAT. — V. culte; notaire.

CONSEIL JUDICIAIRE. — V. prodigue; interdiction.

CONSENTEMENT (défaut de). — V. contrat de mariage, n. 1, 2.

CONSIGNATION. —V. régime dotal, n. 5; rente viagère.

CONSTRUCTIONS. — V. faillite, n. 5.

CONTIGUÏTÉ. — V. juge de paix.

CONTRAINTE. — V. enregistrement, n. 10.

CONTRAT DE MARIAGE. 1. — (*Consentement (défaut de). Donation en faveur du mariage. Acceptation. Créanciers. Don manuel. Tiers.*) — De ce que les stipulations matrimoniales renfermées dans un contrat de mariage passé en l'absence de l'un des futurs époux sont nulles, il ne s'ensuit pas que les conventions passées avec des tiers dans ce contrat, et notamment des donations par eux faites à l'époux absent, soient également frappées de nullité, si elles sont conformes aux prescriptions de la loi.

Ainsi, la constitution dotale faite à la future absente par son père, reste valable comme donation faite en faveur de mariage; et, bien que non acceptée par la future non présente au contrat de mariage, elle doit être maintenue comme valablement acceptée pour celle-ci par le futur dont la qualité de procureur général de sa future épouse vaut pouvoir pour faire une telle acceptation.

D'ailleurs, en supposant la donation nulle pour défaut d'acceptation, malgré l'exécution qu'elle aurait reçue de la part du donateur, cette nullité ne pourrait être opposée par les créanciers du mari.

En tous cas, si la constitution dotale consistait dans une somme d'argent reçue par les époux, elle devrait au moins être validée comme don manuel.

La libéralité étant maintenue, les objets donnés ne tombent pas nécessairement dans la communauté légale à laquelle les époux se trouvent soumis par suite de la nullité du contrat de mariage. Ils peuvent être réputés propres à la femme, si le donateur a manifesté l'intention de ne les pas comprendre dans l'actif de cette communauté. 2,353.

—2. (*Consentement (défaut de). Ratification. Régime dotal. Communauté. Tiers*). — Lorsque la future épouse n'a pas été présente au contrat de mariage, et que ses père et mère se sont portés fort pour elle, la ratification qui intervient de sa part ne rend le contrat valable qu'autant qu'elle a lieu avant la célébration du mariage, et elle ne résulte pas du fait même de cette célébration.

A défaut d'une ratification régulière, la constitution de dot stipulée dans le contrat de mariage est nulle, et l'association conjugale est soumise de plein droit au régime de la communauté légale.

En conséquence, les valeurs mobilières qui ont été constituées en dot à la future tombent dans la communauté, nonobstant l'exclusion que l'on prétendrait induire de la stipulation dotale ; des dispositions prises uniquement en vue du régime dotal ne pouvant s'appliquer au régime de la communauté.

La nullité du contrat de mariage pour absence de la future peut être opposée par les tiers qui y ont intérêt aussi bien que par les époux eux-mêmes. Ainsi, un créancier du mari n'est pas non recevable à s'en prévaloir, parce qu'il aurait stipulé une subrogation sur les reprises paraphernales de la femme, si, d'ailleurs, il n'a reconnu ni expressément ni implicitement la validité de la constitution dotale. 2,338.

— 3. (*Mineur. Nullité. Rescision. Lésion.*) — Le contrat de mariage fait par un mineur, sans l'assistance des personnes dont le consentement était nécessaire à la validité de ce contrat, peut être annulé, quoique le mariage, frappé de la même cause de nullité, ne puisse plus être attaqué.

Et la prescription de l'action en nullité d'un tel contrat ne court pas entre les époux durant le mariage.

Les actes faits par le mineur sans l'observation des formes spéciales prescrites par la loi, sont nuls et non pas rescindables pour lésion. Ainsi, un contrat de mariage fait par un mineur qui n'a point été assisté comme il est dit ci-dessus, est nul pour vice de forme, et il n'y a pas lieu de rechercher si le mineur a été lésé. 2,224.

—V. prodigue ; mariage.

CONTRIBUTION MOBILIÈRE. — (*Local professionnel. Notaire. Avocat. Avoué. Huissier.*) — La contribution mobilière due par un notaire doit être calculée même sur le local où il a établi son étude, lorsque ce local fait partie de son habitation personnelle. 2,377.

COPIE. —V. testament olographe, n. 2.

CRÉANCE. — V. communauté de biens, n. 5; mutation par décès, n. 1.

CRÉANCE CONDITIONNELLE. — V. action hypothécaire.

CRÉANCE ÉVENTUELLE. — V. faillite, n. 1.

CRÉANCIERS. — V. contrat de mariage, n. 1 ; hypothèque légale, n. 3.

CULTE. — (*Ecclésiastique. Appel comme d'abus. Injure. Compétence. Conseil d'Etat.*) — L'injure adressée à un particulier par un ecclésiastique dans l'exercice du culte (étant revêtu de ses habits sacerdotaux et présidant une confrérie ou congrégation dans l'église), rentre dans les cas d'abus prévus par la loi du 18 germinal an x, et doit, dès lors, être déférée au Conseil d'Etat, préalablement à toute poursuite devant les tribunaux. 2,370.

D

DATE. — V. testament olographe, n. 2; testament par acte public, n. 1.

DATION EN PAYEMENT. —V. Cautionnement ; communauté de biens, n. 6; régime dotal, n. 6.

DÉCÈS. — V. rente viagère ; substitution prohibée.

DÉCHARGE. —V. cautionnement.

DÉCLARATION DE SUCCESSION. — (*Achalandage. Etablissement industriel. Expertise. Omission.*) — Bien que l'achalandage d'un établissement industriel (*une brasserie*) soit une valeur mobilière indépendante de l'immeuble où est exploité l'établissement, on peut cependant, lorsqu'il s'agit de la mutation par décès, ne point le déclarer séparément et le comprendre dans la déclaration de l'immeuble comme en étant un accessoire.

En conséquence, on ne peut regarder en ce cas comme une omission le fait de n'avoir point compris nominativement la valeur de l'achalandage dans la déclaration de succession, s'il résulte de la déclaration des héritiers qu'ils ont pris pour base du revenu de l'immeuble le capital auquel cet immeuble et l'achalandage avaient été estimés lors d'une expertise préalable au partage de cette succession. art. 2,286.

—V. mutation par décès, n. 1, 2, 3 et 4.

Déclaration d'hypothèque. — V. action hypothécaire.

Déclaration préalable.—V. vente publique de meubles.

Déconfiture.—(*Vente. Payement.*) — La vente qu'un débiteur non commerçant fait à l'un de ses créanciers en payement de sa dette, ne saurait être annulée comme accomplie en fraude des droits des autres créanciers, et comme étant prohibée par l'art. 446 du code de comm., encore bien qu'elle constitue le débiteur en état d'insolvabilité, et que cette insolvabilité soit connue du cessionnaire, si elle a été consentie à juste prix et sans aucune manœuvre dolosive. 2,308

Délivrance de legs. — V. testament olographe, n. 2.

Demande. —V. intérêts.

Demeure. —V. témoins instrumentaires.

Démission. —V. office, n. 1.

Dépens. — V. interdiction.

Dictée. — V. testament par acte public, n. 2.

Discipline. —(*Notaire. Acquisition d'immeuble. Revente. Office. Cession. Dissimulation de prix.*)— Le notaire qui, après avoir acquis un immeuble, le revend quelque temps après en détail, ne fait point en cela une spéculation prohibée par l'ordonnance du 4 janv. 1843, puisqu'il n'y a pas habitude.

Le fait, par un notaire, d'insister auprès des aspirants qui veulent acquérir son office, pour qu'ils consentent à dissimuler une partie du prix dans le traité, constitue un manquement à la délicatesse et aux devoirs de sa profession, qui le rend passible d'une peine disciplinaire, moins sévère à la vérité si ses propositions n'ont point abouti. 2,213.

Dispense de rapport. —V. enregistrement, n. 11; retour légal.

Disposition indépendante. — V. enregistrement, n. 12.

Dissimulation. — V. discipline; hypothèque légale, n. 2.

Distance. —V. servitude, n. 1.

Divisibilité. — V. séparation des patrimoines.

Domicile. — V. responsabilité, n. 1.

Domicile conjugal. —V. adultère; mariage, n. 2.

Dommages-intérêts. —V. donation déguisée; responsabilité, n. 3; succession bénéficiaire.

Don manuel. — V. contrat de mariage, n. 1.

Donation contractuelle. — V. prodigue.

Donation déguisée. — (*Condition potestative. Promesse de mariage. Dommages-intérêts. Concubinage.*) — La clause d'une donation déguisée sous la forme d'un contrat à titre onéreux, portant que la somme donnée sera payable à la mort du donataire, si ses dettes a cette époque n'excèdent pas son avoir, constitue une condition potestative entraînant la nullité de cette donation; les donations ainsi déguisées n'étant valables qu'autant qu'elles réunissent les conditions essentielles à la validité de toute donation entre-vifs.

L'inexécution d'une promesse de mariage ne peut donner lieu à des dommages-intérêts, lorsque cette promesse a été, non la cause, mais la conséquence de relations illégitimes, formées dans les conditions du plus vulgaire concubinage, et dans le cas où la promesse n'a été faite que dans le but de légitimer l'enfant né de ces relations. 2,301.

— V. donation entre-vifs, n. 1; retour légal.

Donation en faveur de mariage.— V. contrat de mariage, n. 1.

Donation entre époux. —V. donation par contrat de mariage; succession.

Donation entre-vifs. — (*Biens à venir. Mobilier. Donation déguisée. Vente. Succession future. Condition potestative.*) — La donation d'une maison et de tout le mobilier qui s'y trouvera au décès du donateur, avec faculté par lui de disposer de ce

mettre à la formalité de l'enregistrement dans le délai prescrit par la loi, un acte signé par les parties contractantes, mais non par lui, encore qu'il ait inscrit cet acte sur son répertoire. 2,313.

— 2. (*Acte notarié. Acte imparfait. Double date.*)—Un acte à double date ne doit point être présenté à l'enregistrement à la première date, lorsqu'il n'est devenu parfait qu'à la seconde date.

Ainsi, on ne saurait voir une convention parfaite, assujettie, par conséquent, à l'enregistrement dès la première date, dans la vente d'un immeuble propre au mari, consentie conjointement par sa femme, à deux dates, l'une pour le contrat entre le mari vendeur et l'acquéreur, l'autre pour l'adhésion de la femme. 2,250.

— 3. (*Actions industrielles. Donation entre-vifs. Cession d'action.*) — Les donations entre-vifs d'actions dans une société sont passibles du droit de 7 p. 100, établi pour les mutations à titre gratuit de valeurs mobilières, et non du droit de 50 c. p. 100 auquel donnent lieu les cessions d'actions dans les compagnies. 2,265.

— 4. (*Loi du décès. Partage. Testament.*) — Les droits d'enregistrement dont est passible un partage testamentaire doivent être liquidés conformément aux lois en vigueur au moment du décès du testateur, et non d'après celles sous l'empire desquelles ce partage a acquis date certaine. 2,267.

— 5. (*Mutation par décès. Droit de succession. Rentes sur l'Etat. Transfert. Colonies.*) — L'obligation de déclarer les rentes sur l'Etat trouvées dans une succession et de justifier du payement des droits de mutation pour que le transfert en puisse être opéré, ne s'applique qu'aux successions ouvertes en France. Elle n'est pas applicable aux successions ouvertes aux colonies, les lois relatives à cet impôt n'y ayant point été publiées. 2,227.

— 6. *Mutation par décès. Rente sur l'Etat. Survie.*) — Lorsqu'une rente sur l'Etat, acquise en commun par plusieurs personnes, est inscrite au nom de toutes ces personnes, avec stipulation qu'elles en jouiront en commun comme usufruitières, mais que la nue-propriété en appartiendra à la survivante, il n'y a pas lieu, au décès de chacune d'elles, de percevoir un droit de mutation par décès. 2,252.

— 7. (*Mutation par décès. Société. Survie. Prescription.*) — Lorsqu'il est stipulé dans un acte de société qu'en cas de décès de l'un des associés, la société continuera d'exister entre les autres, qui conserveront tout l'actif social, à la charge de payer aux héritiers de l'associé décédé la part leur revenant de cet actif, cette stipulation donne ouverture, lors de ce décès, au droit proportionnel de vente.

Et ce droit de vente n'est soumis qu'à la prescription de 30 ans. 2,254.

— 8. (*Partage anticipé ou d'ascendant. Donation entre-vifs. Promesse.*) —L'acte par lequel un père fait donation entre-vifs de sommes ou créances actuellement exigibles à quelques-uns de ses enfants, et aux autres de sommes payables à leur majorité, n'a point le caractère de partage d'ascendant. Ce n'est qu'une donation ordinaire qui ne peut jouir de la modération de droits applicable aux partages anticipés. 2,220.

— 9. (*Partage anticipé. Usufruit. Renonciation. Simulation.*) — Lorsqu'un époux survivant, après avoir fait le partage anticipé de ses biens entre ses enfants, moyennant une rente viagère de beaucoup supérieure au revenu de ces mêmes biens, déclare, par un autre acte passé le même jour, renoncer purement et simplement à l'usufruit lui appartenant sur les biens de son conjoint, cette prétendue renonciation doit être considérée comme une véritable cession de l'usufruit dont une partie de la rente viagère forme le prix.

Par suite, il y a lieu à la perception d'un droit de mutation à titre onéreux, pour la cession de l'usufruit, et à un droit de mutation par décès à raison de l'ouverture de ce même usufruit. 2,284.

— 10. (*Prescription. Contrainte. Opposition. Condamnation.*) — Le jugement qui ordonne l'exécution d'une contrainte en matière d'enregistrement, présente les caractères d'un jugement de condamnation, qui n'est prescriptible que par 30 ans et non par 2 ans. 2,355.

— 11. (*Rapport à succession. Dispense de rapport. Donation entre-*

vifs.) — La dispense de rapport à la succession du père commun, quand elle est consentie par des enfants au profit de l'un d'eux, relativement à une somme que celui-ci a reçue à titre d'avancement d'hoirie, a le caractère d'une libéralité, et, par suite, donne lieu à la perception d'un droit de mutation entre-vifs à titre gratuit en ligne collatérale. 2,312.

— 12. (*Société. Disposition indépendante.*) — L'engagement pris dans un acte de société, par l'un des associés, de ne livrer qu'à la société, pendant toute sa durée, moyennant un prix réglé par avance, et à prélever sur l'actif social, tous les produits d'immeubles lui appartenant ou par lui pris à ferme, doit être considéré, non comme une vente indépendante de cette convention, mais comme une conséquence nécessaire de la convention de société ne donnant pas lieu à un droit d'enregistrement distinct du droit fixe dont est passible l'acte de société. 2,275.

— 13. (*Subrogation conventionnelle. Droit de libération. Quittance.*) — La subrogation par le débiteur au profit du tiers qui lui prête les deniers nécessaires au payement de sa dette, ne donne lieu qu'à un seul droit proportionnel d'enregistrement, celui d'obligation ou transport, sur l'acte d'emprunt dressé entre ce débiteur et ce tiers. Il ne donne pas ouverture au droit de libération sur la quittance délivrée par le créancier payé. 2,289.

— 14. (*Vente. Condition suspensive. Interprétation.*) — La vente d'un immeuble faite sous la réserve en faveur de l'acheteur de l'*accepter* ou d'y *renoncer* pendant un certain délai (trois ans) durant lequel les *conventions seront suspendues*, constitue une vente sous condition suspensive, et ne peut donner lieu à la perception du droit proportionnel, qu'après l'accomplissement de cette condition.

Il en est ainsi, alors même que l'ensemble des clauses de l'acte impliquerait l'existence d'une translation immédiate de propriété, la stipulation portant « que les conventions qu'il renferme demeureront suspendues jusqu'à l'accomplissement de la condition » réagissant sur toutes les clauses de la vente et les subordonnant à la réalisation de cette condition. 2,294.

— 15. (*Vente. Prix. Charges. Loyers.*) — Lorsque le vendeur se réserve, jusqu'à une certaine époque, les loyers de l'immeuble vendu, et que l'acheteur est soumis, à partir de la vente, à toutes les obligations dérivant de la propriété, et au payement des intérêts de son prix, cette réserve constitue une charge qui doit être ajoutée au prix de la vente, pour la perception du droit d'enregistrement. 2,269.

— 16. (*Vente. Rente viagère. Reversibilité. Stipulation au profit d'un tiers.*) — Lorsqu'une vente est faite par plusieurs (deux époux), moyennant une rente viagère réversible en totalité sur la tête du survivant, cette clause de réversibilité ne donne pas lieu au droit de mutation lors de la transmission qui en résulte au profit du survivant, même dans le cas où le survivant n'avait aucun droit sur la chose vendue. 2,222.

— V. acte passé en conséquence d'un autre; louage des choses.

Enregistrement gratis. — V. expropriation pour utilité publique.

Epoux. — V. faux.

Erreur. — V. testament par acte public, n. 1.

Etablissement industriel. — V. déclaration de succession.

Etablissement d'enfant. — V. régime dotal, n. 2.

Etablissements publics. — V. adjudication.

Etranger. — V. faillite; légitimation.

Etude. — V. contribution mobilière.

Exception perpétuelle. — V. prescription.

Exécution volontaire. — V. partage anticipé, n. 4; testament par acte public, n. 3.

Exhaussement. — V. servitude, n. 2.

Expédition. — (*Grosse. Communication. Ayant-droit. Faillite. Syndic. Juge commissaire.*) — Un notaire peut-il, sans ordonnance du président du tribunal, délivrer expédition ou grosse et donner connaissance au syndic d'une faillite des actes par lui reçus ou dont il est dépositaire et dans lesquels le failli est intéressé en nom direct ?

Dans le cas de l'affirmative, le notaire peut-il exiger pour cette délivrance l'intervention du juge commissaire à la faillite? Q. art. 2,326.

—V. acte administratif.

Expertise. —V. déclaration de succession; vente judiciaire d'immeubles.

Expropriation pour utilité publique. — (*Acquisition intégrale. Enregistrement gratis.*) — L'acquisition, faite par l'administration, de la totalité d'un immeuble frappé d'expropriation partielle pour cause d'utilité publique, sur la déclaration du propriétaire qui entend user de la faculté établie par l'art. 50 de la loi du 3 mai 1841, est exempte du droit de mutation, comme faite en vertu de cette loi, alors même que le propriétaire n'aurait exprimé sa volonté qu'après le délai fixé par la loi. 2,239.

— (*Obligation à terme. Hypothèque.*) — L'expropriation pour cause d'utilité publique a pour effet de rendre immédiatement exigibles les créances à terme pour sûreté desquelles l'immeuble exproprié a été hypothéqué, encore bien que le débiteur offrirait à son créancier une autre hypothèque, présentant même plus de garantie que la première. 2,366.

F

Faillite. —1. (*Concordat. Créance éventuelle.*) — Échappe à la loi du concordat la créance résultant de l'éviction subie par l'acquéreur d'un immeuble vendu par le failli avant sa faillite, par cela seul que cette éviction est postérieure au concordat, bien qu'elle soit la conséquence d'une résolution prononcée antérieurement à ce concordat entre le failli et son propre vendeur, alors d'ailleurs que l'acheteur évincé n'a pas été porté au jugement de résolution. art. 2,277.

— 2. (*Concordat. Hypothèque. Nullité.*) — La nullité des hypothèques obtenues depuis la cessation des payements du failli ne peut être invoquée que par la masse des créanciers et non par le failli concordataire. 2,261.

— 3. (*Etranger. Commerçants.*) —Les étrangers qui exercent le commerce en France, peuvent être déclarés en état de faillite, aussi bien sur leur demande qu'à la diligence de leurs créanciers, le commerce étant du droit des gens et ne constituant pas un droit civil. 2,329.

— 4. (*Femme mariée. Mineur. Hypothèque légale. Dot. Répetition. Tutelle.*) — La femme mariée ou ses héritiers peuvent, à la dissolution du mariage, et alors qu'il s'est écoulé plus de dix ans depuis l'échéance des termes pris pour le payement de la dot, répéter cette dot contre le mari à titre chirographaire, sans être tenus de prouver qu'il l'a reçue, encore bien que ce dernier soit en état de faillite. A ce cas ne s'applique pas l'art. 563 du Code de commerce, lequel ne dispose que pour le cas où la femme réclame l'exercice de son hypothèque légale.

L'enfant mineur d'un commerçant failli peut, après le décès de sa mère, exercer cumulativement sur les biens de son père, tant l'hypothèque légale restreinte dérivant pour sa mère de l'art. 563 du Code de comm., que de celle qu'il a de son propre chef à raison de la gestion tutélaire de son père. 2,368.

— 5. (*Hypothèque légale. Constructions.*)— Les constructions, faites par le mari sur un terrain qu'il possédait lors du mariage, sont, en cas de faillite, soumises, comme ce terrain lui-même, à l'hypothèque légale de la femme. 2,257.

— 6. (*Inscription hypothécaire. Tardivité.*) — L'inscription prise sur un immeuble du failli après la cessation de ses payements, pour une hypothèque, datée de plus de quinze jours, ne peut être annulée, lorsque la tardivité de cette inscription est le résultat, non d'une connivence du créancier avec le failli ou de la négligence de ce créancier, mais de l'ignorance de la survenance au failli de l'immeuble sur lequel l'inscription a été prise. 2,307.

— 7. (*Nullité d'actes. Hypothèque.*) — Quand il y a nullité des actes à titre onéreux ou gratuit passés par le failli, cette nullité n'existe que relativement à la masse.

Ainsi, une hypothèque annulée, sur la demande des syndics, en vertu de l'art. 447 C. comm., conserve ses effets contre le failli, remis par concordat à la tête de ses affaires, alors même que le créancier n'en a pas réservé les effets à l'égard de ce dernier. 2,255.

— 8. (*Vente. Immeubles.*) — Jusqu'au concordat ou jusqu'au contrat d'union, les syndics d'une faillite ne peuvent obtenir l'autorisation de faire vendre les immeubles du failli, sans le consentement de ce dernier. 2,242

— V. cautionnement ; expédition.

Faux. — (*Acte notarié. Acte imparfait. Préjudice possible.*) — Il y a crime de faux de la part du notaire qui, dans un acte reçu par lui pour constater le payement, par un acquéreur, de son prix d'acquisition aux créanciers inscrits, énonce faussement que tous ces créanciers ont comparu, ont touché le montant de leurs créances, en ont donné quittance et ont signé la minute, alors qu'il n'y a eu comparution, réception de deniers, quittance et signature que de la part de quelques-uns seulement ; une simple éventualité ou possibilité constituant le crime de faux. 2,298.

— (*Epoux. Signature.*) — L'immunité résultant de l'art. 380 du code pénal aux termes duquel les soustractions commises par des maris au préjudice de leurs femmes, par des femmes au préjudice de leurs maris, n'est point applicable au crime de faux dont un mari s'est rendu coupable en contrefaisant la signature de sa femme au bas d'un billet à ordre. 2,297.

Femme. — V. mariage, n. 2; transcription (droit de).

Femme commune. — V. remploi.

Femme dotale. — V. régime dotal, n. 4.

Femme mariée. — V. faillite, n. 4 ; legs ; prodigue, n. 2.

Fermages. — V. usufruit, n. 1.

Filiation naturelle. — (*Possession d'état. Preuve. Serment.*) — L'enfant naturel n'est recevable à administrer la preuve testimoniale aux fins d'être admis à prouver les faits constitutifs de la possession d'état, qu'autant que, soutenue d'un commencement de preuve par écrit, elle porte sur les deux faits matériels de l'accouchement de la mère et de l'identité de l'enfant.

Dans un tel cas, le serment ne peut être déféré aux héritiers de la prétendue mère, dans le but d'établir l'identité du réclamant avec l'enfant dont cette femme est accouchée. 2,235.

Fonds de commerce. — V. honoraires.

Fonds supérieur. — V. servitude, n. 5.

Frais. — V. prescription ; testam. olographe, n. 2.

Frais frustratoires. — V. succession bénéficiaire.

Fruits. — V. portion disponible, n. 1.

G

Gage. — V. nantissement.

Grosse. — V. expédition.

Grosse quittancée. — V. acte passé en conséquence d'un autre.

H

Haie. — V. servitude, n. 4.

Héritier. — V. aliments; office, n. 3; succession bénéficiaire.

Honoraires. — (*Agent d'affaires. Vente. Fonds de commerce. Compétence.*) — L'action d'un agent d'affaires en payement des honoraires stipulés pour rémunération de ses peines et soins relativement à la vente d'un fonds de commerce, est de la compétence des Tribunaux civils. art. 2,217.

— (*Notaire. Compensation. Rétention. Responsabilité. Intérêts.*) — Un notaire ne peut retenir le montant des honoraires qui lui sont dus par son client sur des sommes que celui-ci a laissées entre ses mains pour effectuer un payement, après les avoir empruntées pour cet objet, d'après le conseil et par l'intermédiaire du notaire lui-même, quand même ces sommes auraient été insuffisantes pour effectuer le payement auquel elles étaient destinées.

Dans ce cas, le notaire doit être condamné même à tenir compte à son client des intérêts que celui-ci a supportés, faute d'avoir opéré le payement dont il s'agit. 2,210.

Huissier. — V. contribution mobilière ; prescription.

Hypothèque. — V. action hypothécaire; expropriation pour utilité publique ; faillite, n. 2, 7 ; novation ; séparation des patrimoines.

Hypothèque judiciaire. — (*Jugement. Condamnation. Société. Liquidation.*) — Les jugements n'emportent hypothèque judiciaire qu'autant qu'ils prononcent des condamnations. Ainsi, le jugement qui ordonne, sur la demande de l'une des parties et avec l'acquiescement de l'autre, qu'un tribunal arbitral sera constitué pour la liquidation de leurs droits respectifs dans une société dissoute, ne produit pas d'hypothèque judiciaire, un tel jugement ne renfermant ni ne

Juge commissaire. —V. expédition.

Juge de paix. — (*Bornage. Contiguïté. Mise en cause.*) —Le juge de paix, saisi de l'action en bornage de deux propriétés contigües, peut ordonner d'office la mise en cause des autres voisins, s'il reconnaît qu'il est nécessaire d'étendre l'opération à leurs propriétés.

Et les propriétaires ainsi mis en cause ne peuvent se refuser à figurer dans l'instance, sous prétexte qu'il n'y aurait pas contiguïté entre leurs terrains et celui du demandeur en bornage; surtout, quand le voisin immédiat du propriétaire, qui résiste à l'appel en cause, consent au bornage de sa propriété, l'instance s'engageant alors réellement entre deux propriétés contigües. Art. 2,291.

Jugement. — V. hypothèque judiciaire.

L

Légitimation. — (*Mariage subséquent. Donation entre-vifs. Révocation. Etranger. Statut personnel.*) — Le mariage contracté en France entre un étranger et une Française, qui y ont leur domicile matrimonial, entraîne la légitimation de leurs enfants naturels reconnus, alors même que la législation du père étranger n'admettrait pas un tel mode de légitimation.

Par conséquent, les donations faites par le père étranger, avant la naissance des enfants qu'il a ainsi légitimés, et à une époque où il était sans enfants, sont révoquées de plein droit. Art. 2,270.

Legs. — (*Femme mariée. Emploi. Preuve. Présomption légale.*) — La délivrance d'un legs fait à une femme mariée ne peut lui être refusée sous le prétexte qu'elle ne justifie pas de sa capacité de le recevoir sans emploi. C'est à l'héritier ou légataire universel à établir que la condition d'emploi a été imposée à cette femme par son contrat de mariage, alors surtout qu'elle déclare être mariée sans contrat. 2,302.

— V. donation entre-vifs, n. 2; partage anticipé, n. 4; rapport à succession; régime dotal, n. 1; testament olographe, n. 3; usufruit.

Legs a titre universel. — V. mutation par décès, n. 4.

Legs incertain. — (*Secret. Charge de legs.*) — Le legs fait à une personne incertaine ou inconnue est nul; mais il n'en est pas de même du legs fait à une personne dénommée, POUR LA METTRE A MÊME DE REMPLIR LES VOLONTÉS DU TESTATEUR, BIEN CONNUES D'ELLE; un tel legs étant considéré comme fait réellement au légataire désigné, sous l'accomplissement de charges laissées à sa discrétion. 2.324.

Legs universel. — V. succession.

Lésion. — V. contrat de mariage, n. 3.

Lettre recommandée. — V. poste aux lettres.

Licitation.—V. transcription (droit de).

Liquidation. — V. hypothèque judiciaire.

Liquidation judiciaire. — (*Partage judiciaire. Sommation. Majorité. Tuteur. Avoué. Notaire. Responsabilité.*) — La sommation faite, par acte d'avoué à avoué, d'assister aux opérations de compte, liquidation et partage, est-elle valable, si un ou plusieurs des défendeurs, qui étaient mineurs lors du partage, sont devenus majeurs au moment de cette sommation?

L'avoué constitué par le tuteur peut-il, dans ce cas, occuper pour le mineur devenu majeur?

Le notaire qui procéderait à ces opérations sur le vu de la sommation faite à l'avoué constitué par le tuteur encourrait-il une responsabilité au cas où la sommation serait considérée comme non-valable? Q. art. 2,206.

Locataire. — V. responsabilité, n. 1.

Loi du décès. —V. enregistrement, n. 4.

Loi rétroactive. — V. mariage.

Lotissement. — V. partage anticipé, n. 1.

Louage de choses.— (*Bail à loyer. Congé. Magasin.*) — A Paris, la nécessité de donner congé six mois à l'avance, n'existe que pour les locations d'une maison entière, d'un corps de logis ou d'une boutique donnant sur la rue.

En conséquence, c'est dans le délai ordinaire de trois mois que doit être donné le congé d'un appartement, même à usage de magasin, à moins que ce magasin n'ait été, à l'avance et par la volonté du propriétaire, destiné spécialement au commerce. 2,244.

— (*Bail emphytéotique. Enregistrement.*) — L'emphytéose n'existe qu'autant que, dans le bail, il y a longue durée de la jouissance, droit de disposition presque absolu de l'immeuble concédé, modicité de la redevance et obligation pour l'emphytéote de supporter la dépense des améliorations prévues au contrat.

Ainsi, un bail, même de 97 ans, constitue un bail ordinaire et non une emphytéose, si le propriétaire s'est réservé l'exercice de toutes les actions relatives à la propriété de l'immeuble loué, si le taux du loyer annuel est en rapport avec le prix de cet immeuble, et si la valeur des améliorations doit être remboursée au preneur à l'expiration du bail.

En conséquence, une telle convention est passible du droit de 20 cent. pour 100 fr. applicable aux baux à ferme ou à loyer, et non au droit de 5 fr. 50 cent. pour 100 fr., auquel sont assujettis les baux emphytéotiques. 2,221.

— V. usufruit.

LOYERS. — V. enregistrement, n. 15.

M

MAGASIN. — V. louage de choses.

MAINLEVÉE D'INSCRIPTION. — V. hypothèque légale, n. 3.

MAJORITÉ. — V. liquid. judic.

MANDAT. — (*Substitution de pouvoirs. Payement. Notaire.*) — Le mandataire qui s'est substitué un autre mandataire cesse d'avoir qualité pour agir en vertu du mandat, notamment pour recevoir les sommes d'argent à provenir de l'opération (*une vente*) dont il était chargé.

... Même dans le cas où la substitution de mandat émanerait, non du mandataire originaire, mais de celui au nom duquel ce mandataire originaire avait rempli son mandat laissé en blanc, dans le but, par exemple, de conserver le droit de recevoir, comme notaire, les actes à passer en exécution du mandat.

Peu importe que, s'agissant d'un mandat de vendre un immeuble, la substitution de mandat ait eu lieu en faveur de l'acheteur, afin de lui faciliter la revente sans frais de cet immeuble. On ne peut prétendre, en présence des termes généraux de cette substitution, qu'elle n'a eu lieu que pour la revente, et non pour le payement du prix.

En conséquence, les tiers ne peuvent opposer aux mandants les payements qu'ils ont faits à ce mandataire originaire, malgré la connaissance qu'ils avaient de l'existence d'un nouveau mandataire. art. 3,342.

MARIAGE. — 1. (*Contrat de mariage. Sourd-muet. Donation entre-vifs. Signes. Inscription de faux. Preuve testimoniale.*) — Un sourd-muet, même illettré, mais pouvant manifester sa volonté par signes, est capable, soit de contracter mariage et de consentir toutes les conventions dont le contrat de mariage est susceptible, — soit de faire une donation entre-vifs.

Et l'interprétation donnée à ces SIGNES par le notaire ne constitue qu'une simple appréciation susceptible d'être contestée à l'aide de la preuve testimoniale; l'acte du notaire ne faisant pas foi, dans ce cas, jusqu'à inscription de faux. 2,247.

— 2. (*Femme. Domicile conjugal. Aliments.*) — La femme mariée qui a quitté volontairement le domicile conjugal pour se livrer à l'inconduite, n'a pas le droit de demander une pension alimentaire contre son mari, encore bien qu'il refuserait de la recevoir. 2,333.

— 3. (*Mort civile. Loi rétroactive.*) — La loi du 31 mai 1854, abolitive de la mort civile, n'a point d'effet rétroactif. En conséquence, le conjoint de l'individu frappé de mort civile a conservé, sous la loi nouvelle, le droit qu'il avait sous la loi ancienne, de contracter un nouveau mariage. 2,283.

— V. acte respectueux.

MARIAGE SUBSÉQUENT. — V. légitimation.

MENTION. — V. témoins instrumentaires.

MEUBLES. — V. usufruit.

MINEUR. — V. faillite, n. 4; contrat de mariage, n. 3; hypothèque légale, n. 2.

MINUTE TRANSCRITE. — V. transcription hypothécaire.

MISE EN CAUSE. — V. Juge de paix.

MITOYENNETÉ. — (*Servitude. Clôture en planches.*) — La disposition du code relative à la cession forcée de la mitoyenneté ne concerne que les murs proprement dits. Ainsi, le maître d'une clôture en planches peut refuser d'en céder la mitoyenneté à son voisin, sauf à ce dernier, dans les villes et faubourgs, à exiger que cette clôture soit remplacée par un mur établi à frais communs. 2,317.

— V. servitude, n. 4.

Mobilier. — V. donation entre-vifs, n. 1; séparation de biens.

Morcellement. — V. partage anticipé, n. 1.

Mort civile. — V. mariage.

Mur mitoyen. — V. servitude, n. 2.

Mutation par décès. — (*Créance. Déclaration de succession.*) — Une créance qui n'est exigible qu'à une époque postérieure au décès du créancier, est présumée, au regard de la régie, exister encore lors de ce décès, et doit être comprise dans la déclaration de la succession du créancier, à défaut de preuve de son existence du vivant de celui-ci. 2,249.

— 2. (*Déclaration de succession. Donation entre-vifs. Somme d'argent. Charge.*) — La donation d'une somme à prendre sur les plus clairs biens de la succession du donateur, constitue, alors d'ailleurs que cette somme n'existe plus en nature dans la succession, une charge non susceptible d'être déduite du montant des valeurs héréditaires pour le calcul du droit de mutation par décès.

Mais il y a lieu d'imputer jusqu'à due concurrence sur cette somme le montant des valeurs mobilières dépendant de la succession. 2,376.

— 3. (*Déclaration de succession. Inventaire. Vente publique de meubles.*) — La valeur des biens meubles dépendant d'une succession, est déterminée, pour la fixation du droit de mutation par décès, par l'estimation portée dans l'inventaire qui en a été régulièrement dressé après l'ouverture de la succession, et non d'après le produit de la vente ultérieure de ces biens meubles aux enchères publiques, alors même que cette vente serait antérieure à la déclaration de la succession. 2,344.

— 4. (*Déclaration de succession. Legs à titre universel. Renonciation partielle.*) — La renonciation, par un légataire à titre universel, à une partie seulement de son legs, pour s'en tenir au surplus, emporte acceptation du legs entier, et suffit, dès lors, pour que le légataire soit tenu du droit de mutation par décès sur le tout. 2,253.

— V. donation par contrat de mariage; enregistrem., n. 5, 6, 7.

N

Nantissement. — (*Gage. Action au porteur. Tradition.*) — Le nantissement qui a pour objet des titres au porteur est parfait par la simple tradition de ces titres au créancier. Il n'est pas nécessaire de remplir, dans ce cas, les formalités prescrites par la loi pour avoir privilége sur les objets remis en gage. Art. 2,281.

Notaire. — (*Chambre de notaires. Election. Recours. Conseil d'Etat.*) — Les décisions par lesquelles le ministre de la Justice statue sur la validité de l'élection des membres de la Chambre des Notaires et sur la capacité des candidats élus, sont susceptibles de recours devant le Conseil d'Etat par la voie contentieuse de la part des Notaires.

Lorsque, dans une ville qui n'est pas un chef-lieu de Cour imp., mais où il y a un Tribunal de première instance, il y a seulement DEUX Notaires, celui de ces deux notaires qui vient d'être, pendant trois ans, membre de la Chambre, ne peut être réélu, bien qu'il résulte de là que l'élection de l'autre notaire soit FORCÉE, l'ordonnance du 4 janvier 1843 voulant que l'un des membres de la Chambre soit NÉCESSAIREMENT choisi parmi les Notaires de cette ville. 2,262.

— V. acte notarié; contribution mobilière; discipline; enregistrement, n. 1; honoraires; liquid. judic.; office, n. 2, mandat; responsabilité, n. 2.

Notariat ancien. Chap. I. — De l'origine des notaires, art. 2,332.

Ch. II. — Y avait-il, pour les nobles, dérogeance à être notaire. 2,347, 2,362.

Notification. — V. subrogation.

Novation. — (*Compte courant. Hypothèque.*) — Lorsqu'un créancier comprend, sans réserve, le montant de sa créance dans un compte courant existant entre lui et son débiteur, ce fait frappe cette créance de novation, et, par suite, entraîne l'extinction de l'hypothèque qui y est attachée, surtout quand elle y figure comme produisant, non plus les intérêts primitivement stipulés à 5 p. 100, mais l'intérêt à 6 p. 100, comme toutes les autres créances comprises dans le compte. 2,237.

Mais alors les enfants partagés ne sont point tenus de contribuer sur les biens donnés au paiement des dettes de la succession, lesquelles sont exclusivement à la charge du légataire de la quotité disponible 2,241.

— 3. (*Révocation. Résolution Privilége.*) — Si le partage d'ascendant par acte entre-vifs constitue entre les père ou mère donateurs et les enfants donataires, une véritable donation soumise à toutes les règles de ce contrat, il n'a, dans le rapport des enfants entre eux, que le caractère du partage ordinaire de succession.

En conséquence, le défaut de paiement par l'un des donataires d'une somme que l'acte l'oblige à payer aux autres, n'autorise point ceux-ci à demander la révocation du partage. Ils n'ont qu'un privilége sur les immeubles composant le lot du copartagé qui doit cette somme.

On ne saurait prétendre qu'à défaut de l'action en révocation, ils peuvent exercer l'action résolutoire pour inexécution des conditions de l'acte, cette action n'étant point applicable au partage. 2,371.

— 4. (*Testament. Legs. Option. Prescription. Rescision. Exécution volontaire.*) — La disposition par laquelle un père, en faisant entre ses enfants le partage testamentaire de ses biens, déclare que si l'un d'eux réclame contre l'autre les reprises qui pourront lui appartenir du chef de sa mère, le legs à lui fait pour en tenir lieu sera réduit jusqu'à concurrence de la somme qu'il obtiendrait, en les exerçant, est valable, quoique la mère fût encore vivante lors du testament et à l'époque du décès du testateur; ce n'est point là un pacte sur succession future.

L'action en rescision, pour cause de lésion d'un partage d'ascendant fait par testament, est soumise à la prescription de 30 ans et non à celle de 10 ans, celle-ci ne s'appliquant qu'à l'action en nullité des conventions.

L'exécution volontaire d'un acte n'élève de fin de non-recevoir contre l'action en nullité ou en rescision de cet acte, qu'autant qu'elle a eu lieu avec la connaissance du vice servant de base à cette action, et avec l'intention de le réparer. 2,272.

— V. enregistrement, n. 8, 9.

Partage de fruits. — V. usufruit, n. 1.

Partage judiciaire. — V. liquid. judiciaire.

Partage de succession. — (*Vente de droits successifs. Transcription (droit de).* — L'acte par lequel des héritiers cèdent à leur cohéritier leurs droits dans la succession de l'auteur commun, constitue, non un partage, mais une vente de droits successifs, quand même il exprimerait qu'il a pour objet de faire cesser l'indivision, alors qu'il a la forme d'un contrat de vente, et que non-seulement il contient réserve au profit des vendeurs tant du privilége de vendeur que de l'action résolutoire, mais encore il porte que les vendeurs ne garantissent que leur qualité d'héritiers, ce qui exclut la garantie dont sont tenus les copartageants.

Par suite, un tel acte est soumis à la transcription, et passible du droit de un et demi pour cent. 2,276.

— V. testament par acte public, n. 4.

Personne interposée. — V. donation entre-vifs, n. 3.

Perte. — V. poste aux lettres.

Pétitoire. — V. servitude, n. 3.

Portion disponible. — 1. (*Donation entre-vifs. Réduction. Fruits. Restitution. Jour à quo.*) — L'art. 928 du C. Nap., suivant lequel le donateur doit restituer les fruits de ce qui excède la portion disponible, à compter seulement du jour de la demande en réduction, lorsque cette demande n'a pas été faite dans l'année du décès du donateur, ne s'applique qu'au donataire non sucessible. Quant au donataire sucessible, il est tenu, dans tous les cas, de restituer ces fruits à compter du décès du donateur. 2,369.

— 2. (*Nue-propriété. Réduction.*) — L'art. 917 C. Nap. qui, en cas de disposition, par acte entre-vifs ou par testament, d'un usufruit ou d'une rente viagère, excédant la quotité disponible, veut que le réservataire exécute intégralement cette disposition ou fasse abandon de la pleine propriété du disponible, ne s'applique point aux dispositions de nue-propriété.

Ainsi, un legs de nue-propriété d'une valeur supérieure à la quotité disponible doit être frappé de réduction, et non pas exécuté pour le tout ou transformé en un legs de la pleine propriété de cette quotité.

Dans ce cas, il doit être réduit, non à une nue-propriété équivalant au disponible, mais seulement à la nue-propriété des biens composant ce disponible, 2,226.

— 3. (*Réserve légale. Avancement d'hoirie. Prédécès.*) — Le don en avancement d'hoirie fait à un successible décédé avant le donateur, et ne venant pas, dès lors, à la succession, doit être imputé, non sur la réserve à laquelle ce successible aurait eu droit, s'il avait survécu, mais sur la quotité disponible.

Par suite, les libéralités ultérieures ne peuvent recevoir leur effet que sur le disponible resté libre après cette imputation. 2,232.

— V. donation entre-vifs, n. 3; partage anticipé, n. 2; rapport à succession.

Possession. — V. succession.

Possession d'Etat. — V. filiation naturelle.

Possessoire. — V. servitude, n. 3.

Poste aux lettres. — (*Billet à ordre. Perte. Responsabilité. Lettre recommandée.*) — La perte d'un bon, survenue par suite de détournement depuis la mise à la poste de la lettre qui le renfermait, est à la charge du destinataire, s'il résulte du registre de copies de lettres de l'expéditeur que l'expédition a été faite à l'époque convenue ou annoncée, et s'il n'y a eu, dans le mode d'envoi, aucune faute imputable à l'expéditeur.

Ainsi, l'omission de la formalité de la recommandation à la poste, par le commerçant qui expédie à un correspondant une valeur à l'ordre de celui-ci, qui lui est demandée, et qu'il a annoncé devoir envoyer par cette voie, ne saurait être considérée comme une faute mettant à sa charge la perte ou le détournement qui a privé le destinataire de cette valeur, si ce mode d'envoi est conforme à un usage généralement adopté par le commerce et consistant à ne recommander que les lettres contenant des valeurs au porteur. 2,273.

Préambule. — V. testament par acte public, n. 2.

Prédécès. — V. portion disponible, n. 3.

Préjudice. — V. responsabilité, n. 3.

Préjudice possible. — V. faux.

Prescription. — 1. (*Action en nullité. Exception perpétuelle. Séparation de biens.*) — La maxime « *quæ temporalia sunt ad agendum, sunt perpetua ad excipiendum,* » peut être invoquée par celui contre lequel on poursuit pour la première fois l'exécution d'un titre dont il oppose la nullité.

La séparation de biens ne fait point obstacle à ce que la prescription ne soit suspendue en faveur de la femme, dans le cas où l'action qu'elle intenterait réfléchirait contre son mari. 2,282.

— 2. (*Frais. Huissier. Avoué.*) — La prescription annale à laquelle sont soumis les huissiers pour le salaire de leurs actes, ne s'applique pas à l'action formée par un huissier contre un avoué qui l'emploie habituellement, en paiement du coût d'actes que celui-ci lui a fait signifier. 2,280.

— V. effets de commerce; enregistrement, n. 7, 10; hypothèque légale, n. 2; partage anticipé, n. 4; servitude, n. 1, 5.

Prescription de 10 ou 20 ans. — V. servitude, n. 3.

Prescription trentenaire. — V. servitude, n. 3.

Présomption légale. — V. legs.

Preuve. — V. filiation naturelle; legs; testament par acte public, n. 2.

Preuve testimoniale. — V. acte authentique; mariage.

Privilége. — (*Récoltes. Engrais.*) — Le privilége établi pour frais de semences et de récoltes, ne s'étend pas à toute somme dépensée afin d'obtenir la récolte. Il ne s'applique qu'au prix des semences elles-mêmes et aux dépenses de moisson, de battage et d'engrangement.

Ainsi, ce privilége ne s'étend pas au prix des engrais répandus sur le sol avant les semences. 2,290.

— V. communauté de biens, n. 5; partage anticipé, n. 3; vente ancienne.

Prix. — V. enregistrem., n. 15.

Procès. — V. responsabilité, n. 3.

Prodigue. — 1. (*Conseil judiciaire. Contrat de mariage. Donation contractuelle.*) — La capacité qu'a l'individu pourvu d'un conseil judiciaire de contracter mariage, emporte celle de consentir toutes les conventions et dispositions de futur à futur, dont le contrat de mariage est susceptible, et notamment de faire une donation à son conjoint de biens à venir, par leur contrat de mariage. 2,243

— 2. (*Conseil judiciaire. Femme mariée. Séparation de corps. Rétablissement de communauté.*) — Le conseil judiciaire nommé à une femme mariée, après la dissolution de la communauté par suite de séparation de corps, peut être maintenu malgré le rétablissement de cette communauté, si les intérêts de la femme l'exigent : les fonctions de conseil judiciaire ne passent pas de plein droit au mari. 2,214.

— 3. (*Conseil judiciaire. Interdiction. Appel.*) — Le majeur pourvu d'un conseil judiciaire a qualité pour défendre, sans l'assistance de ce conseil, à une demande en interdiction. Il est surtout dispensé de cette assistance pour interjeter appel du jugement qui a prononcé cette interdiction. 2,356.

— V. interdiction.

Projet. — V. testament par acte public, n. 2

Promesse. — V. enregistrem., n. 8; office, n. 1.

Promesse de mariage. — V. donation déguisée.

Propres de la femme. — V. communauté de biens, n. 1, 4.

Propriétaire. — V. responsabilité, n. 1.

Propriété. — V. communauté de biens, n. 5.

Propriété littéraire. — V. acte de commerce.

Protêt. — (*Reconnaissance. Timbre.*) — Lorsqu'une reconnaissance de 75 fr. est faite sur un timbre de 0,05 et qu'étant revêtue de divers endossements, elle est remise à un notaire pour en faire le protêt, le notaire est-il fondé à réclamer des parties les amendes et droits qui ont été perçus, ainsi que ses frais de protêt ? Q. — art. 2,349.

Purge légale. — V. inscription hypothécaire.

Q

Quittance. — V. acte passé en conséquence d'un autre ; enregistrement, n. 13.

Quotité disponible. — V. retour légal.

R

Radiation. — V. hypothèque légale.

Rapport a succession. — (*Portion disponible. Legs. Donation entre-vifs. Rapport fictif.*) — Le légataire d'une quotité des biens que le testateur *laissera à son décès*, peut exiger la réunion fictive à la masse de la succession, des donations entre-vifs faites précédemment par ce dernier, à l'effet de calculer la part des biens héréditaires sur lesquels devra s'exercer son legs, alors que les actes de donation et de testament démontrent que l'intention du testateur a été de léguer toute la quotité disponible. art. 2,306.

— V. enregistrement, n. 11 ; retour légal.

Rapport fictif. — V. partage anticipé, n. 2; rapport à succession.

Ratification. — V. contrat de mariage, n. 2 ; émancipation ; régime dotal, n. 1 ; testament par acte public, n. 3.

Récoltes. — V. privilége.

Reconnaissance. — V. effets de commerce ; protêt.

Recours. — V. notaire.

Recouvrements. — V. office, n. 2.

Redressement. — V. compte.

Réduction. — V. émancipation ; hypothèque légale, n. 2 ; portion disponible, n. 2; rente viagère.

Refus d'indication. — V. responsabilité, n. 1.

Régime dotal. — 1. (*Biens dotaux. Aliénation. Legs. Ratification.*) — La femme dotale peut léguer par testament le prix de la vente d'un immeuble dotal, consentie par le mari durant le mariage ; et ce legs, n'étant autre chose qu'une ratification tacite de cette vente, fait obstacle à ce que les héritiers de la femme puissent exercer l'action révocatoire contre l'acquéreur. 2,248.

— 2. — (*Dot. Etablissement d'enfant. Remploi. Acquéreur.*) — Lorsque, dans le contrat de vente d'un bien dotal, il a été stipulé que le remploi en serait fait en immeubles, l'acquéreur peut-il être contraint de payer son prix, si le remploi n'est pas conforme à la convention, en ce qu'il consisterait dans la donation contractuelle de ce prix faite par les vendeurs à l'un de leurs enfants pour son établissement ? Q. — art. 2,251.

— 3. — (*Dot. Immeuble. Dation en paiement. Dotalité du prix.*) — Bien que l'immeuble abandonné à une femme mariée sous le régime dotal, dans la succession de son père, pour la remplir de la dot non payée qui lui a été constituée en argent par ce dernier, ne soit pas dotal, le prix en est, au contraire, frappé de dotalité jusqu'à concurrence de la dot ; et la femme a le droit de prélever sur ce prix le montant de sa dot, même par préférence aux créanciers envers lesquels elle s'est personnellement obligée. 2,322.

— 4. — (*Femme dotale. Acquisition. Rente viagère.*) — Lorsque la femme dotale a acquis, avec le concours de son mari, un immeuble, moyennant un prix converti en rente viagère, cette acquisition constitue pour le mari un contrat aléatoire, qui ne peut être attaqué par lui, ni par ses créanciers agissant de son chef, comme déguisant une augmentation de la dot de la femme.

Ainsi, les créanciers du mari ne sont pas fondés à demander à la femme, après sa séparation de biens, le remboursement de la portion de la rente viagère excédant les intérêts du prix stipulé par l'acte d'acquisition, et payés par le mari. 2,238.

— 5. — (*Remploi. Consignation.*) — L'acquéreur d'un immeuble dotal aliénable à charge de remploi est tenu de surveiller ce remploi, alors même que, faute de justification d'un remploi valable, il aurait, après offres réelles, déposé son prix à la caisse des consignations, et que le jugement qui a validé ses offres l'aurait déclaré libéré ; une telle libération n'éteignant que l'obligation relative au payement du prix, et non celle relative à la surveillance du remploi. 2,233.

— 6. — (*Remploi. Séparation de biens*). — L'immeuble du mari, adjugé sur saisie immobilière à la femme séparée de biens, qui en a compensé le prix avec ses reprises dotales, n'est pas dotal, bien que la condition d'emploi ait été stipulée dans le contrat de mariage, si la femme n'a pas déclaré dans l'acte d'adjudication sa volonté de faire cet emploi.

Mais cet immeuble étant du moins la représentation et le gage de la dot, les créanciers de la femme ne peuvent le faire vendre qu'à la charge de lui assurer, au moyen d'une consignation préalable, le prélèvement du montant de cette dot sur le prix. 2,279.

— 7. — (*Revenus. Obligation. Séparation de biens.*) — Les obligations contractées par la femme dotale, antérieurement à sa séparation de biens, peuvent être exécutées après cette séparation sur la portion des revenus du fonds dotal qui excèdent les besoins du ménage. 2,300.

— V. communauté de biens, n. 3 ; contrat de mariage, n. 2.

Remise de titre. — V. acte passé en conséquence d'un autre.

Remploi. — (*Paiement. Femme commune. Droit de succession.*) — Le remploi des deniers provenant de l'aliénation des propres d'une femme commune en biens, est réputé accompli par cela seul que ce remploi a été déclaré dans l'acte d'acquisition et accepté par la femme, bien que le vendeur n'ait point été payé par le mari, et que celui-ci eût à sa disposition les deniers propres de sa femme.

Par suite, l'immeuble ainsi acheté est passible, lors du décès de la femme, du droit de mutation, comme faisant partie de sa succession. 2,296.

— V. régime dotal, n. 2, 5, 6 ; responsabilité, n. 2 et 3 ; transcription (droit de).

Renonciation. — (*Retour conventionnel. Acceptation. Donation entre-vifs.*) — La renonciation par un donateur au droit de retour conventionnel stipulé à son profit, a-t-elle besoin, pour produire son effet, d'être acceptée soit expressément, soit tacitement, par le donataire?

Q. — art. 2,258.

— V. communauté de biens, n. 1, 6 ; donation par contrat de mariage ; enregistrement, n. 9 ; succession.

Renonciation partielle. — V. mutation par décès, n. 4.

Renonciation a succession. — V. retour légal.

Renouvellement. — V. inscription hypothécaire.

Rente viagère. — (*Décès. Résolution. Réduction.*) — Un contrat de rente viagère créé sur la tête de deux personnes n'est point résolu par le décès de l'une d'elles seulement, survenu dans les vingt jours de la date de ce contrat et par suite de la maladie dont elle était déjà atteinte ; alors même que la rente a été stipulée réductible à moitié au décès du premier mourant des crédit rentiers, et que ceux-ci ont au surplus stipulé à leur profit certains avantages ne dé-

Révocation. — V. légitimation; partage anticipé, n. 3.

S

Saisie. — V. usufruit.

Saisie-arrêt. — V. succession bénéficiaire.

Secret. — V. legs incertain.

Séparation de biens. — (*Mobilier. Aliénation. Emprunt.*) — La faculté accordée à la femme séparée de biens de disposer de son mobilier et de l'aliéner, doit être restreinte dans les limites des besoins de l'administration de la femme.

Ainsi, un emprunt contracté par une femme séparée de biens et non autorisée de son mari, doit être annulé, s'il n'est pas établi que les sommes empruntées aient été employées à de légitimes nécessités de l'administration des biens de la femme. art. 2,278.

—V. régime dotal, n. 6, 7; prescription.

Séparation de corps. — V. adultère; prodigue, n. 2.

Séparation des patrimoines. — (*Hypothèque. Divisibilité.*) — Le créancier du défunt qui, pour conserver le privilége de la séparation des patrimoines, a pris inscription sur un immeuble de la succession, ne peut poursuivre l'héritier auquel cet immeuble est échu que pour sa portion héréditaire, et non pour la totalité de la créance. 2,208.

Serment. — V. filiation naturelle.

Servitude.—1.—(*Arbres. Prescription. Distance.*) — Le droit acquis par prescription de conserver des arbres qui ne sont point à la distance légale, ne donne pas la faculté de remplacer ces arbres par d'autres plantés à la même distance.

On doit considérer comme arbres nouveaux les rejets d'anciennes souches d'arbres abattus et ravalés rez de terre, aussi bien que ceux dont les souches elles-mêmes seraient nouvelles. 2,318.

—2—(*Mur mitoyen. Exhaussement.*) — L'obligation, contractée par un propriétaire envers son voisin, de construire, A UNE HAUTEUR DÉTERMINÉE, un mur de clôture qui sera mitoyen entre eux, n'implique point l'établissement d'une servitude *altius non tollendi* au profit du voisin, et, dès lors, si elle ne permet pas que le mur soit construit à une moindre hauteur, elle ne fait point obstacle à ce qu'il soit élevé à une hauteur plus grande. 2,236.

— 3. — (*Acquisition. Tiers détenteur. Prescription de 10 ou 20 ans. Prescription trentenaire. Possessoire. Pétitoire.*) — La prescription pour l'acquisition des servitudes est uniquement celle de 30 ans, même à l'égard du tiers détenteur. A ce cas ne s'applique point l'art. 2265 du C. Nap. qui établit, au profit de ce dernier, la prescription de 10 ou 20 ans.

Celui qui est reconnu avoir la possession d'une servitude n'en est pas moins tenu, sur l'action pétitoire formée contre lui, de faire preuve de l'acquisition de cette servitude. 2,334.

— 4. — (*Mitoyenneté. Haie.*) — Une haie doit être déclarée mitoyenne, bien qu'un seul des héritages qu'elle sépare soit actuellement en état de clôture, si les circonstances démontrent qu'anciennement les deux fonds étaient entièrement clos. En pareil cas, ce n'est pas l'état actuel des lieux qu'il faut considérer, mais bien l'état primitif. 2,309.

— 5. — (*Source. Prescription. Ouvrages apparents. Fonds supérieur. Eau courante.*) — La prescription des eaux d'une source ne court au profit du propriétaire du fonds inférieur qu'autant que les ouvrages apparents faits par ce propriétaire, pour faciliter la chute et le cours de l'eau dans sa propriété, ont été établis sur le fonds supérieur d'où jaillit la source.

Ainsi, les eaux d'une source ne perdent point leur caractère d'eaux privées, au point où elles surgissent, par cela qu'en un point inférieur, des usines auraient été construites, sans opposition du propriétaire de la source, sur une rivière en partie formée par ces eaux; par suite, le maître conserve le droit d'en disposer à sa volonté. 2,320.

— V. mitoyenneté.

Signature. — V. faux.

Signes. — V. mariage.

Simulation. — — V. communauté de biens, n. 4; enregistrement, n. 9.

Société. — (*Communauté religieuse. Autorisation. Responsabilité.*) — Une communauté religieuse non autorisée, si elle n'a pas d'existence légale, constitue, entre ceux qui l'ont formée, une société de fait, responsable vis-à-vis des tiers des engagements par elle pris, soit que ces engagements résultent de contrats ou de quasi-contrats, soit qu'ils dérivent de délits ou de quasi-délits.

Ainsi, l'action en restitution des sommes d'argent que des membres de la communauté ont obtenues de la faiblesse d'un autre membre, et, qui ont tourné au profit de cette communauté, est régulièrement dirigée contre les dames supérieures, jusqu'à concurrence du profit qu'elle en a tiré. 2,293.

— V. enregistrement, n. 7, 12; hypothèque judiciaire.

Société anonyme. — V. société civile.

Société civile. — (*Société anonyme. Autorisation. Assurance.*) — Une société d'assurances mutuelles (*contre les faillites*), désignée uniquement par l'objet de son entreprise, et administrée par un directeur responsable de la seule inexécution de son mandat, est nulle, si elle a été formée sans l'autorisation du gouvernement, parce que, quoique société civile, elle offre les caractères de la société anonyme. 2,335.

— V. communauté religieuse.

Solidarité. — V. communauté religieuse.

Sommation. — V. liquid. judic.

Somme d'argent. — V. mutation par décès, n. 2.

Source. — V. servitude, n. 5.

Sourd-muet. — V. mariage.

Stage. — V. testament par acte public, n. 4.

Statut personnel. — V. légitimation.

Stipulation au profit d'un tiers. — V. enregistrement, n. 16.

Subrogation. — (*Notification. Acceptation.*) — La subrogation consentie par le créancier n'a pas besoin, pour produire effet vis-à-vis des tiers, d'être signifiée au débiteur ou acceptée par lui dans un acte authentique, parce que l'art. 1250 du Code Nap. a pris soin de déterminer les conditions nécessaires pour donner effet à cette subrogation sans distinction entre les parties et les tiers.

A ce cas ne s'applique pas l'article 1690 du Code Nap., lequel n'est relatif qu'aux cessions qui constituent de véritables ventes, ayant pour objet principal et direct de transporter une créance sur la tête d'une personne qui entend l'acheter. 2,363.

Subrogation conventionnelle. — V. enregistrement, n. 13; hypothèque légale, n. 3.

Subrogé tuteur. — V. compte de tutelle.

Substitution de pouvoirs. — V. mandat.

Substitution prohibée. — (*Charge de rendre. Décès.*) — Le legs d'un immeuble, avec droit d'en jouir en pleine propriété, à la charge par le légataire de conserver cet immeuble pour une personne désignée, est entaché de substitution, et, dès lors frappé de nullité, quoique l'époque de la remise de l'immeuble à cette personne ne soit pas indiquée, cette époque étant nécessairement celle de la mort du légataire, lequel a été investi sans limitation de temps de la jouissance en toute propriété de la chose léguée. 2,225.

Succession. — (*Acceptation tacite. Immeuble. Possession.*) — Le fait, par un héritier présomptif, de conserver, après l'ouverture de la succession, la possession d'un immeuble du défunt qu'il détenait auparavant sans juste titre, ne constitue point une acceptation tacite de cette succession. 2,336.

— (*Ascendant. Collatéraux. Renonciation. Legs universel. Donation entre époux. Usufruit. Caution.*) — Les ascendants, autres que les père et mère, que l'art. 750 du C. Nap. déclare exclus de l'hérédité par les frères ou sœurs du défunt, recouvrent leur droit à la réserve, lorsque ces derniers renoncent à la succession, et cela encore bien que les frères et sœurs auraient été écartés de la succession par l'institution d'un légataire universel.

L'époux qui lègue à son conjoint l'usufruit de la portion non disponible, ne peut le dispenser de fournir caution, surtout lorsque cet usufruit porte sur des créances, valeurs et effets mobiliers dont la conservation ne peut être assurée que par un cautionnement. 2,330.

— V. retour légal.

Succession bénéficiaire. — (*Bénéfice d'inventaire. Héritier. Saisie-Arrêt. Obligation divisible. Dommages-intérêts. Frais frustratoires.*) — Les héritiers bénéficiaires, tous administrateurs de la succession, n'ont pas qualité pour se représenter réciproquement dans les instances intéressant cette succession.

Par suite, la dénonciation d'une saisie-arrêt, faite avec assignation en validité d'un seul d'entre eux, est nulle, même vis-à-vis de l'héritier auquel elle a été adressée.

La stipulation que chacun des héritiers du débiteur sera tenu de la dette pour le tout, n'est pas opposable à des héritiers bénéficiaires, les obligations du défunt se répartissant nécessairement entre chacun d'eux, jusqu'à concurrence de son émolument.

Le fait, par un créancier, d'avoir pratiqué, au détriment de son débiteur, des saisies-arrêts qui sont demeurées frustratoires, en ce sens que le remboursement de la dette se trouvait assuré indépendamment de ces saisies-arrêts, peut donner lieu à des dommages-intérêts au profit du débiteur. 2,360.

— V. transcription (droit de).

SUCCESSION FUTURE. — V. donation entre-vifs, n. 1.

SUGGESTION. — V. testament; donation entre-vifs, n. 2.

SURENCHÈRE. — V. vente judiciaire d'immeubles.

SURVIE. — V. enregistrement, n. 6, 7; régime dotal.

SYNDIC. — V. expédition.

T

TARDIVITÉ. — V. faillite, n. 6.

TÉMOIN. — V. testament par acte public, n. 4.

TÉMOINS INSTRUMENTAIRES. — (*Demeure. Mention. Acte notarié.*) — Les actes notariés doivent, à peine de nullité, contenir l'indication de la demeure des témoins instrumentaires, sous l'empire de la loi du 21 juin 1843, comme sous l'empire de la loi du 25 ventôse an XI. art. 2303.

— V. acte authentique; acte respectueux; testament par acte public, n. 2.

TESTAMENT. — (*Captation. Suggestion. Tiers.*) — Un testament peut être annulé pour cause de captation ou de suggestion, alors même que le légataire serait resté étranger à ces manœuvres et qu'elles auraient seulement été exercées dans l'intérêt de celui-ci par un tiers. 2,211.

— V. donation entre-vifs, n. 3; enregistrement, n. 4; partage anticipé, n. 4.

TESTAMENT OLOGRAPHE. — 1. — (*Antidate*). — L'antidate d'un testament olographe n'est une cause de nullité du testament qu'autant qu'il est établi qu'au moment de sa confection, ainsi qu'à la date indiquée, le testateur était incapable, qu'il n'a pas agi librement, et que l'antidate est le résultat du dol ou de la fraude. 2,212.

— 2. — (*Copie. Date. Délivrance de legs. Frais.*) — Un écrit réunissant les conditions déterminées par l'art. 970 du C. Nap. vaut comme testament olographe, bien que le testateur l'ait intitulée copie, s'il n'est reconnu que le testateur, en employant ce mot, a entendu refaire un testament qu'il avait précédemment annulé, et non pas en dresser une simple copie.

Lorsqu'un testament contient un legs au profit d'un individu que le testateur désigne comme son commis, bien qu'à la date exprimée au testament, il n'eût pas encore cette qualité, la date de ce testament doit être considérée comme sincère, le testateur étant présumé avoir voulu donner à son légataire la qualification qui lui appartiendrait à l'époque où le testament recevrait son exécution.

De ce que les frais de délivrance d'un legs ne peuvent jamais être pris sur la réserve, cela ne met point obstacle à ce que ces frais soient compris dans la condamnation aux dépens prononcée contre le réservataire, par le jugement qui a repoussé son action en nullité du testament. 2,323.

— 3. — (*Donation entre-vifs. Legs. Nullité. Indivisibilité.*) — L'acte qui renferme à la fois une donation entre-vifs et un legs, peut être déclaré valable quant à cette dernière disposition, s'il réunit les conditions exigées pour la validité des testaments olographes, quoiqu'il soit nul, quant à la première, comme dépourvu, par exemple, d'authenticité et d'acceptation expresse.

Mais le montant de la donation annulée pour vice de forme, peut être ajouté au montant du legs renfermé dans le même acte, par interprétation des termes de la disposition testamentaire, la nullité de la donation dérivant, alors, d'une omission de forme, et non d'un défaut de volonté chez le testateur. 2,352.

Testament par acte public. — 1. — (*Date. Erreur. Clause pénale.*) — L'omission du millésime, dans l'énonciation de la date d'un testament notarié ou olographe, n'est pas une cause de nullité, si l'époque d'émission du timbre, qui fait corps avec la minute de ce testament, rapprochée de celle de la cessation des fonctions du notaire rédacteur de l'acte, permet de déterminer ce millésime avec certitude.

La clause pénale qui a pour objet de protéger un testament contre toute contestation, de la part des héritiers du sang, n'est point applicable aux contestations fondées sur des vices d'ordre public, par exemple, sur un vice de forme, quand l'héritier réussit dans sa contestation ; mais s'il succombe, la clause pénale est encourue. 2,283.

— 2.— (*Dictée. Préambule. Projet. Témoins instrumentaires. Preuve.*) — Un testament authentique est nul si son préambule n'a point été dicté par le testateur et écrit par le notaire, comme les autres parties du testament, et seulement copié par le notaire sur un projet écrit à lui remis par le testateur, quoiqu'il ne contienne l'expression d'aucune volonté testamentaire, et ne se compose, par exemple, que d'une profession de foi religieuse. 2,234.

— 3. — (*Nullité. Vice apparent. Exécution volontaire. Ratification.*) — L'exécution volontaire, par un héritier, d'un testament entaché de nullité, ne le rend non-recevable à attaquer ce testament, qu'autant qu'elle a eu lieu tout à la fois avec la connaissance de la nullité et avec l'intention de la réparer.

Ainsi, on ne saurait voir une ratification d'un testament attaqué pour cause d'incapacité de l'un des témoins, dans le seul fait du concours de l'héritier à un inventaire reproduisant la disposition de ce testament, sans rapporter les conditions relatives aux témoins. 2,340.

— 4. — (*Témoin. Clerc de notaire. Stage. Partage de succession.*) — Celui qui travaille habituellement chez un notaire peut être considéré comme son clerc, alors même qu'il ne serait point inscrit au stage. En conséquence, son concours comme témoin à un testament reçu par ce notaire, entraîne la nullité du testament.

L'exécution de l'arrêt infirmatif qui ordonne un partage de succession ou de communauté peut être renvoyée au tribunal qui a rendu le jugement infirmé, alors surtout que ce jugement n'a eu à résoudre ni à préjuger aucune question concernant le partage. 2,319.

Tiers. — V. autorisation maritale ; contrat de mariage, n. 1, 2; paiement ; testament.

Tiers détenteur.—V. action hypothécaire ; servitude, n. 3.

Timbre. — (*Ecrit périodique. Annonces.*) — Les écrits périodiques ne sont affranchis du timbre qu'autant qu'ils sont exclusivement relatifs aux lettres, aux arts et à l'agriculture.

Ainsi, un journal, même non politique, qui s'occupe d'annonces commerciales ou industrielles, doit être soumis au timbre. 2,327.

— V. protêt.

Tradition. — V. nantissement.

Transcription (droit de) — (*Licitation. Succession bénéficiaire.*) — L'adjudication sur licitation au profit d'un héritier bénéficiaire est sujette au droit de transcription, sous la loi de 1855 comme sous la loi de 1816. 2,311.

— (*Remploi. Femme. Acceptation.*) — Lorsque le mari déclare, dans l'acte d'acquisition d'un immeuble, que cette acquisition est destinée à servir à sa femme de remploi de propres non encore aliénés, cette déclaration n'empêche pas que l'immeuble acheté ne soit, en réalité, qu'un conquêt de la communauté, jusqu'à l'aliénation des propres et à l'acceptation du remploi par la femme.

En conséquence, l'acte ultérieur par lequel la femme, après l'aliénation de ses propres, accepte le remploi offert, est passible du droit de transcription. 2,285.

— V. partage de succession.

Transcription hypothécaire. — (*Minute transcrite*). — Les notaires peuvent-ils faire transcrire sur minute les contrats translatifs de propriété reçus par eux. Q. — art. 2,361.

— V. communauté de biens, n. 6 ; vente ancienne.

Transfert — V. enregistrement, n. 5.

U

USUFRUIT. — 1. — (*Fermages. Partage de fruits.*) — Dans le partage du prix de ferme d'un immeuble entre l'usufruitier et le nu-propriétaire de cet immeuble par suite de l'extinction de l'usufruit, on doit, en vertu de la règle que les fruits civils s'acquièrent jour par jour, prendre pour point de départ, non l'époque de la perception des fruits naturels par le fermier, mais uniquement celle de son entrée en jouissance art. 2,374.

— 2. — (*Louage des choses. Bail à ferme.*) — Un bail à ferme peut valablement être, de la part du fermier, l'objet d'une constitution d'usufruit, donnant droit à la jouissance des fruits produits par le fonds, sans qu'on puisse prétendre que l'usufruitier, à la fin du bail, est tenu de restituer au nu-propriétaire les produits eux-mêmes, et que son droit de jouissance est limité aux bénéfices qu'il a pu réaliser sur ces produits. 2,246.

— 3. — (*Meubles. Transport. Saisie.*) — L'usufruit établi sur des meubles susceptibles d'être loués est cessible et saisissable.

Mais il n'en est pas de même de l'usufruit constitué sur des meubles qui doivent rester affectés à l'usage personnel de l'usufruitier, tels que les vêtements et le linge de corps. 2,245.

V

VENTE ANCIENNE. — (*Transcription hypothécaire. Action résolutoire. Privilége.*) — Les ventes d'immeubles ayant acquis date certaine avant le 1er janvier 1856 (époque à partir de laquelle la loi du 23 mars 1855 est devenue exécutoire), et dont le privilége n'a pas été inscrit dans les six mois qui ont suivi la promulgation de cette loi, jouissent-elles, sous la loi nouvelle, du privilége et de l'action résolutoire, si ce privilége n'a point été éteint sous l'ancienne ?

— Q. art. 2,263.

— (*Transcription hypothécaire. Privilége. Action résolutoire.*) — Le vendeur d'un immeuble, par acte antérieur au 1er janvier 1856, est déchu de son privilége et de son action résolutoire, s'il ne les a pas fait inscrire l'un et l'autre avant le 1er juillet 1856. 2,264.

VENTE JUDICIAIRE D'IMMEUBLES. — (*Vacation. Surenchère. Avoué.*) — Le droit de vacation à l'adjudication, en matière de surenchère, n'est dû qu'à l'avoué poursuivant, et ne peut être alloué à l'avoué de l'adjudicataire surenchéri. 2,315.

— (*Indemnité. Expertise. Avoué.*) — L'indemnité de 25 fr. allouée aux avoués en matière de ventes judiciaires et de licitations pour leurs soins et démarches dans la fixation de la mise à prix ou l'estimation et la composition des lots quand il n'y a pas d'expertise, ne s'applique qu'à l'avoué poursuivant et non aux avoués colicitants. 2,314.

VENTE PUBLIQUE DE MEUBLES. — (*Déclaration préalable.*) — Lorsqu'un notaire a procédé à une vente publique de meubles après avoir fait sa déclaration préalable, et que pour certains objets non portés à leur valeur, le vendeur a ajourné la vente sans indication du jour, y a-t-il lieu à amende contre le notaire si le vendeur, après avoir fait annoncer la vente de ces meubles dans certaines communes, les adjuge à celui qui a fait l'offre la plus avantageuse sans qu'il y ait eu de nouvelle déclaration préalable. Q. — art. 2,350.

II.-TABLE ALPHABÉTIQUE DES NOMS DES PARTIES.

III. — TABLE DE LA DATE DES ARRÊTS,

JUGEMENTS ET DÉCISIONS.

IV. — TABLE DE CONCORDANCE.

DES ARTICLES DES CODES ET DES LOIS SUR LE NOTARIAT, L'ENREGISTREMENT, LE TIMBRE ET LES HYPOTHÈQUES,

AVEC LES ART. 2206 A 2377 DU MANUEL DES NOTAIRES ET DES AVOCATS.

0

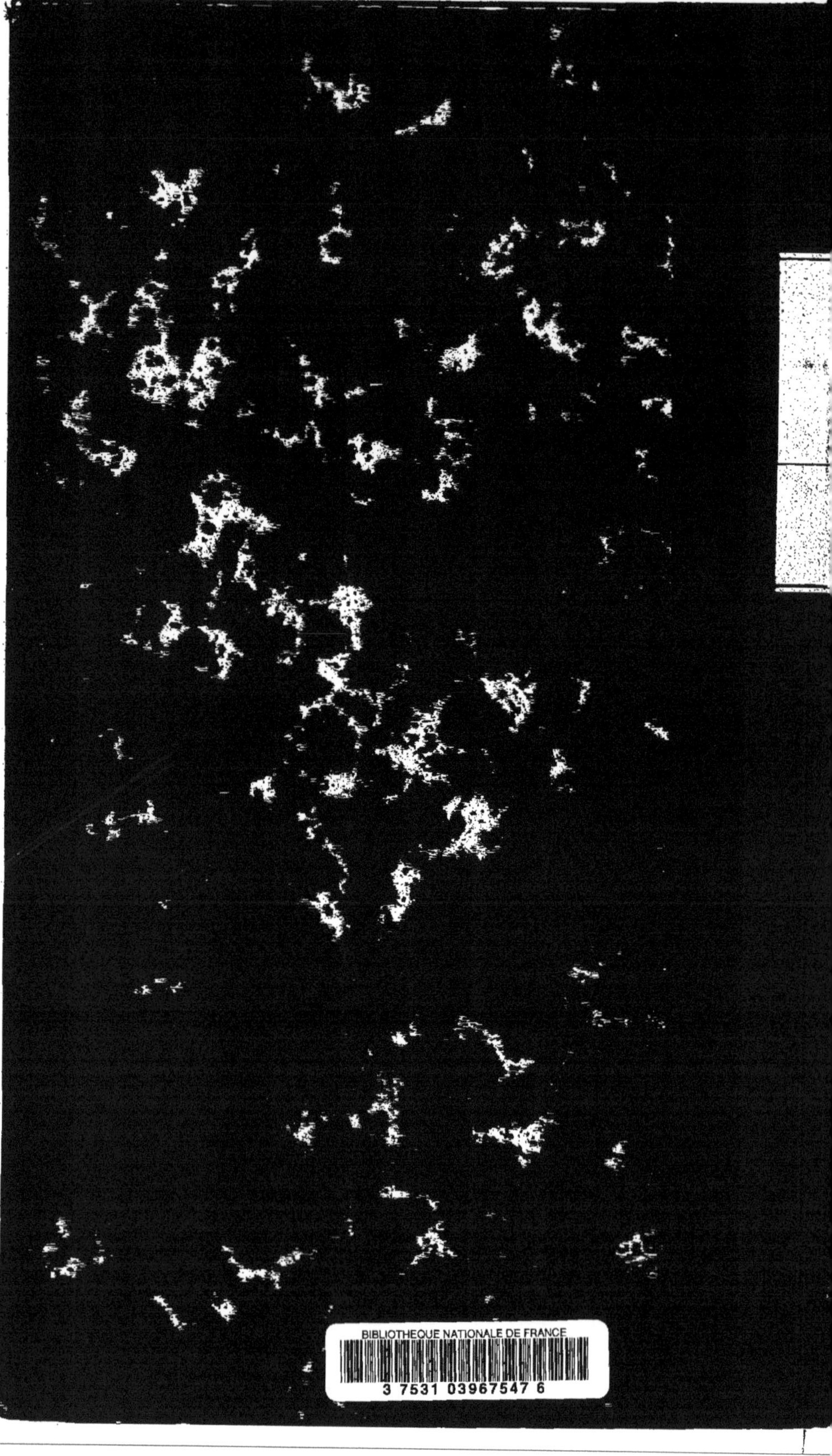

www.ingramcontent.com/pod-product-compliance
Ingram Content Group UK Ltd.
Pitfield, Milton Keynes, MK11 3LW, UK
UKHW020321200726
13857UKWH00001B/249